भारतीय संविधान के निर्माता

मिथक और यथार्थ

लेखक

शेषराव चाह्वाण

हिन्दी रूपान्तरकार एवं सहलेखक

पुनीत बिसारिया

ATLANTIC

PUBLISHERS & DISTRIBUTORS (P) LTD

प्रकाशक :
एटलांटिक पब्लिशर्स एण्ड डिस्ट्रीब्यूटर्स (प्रा.) लि.
बी-2, विशाल एन्क्लेव, राजौरी गार्डन के सामने,
नई दिल्ली-110 027
दूरभाष : 25413460, 25429987, 25466842

विक्रय केन्द्र :
7/22, अन्सारी रोड, दरियागंज, नई दिल्ली-110 002
दूरभाष : 23273880, 23275880, 23280451
फैक्स : 91-11-23285873
e-mail : info@atlanticbooks.com
web site : www.atlanticbooks.com

ISBN 81-269-0745-2

मुद्रक : नाईस प्रिन्टर्स, दिल्ली

BHARTIYA SAMVIDHAN KE NIRMATA (*in Hindi*)
By Sheshrao Chavan & Puneet Bisaria

अनुक्रमणिका

प्रस्तावना

संविधान के निर्माण हेतु एक उत्कृष्ट कोटि के नीति ज्ञान की आवश्यकता होती है। जो इसके निर्माण से जुड़े हुए थे, उन्हें इसको तैयार करते समय इस बात को ध्यान में रखना था कि सरकार की व्यावहारिक आवश्यकता क्या है तथा इसके साथ ही उन्हें राष्ट्र को उत्प्रेरित करने वाले आदर्शों का भी इसमें समावेश करना था। उन्हें दूरदृष्टि सम्पन्न व्यक्ति होना था, साथ ही उन्हें जनसाधारण की आवश्यकताओं को भी ध्यान में रखना था। वे आदर्शों के प्रवर्तक हो सकते थे, परन्तु वे मूलभूत व्यावहारिकताओं तथा कड़वी सच्चाइयों की ओर से भी अपना ध्यान नहीं हटा सकते थे। उन्हें अपनी व्यक्तिगत महत्वाकांक्षाओं को कुछ समय के लिए अपने से दूर कर देना था, जो एक राजनीतिज्ञ को सत्ता की सीढ़ी तक पहुँचाती हैं तथा एक विचारक को एक आदर्श व्यवस्था की स्थापना करने हेतु प्रेरित करती हैं। वे प्रभु प्रतिमा पर तेल चढ़ाने वाले पुजारी नहीं थे, बल्कि उन्हें देश की आवश्यकताओं की गहन समझ थी, तथा उन्होंने इसे लम्बे अनुभव से मस्तिष्क में विकसित किया था। वे मात्र राष्ट्र की आवश्यकताओं पर अपने राष्ट्र के इतिहास के अध्ययन के फलस्वरूप कोई राय कायम नहीं करते थे, बल्कि उन्होंने अन्य देशों के संविधान सम्बन्धी नियमों तथा आवश्यकताओं का भी गहन अध्ययन किया था। उन्होंने उक्त सभी दृष्टियों को समन्वित करते हुए अपने देशवासियों की गहन सोच तथा आकांक्षाओं के ज्वार को मूर्त्त रूप देने का प्रयास संविधान निर्माण के माध्यम से पूरा किया। इतिहास तथा ऐतिहासिक शक्तियों ने उनकी क्षमता पर विश्वास करते हुए उन्हें भारत जैसे विशाल देश के संविधान के निर्माण का गुरुतर दायित्व सौंपा।

एक संविधान सामान्य नियमों से परे होता है, जिसमें एकाएक सामने आ जाने वाली अकल्पनीय परिस्थितियों का भी सामना करने की क्षमता होनी चाहिए। ऐसी परिस्थितियाँ आ जाने पर सामान्य नियमों को तो बदला या संशोधित किया जा सकता है। एक संविधान को तात्कालिक आवश्यकताओं की पूर्ति के लिए न तो बनाया जाता है और न ही बनाया जाना चाहिए, किन्तु इसमें आने वाले

भविष्य को ध्यान में रखते हुए सिद्धान्त बनाए जाने चाहिए। ऐसे अत्यन्त दुर्लभ अवसर होने चाहिए जब संविधान में संशोधन की आवश्यकता महसूस की जाए। संविधान की किसी धारा को समाप्त करने की नौबत तो आनी ही नहीं चाहिए। सौभाग्यवश हमारे देश के जिन कर्णधारों को संविधान का निर्माण करने का दायित्व सौंपा गया था, वे अपने इस ऐतिहासिक उत्तरदायित्व के प्रति पर्याप्त सजग थे तथा वे इस कार्य के महत्व के प्रति भली-भाँति सचेत थे। यद्यपि उनमें से अधिकांश राजनीतिज्ञ थे, परन्तु वह समय ऐसा था, जब समाज के सर्वश्रेष्ठ नागरिक राजनीति के प्रति आकृष्ट हुआ करते थे। यह वह समय भी था, जब राजनीति कुछ नैतिक मूल्यों से जुड़ी हुई थी तथा राजनीतिज्ञ अपने मूल्यों तथा सिद्धान्तों की रक्षा करने के लिए आवश्यकता पड़ने पर किसी भी प्रकार का त्याग करने को सदैव प्रस्तुत रहते थे। उस दौर के बड़े नेताओं ने यह भी ध्यान में रखा कि संविधान सभा के सदस्यों को चुनते समय दलगत राजनीति आड़े नहीं आनी चाहिए। यदि कोई उपयुक्त व्यक्ति पार्टी विशेष से अलग होकर भी इस महती कार्य में अपना अमूल्य योगदान कर सकता है, तो वे उसे भी चुनने के लिए तैयार थे। इस प्रकार संविधान सभा में देश के सर्वश्रेष्ठ बुद्धिजीवियों को ही चुना गया। संविधान सभा के सदस्यों में आदर्श की उदात्त भावना कूट-कूट कर भरी हुई थी तथा वे जीवन में उच्च मूल्यों के प्रति पूर्णतः समर्पित थे। यह सभा वस्तुतः ऐसे महापुरुषों का प्रतिनिधित्व करती थी, जिनमें प्रतिभा तथा विद्वता का अभाव न था, वे दूरदृष्टि सम्पन्न थे तथा उनमें देश की समस्याओं के प्रति जो गहन समझ तथा दूरदृष्टि विद्यमान थी, वह इतिहास में अन्यत्र दुर्लभ है। संविधान का प्रारूप तैयार करते समय इन सदस्यों का साथ उन प्रशासनिक अधिकारियों तथा न्यायाधीशों ने दिया, जो स्वयं अत्यन्त सुयोग्य, समर्पित तथा निःस्वार्थी थे। असाधारण प्रतिभा के अतिरिक्त संविधान सभा के सदस्यों का जनता पर सम्मोहक प्रभाव था तथा जनता उन पर आँख मूँद कर विश्वास करने को तैयार थी। ऐसे महापुरुषों में पं. नेहरू, सरदार पटेल, मौलाना आज़ाद तथा डॉ. राजेन्द्र प्रसाद प्रमुख थे।

डॉ. राजेन्द्र प्रसाद, जो संविधान सभा के अध्यक्ष थे, ने अपने 26 नवम्बर, 1949 के अभिभाषण में संविधान के निर्माण हेतु अपनायी गयी प्रक्रिया का विस्तृत उल्लेख किया है। संविधान सभा का पहला कार्य था सन्दर्भ ग्रहण हेतु कुछ मानक निर्धारित करना, जो लक्ष्य आधारित संकल्प के रूप में थे। तत्पश्चात् संविधान की विभिन्न समस्याओं के निराकरण के लिए अनेक समितियाँ गठित की गयीं। इनमें से अधिकांश समितियों के अध्यक्ष पंडित जवाहर लाल नेहरू अथवा सरदार पटेल थे, जिनको हमारे संविधान की आत्मा तैयार करने का श्रेय

दिया जा सकता है। इन सभी ने अत्यन्त परिश्रमपूर्वक अपने दायित्वों का निर्वाह किया तथा रिपोर्टें तैयार कीं, जिन्हें सभा द्वारा विश्लेषित किया गया तथा उनके सुझावों के आधार पर संविधान का प्रारूप तैयार किया गया। सर बी.एन.राऊ ने अन्य देशों के संविधानों की दिशाओं तथा परिस्थितियों का अध्ययन करने का दायित्व अपने ऊपर लिया। उनके सुदीर्घ प्रशासनिक अनुभव के कारण उनमें इस दायित्व का निर्वाह करने की उत्कृष्ट क्षमता थी। संविधान सभा ने तत्पश्चात प्रारूप समिति नियुक्त की, जिसने सर बी.एन. राऊ द्वारा तैयार किए गए मूल प्रारूप का अध्ययन किया तथा संविधान का प्रारूप तैयार किया, जिसे संविधान सभा ने चर्चा के द्वारा विश्लेषित तथा प्रेक्षित किया। मात्र प्रारूप समिति के सदस्यों ने ही संविधान का गहन अध्ययन नहीं किया था, बल्कि अन्य सदस्य भी इसके सम्पूर्ण प्रारूप को सूक्ष्मतापूर्वक तथा गहराई के साथ मूल्यांकित कर रहे थे। डॉ. अम्बेडकर, जो स्वयं प्रारूप समिति के अध्यक्ष थे, ने कहा, "विभिन्न समितियों द्वारा तैयार की गयी रिपोर्टों के आधार पर संविधान सभा के निर्देश पर प्रारूप समिति को यह संविधान तैयार करने का दायित्व सौंपा गया है।"

यह उल्लेखनीय है कि डॉ. अम्बेडकर संविधान सभा में कोई बड़ी महत्वाकांक्षा लेकर नहीं आए थे। उनका एकमात्र उद्देश्य अनुसूचित जातियों के हितों का संरक्षण करना था। उन्होंने स्वप्न में भी यह कल्पना नहीं की थी कि उन्हें सर्वाधिक महत्वपूर्ण दायित्व सौंपा जाने वाला है। वास्तव में डॉ. अम्बेडकर विपक्षी गुट का प्रतिनिधित्व करते थे। संविधान सभा में आते ही बंगाल के विभाजन के कारण डॉ. अम्बेडकर की संविधान सभा की सदस्यता खत्म हो गयी थी। फिर भी संविधान के प्रारूप को विभिन्न रिपोर्टों के आधार पर तैयार करने जैसे महत्वपूर्ण कार्य में उनकी उपयोगिता को देखते हुए डॉ. राजेन्द्र प्रसाद तथा सरदार पटेल उन्हें संविधान सभा में वापस लाए तथा कालान्तर में उन्हें प्रारूप समिति का अध्यक्ष भी बनाया।

कांग्रेस पार्टी की उपस्थिति ने इस कार्य में अत्यन्त सहयोग प्रदान किया। स्वयं डॉ. अम्बेडकर का यह मानना था कि कांग्रेस पार्टी के न होने पर अव्यवस्था फैल सकती थी। यह कांग्रेस पार्टी की संविधान सभा में उपस्थिति का ही कमाल था कि इसकी सभी कार्रवाइयाँ पूर्ण अनुशासन तथा नियम के साथ सम्पन्न हुईं। डॉ. अम्बेडकर के अनुसार संविधान सभा में संविधान के प्रारूप के सुचारुपूर्वक तैयार हो जाने का पूरा श्रेय कांग्रेस पार्टी को जाता है। यहाँ यह उल्लेखनीय है कि इससे पहले डॉ. अम्बेडकर कांग्रेस पार्टी को 'जलता हुआ आशियाना' कह चुके थे।

संविधान सभा की कार्रवाइयों के पूर्ण हो जाने पर सभी सदस्यों ने डॉ. अम्बेडकर के प्रति अपनी कृतज्ञता व्यक्त की। डॉ. पट्टाभिसीतारमैया ने उनके प्रति संविधान सभा के उद्गारों को निम्नलिखित शब्दों में व्यक्त किया था–

"वे एक ऐसे विद्वान बुद्धिजीवी हैं, जिन्होंने वह कार्य कर दिखाया, जो अत्यन्त दुष्कर था। वे किसी भी परिस्थिति में गलत विरोध के आगे नहीं झुके, न ही परास्त हुए। उन्होंने भिंची हुई मुट्ठियों तथा क्षणिक उत्तेजनाओं को पूर्ण कौशल के साथ शान्त किया तथा जो उन्हें उचित प्रतीत हुआ, वे उसके साथ अंजाम की परवाह किए बिना सीना तानकर डटे रहे।"

यहाँ यह उल्लेखनीय है कि संविधान सभा के तीन साल के कार्यकाल के दौरान 22 नवम्बर, 1949 तक कुल खर्च 63,96,729 रु. (जब इस खर्च की तुलना आज की संसद की एक दिन की बैठक के खर्च से की जाती है, तो यह ऊँट के मुँह में जीरा प्रतीत होता है।) आया। 7635 संशोधनों के प्रस्ताव आए, जिनमें से 2473 संशोधन वास्तव में लाए गए। इससे यह प्रदर्शित होता है कि प्रारूप समिति के सदस्यों ने ही संविधान निर्माण में गहन अभिरुचि नहीं दिखाई थी, बल्कि अन्य सदस्यगण भी उतने ही जागरूक तथा पर्यवेक्षण क्षमतावान थे।

25 नवम्बर 1949 को संविधान सभा के अपने अन्तिम अभिभाषण में डॉ. अम्बेडकर ने जातियों तथा सम्प्रदायों में व्याप्त विद्वेष पर गहरी चिंता व्यक्त की थी। अनेक भिन्नताओं तथा राजनीतिक विचारधाराओं वाली राजनीतिक पार्टियाँ उस समय भी अस्तित्व में थीं। इनको लक्षित करते हुए डॉ. अम्बेडकर ने कहा था–

"क्या कभी भारतवासी अपने-अपने धर्मों से ऊपर देश को रख सकेंगे अथवा क्या उनके लिए धर्म देश से बड़ा होगा? मुझे नहीं पता, किन्तु यह निश्चित है कि यदि राजनीतिक दल धर्म को देश से ऊपर रखेंगे तो हमारी आज़ादी दोबारा खतरे में पड़ जाएगी और शायद हमेशा के लिए हम आज़ादी से हाथ धो बैठेंगे। ऐसी किसी भी सम्भावना से बचने के लिए हमें संकल्पबद्ध होना पड़ेगा। हमें यह दृढ़ निश्चय करना होगा कि हम अपने खून के आखिरी क़तरे तक अपनी आज़ादी की रक्षा करेंगे।"

इसके बाद डॉ. अम्बेडकर ने आगे कहा–

"यदि हम वास्तव में लोकतंत्र को रूप में ही नहीं अपितु यथार्थ में भी बनाए रखना चाहते हैं तो हमें क्या करना चाहिए? मेरे विचार से सबसे पहले हमें

संवैधानिक तरीकों से अपने सामाजिक तथा आर्थिक लक्ष्यों की ओर तेज़ी से आगे बढ़ना चाहिए। इसका अभिप्राय यह है कि हमें क्रान्ति के खूनी तौर-तरीके छोड़ने होंगे। हमें सविनय अवज्ञा, असहयोग तथा सत्याग्रह जैसे रास्ते भी छोड़ने होंगे।"

"जब आर्थिक तथा सामाजिक लक्ष्यों को प्राप्त करने के संवैधानिक तरीके शेष न बचें तो ही असंवैधानिक तरीकों का प्रयोग सही ठहराया जा सकता है, लेकिन जब तक संवैधानिक उपायों के रास्ते खुले हैं तब तक इन असंवैधानिक तरीकों को किसी भी आधार पर उचित नहीं ठहराया जा सकता। ये तौर-तरीके और कुछ नहीं हैं बल्कि अराजकता का व्याकरण हैं तथा जितनी जल्दी हम इनसे मुक्ति पा लेंगे, हमारे लिए उतना ही अच्छा होगा।

दूसरी बात जो हमें करनी चाहिए, वह है हमें जॉन स्टुअर्ट मिल की उस चेतावनी को ध्यान में रखना है, जो उन्होंने आज़ादी को बरकरार रखने के इच्छुक व्यक्तियों को दी थी। इसके अनुसार हमें अपनी आज़ादी को किसी के नियंत्रण में नहीं देना चाहिए, उसे भी नहीं जिसको सत्ता सौंपते समय हम उस पर विश्वास करते हों क्योंकि वह भी हमारी आज़ादी की प्रतीक संस्थाओं को नष्ट कर सकता है। उन महापुरुषों के प्रति ऋणी तथा कृतज्ञ होना गलत नहीं है, जिन्होंने देश के लिए जीवन पर्यन्त अपनी सेवाएँ दी हैं, किन्तु कृतज्ञता की भी एक सीमा होती है। जैसा कि आयरिश देशभक्त डैनियल 'ओ' कोलोनेल ने लिखा भी है- कोई पुरुष अपने सम्मान की कीमत पर ऋणी नहीं हो सकता, कोई महिला अपने सतीत्व की कीमत पर ऋणी नहीं हो सकती तथा कोई देश अपनी आज़ादी की कीमत पर ऋणी नहीं हो सकता। यह चेतावनी किसी अन्य देश की तुलना में भारत के मामले में तो और भी अधिक आवश्यक है क्योंकि दुनिया के किसी अन्य देश की तुलना में भारत की राजनीति में नायक पूजा तथा भक्ति की परम्परा कुछ अधिक ही है। धर्म में भक्ति का मार्ग आत्मा को मुक्ति की ओर ले जाता है, किन्तु राजनीति में भक्ति अथवा नायक पूजा का मार्ग निश्चय ही अवनति तथा अवश्यम्भावी तानाशाही की ओर ले जाता है।"

डॉ. अम्बेडकर ने आगे कहा-

"तीसरी बात जो ध्यान में रखनी चाहिए, वह है हमें मात्र राजनीतिक लोकतन्त्र से ही सन्तुष्ट नहीं होना चाहिए। हमें राजनीतिक लोकतन्त्र के साथ सामाजिक लोकतन्त्र भी बनाना चाहिए। सामाजिक लोकतंत्र के आधार के बिना राजनीतिक लोकतन्त्र अधिक समय तक नहीं टिक सकता। सामाजिक लोकतन्त्र का क्या मतलब है? इसका अर्थ है एक ऐसी जीवन शैली, जो जीवन के सिद्धान्त के रूप में आज़ादी, समानता और भाईचारे को महत्त्व प्रदान करे।

आज़ादी, समानता और भाईचारे के इन सिद्धांतों को एक त्रिमूर्ति के अलग-अलग भाग नहीं मानना वाहिए। ये तीनों एक त्रिमूर्ति के रूप में परस्पर ऐसे गुँथे हुए हैं कि इनमें से एक को भी अलग करने से लोकतन्त्र का मूल उद्देश्य ही नष्ट हो जाएगा। आज़ादी को समानता से अलग नहीं किया जा सकता, न ही समानता को आज़ादी से अलग किया जा सकता है। इसी प्रकार आज़ादी और समानता को भाईचारे से भी अलग नहीं किया जा सकता। समानता के बग़ैर आज़ादी कुछ मुट्ठी भर लोगों की बपौती बनकर रह जाएगी। आज़ादी के बग़ैर समानता व्यक्ति के अधिकारों का गला घोंट देगी। भाईचारे के बिना आज़ादी और समानता का कोई मतलब नहीं होगा। हमें जल्द से जल्द इस विरोधाभास को समाप्त करना होगा, वरना असमानता के शिकार लोग इसके विरोध में उठ खड़े होंगे और राजनीतिक लोकतन्त्र के उस ढाँचे को उखाड़ फेंकेंगे, जिसे इस संविधान सभा ने बड़े परिश्रम से तैयार किया है।"

यह अभिभाषण डॉ. राजेन्द्र प्रसाद के संविधान सभा के अध्यक्ष पद से दिए गए अन्तिम व्याख्यान से ठीक उल्टा है, जिसमें डॉ. राजेन्द्र प्रसाद ने कहा था–

"हमने एक लोकतन्त्रात्मक संविधान तैयार किया है किन्तु संवैधानिक संस्थाओं की सफलता के लिए उन लोगों की जरूरत है, जो दूसरों के विचारों का सम्मान करते हों और समझौतों के लिए तैयार हों। बहुत सी ऐसी बातें हैं जो संविधान में नहीं लिखी जा सकी हैं, उनके लिए प्रचलित परम्पराओं का सहारा लिया जाना चाहिए। इस आशा को इस बात से भी बल मिलता है कि हमने संविधान तैयार करते समय मत विभाजन का सहारा लिए बगैर इसी रास्ते से सफलतापूर्वक लक्ष्य को हासिल किया है।

"जो संविधान हमें नहीं दे सकता, वह है अच्छे प्रशासकगण, जिनके ऊपर देश का कल्याण निर्भर है। वे ही हमारे देश को अच्छे अथवा बुरे रास्ते पर ले जा सकते हैं। यह कहना निरर्थक है कि एक देश को उसकी अपेक्षा के अनुसार सरकार दी जा सकती है। हमारे संविधान में कुछ ऐसे उपबन्ध हैं, जो किसी दृष्टिकोण से कुछ को आपत्तिजनक प्रतीत हो सकते हैं। हम स्वीकार करते हैं कि इतने बड़े देश तथा इतने सारे लोगों के लिए संविधान बनाने में कुछ त्रुटियाँ हो जाना स्वाभाविक है। यदि निर्वाचित लोग सुयोग्य एवं चरित्रवान् होंगे तथा उनमें ईमानदारी होगी तो वे एक त्रुटिपूर्ण संविधान से भी सर्वश्रेष्ठ प्राप्त करने में सफल सिद्ध होंगे। यदि वे इसमें अक्षम होंगे तो संविधान किसी देश का भला नहीं कर सकता। आखिरकार संविधान एक मशीन की भाँति निर्जीव वस्तु ही तो है। यह उन लोगों से जीवन प्राप्त करता है, जो इसे नियंत्रण में रखते हैं तथा इसका संचालन करते हैं। आज भारत को ऐसे अनेक ईमानदार व्यक्तियों की

आवश्यकता है, जो अपने स्वार्थ से ऊपर देशहित को रखें। हमारे जीवन में विभिन्न क्षेत्रों की दूषित मानसिकताएँ आज घर कर गयी हैं। हम में साम्प्रदायिक भिन्नताएँ हैं, जातिगत भिन्नताएँ हैं, भाषाई भिन्नताएँ है, क्षेत्रीय भिन्नताएँ हैं और ऐसी ही अनेक अन्य भिन्नताएँ हैं। हमें दृढ़ चरित्र, दूरदृष्टि वाले व्यक्तियों की ज़रूरत है। हमें ऐसे लोग चाहिए, जो देश के लिए छोटे-छोटे क्षेत्रों और समूहों के लाभ को नज़र-अन्दाज़ कर दें तथा वे उन पूर्वाग्रहों से मुक्त हों, जो इन भिन्नताओं से पैदा होते हैं। हम सिर्फ यह उम्मीद ही कर सकते हैं कि हमारे देश में ऐसे लोग प्रचुर मात्रा में होंगे।

उन्होंने फिर कहा-

"मुझे इस बात में कोई सन्देह नहीं है कि देश जैसे चरित्र वाले लोगों की मांग करता है, ऐसे लोग उठकर आगे आएँगे तथा जनता उन्हें सिर माथे पर लेगी। ये व्यक्ति ऐसे नहीं होने चाहिए, जो यह कहें कि हमने अतीत में देश की पतवार को सफलतापूर्वक आगे बढ़ाया है और अब हमें अपनी मेहनत का फल अवश्य मिलना चाहिए। जिन्हें सेवा के बदले सत्ता सुख चाहिए, हमें उनकी ज़रूरत नहीं है। मैं महसूस करता हूँ कि आज भारत में जिस प्रकार के परिश्रम की आवश्यकता है, वह आज़ादी से पहले किए गए संघर्ष से कहीं अधिक है। हमें किसी संघर्ष को खत्म नहीं करना है, न ही किसी को रेवड़ियाँ बाँटनी हैं और न ही सत्ता का बँटवारा करना है। अब हमारे पास यह सब उपलब्ध है तथा जनता की हमसे अत्यधिक उम्मीदें हैं। मैं ईश्वर से प्रार्थना करता हूँ कि हमें इन सबसे ऊपर उठने की बुद्धि तथा क्षमता प्रदान करे तथा जिस आज़ादी को हमने इतने संघर्ष के बाद सफलतापूर्वक हासिल किया है, हम उसको सुरक्षित रखते हुए देश की सेवा कर सकें।"

उपर्युक्त उदाहरण 9 दिसम्बर, 1946 को संविधान सभा के अस्थाई अध्यक्ष डॉ. सच्चिदानन्द सिन्हा द्वारा दिए गए उद्‌घाटन भाषण के भी विपरीत है, जिसमें उन्होंने महान अमरीकी न्यायविद् जोसेफ़ स्टोरी के अमरीकी संविधान के बारे में कहे गए शब्दों को उद्‌धृत किया था, किन्तु ये शब्द भारतीय संविधान के बारे में भी उतने ही प्रासंगिक हैं-

इस संविधान को इसके निर्माताओं ने पूरी ईमानदारी तथा कौशल के साथ तैयार किया है, इसकी नींव मज़बूत है, इसका प्रत्येक अंग मज़बूत है, सुन्दर है तथा उपयोगी है। इसे पूर्ण बुद्धिमानी तथा क्रम के अनुसार व्यवस्थित किया गया है तथा यह अन्दर से सुदृढ़ एवं अजेय है। अगर इसे एक व्यक्ति द्वारा निर्मित मानकर इसे 'अमर कर देने की आकांक्षा से निर्मित' कहा जाए तो अतिशयोक्ति न होगी। यदि इसके संरक्षक मूर्खता करें, भ्रष्ट हों अथवा नादान हों तो इसे ध्वस्त

होने में एक घण्टा भी नहीं लगेगा। मैं यहाँ आपके सामने कुछ शब्दों को रखना चाहता हूँ–'समाज तथा गणतन्त्र नागरिकों के गुणों, जनभावनाओं तथा बुद्धिमत्ता के लिए बनाए जाते हैं। समाज तथा गणतन्त्र नामक संस्थाएँ ध्वस्त हो जाती हैं, जब जनता की इन परिषदों से विद्वानों को निकाल दिया जाता है, मात्र इसलिए क्योंकि उनमें ईमानदार होने का साहस होता है। जब दुराचारियों तथा पतितों को पुरस्कृत किया जाता है तो वे जनता को धोखा देने के लिए चिकनी-चुपड़ी बातें करते हैं और प्रकारान्तर से इन संस्थाओं को नष्ट करने का काम ही करते हैं।'

श्री शेषराव चाह्वाण ने इस पुस्तक को तैयार करने के लिए अत्यन्त कठोर परिश्रम किया है तथा संविधान से सम्बन्धित एक अत्यन्त मौलिक तथा बहुमूल्य पुस्तक हमारे सामने प्रस्तुत की है। उन्होंने विषय की उथली पड़ताल नहीं की है, बल्कि उन्होंने इन ऐतिहासिक घटनाओं के रिकार्डों की गहन छानबीन की है और तदुपरान्त उन पर प्रकाश डाला है। मुझे पूर्ण विश्वास है कि यह पुस्तक भारत के इतिहास के एक महत्त्वपूर्ण काल तथा संविधान निर्माण की प्रक्रिया के विषय में एक नवीन जागरूकता का संचार करेगी।

न्यायमूर्ति एच.आर. खन्ना
निर्वतमान न्यायाधीश, उच्चतम न्यायालय

भूमिका

मुझे श्री शेषराव चाह्वाण की पुस्तक "भारतीय संविधान के निर्माता: मिथक और यथार्थ" की भूमिका लिखते हुए अत्यन्त हर्ष हो रहा है। न्यायमूर्ति श्री एच.आर. खन्ना, जिनके प्रति मेरे मन में हार्दिक श्रद्धा तथा सम्मान है, द्वारा अत्यन्त प्रेरणास्पद एवं विद्वतापूर्ण प्रस्तावना लिखने के पश्चात् मेरे लिए इसमें कुछ भी जोड़ना नितान्त दुष्कर कार्य है। जब न्यायमूर्ति खन्ना की वरिष्ठतम योग्यता को नज़रअन्दाज़ करते हुए उन्हें मात्र इस आधार पर उच्चतम न्यायालय का प्रधान न्यायाधीश नहीं बनाया गया था कि उन्होंने आपातकाल के दौरान बन्दी प्रत्यक्षीकरण मामले में अपना ऐतिहासिक विरोध दर्ज कराया था, तब मैंने उनके सम्मान में कहा था कि भारत का प्रधान न्यायाधीश बनने से बेहतर है जीवित किंवदन्ती बन जाना। श्री न्यायमूर्ति खन्ना की प्रस्तावना श्री चाह्वाण की इस पुस्तक के लिए शुभाशीष सदृश है। यह मेरा सौभाग्य है कि मुझे ऐसे विद्वान के शब्दों के साथ स्वयं को जोड़ने का यह अवसर मिला है।

विश्व के प्रत्येक संविधान के निर्माण के अपने मिथक तथा यथार्थ हैं। भारत का संविधान भी इसका अपवाद नहीं है।

भारतीय संविधान के मिथकों तथा यथार्थों एवं इसके निर्माण की प्रक्रिया को उद्घाटित करना अत्यन्त विद्वतापूर्ण अन्वेषण की मांग करता है। श्री शेषराव चाह्वाण ने अत्यन्त गहन विश्लेषण तथा विविध स्रोत सन्दर्भों के मूल्यांकन द्वारा यह कष्ट साध्य कार्य पूरा किया है। इसके लिए उन्होंने डॉ. भीमराव अम्बेडकर के लेखों तथा भाषणों के 15 खण्डों, डॉ. कन्हैयालाल माणिकलाल मुंशी की पुस्तक *पिलग्रिमेज टु फ्रीडम* तथा संविधान सभा की बैठकों एवं वार्त्तालापों का गहन अध्ययन किया है। इसके माध्यम से उन्होंने संविधान के निर्माण के दौरान के हल्के-फुल्के क्षणों, विवादों, टकरावों, विविधताओं, उत्तेजना के क्षणों, स्पष्टवादिता, विरोधाभासों तथा वार्त्तालापों की गुणवत्ता को पुनर्सृजित किया है। उन्होंने मुद्दों के सन्दर्भों को उद्घाटित करने के लिए कुछ तथ्यों को अक्षरशः प्रस्तुत किया

है। उन्होंने संविधान के निर्माण के लिए उत्तरदायी विभिन्न महान विभूतियों के योगदान को निष्पक्ष ढंग से विश्लेषित किया है। उन्होंने डॉ. अम्बेडकर तथा उनके अन्य सहयोगियों के महत्त्वपूर्ण योगदान की प्रशंसा तो की है, परन्तु बाद के दौर में डॉ. अम्बेडकर के संविधान से मोहभंग होने तथा विरक्त हो जाने पर लीपापोती करने का भी प्रयास नहीं किया है। यह वह दौर था जब डॉ. अम्बेडकर ने स्वयं अपने जीवन के इस महत्त्वपूर्ण कार्य का उपहास करना शुरू कर दिया था। उन्होंने इस कार्य से स्वयं को अलग करते हुए इसकी महत्ता को कम करना प्रारम्भ कर दिया था।

इस पुस्तक में ऐसे अनेक महत्त्वपूर्ण मुद्दों की व्याख्याएँ हैं, जो आज के दौर में भी प्रासंगिक हैं। लेखक का अन्वेषण तथा विश्लेषण हमें हमारे संविधान के निर्माण के दौर में ले जाता है तथा उस काल का स्मरण करते हुए हमारे मन में उस दौर की छवियाँ चित्रित करता है एवं इस प्रकार एक सन्तुलित दृष्टिकोण द्वारा मुद्दों तथा विभूतियों को हमारे समक्ष प्रस्तुत करता है।

मुझे पूर्ण विश्वास है कि श्री शेषराव चाह्वाण की यह पुस्तक उस ऐतिहासिक दौर में संविधान की हमारी समझ को विकसित करने में सहायक सिद्ध होगी तथा इससे हमारे संविधान के उपबन्धों के सूत्र और अधिक सुस्पष्ट हो सकेंगे।

डॉ. लक्ष्मीमल्ल सिंघवी
वरिष्ठ अधिवक्ता, उच्चतम न्यायालय
यू.के. में भारत के निवर्तमान उच्चायुक्त

शुभाशंसा

शेषराव चाह्वाण से यह जानकर अत्यन्त प्रसन्नता हुई कि विगत 5 फरवरी, 2000 को डॉ. बाबा साहेब अम्बेडकर मराठवाड़ा विश्वविद्यालय, औरंगाबाद में मेरे द्वारा दिए गए दीक्षान्त समारोह के अभिभाषण ने उन्हें यह पुस्तक लिखने की प्रेरणा दी।

उक्त विश्वविद्यालय में व्याख्यान देते हुए मैंने भारत के संविधान के विकास के विविध चरणों तथा निर्माण की प्रक्रिया का उल्लेख किया था। उस समय मैंने यह विचार भी रखा था कि संविधान के विषय में कतिपय भ्रामक धारणाएँ तथा मिथक हैं, जिन्हें दूर किया जाना आवश्यक है। मैंने विश्वविद्यालय के राजनीति विज्ञान, विधि शास्त्र तथा सम्बन्धित अनुशीलनों के अध्येताओं से इस हेतु गहन अनुसंधान करने का आह्वान किया था।

मुझे यह देखकर अत्यन्त हर्ष की अनुभूति हो रही है कि श्री चाह्वाण ने डॉ. अम्बेडकर तथा संविधान की विषयवस्तु पर एक सम्पूर्ण पुस्तक तैयार की है। यह उल्लेखनीय है कि श्री चाह्वाण ने इस श्रमसाध्य कार्य को अत्यल्प समय में पूरा कर दिया है। इस पुस्तक का प्रकाशन वर्तमान समय में अत्यन्त प्रासंगिक है। इस क्षेत्र में इस पुस्तक का स्वागत किया जाना चाहिए तथा मुझे आशा ही नहीं वरन् पूर्ण विश्वास है कि संवैधानिक विषयों के अध्येताओं तथा इच्छुक व्यक्तियों के मध्य इस पुस्तक को पर्याप्त प्रतिष्ठा प्राप्त होगी।

डॉ. सुभाष कश्यप
निवर्तमान महासचिव
भारतीय संसद

आभार

मैं महाराष्ट्र सरकार द्वारा प्रकाशित *राइटिंग्स एण्ड स्पीचेज़ ऑफ डॉ. बाबा साहेब अम्बेडकर* के 15 खण्डों, भारतीय विद्या भवन, मुंबई द्वारा प्रकाशित के.एम. मुंशी की पुस्तक *पिलग्रिमेज टु फ्रीडम* तथा भारत सरकार के प्रकाशन विभाग द्वारा प्रकाशित *अम्बेडकर एँण्ड सोशल जस्टिस* पुस्तकों से इस पुस्तक के लेखन में सहायता प्राप्त करने हेतु उपर्युक्त का आभार व्यक्त करता हूँ।

मैंने उपर्युक्त पुस्तकों के आधार पर भारत के संविधान के निर्माण के सम्बन्ध में प्रचलित मिथकों तथा वास्तविकताओं को निरूपित करने का प्रयास किया है ताकि हमारी वर्तमान पीढ़ी तथा भावी पीढ़ियाँ यह जान सकें कि किस प्रकार भारतीय संविधान तैयार किया गया और इसके निर्माण में संविधान सभा एवं प्रारूप समिति के अध्यक्ष डॉ. अम्बेडकर तथा अन्य सदस्यों ने क्या भूमिका अदा की।

मैं यहाँ यह स्पष्ट रूप से कहना चाहता हूँ कि दलितों के मसीहा के रूप में भारत रत्न डॉ. बाबा साहेब अम्बेडकर के प्रति मेरे मन में गहन श्रद्धा की भावना है। मैंने इस पुस्तक में उनसे सम्बन्धित अधिकांश तथ्य महाराष्ट्र सरकार द्वारा प्रकाशित उनके लेखों तथा अभिभाषणों से ही ग्रहण किए हैं ताकि कोई इस पुस्तक के तथ्यों को राजनीतिक रंग न दे सके।

मेरे कार्य में एमनेम पब्लिकेशन्स, मुंबई द्वारा प्रकाशित श्री एच.एम. शीरवाय की पुस्तक *पार्टीशन ऑफ इण्डिया-लीजेण्ड एँण्ड रियलिटी*; तरंग पेपरबैक्स, नयी दिल्ली द्वारा प्रकाशित लैरी कॉलिन्स एवं डॉमिनिक लापियर की पुस्तक *लॉर्ड माउण्टबेटन एँण्ड पार्टीशन ऑफ इण्डिया*, रॉबर्ट हेल लिमिटेड, 1951 द्वारा प्रकाशित एलेन केम्पबेल जॉनसन की पुस्तक *मिशन विद माउण्टबेटन*, भारत सरकार के प्रकाशन विभाग द्वारा प्रकाशित श्री बी.बी. कुलकर्णी की पुस्तक *एम.आर. जयकर* तथा *भवन्स जर्नल* एवं *वन इण्डिया वन पीपुल* जैसे जर्नल भी अत्यन्त सहायक सिद्ध हुए हैं। मैं इन सभी के प्रति अपनी कृतज्ञता ज्ञापित करता हूँ।

मैं अपने भतीजे अमोल चाह्वाण, जो भारतीय विद्या भवन के सरदार पटेल कॉलेज ऑफ इन्जीनियरिंग, मुंबई के छात्र हैं के प्रति आशीर्वाद के साथ आभार व्यक्त करता हूँ क्योंकि उसने पुस्तक की अत्यन्त आकर्षक टाइपसेटिंग कर इसे वर्तमान स्वरूप प्रदान किया।

मैं अपने एक अन्य भतीजे ले. अतुल चाह्वाण के प्रति भी आभार व्यक्त करता हूँ जिसने पुस्तक की पाण्डुलिपि के संशोधनों में मेरी सहायता की। मैं अपनी पौत्री कु. अपूर्वा मोहिते को भी उसके द्वारा कम्प्यूटर पर प्रिण्टआउट निकालने हेतु कृतज्ञता ज्ञापित करता हूँ।

मेरे अनुज डॉ. आर.बी. चाह्वाण, जो आई.आई.टी., दिल्ली में परिधान प्रौद्योगिकी के विभागाध्यक्ष हैं, के प्रति भी आभार व्यक्त करता हूँ, जिन्होंने अपना कम्प्यूटर मेरे इस कार्य हेतु प्रयुक्त करने को देकर मेरे कार्य को आसान बना दिया। मैं उनकी धर्मपत्नी श्रीमती मन्दाकिनी, जो एक विख्यात चित्रकार हैं, को भी धन्यवाद देना अपना कर्त्तव्य समझता हूँ, जिन्होंने अपने आवास पर मेरे ठहरने की सुन्दर व्यवस्था सुनिश्चित की।

मेरे लिए यह अत्यन्त गर्व की बात है कि इस पुस्तक की प्रस्तावना माननीय न्यायमूर्ति एच.आर. खन्ना जैसी महान विभूति ने लिखी है। वे ऐसे एकमात्र न्यायाधीश हैं, जिन्होंने श्रीमती इन्दिरा गाँधी बनाम राज नारायण के केस में संविधान की मूल संरचना को अक्षुण्ण रखने की वकालत की थी।

न्यायमूर्ति खन्ना ने इस बन्दी प्रत्यक्षीकरण केस की सुनवाई करते हुए निर्णय दिया था कि अनुच्छेद 21 के निलम्बित रहने के बावजूद कोई भी अवैध आदेश पारित नहीं किया जा सकता तथा ऐसे किसी आदेश को बन्दी प्रत्यक्षीकरण याचिका द्वारा किसी व्यक्ति के चुनौती दिए जाने के अधिकार को किसी परिस्थिति में छीना नहीं जा सकता। इस ऐतिहासिक परन्तु अल्पमतीय आदेश से प्रभावित होकर न्यूयॉर्क टाइम्स ने अपने सम्पादकीय में न्यायमूर्ति खन्ना की प्रशंसा करते हुए लिखा था कि भारतवासियों को न्यायमूर्ति खन्ना के सम्मान में एक स्मारक बनवाना चाहिए।

मैं ऐसे महान न्यायविद् के प्रति सम्मानपूर्वक अपना शीश नवाता हूँ तथा इस पुस्तक की प्रस्तावना लिखने हेतु उनका हार्दिक आभार व्यक्त करता हूँ।

मैं डॉ. एल.एम. सिंघवी को उनके द्वारा पुस्तक की भूमिका लिखे जाने के लिए हृदय से कृतज्ञता ज्ञापित करता हूँ। डॉ. सिंघवी न सिर्फ एक उच्च कोटि के संविधान विशेषज्ञ हैं, बल्कि वे अत्यन्त सुसंस्कृत हैं तथा असाधारण रूप से ज्ञान के अपरिमित भण्डार हैं। वे भारतीय संस्कृति विषय के प्रकाण्ड पण्डित हैं,

किन्तु इससे वे पश्चिमी तथा दुनिया की अन्य संस्कृतियों को महत्व प्रदान करने से स्वयं को नहीं रोकते। वास्तव में उनका विचार है कि विभिन्न देशों की संस्कृतियों का समन्वय किया जाना चाहिए तथा इससे उत्पन्न संस्कृति का उपयोग मानव कल्याण हेतु एक महान अस्त्र के रूप में किया जाना चाहिए।

डॉ. सिंघवी एक समर्पित हिन्दू हैं, परन्तु महात्मा गाँधी की तरह वे भी अन्य धर्मों तथा संस्कृतियों की विशेषताओं को स्वीकार करने से स्वयं को नहीं रोकते हैं। वस्तुत: वे 'सर्वधर्म' में विश्वास रखते हैं। उन्होंने इस सिद्धांत का अपने जीवन में पालन किया है तथा वे अपने सभी मित्रों, चाहे वे जिस धर्म के हों, के बीच भी इसका प्रचार-प्रसार करते हैं।

मुझे प्रसन्नता है कि मैं भारतीय संसद के निवर्तमान महासचिव तथा वर्तमान में संविधान पुनरावलोकन समिति के एक सदस्य डॉ. सुभाष कश्यप की अपेक्षाओं पर खरा उतरा हूँ। वास्तव में यह डॉ. कश्यप ही थे, जिन्होंने डॉ. बाबा साहेब अम्बेडकर विश्वविद्यालय, औरंगाबाद में दिए गए अपने अविस्मरणीय दीक्षान्त व्याख्यान के द्वारा मुझे यह पुस्तक लिखने को प्रेरित किया। मैं उनके प्रति हृदय से कृतज्ञता ज्ञापित करता हूँ।

मैं महात्मा गाँधी मिशन, औरंगाबाद के पुरस्कर्ता श्री ए.एन. कदम का भी आभारी हूँ, जो मेरे लिए सदैव प्रेरणा तथा शक्ति का संबल रहे हैं।

मैं ग्लोबल ओपेन यूनिवर्सिटी के चांसलर तथा भारतीय पारिस्थतिकी एवं पर्यावरण संस्थान, दिल्ली के अध्यक्ष प्रो. डॉ. पी.आर. त्रिवेदी का भी ऋणी हूँ जिनके महत्त्वपूर्ण निर्देशों के परिणामस्वरूप यह पुस्तक प्रकाशन के मानकों के अनुरूप प्रकाशित हो सकी।

इस अवसर पर मैं अपने सहलेखक तथा पुत्रसम सहयोगी डॉ. पुनीत बिसारिया के प्रति अपना आभार ज्ञापित करने की औपचारिकता में न पड़ते हुए सिर्फ इतना कहना चाहता हूँ कि मूल अंग्रेज़ी पुस्तक को जिस प्रकार से उन्होंने सुन्दर हिन्दी रूपान्तर करते हुए सम्पादित एवं परिवर्धित किया है, वह अत्यन्त दुर्लभ ही नहीं वरन् असम्भव था।

इस अवसर पर मैं अटलांटिक पब्लिशर्स एण्ड डिस्ट्रीब्यूटर्स (प्रा.) लि. के प्रो. के. आर. गुप्ता को धन्यवाद ज्ञापित न करने की धृष्टता नहीं कर सकता, जिन्होंने इस पुस्तक को अत्यल्प समय में प्रकाशित करके मुझे हिन्दी पाठकों के समक्ष प्रस्तुत होने का गौरव प्रदान किया।

शेषराव चाह्वाण

विषय-प्रवेश

भारत रत्न डॉ. बाबा साहेब अम्बेडकर तथा भारत का संविधान आज एक-दूसरे के पर्याय बन गए हैं, परन्तु संविधान के निर्माण में डॉ. अम्बेडकर तथा प्रारूप समिति को खुली छूट प्रदान नहीं की गयी थी। जैसा कि श्री सैयद मोहम्मद सादुल्ला द्वारा कहे गए कथन से स्पष्ट होता है-

> "प्रारूप समिति एक स्वतंत्र एजेन्सी नहीं थी। प्रारम्भ से ही हम विभिन्न प्रक्रियाओं तथा परिस्थितियों के कारण पंगु थे। हमें शिशु को वस्त्र पहनाने मात्र को कहा गया था तथा यह शिशु और कुछ नहीं बल्कि 'लक्ष्य आधारित संकल्प' थे, जिन्हें संविधान सभा ने पारित किया था। हमें बताया गया था कि संविधान को लक्ष्य आधारित संकल्प के चार निर्देशों के अनुरूप ही होना चाहिए। इसके अलावा हमें जो भी तैयार करना था, उसे इस सदन (संविधान सभा) द्वारा मूल्यांकित तथा स्वीकृत किया जाना था। अतः प्रारूप समिति का कोई भी सदस्य इतना दुस्साहसी नहीं हो सकता था कि वह सात सदस्यों के विचारों को सभा के कुल 308 सदस्यों के विरोध के बावजूद प्रस्तुत कर सके।"

डॉ. राजेन्द्र प्रसाद ने संविधान सभा में 26 नवम्बर, 1949 को अपने अभिभाषण में कहा था-

> "संविधान सभा ने संविधान के निर्माण हेतु जो प्रक्रिया निर्धारित की थी, उसमें सर्वप्रथम लक्ष्य आधारित संकल्प के रूप में सन्दर्भ हेतु कुछ नियम निश्चित किए गए, तत्पश्चात संविधान निर्माण से सम्बन्धित अनेक समस्याओं पर विचार करने हेतु अनेक समितियाँ गठित की गयीं। उनमें से अनेक समितियों के अध्यक्ष पंडित जवाहर लाल नेहरू अथवा सरदार पटेल थे, जिन्हें हमारे संविधान की मूलभूत संरचना तैयार करने का श्रेय दिया जाना चाहिए। इन सभी ने पेशेवर अन्दाज़ में कार्य किया तथा अनेक प्रतिवेदन तैयार किए, जिनका संविधान सभा द्वारा संज्ञान लिया गया। उनके सुझावों

को लागू किया गया, जिसके आधार पर संविधान का प्रारूप तैयार हुआ। यह कार्य श्री बी.एन. राऊ द्वारा किया गया, जिन्हें उनके सुदीर्घ प्रशासनिक अनुभवों को देखते हुए अन्य देशों की परिस्थितियों तथा हमारे देश की परिस्थिति का अध्ययन करने का गुरुतर दायित्व सौंपा गया। तब संविधान सभा ने एक प्रारूप समिति का गठन किया, जिसने श्री बी.एस. राऊ द्वारा तैयार संविधान के मूल प्रारूप का अध्ययन किया तथा संविधान का प्रारूप तैयार किया। संविधान सभा ने द्वितीयक अध्ययन के रूप में इसका विश्लेषण किया। मात्र प्रारूप समिति के सदस्यों ने ही संविधान का गहन अध्ययन नहीं किया था, बल्कि अन्य सदस्य भी इसके सम्पूर्ण प्रारूप को सूक्ष्मतापूर्वक तथा गहराई के साथ मूल्यांकित कर रहे थे। इसमें कोई आश्चर्य नहीं कि हमें प्रारूप के प्रत्येक आलेख का ही गहन विश्लेषण नहीं करना पड़ा बल्कि प्रत्येक आलेख के प्रत्येक वाक्य तथा कभी-कभी प्रत्येक शब्द का भी अध्ययन करना पड़ा।"

संविधान सभा की अनेक समितियों के एक सुविख्यात सदस्य डॉ. के.एम. मुंशी ने कहा था–

"हमने अनेक दशाओं में संवैधानिक उपबन्धों की चर्चा की थी। पहले हमने समितियाँ गठित कीं जिन्होंने अपने प्रतिवेदन जमा किए तथा जिन पर संविधान सभा में विचार-विमर्श हुआ। इसके पश्चात हमने पार्टी की बैठकों में इस पर विस्तृत चर्चा की, तदुपरान्त इस पारूप के एक-एक वाक्यांश का एक बार पुनः अध्ययन किया गया। बाद में प्रारूप समिति ने प्रत्येक वाक्यांश पर चर्चा की तथा प्रत्येक वाक्यांश का संशोधन किया। तब कांग्रेस पार्टी ने एक-एक वाक्यांश का अध्ययन किया, कभी-कभी तो एक-एक शब्द पर गहन अध्ययन किया गया। अन्त में संविधान सभा में अन्तिम प्रारूप पर खुली चर्चा की गयी।"

डॉ. मुंशी ने आगे कहा–

"प्रान्तों के वे मुख्यमंत्री, जो इस संविधान सभा के सदस्य थे, ने भी अपने अनुभव बाँटे। कई अवसरों पर केन्द्र सरकार तथा प्रान्तीय सरकारों के विभागों ने विस्तृत टिप्पणियाँ जमा कीं। संविधान सभा को सर बी.एन. राऊ की अपरिमित ज्ञान क्षमता का लाभ सदैव मिला। सबसे महत्वपूर्ण बात थी पंडित जवाहर लाल नेहरू का एक प्रभुतासम्पन्न लोकतांत्रिक भारत का स्वप्न तथा सरदार पटेल का उन स्रोतों के विषय में प्रेरणास्पद दृष्टिकोण, जिनसे सत्ता एवं स्थायित्व प्राप्त होता है।"

संविधान सभा के एक सदस्य श्री एल. कृष्णास्वामी भारती के अनुसार–"अम्बेडकर को संविधान के प्रारूप के उपबन्धों के लिए किसी प्रकार की बधाई नहीं दी जानी चाहिए। इसका सीधा सा कारण यह है कि ये उनके विचार नहीं हैं। सम्मानित सदस्यों को यह याद होगा कि संविधान के प्रारूप के अधिकांश वाक्यांशों की इस सभा (संविधान सभा) में चर्चा की गयी, बहस हुई तथा तत्पश्चात उन्हें पारित किया गया। प्रारूप समिति द्वारा सम्मिलित किए जाने के लिए बहुत थोड़े मामले ही छोड़े गए थे।"

उड़ीसा के श्री लक्ष्मी नारायण साहू के अनुसार–"संविधान कुछ उन उपबन्धों के कारण विचित्र सा बन गया है तथा यह अत्यन्त अप्राकृतिक सा प्रतीत होता है, जो इसने भारत सरकार अधिनियम तथा विश्व के अन्य संविधानों से लिए हैं। इनके मिश्रण से इसमें सम्पूर्णता के बजाय अपूर्णता आ गयी है और यह एक विचित्र सा उत्पाद बनकर हमारे सामने आया है। लगातार बदलावों से यह हास्यास्पद तथा आकारविहीन सा प्रतीत होने लगा है।"

बिहार के श्री राम नारायण सिंह ने कहा–"भविष्य में लोग कहेंगे कि इसे दिल्ली में नहीं बल्कि लन्दन में बैठकर बनाया गया है। यह एक खिचड़ी सा बन गया है। दुनिया के सभी संविधानों की मिलावट करके बनायी गयी एक खिचड़ी।"

आंध्र केसरी श्री टी. प्रकाशम ने उपहास उड़ाते हुए कहा–"यह एक महान ग्रंथ है तथा डॉ. अम्बेडकर भी एक महान वकील और एक अत्यन्त योग्य व्यक्ति हैं। यहाँ किए गए इस कार्य से उन्होंने दिखा दिया है कि वे ग्रेट ब्रिटेन के सम्राट की मंत्रिपरिषद में बैठने के लिए कितने उपयुक्त हैं। सम्भवतः वे वहाँ पर केवल नेपथ्य में ही बैठें। यह वह संविधान नहीं है, जिसकी इस देश के नागरिकों को ज़रूरत है क्योंकि यह संविधान इंग्लैण्ड के संविधान के आधार पर तैयार किया गया है। सन् 1935 के अधिनियम को इस संविधान का आधार बनाया गया है। हमने इसके अनेक उपबन्धों को ज्यों का त्यों रख लिया है। ये उपबन्ध अत्यन्त असाधारण नहीं हैं और न ही ग्रेट ब्रिटेन द्वारा ये प्रथम बार खोजे गए हैं। हम क्यों ऐसा कहने को तैयार हैं कि हमने 1935 के ग्रेट ब्रिटेन के इस संविधान को ही ग्रहण कर लिया है।"

यही बात डॉ. अम्बेडकर ने संविधान सभा के निर्मित किए जाते समय इसका विरोध करते हुए कही थी, "…मुझे नहीं लगता कि संविधान तैयार करने के लिए किसी संविधान सभा की कोई आवश्यकता है। भारत के संविधान के विषय में काफी कुछ भारत सरकार अधिनियम, 1935 में पहले से ही लिखा जा चुका है। ऐसा लगता है कि संविधान सभा की नियुक्ति मात्र उपलब्ध

संविधान की नकल करने के लिए ही की गयी है। ज़रूरी यह है कि हम भारत सरकार अधिनियम, 1935 के उन अनुच्छेदों को हटाएं जो हमारे प्रभुतासम्पन्न राष्ट्र के लिए ग़ैरज़रूरी हैं।"

लार्ड माउंटबेटन के प्रेस अटैची एलेन केम्पबेल जॉनसन ने कहा, "फे और मैंने आज रात का भोजन दिल्ली जिमखाना क्लब के लॉन में चमकदार रोशनी में किया। हमारे खास मेहमान थे डॉ. अम्बेडकर, जो कानून मंत्री हैं, अछूतों के नेता हैं तथा पिछले बीस वर्षों से भारतीय राजनीति के एक शानदार व्यक्तित्व हैं। वे आजकल भारत का नया संविधान बनाने में प्रमुख भूमिका निभा रहे हैं.....। अम्बेडकर एक विचारशील व्यक्ति हैं और उन्होंने हमें नए संविधान के बारे में कुछ नयी बातें बताईं। उदाहरण के लिए उन्होंने कहा कि इसके प्रावधानों के अनुसार हमारी न्यायपालिका को दी गयी शक्तियाँ अमेरिकी सुप्रीम कोर्ट की शक्तियों से भी अधिक हैं। 1935 के अधिनियम की सराहना करते हुए उन्होंने कहा कि इसके लगभग 250 वाक्यांश नए संविधान में भी शामिल किए गए हैं।"

एलेन केम्पबेल ने आगे कहा–

> "अम्बेडकर को शिकायत थी कि भारत में वर्तमान तंत्र बहुत धीमी गति से काम कर रहा है। उनका विचार था कि जब किसी मसले का दो विभागों से सम्बन्ध हो, तो ऐसे मसले दोनों सम्बन्धित मंत्रालयों के मंत्रियों द्वारा तुरन्त सुलझा लिए जाने चाहिए। उन्होंने गेडेस के सुझावों तथा ग़ैर-विभागीय कैबिनेट के प्रमुखों की व्यवस्था, जिसमें उनके नियंत्रण में अनेक विभागों के उपप्रमुख होते हैं, की भी चर्चा की। उन्होंने कहा कि मुझे इस बात का खेद है कि माउंटबेटन संविधान के पूरी तरह से पारित होने से पहले ही यहाँ से जा रहे हैं। उनका विचार था कि कॉमनवेल्थ मुद्दे को संविधान सभा के बाहर सुलझाया जाना चाहिए।"

(*मिशन विद माउंटबेटन*: एलेन केम्पबेल जॉनसन,
राबर्ट हेल लिमिटेड, 1951 पृ. 319-20)

डॉ. रघुवीर का विचार था–"अगर हमारे संवैधानिक सलाहकार सर बी.एन. राऊ महोदय आयरलैण्ड, स्विटज़रलैण्ड अथवा अमेरिका यह मालूम करने के लिए जाएँ कि इन देशों के लोग किस प्रकार अपनी सरकारें चला रहे हैं तो वहाँ पर वे इस देश की राजनीतिक समझ रखने वाला एक भी व्यक्ति नहीं पाएंगे, न ही कोई यह कहेगा कि हमारे देश को भी आपके संविधान में कुछ देना है या कि यह कहेगा कि हमारे देश का राजनीतिक दर्शन आपके लोगों के लिए उपयुक्त है तथा भारत के संविधान में बनाने में यह दर्शन उपयोगी सिद्ध होगा।"

पंजाब के सरदार हुकुम सिंह ने संविधान सभा में संविधान के प्रारूप की आलोचना करते हुए कहा–"इस संविधान को बनाने में कोई निश्चित प्रविधि का सहारा नहीं लिया गया है। भिन्न-भिन्न बातों को तोड़-मरोड़कर बना संविधान अधिक समय तक जीवित नहीं रह सकता, क्योंकि न तो यह पूरी तरह स्वदेशी है और न ही यह किसी एक संविधान की पूरी नकल है। यह एक ऐसा गूढ़ लेख है जिसका प्रत्येक हिस्सा दूसरे हिस्से से अपरिचित है। भारतीय संविधान का अंग्रेज़ी रूप तो पहले से ही भारत सरकार अधिनियम, 1935 के रूप में हमारे पास था। हमने अमेरिकी प्रमुख के रूप में राष्ट्रपति कल्पित किया जिसमें हमने ब्रिटिश संविधान व्यवस्था द्वारा मात्र हाथ-पैर बदल दिए। आस्ट्रेलिया से लचीलापन लेकर हड्डियाँ तथा माँस बनाए, एकल न्यायपालिका द्वारा हमने कनाडा का रूप इसे दिया तथा आयरलैण्ड के नीति निर्देशक सिद्धांत के रूप में कुछ अंग बाहर निकाल दिए और इस प्रकार हमने एक संकर आकृति पैदा की, जिसे हम भारतीय संविधान का नाम देकर बड़ी खुशी का अनुभव कर रहे हैं।"

लोकनाथ मिश्र के दृष्टिकोण में–"यह संविधान अधिकांश को खुश करने के लिए बनाया गया है। मगर यह केवल विचारों तथा दृष्टिकोणों का मिश्रण ही है और इसके पीछे कोई मौलिक दृष्टि नहीं है, जिसे हम अपना कह सकें। इसका सीधा सा कारण है कि हम उन आधुनिक विचारों से इतना प्रभावित हैं, जिन्हें हमें वर्षों से घुट्टी के रूप में पिलाया गया है कि हम स्वयं को भूल ही चुके हैं। क्या इस धरती पर कुछ भी ऐसा नहीं है, जो हमारे भविष्य के संविधान को ठोस आधार दे सके? अगर आप उस सभ्यता को आज़माना चाहते हैं, जिसे कभी हमारी धरती पर लागू नहीं किया गया और अभी भी उसके परिणाम देखे जाने हैं तो मैं समझता हूँ कि हम कुछ भी सही नहीं करने जा रहे हैं और मुझे नहीं पता कि इससे हमारा क्या भविष्य होने वाला है।"

(*कांस्टीट्यूएन्ट एसेम्बली डिबेट्स*,
खण्ड 10 पृ. 613-14, 639, 696-98, 713)

डॉ. अम्बेडकर ने स्वयं कहा था–"प्रारूप समिति को संविधान तैयार करने का दायित्व संविधान सभा के निर्देश पर दिया गया था। हमें विभिन्न समितियों जैसे केन्द्रीय सत्ता समिति, संविधान समिति, प्रांतीय संविधान समिति तथा मूलभूत अधिकारों, अल्पसंख्यकों, जनजातीय क्षेत्रों हेतु-सलाकार समितियों द्वारा प्रस्तुत रिपोर्टों के आधार पर संविधान सभा के आदेश पर संविधान की रचना करनी थी। मैं आशा करता हूँ कि प्रारूप समिति ने उसे दिए गए निर्देशों के अनुसार ईमानदारीपूर्वक अपने दायित्व का निर्वहन किया है।"

डॉ. अम्बेडकर संविधान सभा में अनुसूचित जातियों के हितों के संरक्षण की आशा लेकर ही आए थे किन्तु उन्हें एक अधिक महत्त्वपूर्ण भूमिका निभाने को कहा गया। उन्होंने इसे निम्नलिखित शब्दों में वर्णित किया है–

"मैं यहाँ संविधान सभा में कोई बड़ी महत्वाकांक्षा लेकर नहीं आया था। मेरा यहाँ आने का एकमात्र उद्‌देश्य अनुसूचित जातियों के हितों के संरक्षण की बात उठाना था। मुझे कल्पना में भी यह विश्वास नहीं था कि मुझे सर्वाधिक महत्त्वपूर्ण दायित्व सौंपे जाने के लिए बुलाया गया है। यह देखकर मुझे और भी आश्चर्य हुआ कि संविधान सभा ने मुझे प्रारूप समिति में चुना। इससे भी अधिक आश्चर्य मुझे तब हुआ जब प्रारूप समिति ने मुझे अपना अध्यक्ष चुन लिया।"

डॉ. अम्बेडकर को अपने कानून मंत्री बनाए जाने पर भी गहरा आश्चर्य हुआ था। उनके शब्दों में, "यह प्रस्ताव मेरे लिए बड़े आश्चर्य की बात है। मैं विपक्षी गुट में था और अगस्त 1946 में अन्तरिम सरकार के गठन के समय से ही सरकार की अक्षमता पर प्रहार कर रहा था। मुझे यह अनुमान अभी भी लगाना है कि ऐसा क्या हो गया जिससे प्रधानमंत्री जी के मन में मेरे प्रति परिवर्तित दृष्टिकोण उत्पन्न हो गया।"

डॉ. अम्बेडकर का आश्चर्यचकित होना स्वाभाविक भी था क्योंकि बंगाल के विभाजन के बाद उनकी संविधान सभा की सदस्यता खत्म हो गयी थी। उनकी उनके अपने क्षेत्र बम्बई प्रेसीडेंसी से भी पुनः चुने जाने की कोई सम्भावना नहीं थी, जहाँ से वे पहले ही कांग्रेस द्वारा पराजित किए जा चुके थे। फिर भी विभिन्न समितियों से प्राप्त रिपोर्टों को संविधान का प्रारूप का रूप देने में उनकी उपयोगिता को देखते हुए डॉ. राजेन्द्र प्रसाद और सरदार पटेल अपने प्रभाव का इस्तेमाल करते हुए उन्हें संविधान सभा में वापस लाए और बाद में उन्हें प्रारूप समिति का अध्यक्ष भी चुनवाया।

सम्भवतः डॉ. अम्बेडकर को भी इस बात का अहसास था। इसकी पुष्टि संविधान सभा में उनके द्वारा कांग्रेस के सम्बन्ध में दिनांक 4 नवम्बर, 1948 को दिए गए भाषण से होती है, जिसमें उन्होंने कहा था–

"संविधान सभा में और कुछ नहीं बल्कि अराजकता ही होनी थी किन्तु इस सभा में कांग्रेस पार्टी की उपस्थिति ने इस सम्भावना को पूरी तरह खत्म कर दिया। कांग्रेस ने इसकी कार्रवाइयों में अनुशासन तथा नियम की भावना प्रदर्शित की। यह कांग्रेस पार्टी के अनुशासन का ही कमाल था कि प्रारूप समिति इस पूर्ण विश्वास के साथ संविधान सभा में संविधान का प्रारूप

प्रस्तुत कर सकी कि प्रत्येक लेख तथा प्रत्येक सुधार का क्या भविष्य होगा। संविधान सभा में प्रारूप समिति के सुचारु ढंग से पारित हो जाने का पूरा श्रेय कांग्रेस पार्टी को दिया जाना चाहिए।"

महात्मा गाँधी की हत्या के बाद 7 फरवरी, 1948 को डॉ. अम्बेडकर ने शारदा उर्फ लक्ष्मी कबीर, जो बाद में उनकी पत्नी बनीं, को एक पत्र लिखा था, जिसमें उन्होंने कहा था, "मैंने गाँधी जी से कुछ भी ग्रहण नहीं किया और न ही उन्होंने मेरे आध्यात्मिक, नैतिक अथवा सामाजिक दृष्टिकोण को प्रभावित किया। गाँधी जी इस देश के लिए एक रचनात्मक खतरा बन गए थे। उन्होंने सभी विचारों के लिए रास्ते बंद कर दिए थे। वे कांग्रेस को साथ लेकर चल रहे थे, जो समाज के सभी दुष्ट और स्वार्थी लोगों की जमात है, जिनका गाँधी जी की चाटुकारिता करने के अलावा जीवन का कोई भी सामाजिक अथवा नैतिक सिद्धांत नहीं है। ऐसी पार्टी देश चलाने के लिए अयोग्य है।"

वही कांग्रेस जिसे डॉ. अम्बेडकर एक जलता हुआ आशियाना कह चुके थे, ने उन्हें संविधान का नायक बना दिया। यदि कांग्रेस ने उन्हें बम्बई प्रेसीडेंसी से जहाँ वे स्वयं को महाराष्ट्रियन कहना भी पसंद नही करते थे पुनः निर्वाचित न कराया होता, तो वे कांग्रेस के एक धुर आलोचक मात्र बनकर रह जाते और शायद इससे अधिक उन्हें कुछ भी न प्राप्त होता।

यह जानना रोचक है कि डॉ. अम्बेडकर ने कांग्रेस के बारे में पहले क्या कहा था। उनका कहना था–

"....चूँकि कांग्रेस सुधारवादी पार्टी नहीं है अतः कांग्रेस पर इस बात का भरोसा नहीं किया जा सकता कि वह सामाजिक सुधारों अथवा आर्थिक पुनर्रचना के कार्यक्रम चलाएगी, जिनके बग़ैर दलितों का कभी भला नहीं हो सकता। इसलिए दलितों का ऐसी पार्टी में शमिल होना निरर्थक और मूर्खतापूर्ण कार्य होगा। कांग्रेस कभी उनकी भलाई के लिए कुछ नहीं करेगी बल्कि वह हमेशा की तरह उनका इस्तेमाल ही करती रहेगी।

जो दलित आज कांग्रेस में हैं, वे भी हाशिए पर पड़े हुए हैं तथा यह हाशिया इतना विशाल है कि यह खत्म नहीं किया जा सकता। ये ही वे नुकसान हैं, जिन्हें दलितों को कांग्रेस में शामिल होकर उठाना पड़ेगा। ये केवल नुकसान नहीं हैं, मैं इन्हे 'भयानक दुष्परिणाम' कहूँगा। आज सभी सामाजिक आन्दोलन मृतप्राय हैं। सारी राजनीतिक शक्ति दूर जा चुकी है। यह कहना ठीक नहीं होगा कि नए संविधान से दलितों को सब क़ुछ मिल जाएगा। वास्तविकता यह है कि वे जंजीरों में जकड़े हुए हैं।

कुछ दलित लोग कांग्रेस के टिकट पर चुनाव लड़ रहे हैं, वे महत्वाकांक्षी व्यक्ति मात्र हैं जो विधायिका की सीढ़ी पर इस आशा से चढ़ना चाहते हैं कि रेवड़ियाँ बाँटे जाते समय उन्हें भी कुछ न कुछ ज़रूर हासिल होगा। उन्हें इस बात की चिंता नहीं है कि वे किसकी सीढ़ी से चढ़ना चाहते हैं। ये महत्वाकांक्षी दलित लोग भी कांग्रेस में शमिल कभी नहीं होते अगर उनके लिए कांग्रेस के बिना निर्दलीय रूप से चुनाव जीतना सम्भव होता।

दलितों के प्रतिनिधि दलितों के हितों के संरक्षक समझे जाते हैं, किंतु कांग्रेस में शमिल होने के कारण वे वहाँ मुँह पर पट्टा बँधे हुए कुत्ते से ज़्यादा हैसियत में नहीं हैं। काटना तो दूर ये तो भौंक भी नहीं सकते।"

"जो कोई भी अपने दिमाग का इस्तेमाल करेगा, वह इस बात का अहसास करेगा कि कांग्रेस सूरज और चाँद की तरह अमर नहीं है। एक दिन इसका भी अंत होना है।

"मेरा दृढ़ विश्वास है कि दलितों का कांग्रेस अथवा किसी भी बड़े राजनीतिक दल में शामिल होना उनके लिए घातक सिद्ध होगा।"

(डॉ. बाबा साहेब अम्बेडकर: *राइटिंग्स एँण्ड स्पीचेज़,*
खण्ड 5, पृ. 344-47)

समय व्यतीत होने के साथ-साथ डॉ. अम्बेडकर की संविधान निर्माण में उनकी भूमिका तथा संविधान के विषय में उनके दृष्टिकोण में परिवर्तन होता प्रतीत होता है। वह यहाँ तक कह चुके थे कि वे तो एक भाड़े के टट्टू थे और उन्होंने बहुत कुछ अपनी इच्छाओं का गला घोंटकर भी किया है। उन्होंने यहाँ तक कहा कि वे संविधान को आग लगाने वाले पहले व्यक्ति होंगे। वे इसे कभी नहीं चाहते थे। यह किसी के लिए भी उपयुक्त नहीं है।

उनके द्वारा इतना सब कहने और करने के बावजूद संविधान सभा के अधिकांश सदस्यों ने संविधान के निर्माण में उनके योगदान की सराहना की थी। डॉ. पट्टाभिसीतारमैया ने सदन की भावनाओं को निम्नांकित शब्दों में अभिव्यक्त किया था–

"वे एक ऐसे बुद्धिमान बुद्धिजीवी हैं, जिन्होंने वह कार्य कर दिखलाया, जो अत्यन्त दुष्कर था। वे किसी भी परिस्थिति में गलत विरोध के आगे नहीं झुके, न ही परास्त हुए। उन्होंने भिंची हुई मुट्ठियों तथा क्षणिक उत्तेजनाओं को पूर्ण कौशल के साथ शान्त किया तथा जो उन्हें उचित प्रतीत हुआ, वे उसके साथ अंजाम की परवाह किए बिना सीना तानकर डटे रहे।"

जवाहर लाल नेहरू ने संसद में कहा था, "इसमें कोई सन्देह नहीं कि संविधान का निर्माण करते समय डॉ. अम्बेडकर जैसा गहन चिन्तन तथा समस्याओं से निपटने की क्षमता अन्य कोई नहीं दिखा सकता था।"

डॉ. अम्बेडकर के दृष्टिकोण तथा चिन्तन से उनकी गहन अन्तर्दृष्टि, दूरदर्शिता, दर्शन, स्पष्टता तथा स्पष्टवादिता का प्रमाण मिलता है। हममें से प्रत्येक को उनकी दूरदृष्टि, निष्कपटता, दोष स्वीकार करने का साहस तथा गंभीरता एवं कार्य के प्रति उनके पूर्ण समर्पण की सराहना करनी चाहिए। देश ऐसे कई दौरों से होकर गुजरा है, जिनके विषय में डॉ. अम्बेडकर का सुस्पष्ट चिन्तन था तथा ऐसी परिस्थितियाँ भविष्य में देश के समक्ष आने की चेतावनी वे समय-समय पर दे चुके थे। आज उनके विचारों को नयी दृष्टि तथा प्रासंगिकता के साथ पढ़ा जाना चाहिए। उनके शब्द विद्वता से आपूरित हैं। हमारे शासकगण तथा निर्वाचित जनप्रतिनिधियों को डॉ. अम्बेडकर द्वारा कही गयी निम्नलिखित बातों को ध्यान में रखना चाहिए–

> "कोई भूखा व्यक्ति उस आलोचक को पसंद नहीं करेगा जो उससे कहे कि मेरे प्यारे दोस्त, यद्यपि मैं सत्ता में हूँ, यद्यपि मैं अधिकार धारण करता हूँ, यद्यपि मुझे व्यवस्था ठीक करने का वैधानिक अधिकार है, फिर भी तुम मुझसे किसी चमत्कार की उम्मीद मत करो क्योंकि मुझे उत्तराधिकार में ही ये सब समस्याएँ प्राप्त हुई हैं। यदि सरकार एक निश्चित समय सीमा के अन्दर परिणाम नहीं देती तो लोग इतने निराश, इतने दुखी हो जाते हैं कि वे यह मानने लगते हैं कि सरकार नाम की कोई चीज़ ही नहीं है। यदि हम संसद में बैठकर इस विषय में अपनी ज़िम्मेदारियाँ नहीं समझेंगे और एक निश्चित समय के अन्दर लोगों के हित तथा कल्याण के कार्यों को नहीं करेंगे तो मैं समझता हूँ कि एक दिन ऐसा अवश्य आएगा। मेरे मन में इस बात की जरा भी शंका नहीं है कि ऐसा होने पर संसद के बाहर लोग इसे घृणा की दृष्टि से देखने लगेंगे और ऐसी नौबत कभी भी नहीं आने देनी चाहिए।"

जनप्रतिनिधि अधिनियम पर चर्चा के दौरान डॉ. अम्बेडकर ने कहा था– "संसद की सदस्यता के लिए शिक्षा एक मात्र योग्यता नहीं हो सकती। यदि मैं इसे बुद्ध के शब्दों में कहूँ तो उन्होंने कहा था कि मनुष्य को दो गुणों की आवश्यकता है। पहला है ज्ञान और दूसरा है शील। शील के बग़ैर ज्ञान बड़ा ही खतरनाक होता है। इसके साथ शील होना अत्यन्त आवश्यक है, जिसके द्वारा हममें चरित्र, साहस, प्रलोभन से मुक्त होने जैसे सद्‌गुण विकसित होते हैं। मैं यह

देखने को उत्सुक हूँ कि इस महान सदन में शील से रहित किसी व्यक्ति का प्रवेश नहीं होना चाहिए।"

हमारे राजनीतिज्ञों को डॉ. अम्बेडकर द्वारा दी गयी इस चेतावनी का भी ध्यान रखना चाहिए–

> "अगर राजनीतिक दल अपने निहित स्वार्थों के कारण इस मसले पर ध्यान नहीं देंगे तो समय के साथ लोग स्वयं इस बात का ध्यान रखने लगेंगे। लोग ऐसे किसी भी व्यक्ति को इस सदन में प्रवेश की अनुमति नहीं देंगे जो इस सदन में बैठकर अपने दायित्वों का सही ढंग से निर्वाह न कर सके न ही वे उसे दुबारा वापस ही आने देंगे। वे परिणाम चाहते हैं, वे चाहते हैं कि उनकी समस्याओं पर ध्यान दिया जाए और मुझे पूरा विश्वास है कि वे यह लक्ष्य तभी प्राप्त कर सकेंगे जब वे अच्छे लोगों को ही इस सदन में भेजेंगे।"

डॉ. अम्बेडकर ने पुनः चेतावनी देते हुए कहा–"अब समय बदल चुका है। हम सभी अब नए आदर्शों की ओर मुड़ रहे हैं। वे जनता द्वारा सरकार के सिद्धांत से अब थक चुके हैं। वे अब जनता के लिए सरकार चाहते हैं और उन्हें इस बात से कोई फ़र्क नही पड़ता कि वह जनता की सरकार है अथवा जनता द्वारा सरकार है। अगर हम इस संविधान को अक्षुण्ण रखना चाहते हैं, जिसमें हमने जनता की सरकार, जनता के लिए सरकार तथा जनता द्वारा सरकार का सिद्धांत समाहित किया है, तो हमें अपने पथ में आने वाली बुराइयों के प्रति लापरवाह न होने का संकल्प लेना होगा। ये बुराइयाँ ही जनता को जनता द्वारा सरकार के स्थान पर जनता के लिए सरकार को पसंद करने के लिए बाध्य करेंगी।"

डॉ. अम्बेडकर की सलाह थी–"यदि हम लोकतंत्र को रूप में ही नहीं अपितु यथार्थ में भी बरक़रार रखना चाहते हैं तो हमें क्या करना चाहिए? मेरे विचार से सबसे पहले हमें संवैधानिक तरीकों से अपने सामाजिक तथा आर्थिक लक्ष्यों की ओर तेज़ी से आगे बढ़ना चाहिए। इसका अभिप्राय यह है कि हमें क्रान्ति के खूनी तौर-तरीके छोड़ने होंगे। हमें सविनय अवज्ञा, असहयोग तथा सत्याग्रह जैसे रास्ते भी छोड़ने होंगे। जब आर्थिक तथा सामाजिक लक्ष्यों को प्राप्त करने के संवैधानिक तरीके शेष न बचें तो ही असंवैधानिक तरीकों का प्रयोग सही ठहराया जा सकता है, लेकिन जब तक संवैधानिक उपायों के रास्ते बचे हैं तब तक इन असंवैधानिक तरीकों को किसी भी आधार पर उचित नहीं ठहराया जा सकता। ये तौर-तरीके और कुछ नहीं हैं बल्कि अराजकता का व्याकरण हैं तथा जितनी जल्दी हम इनसे मुक्ति पा लेंगे, हमारे लिए उतना ही अच्छा होगा।

दूसरी बात जो हमें करनी चाहिए वह है हमें जॉन स्टुअर्ट मिल की उस चेतावनी को ध्यान में रखना है, जो उन्होंने आज़ादी को बरकरार रखने के इच्छुक व्यक्तियों को दी थी। इसके अनुसार हमें अपनी आज़ादी को किसी के नियंत्रण में नहीं देना चाहिए, यहाँ तक कि उस महान पुरुष के हाथों में भी नहीं, जिसको सत्ता सौंपते समय हम उस पर विश्वास करते हों क्योंकि वह भी हमारी आज़ादी की प्रतीक संस्थाओं को नष्ट कर सकता है। उन महापुरुषों के प्रति ऋणी अथवा कृतज्ञ होना गलत नहीं है, जिन्होंने देश के लिए जीवन पर्यन्त अपनी सेवाएँ दीं, किन्तु कृतज्ञता की भी एक सीमा होती है। जैसा कि आयरिश देशभक्त डैनियल 'ओ' कोलोनेल ने लिखा भी है–कोई पुरुष अपने सम्मान की कीमत पर ऋणी नहीं हो सकता, कोई महिला अपने सतीत्व की कीमत पर ऋणी नहीं हो सकती तथा कोई देश अपनी आज़ादी की कीमत पर ऋणी नहीं हो सकता। यह चेतावनी किसी अन्य देश की तुलना में भारत के मामले में तो और भी अधिक आवश्यक है क्योंकि दुनिया के किसी अन्य देश की तुलना में भारत की राजनीति में नायक पूजा तथा भक्ति की परम्परा कुछ अधिक ही है। धर्म में भक्ति मार्ग आत्मा को मुक्ति की ओर ले जाता है, किन्तु राजनीति में भक्ति अथवा नायक पूजा का मार्ग निश्चय ही अवनति तथा अवश्यम्भावी तानाशाही की ओर ले जाता है।

दुर्भाग्यवश आज भारत में सामान्यत: लोग तथा विशेषकर राजनेता, चाहे वे जिस राजनीतिक दल के हों, अक्सर सत्याग्रह करते तथा बन्द कराते देखे जा सकते हैं। उन्हें इस बात की कोई परवाह नहीं कि बिना कोई गलती किए इससे लोग कितना कष्ट भुगतते हैं।"

नायक पूजा के विषय में जितना कम कहा जाए उतना ही अच्छा होगा। डॉ. अम्बेडकर ने अपने पचासवें जन्म दिवस के अवसर पर कहा था–"आप लोग पिछले पन्द्रह वर्षों से मेरा जन्मदिन मना रहे हैं। मैं इन समारोहों में कभी शामिल नहीं हुआ। मैंने हमेशा इनका विरोध किया है। अब आपने मेरी स्वर्ण जयन्ती मना ली है। बस इतना ही पर्याप्त है। अब आगे से ऐसे किसी समारोह के आयोजन की आवश्यकता नहीं है।"

और आइए अब देखें, सन 1947 में मुम्बई में अपनी मूर्ति स्थापित किए जाने के अवसर पर महात्मा गाँधी ने क्या कहा था? उन्होंने कहा था–"जब लोगों के पास खाने को भोजन और पहनने को वस्त्र नहीं है, तब ऐसे समय में मेरी मूर्ति स्थापित करने के किसी भी प्रस्ताव का मैं विरोध करता हूँ। बम्बई में घनघोर गन्दगी व्याप्त है। यहाँ इतनी अधिक भीड़ है कि गरीब लोग कीड़े-मकोड़ों की तरह जीवन-यापन कर रहे हैं। इन दस लाख रुपयों का जनता के किसी कार्य के लिए खर्च कर दिया जाना इनका सही उपयोग होगा। यही एक अच्छी मूर्ति होगी।"

गाँधी तथा अम्बेडकर अपनी हज़ारों मूर्तियों को उस एक पुरुष, महिला अथवा बच्चे के लिए कुर्बान कर सकते थे, जो उनके आदर्शों पर चलने का प्रयास करता। ये दोनों महापुरुष अपनी मूर्तियाँ स्थापित करने तथा उनकी पूजा के सख्त खिलाफ थे। इसके उलट आज पूरे भारत में हो क्या रहा है? आज करोड़ों रुपए फूँककर मूर्तियों तथा प्रतिमाओं को स्थापित करने का उन्माद चारों तरफ देखा जा सकता है। इससे वे किसकी सेवा कर रहे हैं, यह लाख टके का सवाल है।

कार्लाइल ने अपने दौर से क्षुब्ध होकर कहा था–

"यह वह दौर है, जहाँ महापुरुषों के अस्तित्व को ही नकारा जाता है। हमारे आलोचकों को एक महापुरुष दिखा दीजिए, वे इस बात की तर्कों के साथ पुष्टि कर देंगे कि उसकी पूजा ही मत करो, बल्कि उसकी प्रतिमाएँ भी गढ़ो।"

कार्लाइल ने इतिहास के महान पुरुषों को बैंक के ढेर सारे नोटों की भाँति माना है। बैंक के नोट सोने को निरूपित करते हैं। इस प्रकार हमें यह देखना है कि वे जाली नोट तो नहीं हैं। हमें महापुरुषों की पूजा करते समय विशेष सावधानी बरतनी चाहिए। इस देश में शायद हम आज ऐसी स्थिति में आ गए हैं कि जब "जेबकतरों से सावधान" लिखे हुए सूचना पटों की जगह हमें अब "महापुरुषों से सावधान" लिखे हुए सूचना पट लगाने की आवश्यकता पड़ेगी।

डॉ. अम्बेडकर का स्पष्ट मानना था कि राजनीति में नायक पूजा अवनति के मार्ग की ओर ले जाती है तथा इससे तानाशाही उत्पन्न होती है।

सौभाग्यवश भारत में लोकतंत्र एक जीवित तथा स्पंदनशील वास्तविकता है। हम उस दौर में रह रहे हैं जहाँ सामान्यत: लोकतंत्र की विदाई का समय चल रहा है। अधिकांश इस्लामिक देशों में लोकतंत्र को अस्वीकृत कर दिया गया है। पूर्वी देशों तथा अनेक भूतपूर्व औपनिवेशिक देशों में मार्क्सवाद-लेनिनवाद के नाम पर लोकतंत्र का गला घोंट दिया गया है। निकारागुआ में तो दक्षिणपंथी तानाशाही का स्थान वामपंथी तानाशाही ने ले लिया है। लैटिन अमेरिका में लोकतंत्र जीवित रहने के लिए संघर्षरत है। हाल के अनेक सुधारों के बावजूद चीन में अभी भी एक कठोर नियंत्रण में जकड़ा समाज है परन्तु भारत में अनेक पश्चिम यूरोपीय देशों तथा अमेरिका की भाँति व्यक्ति मानवाधिकारों का आनन्द लेने के लिए तब तक स्वतंत्र हैं जब तक वे कानून को अपने हाथों में नहीं ले लेते।"

1977 के चुनावों ने यह स्पष्ट कर दिया कि भारत में जनमत के नाम पर एक व्यक्ति अथवा परिवार का शासन नहीं चलाया जा रहा है। मतदाताओं ने इसे

दृढ़तापर्वूक ठुकरा दिया। उन्होंने दिखा दिया कि वे किसी के पीछे अंधे होकर नहीं भागते, चाहे वह श्रीमती इन्दिरा गाँधी ही क्यों न हों। भारत में न तो कोई खोमैनी हो सकता है, न कोई कास्त्रो हो सकता है और न ही कोई गद्दाफी ही पैदा हो सकता है। भारतीयों ने कभी भी सत्ता को किसी की बपौती नहीं बनने दिया है। अमेरिकी तथा पश्चिमी यूरोपीय देशों की भाँति ही हमने भी लोकतंत्र की शिराओं को सदैव स्पंदनशील रखा है।

श्रीमती इन्दिरा गाँधी सन् 1980 में दोबारा सत्ता में आयीं परन्तु इस समय तक उन्हें जनता द्वारा एक सबक दिया जा चुका था। अपने सत्ता में वापस आने के बाद उन्होंने पूर्ण लोकतांत्रिक तरीकों से शासन किया। आवश्यकता पड़ने पर वे कठोर भी हो जाती थीं, किन्तु अब उन्हें अपनी शक्तियों के समुचित सदुपयोग का ज्ञान हो चुका था। अन्त में वे नितान्त अलोकतांत्रिक तरीके अर्थात् गोलियों की बौछार से सत्ताच्युत कर दी गयीं परन्तु इस त्रासदी ने भी भारत के लोकतंत्र को कोई गहरा आघात नहीं पहुँचाया। क्यों? क्योंकि हमारे संविधान के गुण ही ऐसे हैं, जिनके विषय में डॉ. अम्बेडकर ने कहा था–"हमारा संविधान शान्ति काल तथा युद्ध काल दोनों ही अवसरों पर देश को एकजुट बनाए रखने में सक्षम है।"

25 नवम्बर, 1949 को संविधान सभा में बोलते हुए डॉ. अम्बेडकर ने कहा था–

> "मेरा मानना है कि कोई संविधान कितना भी अच्छा क्यों न हो, वह एक बुरे संविधान में निश्चय ही बदला जा सकता है। यदि इसका प्रयोग अच्छे ढंग से किया जाए तो यह संविधान अच्छा साबित हो सकता है। संविधान की कार्य प्रणाली संविधान की प्रकृति पर ही पूर्णतः निर्भर नहीं होती। संविधान किसी राष्ट्र को विधायिका, कार्यपालिका और न्यायपालिका जैसे अंग ही दे सकता है। राष्ट्र के ये अंग किस प्रकार कार्य करते हैं, यह उन लोगों तथा राजनीतिक दलों पर निर्भर है, जो लोगों की इच्छाओं तथा नीतियों के कार्यान्वयन हेतु सत्ता में हैं, जो लोगों की इच्छाओं तथा नीतियों के कार्यान्वयन हेतु सत्ता में रहकर कार्य करते हैं। कौन कह सकता है कि भारत के लोग तथा उनके राजनीतिक दल किस प्रकार भविष्य में कार्य करेंगे? क्या वे अपने उद्देश्यों की पूर्ति के लिए संवैधानिक तरीकों का इस्तेमाल करेंगे या वे क्रान्तिकारी तौर-तरीकों को पसंद करेंगे? संविधान के अच्छा होने से इस बात पर कोई असर नहीं पड़ने वाला। लोगों तथा उनके दलों की भावी भूमिका के विषय में जाने बिना संविधान के विषय में कोई भी धारणा बनाना निरर्थक होगा।"

डॉ. अम्बेडकर का विश्वास था–"सामाजिक तथा आर्थिक लोकतंत्र राजनीतिक लोकतंत्र के प्रमुख तन्तु हैं।" उन्होंने चेताया था–"एक वर्ग तथा दूसरे वर्ग के बीच समानता, एक लिंग और दूसरे लिंग के बीच समानता की उपेक्षा करना, जो हिन्दू समाज की मूल जड़ में है, को छुए बग़ैर आर्थिक समस्याओं पर कानून पारित करना हमारे संविधान का मज़ाक उड़ाना है और गोबर के ढेर पर महल बनाने के ख़्वाब देखना है।"

राज्य पुनर्गठन बिल, 1956, पर संसद में बोलते हुए डॉ. अम्बेडकर ने कहा था–"इस संघीय राज्य में अनेक छेद हैं और ये दरक सकते हैं। हम अपने समाज में दरारें डाल रहे हैं। हममें एकता नहीं है। हममें एकता न होने के कारण यह पूरी संरचना कभी भी बिखर सकती है। अत: हमें समय रहते इसे बिखरने से बचाने के लिए कुछ कदम उठाने चाहिए। मैंने सुझाव दिया था कि उत्तरी प्रांतों को छोटे-छोटे क्षेत्रों में बाँट कर छोटा कर दिया जाए ताकि दक्षिण भारत के लोग किसी प्रकार के भारी दबाव का अनुभव न करें। मेरा यह भी सुझाव था कि इसका एक अन्य समाधान है इस देश की दो राजधानियाँ बनाया जाना। मेरा सुझाव है कि हैदराबाद को भारत की दूसरी राजधानी बनाया जाना चाहिए।

दूसरी राजधानी की आवश्यकता

भारत में दो राजधानियों के होने की वकालत करते हुए डॉ. अम्बेडकर ने कहा था–

> "ब्रिटिशों के भारत से जाने बाद भारत के पास केवल एक राजधानी है, जो दिल्ली है। अंग्रेजों से पहले हमेशा से भारत की दो राजधानियाँ रही हैं। मुग़ल काल में भारत की पहली राजधानी दिल्ली तथा कश्मीर में श्रीनगर दूसरी राजधानी हुआ करती थी। जब अंग्रेज आए, तो उन्होंने भी दो राजधानियाँ बनायीं। पहली कलकत्ता थी और दूसरी शिमला थी। जब उन्होंने कलकत्ता के बजाए दिल्ली को राजधानी बनाया, तो भी उन्होंने शिमला को ग्रीष्मकालीन राजधानी बनाए रखा। यहाँ की जलवायुविक स्थितियों के कारण ही अंग्रेज़ों और मुग़लों ने दो राजधानियाँ बनायी थीं। न तो अंग्रेज और न ही मुग़ल पूरे बारह महीनों तक लगातार दिल्ली या कलकत्ता में रह सकते थे। दिल्ली के गरमी के महीने मुग़लों के लिए काटने मुश्किल थे। इसी कारण उन्होंने श्रीनगर को गरमी के महीनों के लिए दूसरी राजधानी बनाया। इसी प्रकार अंग्रेज़ों के लिए कलकत्ता की गरमी भी सहन करने योग्य नहीं थी। इसीलिए उन्होंने भी दो राजधानियाँ स्थापित कीं। इन जलवायुविक परिस्थितियों के अलावा तीन अन्य स्थितियाँ भी अब देखी जा सकती हैं। मुग़लों तथा अंग्रेज़ों के शासनकाल में लोकप्रिय सरकार जैसी कोई चीज़ नहीं थी। अब

हमारे पास लोकप्रिय सरकार है तथा जनता की सुविधाओं का ध्यान रखना हमारा प्रथम दायित्व है। दक्षिण भारत के लोगों के लिए दिल्ली आना अत्यन्त असुविधाजनक है। वे यहाँ की दूरी तथा ठण्ड दोनों से परेशान होते हैं। यहाँ तक कि उत्तरी भारत के लोगों को भी यहाँ की गरमी से परेशानी होती है। वे शिकायत नहीं करते क्योंकि वे घर के नज़दीक हैं तथा सत्ता की कुरसी से बहुत पास हैं। दूसरी बात दक्षिण भारत के निवासियों की भावनाओं का ध्यान रखना है तथा तीसरी बात सुरक्षा की है। दक्षिण भारतीयों का सोचना है कि उनके देश की राजधानी उनसे बहुत दूर है तथा उत्तर भारत के लोग शासन कर रहे हैं। तीसरी बात निस्सन्देह अधिक महत्वपूर्ण है। वह यह है कि दिल्ली अभेद्य स्थान नहीं है। यह हमारे पड़ोसी देशों की बमवर्षा की सीमा में आसानी से आ सकती है। यद्यपि भारत अपने पड़ोसी देशों के साथ शान्ति के साथ रहने का प्रयास कर रहा है, परन्तु यह नहीं माना जा सकता कि भारत को कभी किसी देश के साथ युद्ध नहीं करना पड़ेगा और यदि ऐसी स्थिति आती है तो भारत सरकार को दिल्ली छोड़नी पड़ेगी और अपना शासन चलाने के लिए किसी अन्य स्थान की खोज करनी पड़ेगी। वह कौन सा स्थान है, जहाँ भारत सरकार अपना शासन चलाने के लिए जा सकती है? एक बार कलकत्ता के विषय में भी सोचा जा सकता है, परन्तु कलकत्ता तिब्बत से बमवर्षा की जद में है। यद्यपि भारत और चीन आज अच्छे मित्र हैं, किंतु कोई भी यह विश्वासपूर्वक नहीं कह सकता कि कब तक हमारे बीच यह दोस्ती क़ायम रहेगी। इस स्थिति में भारत और चीन के बीच संघर्ष की सम्भावना विद्यमान है। ऐसे मौके पर कलकत्ता का राजधानी होना निरर्थक होगा। एक अन्य विकल्प के रूप में अगला शहर बंबई को माना जा सकता है, लेकिन बंबई एक बन्दरगाह है और हमारी भारत सरकार के बंबई आ जाने पर हमारी नौ सेना उसे सुरक्षा प्रदान कर पाने में अक्षम सिद्ध होगी। क्या कोई चौथी जगह भी इस बारे में सोची जा सकती है? मेरे विचार से हैदराबाद एक ऐसा ही स्थान हो सकता है। हैदराबाद, सिकन्दराबाद तथा बोलराम को मुख्य आयुक्त के प्रान्तों में परिवर्तित किया जा सकता है तथा इसे भारत की दूसरी राजधानी बनाया जा सकता है। हैदराबाद भारत की दूसरी राजधानी बनने की सभी शर्तें पूरी करता है। हैदराबाद सभी राज्यों से समान दूरी पर है।

सुरक्षा के दृष्टिकोण से यह शहर केन्द्र सरकार को पर्याप्त सुरक्षा देगा। यह भारत के सभी भागों से समान दूरी पर है। यह दक्षिण भारत के लोगों को इस बात का संतोष देगा कि उनकी सरकार कभी-कभी उनके साथ रहती

है। सर्दियों के मौसम में सरकार दिल्ली में रहे तथा अन्य महीनों में यह हैदराबाद में रह सकती है। हैदराबाद के पास वे सभी सुविधाएँ हैं, जो दिल्ली में हैं तथा यह दिल्ली से कहीं बेहतर शहर है। इसमें दिल्ली की भाँति भव्यता भी है। यहाँ की इमारतें सस्ती हैं तथा वास्तव में दिल्ली की तुलना में कहीं अधिक सुन्दर हैं। इसलिए हैदराबाद, सिकन्दराबाद तथा बोलराम को भारत की दूसरी राजधानी बनाया जाना चाहिए। सौभाग्यवश यह कार्य बहुत सुगमतापूर्वक किया जा सकता है तथा इससे सम्पूर्ण दक्षिण भारत, महाराष्ट्र एवं आन्ध्र के लोगों को भी संतुष्टि मिलेगी।"

(डॉ. बाबा साहेब अम्बेडकरः *राइटिंग्स एँण्ड स्पीचेज़*, खण्ड-1, पृ. 170-71)

डॉ. अम्बेडकर भारत के विभाजन से बहुत प्रसन्न थे। उन्होंने अपनी प्रसन्नता को निम्नांकित शब्दों में अभिव्यक्त किया है-

"मुझे प्रसन्नता है कि भारत पाकिस्तान से अलग हो गया। मैं पाकिस्तान के निर्माण का प्रबल समर्थक था। मैंने विभाजन की वकालत की थी क्योंकि मेरा मानना है कि केवल विभाजन से ही न सिर्फ स्वतंत्र होंगे बल्कि मुक्त भी होंगे। अगर भारत और पाकिस्तान एक रहते तो एक समय वह आता जब हिन्दू स्वतंत्र होने के बावजूद मुस्लिमों की दया पर आश्रित रहते। केवल स्वतंत्र भारत हिन्दुओं की दृष्टि से एक मुक्त भारत नहीं होता। यहाँ एक देश में दो राष्ट्रों की एक सरकार होती। हिन्दू महासभा और जनसंघ के होते हुए भी निस्सन्देह मुस्लिम ही यहाँ राज कर रहे होते। जब देश का विभाजन हो रहा था, तब मैंने सोचा था कि ईश्वर अपने शाप को वापस ले रहे हैं तथा भारत को अब एक महान तथा समृद्ध देश बनाएंगे किन्तु मुझे भय है कि शाप दोबारा भी वापस आ सकता है क्योंकि मैं देख रहा हूँ कि जो भाषाई आधार पर राज्यों के गठन की वकालत कर रहे हैं, वे दिल से अपनी क्षेत्रीय भाषाओं को उन राज्यों की राजभाषा बनाना चाहते हैं। यह विचार अखण्ड भारत के आदर्श के लिए मौत की घण्टी के समान है। क्षेत्रीय भाषाओं को राजभाषाएँ बनाने से भारत को अखण्ड राष्ट्र बनाने और भारतीयों में पहले भारतीय होने की भावना जगाने की धारणा नष्ट हो जाएगी।"

(डॉ. बाबा साहेब अम्बेडकरः *राइटिंग्स एँण्ड स्पीचेज़* खण्ड-1, पृ. 146)

डॉ. अम्बेडकर ने उत्तर भारत तथा दक्षिण भारत के विषय में निम्नलिखित विचार व्यक्त किए थे-

"उत्तर तथा दक्षिण के मध्य बड़ी भिन्नताएँ हैं। उत्तर परम्परावादी है, दक्षिण प्रगतिवादी है। उत्तर अंधविश्वासी है, दक्षिण तर्क से परिपूर्ण है। दक्षिण शिक्षा की दृष्टि से काफी आगे है जबकि उत्तर शिक्षा की दृष्टि से पिछड़ा हुआ है। दक्षिण की संस्कृति आधुनिक है, उत्तर की संस्कृति पुरातन है। डॉ. अम्बेडकर का सवाल था, किस प्रकार उत्तर का शासन दक्षिण को मान्य हो सकता है? पहले से ही इस बात के संकेत हैं कि दक्षिण उत्तर से टूटकर अलग होना चाहता है।"

डॉ. अम्बेडकर ने आगे कहा–

"श्री राजगोपालाचारी ने राज्य पुनर्गठन आयोग में एक वक्तव्य दिया है, जो 27 नवम्बर, 1950 के *टाइम्स ऑफ इण्डिया* में प्रकाशित हुआ है। उन्होंने अपने वक्तव्य में यह कहा है–

"यदि राज्य पुनर्गठन की योजना को अगले 15 वर्षों तक के लिए ठण्डे बस्ते में डालना सम्भव न हो तो एकमात्र विकल्प यह है कि केन्द्र सरकार ही एक एकल राज्य के रूप में पूरे भारत का संचालन करे तथा जिले के अधिकारियों एवं जिले के बोर्डों से सीधे सम्पर्क रखे, जिन पर क्षेत्रीय आयुक्तों का नियंत्रण हो। ड्राइंग रूम में बैठकर इतिहास के परिणामों को समझने और खींची गयी सीमाओं तथा अनुभागों के लिए लड़ने में राष्ट्र की ऊर्जा व्यय करना समय की बर्बादी होगी।"

राजगोपालाचारी ने आगे कहा, "मेरा दृढ़ विश्वास है कि देश के दक्षिणी हिस्से का राजनीतिक महत्व बरक़रार रखने के लिए एक बड़े दक्षिणी राज्य का अस्तित्व में बने रहना अत्यन्त आवश्यक है। दक्षिण को तमिल, मलयालम तथा अन्य छोटे राज्यों में बाँटना प्रत्येक की महत्ता को पूर्णतः समाप्त करना होगा तथा इसका अन्तिम परिणाम यह होगा कि इससे भारत और अधिक निर्धन बनेगा।"

डॉ. अम्बेडकर ने कहा–

"श्री राजगोपालाचारी ने अपने सम्पूर्ण दृष्टिकोण को यहाँ पर अभिव्यक्त नहीं किया है। ऐसा उन्होंने मेरे समक्ष खुलकर प्रस्तुत किया था जब वे राष्ट्र के प्रधान थे तथा मैं संविधान का प्रारूप तैयार करते समय प्रभारी कानून मंत्री था। एक बार मैं मेरे नित्य के इण्टरव्यू के लिए श्री राजगोपालाचारी के पास गया। ऐसे ही एक इन्टरव्यू में श्री राजगोपालाचारी ने संविधान सभा द्वारा तैयार किए जा रहे संविधान के विषय में अपने विचार रखे थे। उन्होंने उस समय मुझसे कहा था, "आप एक बड़ी गलती करने जा रहे हैं। सभी क्षेत्रों को समान प्रतिनिधित्व के साथ सम्पूर्ण भारत को एक संघ का विचार

अनुचित है। ऐसे संघ में भारत का प्रधानमंत्री और राष्ट्रपति हमेशा हिन्दी भाषी क्षेत्र से ही होगा। आपको दो संघ बनाने चाहिए। एक उत्तर का संघ हो तथा एक दक्षिण का संघ हो एवं उत्तर तथा दक्षिण के संघों को मिलाकर महासंघ बने, जिसमें महासंघ के पास विधायन हेतु तीन विषय हों तथा दोनों संघों का समान प्रतिनिधित्व हो।"

डॉ. अम्बेडकर का इस पर अभिमत था–

"ये श्री राजगोपालाचारी के वास्तविक विचार हैं। उनके ये विचार मेरे पास एक रहस्योद्घाटन के रूप में आए, जो उन्होंने एक कांग्रेसी के रूप में अपने दिल से निकाल कर रखे थे। अब मैं श्री राजगोपालाचारी को भारत के उत्तर तथा दक्षिण के रूप में दो टुकड़े करने की कोशिश करने वाले व्यक्ति के रूप में देखने लगा था।"

डॉ. अम्बेडकर ने चेतावनी दी थी–

"यह नहीं भूलना चाहिए कि संयुक्त राज्य अमेरिका में उत्तर तथा दक्षिण के बीच एक गृहयुद्ध हुआ था। भारत में भी उत्तर तथा दक्षिण के बीच गृहयुद्ध हो सकता है। समय ऐसे संघर्ष के लिए ज़मीन तैयार करेगा। यह भी नहीं भूलना चाहिए कि उत्तर तथा दक्षिण के बीच बड़ी सांस्कृतिक भिन्नताएँ हैं और सांस्कृतिक भिन्नताएँ सुलगती हुई तीली की भाँति होती हैं।"

(डॉ. बाबा साहेब अम्बेडकर: *राइटिंग्स एॅण्ड स्पीचेज़*,
खण्ड-1. पृ. 149-50)

'राष्ट्र' की अवधारणा के विषय में डॉ. अम्बेडकर के विचार निम्नवत् हैं– "मुझे वे दिन याद हैं, जब भारत के राजनीतिक विचारक 'हम भारत के लोग' शब्दों से क्रुद्ध हो जाया करते थे। इसके स्थान पर वे 'भारत राष्ट्र' की बात कहना अधिक पसंद करते थे। मेरा मानना है कि हम एक राष्ट्र हैं यह मानकर हम एक बड़े छल छद्म की सृष्टि कर रहे हैं। कई हज़ार जातियों में बँटे हम लोग कैसे एक राष्ट्र हो सकते हैं? जितनी जल्दी हम यह समझ लें कि 'राष्ट्र' शब्द के सामाजिक तथा मनोवैज्ञानिक अर्थ की दृष्टि से हम अभी तक एक राष्ट्र नहीं बन पाए हैं, उतना ही अच्छा होगा। तभी हम एक राष्ट्र होने की आवश्यकता को महसूस कर सकेंगे तथा इस लक्ष्य को प्राप्त करने के रास्तों तथा तरीकों के विषय में गम्भीरतापूर्वक सोच सकेंगे। इस लक्ष्य को प्राप्त करना अत्यन्त कठिन कार्य है। भारत में यह अमेरिका में किए गए प्रयासों से कहीं अधिक कठिन है। ये जातियाँ राष्ट्र विरोधी हैं क्योंकि सर्वप्रथम ये सामाजिक जीवन में पृथकता

लाती हैं। ये जातियों के बीच ईर्ष्या तथा दुर्भावना को जन्म देती हैं परन्तु हमें इन सभी समस्याओं का सामना करना होगा तभी हम वास्तव में एक राष्ट्र बन सकेंगे। राष्ट्र होने की दशा में भाईचारा ही एकमात्र कारक होगा। भाईचारे के बग़ैर समानता तथा स्वतंत्रता रंगों की परतों से अधिक गहरी नहीं होगी।"

यह अत्यन्त दु:ख की बात है कि आज़ादी मिलने के पचास वर्षों के बाद भी लोगों के दिमागों से जातिवाद के दानव को निकालने के स्थान पर प्रशासनिक तथा राजनीतिक लाभ के लिए उनमें, विशेषकर युवाओं के मन में यह ज़हर बुरी तरह से भरा जा रहा है। डॉ. एस. राधाकृष्णन जैसे महान दार्शनिक जब भारत के राष्ट्रपति थे, तब उन्होंने कहा था, "आज जाति एक सामाजिक बुराई नहीं रह गयी है, बल्कि अब यह एक राजनीतिक तथा प्रशासनिक बुराई बन गयी है। हम वोट पाना चाहते हैं और हम उन्हीं लोगों को चुनाव में खड़ा करते हैं, जो वोटरों के हिसाब से उपयुक्त होते हैं.......यह जरूरी है कि राजनीति को यथासम्भव इस प्रकार के दलदल से दूर रखा जाए।"

डॉ. नानी पालकीवाला ने कहा था, "उच्चतम न्यायालय ने मण्डल केस में बहुमत से फैसला दिया था कि जातिवाद के कोड़े को शाश्वत रूप से अस्तित्व में बनाए रखा जाए। उच्चतम न्यायालय के इस निर्णय के बाद श्री वी.पी. सिंह ने कहा था कि इस निर्णय के बाद वे अब शान्ति से मर सकते हैं, किन्तु उनकी इस नीति ने यह सुनिश्चित किया कि देश शान्तिपूर्वक नहीं रहेगा। जातिवाद के विष वृक्ष को दोबारा लगाया जा रहा है, जो अब हमें एक हज़ार सालों तक कष्ट देता रहेगा, हरेक को इसके विषय में सोचना होगा।"

डॉ. अम्बेडकर का विश्वास था, "राष्ट्रीय तथा सामाजिक संस्था के रूप में जाति के विषय में कोई भी दृष्टिकोण अपनाया जाए, परन्तु इसकी उपेक्षा कर पाना सम्भव नहीं है और जब तक जाति किसी व्यक्ति की सरकारी अथवा सामाजिक पहचान के लिए प्रयुक्त की जाती रहेगी, तब तक यह दावा नहीं किया जा सकता है कि एक अवांछित संस्था को स्थाई बनाने में दशकीय गणना सहायक सिद्ध होती है।"

यहाँ 6 अक्तूबर, 1932 को बम्बई की विधानसभा में प्रकट किए गए डॉ. अम्बेडकर के विचारों को अद्धृत करना अप्रांसगिक न होगा, जिसमें उन्होंने कहा था–

> "यदि भारत राष्ट्रीयता की भावना जाग्रत करने में सफल नहीं हो पाया है तो इसका एकमात्र कारण यहाँ की ग्रामीण व्यवस्था है। इससे यहाँ के सभी लोग स्थानीय विशिष्टता या स्थानीय देशभक्ति में उलझकर रह गए हैं। इससे अपेक्षाकृत वृहत् नागरिक भावनाओं के लिए कोई जगह नहीं बची है।

प्राचीन ग्राम पंचायतों के अन्तर्गत भारत एकता के सूत्र में बँधे लोगों के एक देश के स्थान पर ग्रामीण समुदायों का एक ढीला-ढाला पुंज बनकर रह गया है। इसमें एक शासक से जुड़ाव के अतिरिक्त अन्य कोई बंधन नहीं है। इन दिनों जब आप राष्ट्रीय भावना लाने के लिए प्रयास कर रहे हैं, जब आप एक समान राष्ट्रीयता तथा एक जैसी भारतीय नागरिकता को स्थापित करने का प्रयास कर रह हैं तो हमें ऐसा कोई काम नहीं करना चाहिए, जिससे इन प्रयासों को आघात पहुँचे।"

(डॉ. बाबा साहेब अम्बेडकर: *राइटिंग्स ऍण्ड स्पीचेज़*, खण्ड-1. पृ. 106)

डॉ. अम्बेडकर ने इस बात पर बल दिया था कि यदि ग्राम पंचायतें अस्तित्व में आती हैं तो इनमें अल्पसंख्यकों के लिए विशेष प्रतिनिधित्व दिया जाना ज़रूरी है। इसी प्रकार इनमें किसी भी कीमत पर दलित जातियों के लिए विशेष प्रतिनिधित्व होना चाहिए। डॉ. अम्बेडकर ने कहा था, "इस सदन में एक ऐसा वर्ग है, जो एकदम से उछल पड़ेगा और कहेगा कि यह साम्प्रदायिकता है। मैं स्वीकार करता हूँ कि मेरी नीति साम्प्रदायिक है। मैं इससे शर्मिन्दा नहीं होता। मैं तो कहूँगा कि साम्प्रदायिकता के बग़ैर भारत राजनीतिक प्रगति के रास्ते पर आगे नहीं बढ़ सकता। साम्प्रदायिकता के बिना भारत में कोई अपनी सरकार नहीं हो सकती। यह वह बात है जिसे मैं चुनौती के भय के बग़ैर स्पष्ट रूप से कह सकता हूँ।"

(डॉ. बाबा साहेब अम्बेडकर: *राइटिंग्स ऍण्ड स्पीचेज़*, खण्ड-2, पृ. 106-7)

संविधान को अंगीकार किये जाने से पूर्व अपने अन्तिम अभिभाषण में डॉ. अम्बेडकर ने कहा था-

"विरोधाभासों की यह ज़िन्दगी हम कब तक जीते रहेंगे? कब तक हम अपने सामाजिक तथा आर्थिक जीवन में समानता की उपेक्षा करते रहेंगे? यदि हम लंबे समय तक इसकी अनदेखी करेंगे, तो हम ऐसा अपने राजनीतिक लोकतंत्र की क्षति की कीमत पर ही करेंगे। हमें ज़ल्द से ज़ल्द इस विरोधाभास को दूर कर देना चाहिए अन्यथा असमानता के शिकार लोग उठ खड़े होंगे और राजनीतिक लोकतंत्र की इस संरचना को नष्ट कर देंगे, जिसे इस सभा ने अत्यन्त परिश्रम के साथ बनाया है।"

स्वतंत्रता के पश्चात भारत में बनी सभी सरकारों ने यह दावा किया है कि वे सामाजिक तथा आर्थिक लोकतंत्र लाने का प्रयास कर रही हैं, परन्तु परिणाम

इतने उत्साहपूर्ण नहीं हैं। इस लक्ष्य की प्राप्ति हेतु हमें काफी आगे जाना है। इस लक्ष्य को प्राप्त करने के लिए सरकार की सहायता करने के लिए एक सरल रास्ता संविधान में दिया गया है। इसके अनुसार संविधान की मूल संरचना को क्षति पहुँचाए बग़ैर संविधान में संशोधन किए जा सकते हैं। यहाँ यह उल्लेखनीय है कि दुनिया के किसी भी संविधान में इतनी सरल प्रक्रिया नहीं है। केवल शासकों के पास इच्छाशक्ति होनी चाहिए।

संविधान संशोधन के विषय में डॉ. अम्बेडकर का दृष्टिकोण

डॉ. अम्बेडकर के कानून मंत्री होने तथा सांसद होने के दौरान संविधान में संशोधन हेतु चार बिल लाए गए थे।

संविधान (प्रथम संशोधन) बिल, 1951

उच्चतम न्यायालय के कुछ निर्णयों के फलस्वरूप प्रथम संशोधन की आवश्यकता थी। संसद में इस पर हुई चर्चा में बोलते हुए डॉ. अम्बेडकर ने कहा था, "मैंने उच्चतम न्यायालय द्वारा दिए गए इन दोनों निर्णयों को सावधानीपूर्वक पढ़ा है तथा माननीय उच्चतम न्यायालय के न्यायाधीशों के प्रति पूर्ण सम्मान के साथ मैं कहना चाहता हूँ कि मैं इन निर्णयों को अत्यन्त असन्तोषजनक पाता हूँ। ये निर्णय संविधान के अनुच्छेदों की भावना के अनुरूप नहीं हैं।" ऐसा उन्होंने कानून मंत्री पद से इस्तीफा देने से पहले कहा था।

इस बिल पर चर्चा के दौरान उच्चतम न्यायालय में न्यायाधीशों की नियुक्तियों तथा पदोन्नतियों का मामला भी उठा। पंडित ठाकुर दास भार्गव ने डॉ. अम्बेडकर से पूछा कि क्या वे एक अराष्ट्रीय व्यक्ति को भारत का प्रधानमंत्री बनाया जाना पसंद करेंगे। इस पर डॉ. अम्बेडकर का जवाब था, "हम अपवादस्वरूप इन चार मामलों पर चर्चा कर रहे हैं।" यदि कोई इस चर्चा की कार्रवाइयों पर ध्यानपूर्वक नज़र डाले तथा इनकी पंक्तियों को गहनपूर्वक पढ़े तो यह निष्कर्ष स्वतः ही स्पष्ट हो जाएगा।

संविधान (तृतीय संशोधन) बिल, 1954

इस बिल पर बोलते हुए डॉ. अम्बेडकर ने कहा था, "........अब मैं संविधान के इस संशोधन के विषय में सरकार के रुख़ पर रोशनी डालना चाहूँगा। अभी संविधान केवल चार वर्ष पुराना है और अभी तक यह परिपक्व नहीं हुआ है। इसके चार वर्ष सात माह के जीवन में संविधान का यह तीसरा संशोधन है। मुझे नहीं पता कि दुनिया के किसी भी संविधान को इतनी तेज़ी से संशोधित किया गया है और यदि मैं ऐसा कहता हूँ तो यह कार्य वर्तमान सरकार द्वारा जल्दबाज़ी में किया जा रहा है।"

डॉ. अम्बेडकर ने आगे कहा–

"क्या हमारी सरकार इन आधारभूत नियमों को देख रही है? यह सच है कि हमारा संविधान अत्यधिक लचीला है। यह न तो अमेरिकी संविधान की तरह है और न ही यह आस्ट्रेलिया के संविधान जैसा ही है। संविधान तैयार करने वाले व्यक्ति इस तथ्य से भली भाँति अवगत थे कि भविष्य में ऐसी परिस्थितियाँ आएंगी जब संविधान में संशोधन किया जाना आवश्यक होगा और आप ज्वलंत सामाजिक समस्याओं को संविधान की बाध्यताओं के कारण स्थगित नहीं रख सकते। इसी कारण यह प्रस्ताव किया गया कि अनुच्छेद 368 में उल्लिखित प्रावधान यथेष्ट हैं....। किन्तु मेरे मन में किंचित भी सन्देह नहीं है कि जिन्हें संविधान के प्रारूप से कोई लेना-देना नहीं है, उन्होंने भी यह कभी नहीं सोचा होगा कि सरकार मतदाताओं को सूचित किए बग़ैर अत्यन्त जल्दबाज़ी में संविधान में संशोधन करने लगेगी। मैं मानता हूँ कि मतदाताओं को सूचना देना राजनीतिक जीवन तथा पार्टी के जीवन का एक सामान्य सिद्धांत है। प्रत्येक पार्टी को कुछ कार्य करने के लिए जनादेश मिलता है। जनादेश के बग़ैर एक पार्टी कुछ भी नहीं कर सकती। आप मतदाताओं को धोखे में नहीं रख सकते तथा आप निर्वाचित होकर आए हैं और आपके पास संविधान को संशोधित करने का पूरा अधिकार है, आप यह नहीं सोच सकते। यही वह कार्य है, जो हमारी सरकार कर रही है। म़ात्र इसलिए क्योंकि उनके पास बहुमत है और वे सोचते हैं कि उनके पास न सिर्फ किसी भी उस कानून को बनाने की ताक़त है, जिसके माध्यम से वे सत्ता प्राप्त कर चुके हैं, बल्कि मात्र निर्वाचित हो जाने से ही वे संविधान को बदलने की ताक़त भी रखते हैं। उन्हें अब अपने कृत्यों के विषय में जनता को सूचित करने की भी आवश्यकता नहीं रह गयी है, यहाँ तक कि उन्हें संविधान का संशोधन करते समय भी किसी को सूचित करने की ज़रूरत नहीं है। क्या संविधान किसी साधारण कानून से किसी भी प्रकार भिन्न नहीं है? क्या यह एक कागज़ का टुकड़ा मात्र है, जो किसी व्यक्ति के चाहने मात्र से संशोधित किया जा सकता है? मराठी में एक कहावत है, जिसमें हम कहते हैं कि यदि कोई बूढ़ी स्त्री मरती है तो इससे अधिक प्रभाव नही पड़ता मगर हमें डर लगने लगता है कि कहीं यम देवता बार बार यहाँ आने के आदी न हो जाएँ और हम यम देव का बार-बार आना रोकना चाहने लगते हैं। इससे कोई फ़र्क नहीं पड़ता कि बूढ़ी महिला मरी है या यम देव उसे झपट्टा मार कर ले गए हैं। यही वह बात है जो यहाँ पर हो रही है तथा मैं यह देख रहा हूँ कि

सरकार के मन में संविधान के लिए बहुत कम सम्मान शेष बचा है तथा उसमें संविधान की अवमानना करने का भाव जाग्रत होता जा रहा है।"

संविधान (चतुर्थ संशोधन) बिल, 1954

संविधान (चतुर्थ संशोधन) बिल, 1954 पर बोलते हुए डॉ. अम्बेडकर ने कहा था—

"मुझे नहीं लगता कि सरकार को किसी बात की कोई परवाह है। मैं वही चेतावनी दोबारा देना चाहता हूँ और कुछ वजहें बताना चाहता हूँ कि क्यों संविधान को बार-बार संशोधित नहीं किया जाना चाहिए और इससे बेवजह छेड़-छाड़ किया जाना बन्द किया जाना चाहिए। इसी कारण मैं कहता हूँ कि संविधान को इतने हल्के ढंग से तथा बार-बार नहीं सुधारा जाना चाहिए। मैं नहीं जानता कि सरकार मेरी बात सुनेगी, शायद नहीं सुनेगी।"

डॉ. अम्बेडकर ने आगे कहा—

"दूसरे देशों में यदि न्यायपालिका सरकार की इच्छा के विपरीत संविधान के किसी खण्ड का अभिप्राय निकालती है, तो सरकार को उससे सहमत होना पड़ता है। वहाँ सरकारें अदालतों के निर्णयों को नहीं उलटतीं। यहाँ हमारे देश में हमने एक अलग किस्म की मानसिकता विकसित कर ली है। हमारी मानसिकता है कि यदि उच्चतम न्यायालय के न्यायाधीश हमारी इच्छा के अनुरूप निर्णय नहीं देते हैं तो हम उन्हें हटा सकते हैं। यही वह बात है। इसके मुकाबले मुझे अपने उच्चतम न्यायालय के व्यवहार से प्रसन्नता होती है। अपने अस्तित्व में आने के थोड़े से समय में ही उच्चतम न्यायालय के अनेक दौर मुझे दिखाई दिए हैं। मुझे याद है कि अपनी शक्ति की पहली चमक दिखाते हुए उच्चतम न्यायालय ने यह घोषित किया अथवा यह घोषित करने का साहस किया कि भारतीय दण्ड संहिता का कुछ अंश दोषपूर्ण है। हमारी सरकार इससे तुरन्त क्षुब्ध हो गयी और वह एक संशोधन ले आयी कि न्यायपालिका की यह टिप्पणी गलत थी। मुझे आशा है कि सरकार द्वारा लगातार किए जा रहे संविधान संशोधनों के बावजूद उच्चतम न्यायालय अपने निष्पक्ष निर्णय देता रहेगा और उसे सरकार के कहे की चिंता नहीं होगी। मुझे नहीं लगता कि कोई भी व्यक्ति यह कहेगा कि उच्चतम न्यायालय ने कोई निर्णय संविधान की मूल भावना के विरुद्ध दिया है।"

'भू-स्वामित्व' पर अपने अभिभाषण में डॉ. अम्बेडकर ने कहा था—

> "सरकार संविधान में संशोधन करने जा रही है। उसे संविधान को संशोधित करने का चस्का लग गया है। यदि आप संविधान को हर शनिवार को संशोधित करेंगे तो ऐसे संविधान का क्या मतलब है?"

यह अत्यन्त आश्चर्य की बात है कि 26 जनवरी, 1950 में इसके प्रारंभ से मई 2000 तक संविधान को 81 बार संशोधित किया जा चुका था।

यह उल्लेखनीय है कि आस्ट्रेलिया ने विगत 79 वर्षों में संविधान में परिवर्तन के 32 प्रस्तावों में से केवल 5 को ही अनुमोदित किया है। 1973 के अन्त में आस्ट्रेलिया की संसद ने संविधान संशोधन के दो प्रस्ताव बहुमत से पारित किए परन्तु आस्ट्रेलिया के प्रत्येक राज्य के लोगों ने इन प्रस्तावों को उतने ही मज़बूत बहुमत से ठुकरा दिया। बेल्जियम जैसे छोटे देश को भी अपने देश के आधारभूत कानूनों को संशोधित करने में 12 वर्ष (1967-78) लगे।

अमेरिका का संविधान आधारभूत संरचना में परिवर्तन किए बग़ैर विगत 250 वर्षों से अस्तित्व में है। इसमें संशोधन कुछ विषयों जैसे महिला मताधिकार, नीग्रो मताधिकार, मद्य निषेद्य आदि के लिए किए गए, परन्तु नागरिक स्वतंत्रता तथा संविधान की आधारभूत संरचना को कभी नहीं छुआ गया है और न ही इसे छूने का दुस्साहस किसी ने किया। यदि कोई राजनीतिक दल अमेरिका में लोगों के मूलभूत अधिकारों के साथ छेड़-छाड़ करने का प्रयास करेगा तो वह नष्ट हो जाएगा।

डॉ. अम्बेडकर ने ज़ोर देकर कहा था–

> "जो व्यक्ति संविधान से सन्तुष्ट नहीं हैं, उन्हें मात्र दो-तिहाई बहुमत लाने की आवश्यकता है और यदि वे वयस्क मताधिकार के आधार पर दो-तिहाई बहुमत नहीं ला पा रहे हैं, तो यह माना जाएगा कि संविधान के प्रति उनकी असन्तुष्टि को साधारण जनता का समर्थन हासिल नहीं है।"

अपने विषय प्रवेश को विराम देने से पूर्व मैं विद्वत् बुद्धिजीवियों के विषय में डॉ. अम्बेडकर द्वारा व्यक्त किए गए विचारों को उद्धृत करना चाहूँगा, जिसमें उन्होंने कहा था–

> "प्रत्येक देश में बुद्धिजीवी वर्ग यदि सत्ता में नहीं है तो भी सर्वाधिक प्रभावशाली वर्ग है। बुद्धिजीवी वह वर्ग है जो भविष्यदृष्टा होता है, जो सुझाव दे सकता है तथा नेतृत्व प्रदान कर सकता है। कोई भी ऐसा देश नहीं है, जहाँ पर कुछ लोगों का समूह विद्वान विचारों तथा कृत्यों से परिपूर्ण न होता हो। यह प्रेरणादायक समूह होता है तथा बुद्धिजीवी वर्ग का प्रतिनिधित्व करता है। यह कहना अतिशयोक्ति नहीं होगी कि एक देश की सम्पूर्ण

नियति उसके बुद्धिजीवी वर्ग पर निर्भर होती है। यदि बुद्धिजीवी वर्ग ईमानदार है, स्वतन्त्र है तथा निष्पक्ष है तो इसके द्वारा उठाए गए कदमों पर विश्वास किया जा सकता है तथा किसी समस्या के उपस्थित होने पर उसे नेतृत्व प्रदान करने हेतु कहा जा सकता है। यह सत्य है कि विद्वता स्वयं में कोई गुण नहीं है। यह बुद्धिजीवी वर्ग द्वारा इस्तेमाल किए गए तौर-तरीकों अथवा उन तरीकों के प्रयोग में निहित है, जिनसे सफलता पाई जाती है। एक बुद्धिजीवी व्यक्ति एक अच्छा व्यक्ति हो सकता है किन्तु वह आसानी से एक धूर्त्त व्यक्ति में भी परिवर्तित हो सकता है। इसी प्रकार एक बुद्धिजीवी वर्ग ऐसी उच्च कोटि की आत्माओं का समूह हो सकता है जो सहायता करने को सदैव तैयार रहते हों, मानवता के कष्टों को दूर करने को उद्धत रहते हों अथवा वे सरलतापूर्वक ठगों के गैंग हो सकते हैं या संकीर्ण विचारों के लोगों का गुट हो सकते हैं, जिनसे उन्हें समर्थन मिलता हो।"

(डॉ. बाबा साहेब अम्बेडकर: *राइटिंग्स ऍण्ड स्पीचेज़*, खण्ड-1, पृ. 71)

आज देश मुश्किल दौर से गुज़र रहा है। फिर भी मुझे पूर्ण विश्वास है कि विश्वास, दृष्टि तथा साहस से परिपूर्ण बुद्धिजीवी जन देश को उन्नति के पथ पर ले चलेंगे तथा देश कल्याण के पावन पथ पर सर्वदा अग्रसर होता रहेगा।

अन्त में मुझे महान दूरदृष्टा डॉ. कन्हैया लाल माणिकलाल मुंशी की भारत के विषय में कही गयी बात याद आ रही है, जिसे मैं नीचे उद्‌धृत कर रहा हूँ–

"भारत अध्यात्म की मातृभूमि है। राजनीतिक परिवर्तन तथा आर्थिक सामंजस्य गुज़र जाने वाली घटनाएँ हैं। जो स्थाई मूल्य तथा सन्तोष की बात है, वह है कि भारत समस्याओं के बावजूद सदैव आगे बढ़ता रहेगा और मानवता को आत्म-विश्वास, अनुशासन तथा समर्पण की भावना से आगे बढ़ने को प्रेरित करता रहेगा।"

1 संविधान सभा

बहुत पहले सन् 1934 में महात्मा गाँधी ने डॉ. कन्हैयालाल माणिकलाल मुंशी से संविधान सभा पर एक आलेख तैयार करने को कहा था। उनके निर्देशानुसार डॉ. मुंशी ने "हमारा लक्ष्य: संविधान सभा" शीर्षक से एक आलेख लिखकर गाँधी जी के पास भेजा। इस आलेख का महत्त्वपूर्ण अंश निम्नलिखित है:

"विभिन्न संविधान सभाओं के अध्ययन से इनको गठित करने की दो विधियाँ ज्ञात हुई हैं। ऐंग्लो सैक्सन प्रभाव वाले देशों में संविधान सभा उन सदस्यों द्वारा बनाई गई है जो स्वयं प्रान्तीय निकायों से निर्वाचित होकर आए थे। इन निकायों को सम्भवत: एक सीमित मताधिकार द्वारा चुना अथवा नहीं चुना गया था। दूसरे प्रकार की संविधान सभाओं में यथासम्भव देश का दृष्टिकोण प्रदर्शित करने का प्रयास किया जाता है। इसे वयस्क मताधिकार अथवा आनुपातिक प्रतिनिधित्व द्वारा प्राप्त किया जाता है। यह विभिन्न मतदाताओं के दृष्टिकोण को प्रदर्शित करने का एक वैज्ञानिक तरीका है। यह तरीका यूरोप में सफलतापूर्वक लागू किया गया है तथा भारतीय परिस्थितियों को देखते हुए यहाँ के लिए यह सर्वाधिक उपयुक्त तरीका है।"

"इस प्रकार आधुनिक राजनीतिक जीवन में संविधान सभा एक महत्त्वपूर्ण भूमिका निभाने हेतु सामने आयी। कांग्रेस एक ऐसी सभा चाहती थी, जो भारत की स्वाधीनता का प्रतीक हो तथा उसके लोगों की शक्ति का स्रोत बने। इसके द्वारा भारत एक मताधिकार सम्पन्न देश की गरिमा हासिल करना चाहता था, आत्मनिर्णय के अधिकार को स्वर देना चाहता था तथा इसके आधारभूत कानूनों के द्वारा इसने अपनी आत्मा को भी प्राप्त कर लिया।"

इस आलेख को पाने के बाद गाँधी जी ने मुंशी जी को पत्र लिखा, जिसमें उन्होंने लिखा, "व्यस्तता के क्षणों के बावजूद मैंने आपका आलेख ध्यानपूर्वक पढ़ने का प्रयास किया। इसका अंतिम अनुच्छेद ठीक प्रतीत नहीं हो रहा था, इसलिए मैंने उसे काट दिया है और दो वाक्य जोड़ दिए हैं। यदि आपको ये

परिवर्तन ठीक लगें, तो इन्हें शामिल कर लें तथा इस आलेख का उपयोग कर लें।

गाँधी जी द्वारा संशोधित रूप में यह आलेख *हिन्दुस्तान टाइम्स तथा ट्रिब्यून* में 21 जुलाई, 1934 को प्रकाशित हुआ और कुछ दिनों बाद यह *हिन्दू* में भी छपा।

(*पिलग्रिमेज टू फ्रीडम*: डॉ. के.एम. मुंशी,
भारतीय विद्या भवन, पृ. 40–41)

कांग्रेस कार्यसमिति का यह दृढ़ विश्वास था कि भारत के लिए संविधान तैयार करने का कार्य केवल संविधान सभा द्वारा ही किया जाना चाहिए, जिसमें महत्त्वपूर्ण अल्पसंख्यकों के प्रतिनिधियों समेत भारतीय ही निर्वाचित किए जाएँ। इसके पश्चात कांग्रेस ने फैज़पुर, हरिपुरा तथा सन् 1945 के विख्यात शिमला के वार्षिक अधिवेशनों में भी यही बात दोहराई कि भारत किसी विदेशी के हस्तक्षेप के बग़ैर भारतीयों द्वारा तैयार किए गए संविधान को ही स्वीकार करेगा। 1942 में क्रिप्स मिशन का नेतृत्व करने वाले सर स्टेफोर्ड क्रिप्स ने भी यही मत दृढ़तापूर्वक रखते हुए कहा कि भारतीयों द्वारा निर्वाचित संस्था को ही भारत के लिए संविधान तैयार करना चाहिए। 16 मई, 1946 को कैबिनेट मिशन ने अपने प्रस्तावों की घोषणा की, जिसमें उसने भविष्य में भारत में शासन चलाने हेतु संविधान तैयार करने के लिए एक संविधान सभा के गठन का सुझाव दिया।

कांग्रेस तथा मुस्लिम लीग दोनों ने ही समझौते के लिए कैबिनेट मिशन योजना को स्वीकार कर लिया। कांग्रेस के अध्यक्ष के रूप में पं. जवाहर लाल नेहरू ने 10 जुलाई, 1946 को घोषणा की कि कांग्रेस समझौतों की परवाह किए बग़ैर संविधान सभा में जाने को तैयार है और उसे इससे भविष्य में किसी भी प्रकार की परिस्थितियों के उठ खड़े होने की कोई परवाह नहीं है।

कुछ दिनों में ही मुस्लिम लीग ने यह कहते हुए इस योजना को अस्वीकार कर दिया कि संविधान सभा में बहुमत के कारण कांग्रेस इसे बदलना चाहती है। कांग्रेस कार्यसमिति ने नेहरू के दृष्टिकोण से अलग होने का प्रयास किया, किन्तु वह मुस्लिम लीग को इसमें शामिल करने के लिए तैयार करने में असमर्थ रही।

(*पिलग्रिमेज टू फ्रीडम*: डॉ. के.एम. मुंशी,
भारतीय विद्या भवन, पृ. 104)

10 जुलाई, 1946 को गाँधी जी ने मुंशी जी से कहा कि कांग्रेस की कार्यसमिति ने संविधान सभा के लिए प्रारूप प्रस्ताव तैयार करने हेतु विशेषज्ञों

की एक समिति गठित की है तथा जवाहर लाल ने उन्हें (मुंशी जी) भी इसका एक सदस्य नियुक्त किया है। गाँधी जी ने कहा, "आप जो कुछ कर रहे हैं, उसे छोड़कर अब यह कार्य करें। यह बहुत महत्त्वपूर्ण कार्य है और आपको अपने हिस्से के कार्य को पूरा करना होगा।"

अगले दिन मुंशी जी को नेहरू जी का एक पत्र मिला, जिसमें उनसे विशेषज्ञ समिति में शामिल होने का अनुरोध किया गया था। जवाहर लाल नेहरू इस समिति के अध्यक्ष थे तथा आसफ अली, एन. गोपालस्वामी आयंगर, के.टी. शाह, के. संथानम, हुमायूँ कबीर तथा डी.आर. गाडगिल इसके अन्य सदस्य थे।

मुंशी जी ने विशेषज्ञ समिति में शामिल होने के पश्चात संविधान के प्रारूप के निर्माण की कवायद शुरू कर दी। अगस्त के मध्य में मुंबई में वी.के. कृष्ण मेनन ने उनके साथ कुछ समय व्यतीत किया और इसका कुछ अंश तैयार करने में उनकी मदद की। मेनन उनके लिए अत्यन्त मददगार थे किन्तु उन्हें अचानक इंग्लैण्ड जाना पड़ा और मुंशी जी को अपना काम अकेले पूरा करना पड़ा, जिसमें उन्हें लगभग दो महीने का समय लगा।

मुंशी जी द्वारा तैयार किए गए प्रारंभिक प्रारूप में लगभग 50 अनुच्छेद हैं तथा निम्नलिखित प्रस्तावना है:

"भारत के लोगों तथा ब्रिटिश भारत के क्षेत्रों का प्रतिनिधित्व करने वाली संविधान सभा एक अखण्ड तथा स्वतंत्र मातृभूमि के कल्याण हेतु इस संविधान का समर्थन तथा अभिपुष्टि करती है।"

प्रारूप के पहले दो अनुच्छेद इस प्रकार हैं–

1. भारत संघ एक लोकतान्त्रिक सम्प्रभुता सम्पन्न गणराज्य है।
2. जनता की सम्प्रभुता, सरकार की समस्त शक्तियाँ तथा कार्यपालिका, विधायिका एवं न्यायपालिका की समस्त शक्तियाँ भारत की संप्रभुता सम्पन्न जनता से प्राप्त हुई हैं तथा इनका उपयोग संघ तथा राज्य में किया जा सकेगा तथा जनता के अधिकारों के हितों एवं स्वतंत्रता की रक्षा इसके संविधान द्वारा, इसके अन्तर्गत अथवा के अनुसार स्थापित अंगों द्वारा की जाएगी।

मुंशी जी के प्रारूप के अनुसार सम्प्रभुता की शक्ति भारत के लोगों में निहित थी, जो एक तथा अविभाज्य थी, न तो यह शक्ति वर्ग में थी और न ही राज्यों में निहित थी। इसका प्रयोग संविधान द्वारा स्थापित संस्थाओं द्वारा किया

जाना था, लोगों को अपनी इच्छा की अभिव्यक्ति अपने प्रत्यक्ष निर्वाचित प्रतिनिधियों के माध्यम से करनी थी।

उस समय 'हमारे लोगों में शक्ति' के पथ में एक बाधा उपस्थित थी, जो अंग्रेज़ों की 'फूट डालो और राज करो' की नीति के कारण वैधानिक रूप से उपस्थित अल्पसंख्यकों की स्थिति के विषय में थी। अल्पसंख्यक समुदाय देश की आज़ादी को खतरे में डालकर भी संघर्ष करने क़ो उतारू था। इस समस्या के समाधान के लिए मुंशी जी और वी.के. कृष्ण मेनन ने एक रास्ता निकाला और वह था सरकार के एक अंग को राष्ट्रपति की परिषद का नाम देना। यह परिषद राजा की सलाहकार परिषद जैसी ही थी, ब्रिटेन के संवैधानिक इतिहास के प्राचीन समय में इसे इसी नाम से पुकारा जाता था। इसे अमेरिका की सीनेट की भाँति कुछ अधिकार भी दिए गए थे।

इस परिषद के अन्तर्गत एक राष्ट्रपति, कुछ मंत्रीगण तथा दस उपराष्ट्रपति होने थे, जिनमें से दो उत्तराधिकार प्राप्त राजाओं में से होने थे, दो हिन्दू, दो मुसलमान, एक सिक्ख, एक ईसाई, एक एंग्लो इण्डियन तथा एक पारसी समुदाय से आने थे। राष्ट्रपति की परिषद को अत्यन्त शक्तिशाली बनाया जाना था तथा उसे राजदूतों की नियुक्तियाँ एवं अध्यादेश जारी करने के अधिकार थे।

इस प्रारंभिक विवेचन से प्राप्त परिणामों ने मुंशी जी को उन भावी चुनौतियों की जानकारी दी, जिनसे संविधान सभा को भविष्य में निबटना था–

पहली चुनौती ब्रिटिश नीतियों तथा 16 मई, 1946 की कैबिनेट मिशन योजना के रूप में उपस्थित थी।

दूसरी चुनौती मुस्लिम लीग तथा कुछ अन्य समूहों की विध्वंसात्मक हरकतों का सामना करने की थी।

तीसरी चुनौती संवैधानिक अल्पसंख्यकों से मिलने वाली थी।

चौथी चुनौती वह थी, जिसे नई लोकतांत्रिक व्यवस्था में केन्द्र को एक शक्तिशाली तथा सक्षम संस्था के रूप में तैयार करने का प्रयत्न करने के रूप में मिलनी थी।

पाँचवी चुनौती अनुभवहीन तथा राजनीतिक रूप से अपरिपक्व लोगों, जिन्हें एकाएक सत्ता के अधिकार मिल गए थे, से स्वाभाविक रूप से मिलनी थी।

जवाहर लाल नेहरू ने मुंशी जी से कहा कि वे अपने प्रारूप की चर्चा गोपालस्वामी आयंगर से कर लें। वे दोनों प्रायः रोज ही मिलते थे और प्रारूप के विषय में, उसमें आने वाली समस्याओं एवं कुछ समाधानों के बारे में चर्चा किया करते थे। जब वे संविधान के निर्माण में आने वाली समस्याओं के विषय

में चर्चा कर रहे थे, तब जवाहर लाल नेहरू ने उनसे कहा था कि वे इस बारे में चिंता न करें और प्रारूप के नियमों एवं संविधान सभा के उद्देश्यों हेतु प्रारूप संकल्प एवं उनके स्वयं के द्वारा बनाए गए मूल प्रारूप को अंतिम रूप दें।

4 अगस्त तक संविधान सभा के कार्यों हेतु नियम सम्बन्धी पहला प्रारूप तैयार हो गया था।

मुस्लिम लीग का रुख़ अनिश्चित था। वह संविधान सभा में प्रवेश कर सकती थी और इसे अव्यवस्थित कर सकती थी। वह इसका बहिष्कार करके योजना की कभी भी धज्जियाँ उड़ा सकती थी। अतः नियमों को इस प्रकार तैयार किया गया था कि ब्रिटिश सरकार अथवा मुस्लिम लीग का कैसा भी रुख़ होने पर संविधान सभा एक सम्प्रभुता सम्पन्न संविधान निर्माण करने वाली संस्था के रूप में अपना कार्य जारी रख सके।"

(*पिलग्रिमेज टू फ्रीडेमः* डॉ. के.एम. मुंशी,
भारतीय विद्या भवन, पृ. 104–106)

संविधान सभा के समक्ष उपस्थित कठिनाइयाँ

शुरूआत में ही संविधान सभा को दो चुनौतियों का सामना करना पड़ा। पहली चुनौती चर्चिल की ओर से आई, जिसने एक संसदीय चर्चा के दौरान संविधान सभा की वैधता पर ही प्रश्न चिन्ह लगा दिया। क्या इसे जन्म देने वाली ब्रिटिश कैबिनेट ही इसकी अकाल हत्या कर सकती थी? दूसरी चुनौती मुस्लिम लीग की ओर से आयी। यदि वह संविधान सभा में आती, तो क्या वह संविधान सभा और इसके नियमों को अनुभागों एवं समितियों में मानने को तैयार होती?

यद्यपि अनेक कांग्रेसियों का यह विश्वास था कि संविधान सभा एक सम्प्रभुता सम्पन्न निकाय है, किन्तु वास्तव में ऐसा नही था। यह ब्रिटिश सरकार द्वारा अस्तित्व में लायी गयी थी और उसी के द्वारा इसे खत्म भी किया जा सकता था। यद्यपि जैसी परिस्थितियाँ उस समय विद्यमान थीं, उनमें ब्रिटिश सरकार इसे खत्म करने का दुस्साहस नहीं कर सकती थी परन्तु कांग्रेस तथा मुस्लिम लीग के अन्तर्विरोध इसे तोड़ सकते थे।

कैबिनेट मिशन की व्याख्या करते समय गहरे मतभेद उभर आए थे और वे सभी एक मुख्य प्रश्न पर केन्द्रित थे कि संविधान सभा की संवैधानिक शक्ति का दायरा क्या है?

क्या अनुभागों के अन्तर्गत प्रान्तों का समूह बनाना आवश्यक है? क्या प्रान्त अपने स्वयं के संविधान अथवा अनुच्छेद एक साधारण बहुमत द्वारा तैयार कर सकते हैं? वायसराय ने तत्कालीन कांग्रेस अध्यक्ष मौलाना आजाद को आश्वासन

दिया कि समूह बनाना ज़रूरी नहीं है। मुस्लिम लीग के अध्यक्ष की ज़िद थी कि ऐसा ही है और ब्रिटिश सरकार ही इस मसले को हवा दे रही है।

असम की एक समस्या भी सामने आयी। यह हिन्दू बहुल प्रान्त था जिसे पूर्वी अनुभाग में शमिल किया गया था। क्या असम को मुस्लिम बहुल अनुभाग से अलग रखा जाना चाहिए? पूर्वी अनुभाग में बंगाल तथा असम शामिल किए गए थे।

किसी भी मसले में चाहे वह प्रान्तों अथवा अनुभागों को सम्प्रभुता देने या न देने का मसला हो, कैबिनेट मिशन योजना के अन्तर्गत केन्द्र में भी इस पर मतभेद थे और इसका समाधान ब्रिटिश सेना के हस्तक्षेप से ही सम्भव था, जिसे कांग्रेस स्वीकार नहीं कर सकती थी।

एक समस्या फिर उठ खड़ी हुई थी। क्या अनुभागों के प्रतिनिधियों का उनके अपने संविधान के निर्माण में पूर्ण नियंत्रण होना चाहिए अथवा उन्हें संविधान सभा से अन्तिम स्वीकृति लेनी अनिवार्य है?

कांग्रेस का मानना था कि अल्पसंख्यकों के अधिकार एक समान होने चाहिए तथा सम्पूर्ण देश में एक कानून का शासन होना चाहिए। मुस्लिम लीग अपने धार्मिक मसलों में संविधान सभा का हस्तक्षेप नहीं चाहती थी। यह बड़ी खाईं कैसे पाटी जाती?

कैबिनेट मिशन योजना के अन्तर्गत संविधान सभा का अनुभागों तथा प्रान्तों के संविधान बनाने की शक्तियों पर पूर्ण नियंत्रण नहीं था, किन्तु वह अपने लिए कानून बना सकती थी, जिनके द्वारा वह प्रभावी नियंत्रण सुनिश्चित कर सकती थी। इसे सलाहकार समिति के नियमों का भी अनुमोदन करना था, जिसे अल्पसंख्यकों की सुरक्षा, मौलिक अधिकार तथा ऐसे अधिकारों को न्यायपालिका के माध्यम से लागू करवाने का अधिकार जैसे विषयों पर अपने प्रतिवेदन देने थे।

वास्तव में 16 मई, 1946 की कैबिनेट मिशन योजना के तहत संविधान सभा की शक्तियाँ लोकतांत्रिक ढाँचे से सम्बन्धित विषयों तक परिभाषित थीं, परन्तु अनुभागों अथवा प्रान्तों के राजनीतिक ढाँचे अथवा केन्द्र के सम्प्रभु अधिकारों के नियमन का इसे अधिकार नहीं था।

कुछ छोटे अनुभाग भी उठ खड़े हुए थे, जिनका संविधान सभा के कार्यकलाप पर व्यापक असर पड़ा।

क्या विदेशी होकर भी यूरोपियन लोग संविधान सभा में भाग ले सकते हैं? मुंशी जी ने इस प्रश्न का उत्तर लिखित रूप में गाँधी जी को दिया था, जिसमें

उन्होंने इनके संविधान सभा में भाग न ले सकने की बात कही थी, कालान्तर में यूरोपीय लोगों ने संविधान सभा से स्वयं को अलग ही रखा।

अगला सवाल था कि पहले दिन के सत्र की अध्यक्षता किसे करनी चाहिए? यह भी एक अत्यन्त महत्त्वपूर्ण मुद्दा था। लॉर्ड वावेल का विचार था कि ब्रिटिश सरकार ही संविधान सभा को अस्तित्व में लायी है, अतः उन्हें अध्यक्ष नियुक्त करने का अधिकार होना चाहिए। पंडित नेहरू ने इस बात पर ज़ोर दिया कि वावेल को ऐसा कोई अधिकार हासिल नहीं है तथा संविधान सभा एक सम्प्रभुता सम्पन्न निकाय है। अन्त में अमेरिका और फ्रांस की संविधान सभाओं के पूर्व उदाहरणों के अनुसार यह तय किया गया कि सदन के सर्वाधिक वरिष्ठ सदस्य को तब तक संविधान सभा की अध्यक्षता करनी होगी, जब तक संविधान सभा अपना अध्यक्ष स्वयं नहीं चुन लेती। कांग्रेस का आग्रह था कि उसके तत्कालीन अध्यक्ष आचार्य कृपलानी को संविधान सभा का अध्यक्ष बनाया जाना चाहिए।

तीसरा प्रश्न प्रतिष्ठा से प्रत्यक्ष जुड़ा हुआ था और यह अत्यन्त नाजुक मसला था। पुराने गर्वनर जनरलों द्वारा संविधान सभा की पुस्तकालय दीर्घा में सजावट हेतु लगाई गई पेंटिंगों का क्या किया जाए? संविधान सभा ने उन पूर्व क्षत्रपों की बात नहीं मानी जो इनकी ओर ललचाई नज़रों से देख रहे थे और अन्त में ये सभी पेंटिंग उन स्थानों से उतार कर किसी अज्ञात जगह भेज दी गयीं।

(*पिलग्रिमेज टु फ्रीडम*: डॉ. के.एम. मुंशी,
भारतीय विद्या भवन, पृ. 110–12)

डॉ. बी.आर. अम्बेडकर ने संविधान सभा के इस प्रस्ताव का विरोध किया कि इसके सदस्यों का चुनाव स्वयं संविधान सभा करे। उन्होंने शेड्यूल कास्ट फेडरेशन के बैनर तले विभिन्न सभाओं हेतु 1505 उम्मीदवारों को चुनाव में खड़ा किया, किन्तु वे मात्र एक को ही निर्वाचित करा सके। बॉम्बे प्रेसीडेंसी की 175 सीटों में से उनका एक भी प्रत्याशी नहीं जीत सका। वे स्वयं सत्ताधारी दल के श्री बी.जी. खेर से चुनाव हार गए। इसका मतलब यह था कि बॉम्बे प्रेसीडेंसी से उनका दोबारा निर्वाचित होकर संविधान सभा में प्रवेश कर पाना सम्भव नहीं था, परन्तु पूर्वी बंगाल से सुविख्यात दलित नेता एवं श्री जिन्ना की ओर से एक्जीक्यूटिव काउंसिल में नामित पांच सदस्यों में से एक श्री जोगेन्द्र नाथ मण्डल ने संविधान सभा से इसलिए त्यागपत्र दे दिया ताकि डॉ. अम्बेडकर संविधान सभा में प्रवेश पा सकें। इसी के अनुरूप पूर्वी बंगाल से डॉ. अम्बेडकर संविधान सभा के लिए निर्वाचित हो गए।

उनके स्वयं के विचार से उनका संविधान सभा में प्रवेश करने का एकमात्र उद्देश्य भारत की जनसंख्या के एक-चौथाई हिस्से जिसे हम अछूत कहते हैं, को देश, विधायिका, सेवा, शिक्षा आदि के संचालन में उसका वाजिब हक दिलवाना था।

संविधान सभा की शुरूआत

सोमवार 9 दिसम्बर, 1946 को नयी दिल्ली में संसद के केन्द्रीय सभागार में संविधान सभा की कार्रवाई शुरू हुई। इसके सभी 296 सदस्य उद्घाटन सत्र में भाग ले सकते थे, किन्तु केवल 207 सदस्य ही इस सत्र में शमिल हुए। अनुपस्थित सदस्यों में ज्यादातर मुस्लिम लीग के सदस्य थे, जिन्होंने संविधान सभा का बहिष्कार किया।

डॉ. के.एम. मुंशी ने इस घटना का उल्लेख अपनी डायरी में किया है, जिसमें वे कभी-कभी प्रमुख घटनाओं के विषय में लिखा करते थे, उनके शब्दों में:

"चारों तरफ शोरगुल है। भारत के लिए यह एक महान दिन है। भारतवासी आज अपना स्वयं का संविधान बनाने जा रहे हैं, लेकिन चारों तरफ एक उदासी भी है।

मैंने जैसे ही सभागार में प्रवेश किया, मेरी आँखें वहाँ की सजावट तथा प्रकाश सज्जा देखकर चौंधिया गयीं। इससे एक स्वतंत्र राष्ट्र के एक उचित जन्म स्थल का आभास हो रहा था।

छोटे-छोटे समूहों में खड़े सदस्यगण आपस में जोर-जोर से बातें कर रहे थे। पूरे देश से आए हमारे मित्र यहाँ उपस्थित थे। हमने हाथ मिलाए और शिष्टाचार सम्बन्धी बातें कीं, परन्तु उनमें कृत्रिम प्रसन्नता स्पष्ट दिख रही थी।

चर्चिल ने अत्यन्त अपशकुनी घोषणा की थी। जिन्ना ने इसके भयंकर परिणाम होने की धमकी दे दी थी। वावेल उस दिन दिल्ली से बाहर चले गए थे। हमसे हमारी आज़ादी की एक बहुत बड़ी कीमत माँगी जा रही थी, या तो विभाजन स्वीकार कर लो या करोड़ों हिन्दुओं के बलिदान की बात मान लो।

मैं श्री एच.वी.आर. आयंगर के पास गया। ब्रिटिश सरकार ने संविधान सभा के लिए कोई सन्देश नहीं भेजा था, उन्होंने तो इसे मान्यता देने से इन्कार कर दिया था। हालांकि अमेरिका, चीन और आस्ट्रेलिया ने शुभकामना सन्देश अवश्य भेजे थे।

कुछ समूह इस बात की चर्चा कर रहे थे कि किसे इसका अध्यक्ष बनाया जाना चाहिए? कांग्रेस का यह स्पष्ट रुख था कि अध्यक्ष किसी विख्यात कांग्रेसी को ही बनाया जाना चाहिए। बहुत से लोगों की नज़रें राजेन्द्र बाबू पर थीं। वे बिना

किसी अतिरिक्त प्रयास के लोगों को मुश्किल परिस्थितियों से बाहर निकाल सकते थे। ऐसी नैतिक शक्ति का आकर्षण उनमें विद्यमान था।

अपने लम्बे बालों तथा स्वभाव से क्रान्तिकारी दिखने वाले कृपलानी जी ने सभागार में प्रवेश किया। हमने उनसे लंदन वार्त्ता के परिणाम के विषय में चर्चा की। वे चिड़चिड़े और उदास से दिख रहे थे।

इसके बाद सरदार आए, सभी सदस्यों ने उनका मुस्कुराते हुए स्वागत किया परन्तु वे अत्यन्त क्रोध की मुद्रा में थे। जब श्रीमती नायडू आयीं तो वे एक युवा किशोरी की भाँति लग रही थीं, जिसके आने से चारों ओर चमक बिखर गयी। जयकर ने भी अपना आसन ग्रहण किया। वे शान्त किन्तु दुःखी प्रतीत हो रहे थे।

फिर पंडित जी ने सभागार में प्रवेश किया। उनका करतल ध्वनि से स्वागत किया गया। वे चारों ओर देखते हुए मुसकाए, उन्होंने अपना लेदर केस हवा में उछाला और पकड़कर उसे वापस ले लिया तथा अपनी सीट पर जाकर बैठ गए। सभी सदस्य उत्सुकतापूर्वक उनके चारों ओर आकर खड़े हो गए मानों वे यह जानना चाहते हों कि क्या हो रहा है।

मैं दूसरी पंक्ति में सरदार और खेर के ठीक पीछे अपनी सीट पर जा पहुँचा। सरदार और खेर के मुखमण्डल पर मुख्यमंत्रियों जैसी आभा दिख रही थी। शंकर राव मेरे दायीं ओर बैठे थे। हम इस बारे में बात कर रहे थे कि आखिर क्या होने जा रहा है।

नेताओं ने आगे की पंक्ति में अपना-अपना स्थान ग्रहण किया। घण्टी बजी। कुछ क्षणों के लिए वातावरण में निस्तब्धता छा गयी।

ठीक 11 बजे आचार्य कृपलानी (तत्कालीन कांग्रेस अध्यक्ष) ने सदन के सबसे वरिष्ठ सदस्य डॉ. सच्चिदानन्द सिन्हा का नाम कार्यवाहक अध्यक्ष के लिए प्रस्तावित किया तथा उन्हें अध्यक्ष के आसन के पास ले गए।

(*पिलग्रिमेज टू फ्रीडम*: डॉ. के.एम. मुंशी,
भारतीय विद्या भवन, पृ. 112-14)

इसके पश्चात श्री फ्रैंक एन्टोनी को उपाध्यक्ष चुना गया। श्री एच.वी.आर. आयंगर तथा सर बी.एन. राऊ को क्रमशः सचिव तथा संवैधानिक सलाहकार नियुक्त किया गया।

इस ऐतिहासिक अवसर पर जबकि विश्व के नवीनतम तथा सबसे बड़े लोकतंत्र के संविधान की संरचना का स्वप्न देखा जा रहा था, डॉ. सच्चिदानन्द सिन्हा ने अपने उद्घाटन भाषण में जोसेफ स्टोरी के निम्नांकित शब्दों को उद्धृत किया-

"इस संविधान को इसके निर्माताओं ने पूरी ईमानदारी तथा कौशल के साथ तैयार किया है, इसकी नींव मजबूत है, इसका प्रत्येक अंग मजबूत है, सुन्दर है तथा उपयोगी है। इसे पूर्ण बुद्धिमानी तथा क्रम के अनुसार व्यवस्थित किया गया है तथा यह अन्दर से सुदृढ़ एवं अजेय है। अगर इसे एक व्यक्ति द्वारा निर्मित मानकर इसे 'अमर कर देने की आकांक्षा से निर्मित' कहा जाए, तो अतिशयोक्ति न होगी। यदि इसके संरक्षक मूर्खता करें, भ्रष्ट हों अथवा नादान हों तो इसे ध्वस्त होने में एक घण्टा भी नहीं लगेगा। मैं यहाँ आपके सामने कुछ शब्दों को रखना चाहता हूँ। समाज तथा गणतंत्र नागरिकों के गुणों, जनभावनाओं तथा बुद्धिमत्ता के लिए बनाए जाते हैं। समाज तथा गणतंत्र नामक संस्थाएँ ध्वस्त हो जाती हैं, जब जनता की इन परिषदों से विद्वानों को निकाल दिया जाता है मात्र इसलिए क्योंकि उनमें ईमानदार होने का साहस होता है। जब दुराचारियों तथा पतितों को पुरस्कृत किया जाता है, तो वे जनता को धोखा देने के लिए चिकनी-चुपड़ी बातें करते हैं और प्रकारान्तर से इन संस्थाओं को नष्ट करने का काम ही करते हैं।"

श्री सिन्हा के अभिभाषण के बाद जोरदार तालियाँ बजीं। इसके पश्चात शपथ ग्रहण समारोह शुरू हुआ। एच.वी.आर. आयंगर ने प्रत्येक सदस्य को शपथ लेने तथा रजिस्टर पर हस्ताक्षर करने के लिए उनका नाम लेकर बुलाना प्रारम्भ किया। सर्वप्रथम सी. राजगोपालाचारी ने हस्ताक्षर किए। इसके पश्चात वहाँ उपस्थित प्रत्येक सदस्य ने हस्ताक्षर किए। डॉ. अम्बेडकर ने पूर्वी बंगाल के एक सदस्य के रूप में हस्ताक्षर किए।

10 दिसम्बर, 1946 को संविधान सभा ने अध्यक्ष निर्वाचित करने के लिए नियम पारित किए। 11 दिसम्बर, 1946 को सभा ने डॉ. राजेन्द्र प्रसाद को अपना स्थायी अध्यक्ष चुन लिया।

लक्ष्य आधारित संकल्प

13 दिसम्बर, 1946 को पंडित जवाहर लाल नेहरू ने लक्ष्य आधारित संकल्प प्रस्तुत किया। इसे प्रस्तुत करते समय उन्होंने इसे 'हमारी जनता के लिए हमारी विधिवत प्रतिज्ञा, जिसे उनके लिए निर्मित किए जाने वाले संविधान में लक्षित किया जाएगा' नाम दिया। उन्होंने कहा, "संकल्प में निहित आधारभूत प्रस्ताव विवादास्पद नहीं होंगे। भारत में उन्हें कोई चुनौती नहीं देगा तथा किसी को उन्हें चुनौती देनी भी नहीं चाहिए और यदि कोई ऐसा करता है, तो हम उसकी चुनौती स्वीकार करेंगे और अपने पक्ष के समर्थन में तर्क देंगे।" उनके इस व्याख्यान का करतल ध्वनि के साथ स्वागत हुआ।

(*पिलिग्रिमेज टू फ्रीडम:* डॉ. के.एम.एम. गुंशी,
भारतीय विद्या भवन, पृ. 114)

लक्ष्य आधारित संकल्प निम्नांकित हैं–

1. संविधान सभा भारत को एक स्वतंत्र सम्प्रभुता सम्पन्न गणतंत्र घोषित करने तथा इसके भावी शासन तंत्र के लिए एक संविधान बनाने का दृढ़ एवं विधिवत् संकल्प करती है।
2. जबकि वे क्षेत्र जो अब ब्रिटिश भारत में हैं, वे क्षेत्र जो अब भारतीय प्रान्त निर्मित करते हैं तथा ब्रिटिश भारत के बाहर के ऐसे ही अन्य भारतीय भाग एवं प्रान्त तथा ऐसे अन्य क्षेत्र, जो स्वतंत्र सम्प्रभुता सम्पन्न भारत के अन्तर्गत होने की इच्छा रखते हैं, उन सभी का एक संघ होगा, तथा
3. जबकि ऊपर कहे गए अपनी वर्तमान सीमाओं समेत क्षेत्रों अथवा संविधान सभा द्वारा इस प्रकार निर्धारित किए गए अन्य क्षेत्रों का संविधान के कानून के अनुसार स्वायत्तशासी इकाइयों का दर्जा बरक़रार रहेगा तथा ये संघ को प्रदान की गयी शक्तियों तथा कार्यों अथवा संघ में निहित शक्तियों या संघ से निकलने वाली शक्तियों के अतिरिक्त सरकार की अन्य सभी शक्तियों एवं कार्यों का प्रयोग कर सकेंगे, तथा
4. जबकि स्वतन्त्र, सम्प्रभुता सम्पन्न भारत, इसके संघटनात्मक अवयवों तथा सरकार के अंगों को समस्त शक्तियाँ एवं प्राधिकार जनता से प्राप्त होंगे, तथा
5. जबकि भारत के लोगों को न्याय एवं सामाजिक, आर्थिक तथा राजनीतिक समानता, समान अवसर और कानून के समक्ष विचारों की अभिव्यक्ति का अधिकार, विश्वास, आस्था, व्यापार, संगठन बनाने तथा कार्य करने के अधिकार होंगे जो जनता की नैतिकता तथा कानून द्वारा संचालित किए जाएंगे, तथा
6. जबकि अल्पसंख्यकों, पिछड़े एवं दलित क्षेत्रों तथा दलित एवं अन्य पिछड़े वर्गों को उचित संरक्षण प्रदान किया जाएगा, तथा
7. इस प्रकार गणतंत्र की सीमाओं की अखण्डता तथा भूमि, समुद्र तथा वायु पर सभ्य राष्ट्रों के न्याय एवं कानून के अनुसार सम्प्रभुता का अधिकार बनाए रखा जाएगा।
8. यह प्राचीन भूमि विश्व में अपना उचित एवं सम्मानजनक अधिकार रखती है तथा यह विश्व शांति तथा मानवता के कल्याण के प्रसार हेतु पूर्ण सक्रियता से अपना योगदान देगी।

इसके पश्चात पं. नेहरू, पुरुषोत्तम दास टण्डन तथा अध्यक्ष डॉ. राजेन्द्र प्रसाद ने भाषण दिए। इसके बाद सदन को 16 दिसंबर, 1946 तक के लिए स्थगित कर दिया गया।

16 दिसम्बर, 1946 को डॉ. एम.आर. जयकर ने संकल्प में अपना संशोधन प्रस्ताव प्रस्तुत किया, जो निम्नलिखित था–

"यह सभा अपना दृढ़ तथा विधिवत संकल्प व्यक्त करती है कि इस सभा द्वारा भारत की भावी सरकार के लिए तैयार किया गया संविधान एक स्वतंत्र तथा लोकतांत्रिक सम्प्रभु राज्य के लिए होगा, किन्तु इसके जैसे एक संविधान के बनाने में मुस्लिम लीग तथा भारतीय राज्यों का सहयोग आवश्यक है। अतः तदनुरूप इस संकल्प को दृढ़ता प्रदान करते हुए यह सभा इस प्रश्न के बारे में आगे विचार करने को बाद के लिए स्थगित करती है, ताकि इन दो संगठनों के प्रतिनिधि यदि वे चाहें, तो इस सभा के विचार-विमर्श में शमिल हो सकें।"

सभा को सम्बोधित करते हुए डॉ. जयकर ने कहा–

"संक्षेप में मेरे संशोधन का मतलब है कि इस संकल्प के बारे में भावी विचार-विमर्श को कुछ समय के बाद के लिए स्थगित कर दिया जाए। यह अवधि ऐसी हो कि संघ के संविधान के बनाते समय तब तक भारतीय राज्यों एवं मुस्लिम लीग के उपस्थित होने की सम्भावना बन जाए।"

डॉ. जयकर ने संविधान के निर्माताओं से आग्रह किया कि वे ऐसे निर्णय कदापि न लें, जिनसे दो महत्त्वपूर्ण दलों का संविधान निर्माण की चर्चा में भाग ले पाना मुश्किल हो अथवा यह असम्भव बन जाए। उन्होंने याद दिलाया कि उनके कुछ सम्मानित मित्रों ने उन्हें ऐसी अपील न करने की सलाह दी थी, क्योंकि इस अपील में उन्हें 'मुस्लिम लीग का तुष्टीकरण' करने की बू आती थी। उन्हें इस बात में कोई हानि नहीं दिखती यदि इससे सभा का परिश्रम सफल होता हो। उन्होंने आगे कहा कि उनका सम्पूर्ण जीवन हिन्दू हितों की रक्षा करने में ही व्यतीत हुआ है और अब से मुसलमानों के हितों का भी देर से ही सही परन्तु संरक्षण अवश्य करेंगे। उन्हें इन दोनों सम्प्रदायों में संघर्ष की कोई सम्भावना नहीं दिखती क्योंकि यदि वे हिन्दू हितों का समर्थन करते हैं तो इसका मतलब यह नहीं कि वे दूसरे समुदाय के किसी वाजिब अधिकार को भी छीनने का प्रयास करेंगे। उन्होंने इंगित किया कि संविधान के मौलिक अधिकारों की चर्चा करने का समय अभी नहीं आया है। मुस्लिम लीग तथा महाराजाओं को समुचित समय दिया जाना चाहिए ताकि वे सोच-विचार कर संविधान बनाने में सहयोग करने अथवा न करने का निर्णय ले सकें।

डॉ. जयकर के अभिभाषण में बीच-बीच में जमकर टोका-टाकी हुई। वे जानते थे कि उनका दृष्टिकोण लोकप्रिय नहीं है और फिर भी वे अपने मत पर दृढ़ रहे। उन्होंने कहा, "बचपन से ही अलोकप्रियता मेरा पुरस्कार रहा है। मैं अलोकप्रियता के दौर से कई बार गुज़रा हूँ। जब मैंने स्वराज पार्टी को शुरू करने में सहायता दी, तब मैं अलोकप्रिय हो गया। जब मैंने रिसपाँसिव कोऑपरेशन पार्टी बनायी, तब मैं अलोकप्रिय हो गया। जब मैं भारतीय गोलमेज सम्मेलन में भाग लेने के लिए लन्दन गया, तब मैं अलोकप्रिय हो गया। जब मैंने भारत सरकार अधिनियम, 1935 का समर्थन किया, तब मैं अलोकप्रिय हुआ। कानून के उस खण्ड को मेरे विचार से आपने सोचे-विचारे बगैर खारिज कर दिया है। ऐसा करके आप कमज़ोर संघ तथा कमजोर केन्द्र, स्वायत्तशासी रियासतों तथा क्षेत्रों में शक्ति के कमज़ोर क्षेत्रों को बनाने जा रहे हैं। मैं यह कह सकता हूँ कि समय बीतने के साथ मेरी अलोकप्रियता भारी भरकम बहुमत से युक्त लोकप्रियता में बदल जाएगी। मैं अपनी आयु की इस अवस्था तथा अनुभव के इस स्तर पर अलोकप्रियता से भयभीत नहीं हूँ। आपको यह बताना मेरा कर्त्तव्य है कि जिस तरीके पर आप चले रहे हैं, वह गलत तरीका है। यह अवैधानिक है, अपरिपक्व है तथा भयंकर और खतरनाक है। इससे आपको मुसीबतों का सामना करना पड़ेगा। चूँकि मैं आपके (कांग्रेस) टिकट पर चुनाव जीतकर निर्वाचित हुआ हूँ, अतः मैं आपको यह स्पष्ट बता देना अपना दायित्व समझता हूँ कि आगे खतरा आने वाला है, यह खतरा निराशा का है, घृणा एवं बँटवारे का है, जिसे दूर करना हमारा कर्त्तव्य है।

(*एम. आर. जयकर*: वी.बी. कुलकर्णी, प्रकाशन प्रभाग,
भारत सरकार, पृ. 290-92)

के.एम. मुंशी के अनुसार 40 मिनट लम्बे डॉ. जयकर के इस अभिभाषण के दौरान संविधान सभा में अत्यधिक शोरगुल हुआ।

सरदार पटेल ने इस भाषण के दौरान अनेक बार बीच में टोका-टाकी की और पूछा, "क्या श्री जयकर हिज़ मैजेस्टी के द्वारा निर्धारित नीतियों का ही विवेचन कर रहे हैं?"

जब डॉ. जयकर ने कहा कि राज्यों को संविधान सभा से सम्बधित कार्य नहीं करना चाहिए, क्योंकि इससे ऐसा सन्देश जाएगा कि संविधान का निर्माण एक पार्टी द्वारा किया गया है। इस पर गोविन्द बल्लभ पंत ने उन्हें टोकते हुए कहा, "डॉ. जयकर को राज्यों का प्रतिनिधित्व तब तक नहीं करना चाहिए जब तक राज्यों के प्रतिनिधि अपनी स्थिति स्वयं स्पष्ट नहीं कर देते।"

गोपालस्वामी आयंगर ने समझाने के अन्दाज़ में उत्तर दिया कि संविधान सभा उसे सौंपे गए सभी दायित्वों का निर्वाह करने में पूर्ण सक्षम है। उन्होंने जोड़ा,

"जो कुछ अभी तक नहीं कहा गया है और हमारे कार्य को पूरा करने हेतु कहा जाना आवश्यक है, वह हैं हमारी शक्तियाँ जिनसे हम विनियमन कर सकते हैं।"

अलादि कृष्णास्वामी अय्यर कैबिनेट मिशन योजना के अंतर्गत आधारभूत सम्प्रभुता को परिभाषित किया।

संविधान सभा के अध्यक्ष डॉ. राजेन्द्र प्रसाद ने आवेश में आकर कहा, "यदि डॉ. जयकर की बहस ठीक है, तो पंडित जी का संकल्प ही निरर्थक होगा।"

(*पिलग्रिमेज टू फ्रीडमः* डॉ. के.एम. मुंशी,
भारतीय विद्या भवन पृ. 114-115)

डॉ. जयकर के संकल्प से सदन में तनावपूर्ण माहौल निर्मित हो गया। ऐसे तनाव के वातावरण में अध्यक्ष डॉ. राजेन्द्र प्रसाद ने डॉ. अम्बेडकर को 17 दिसम्बर, 1946 को अपने विचार रखने के लिए अचानक आमंत्रित किया। जब डॉ. अम्बेडकर ने बोलना शुरू किया तब पूरा सदन उन्हें ध्यान से सुन रहा था।

डॉ. धनंजय कीर लिखते हैं, "हर कोई यह सोच रहा था कि डॉ. अम्बेडकर ऐसे अवसर का लाभ उठाते हुए संशोधन का समर्थन करने का खतरनाक खेल खेलेंगे तथा कांग्रेस के नेताओं, जो उस समय देश के सबसे शक्तिशाली नेता थे, की इच्छाओं के विपरीत आचरण करेंगे और यह कांग्रेस के लिए वाटरलू साबित होगा। कांग्रेस के सदस्य अपने चिरपरिचित शत्रु को गिरा देने के लिए अपने हाथ उठाए तैयार खड़े थे।" डॉ. अम्बेडकर के इस ऐतिहासिक अभिभाषण ने उनके राजनीतिक कैरियर की दिशा ही बदल दी। इस अभिभाषण ने सबसे अधिक प्रशंसा तथा तालियाँ बटोरीं। इस घटना के प्रत्यक्षदर्शी श्री एन.वी.गाडगिल ने इस घटना का निम्नलिखित शब्दों में वर्णन किया है–

> "उनका व्याख्यान इतना राजनीतिक कौशल से भरा हुआ तथा कड़वाहट से रहित एवं चुनौतीपूर्ण था कि सम्पूर्ण सदन ने इसे पूर्ण शान्ति के साथ ध्यानपूर्वक सुना। इस अभिभाषण की भूरि-भूरि प्रशंसा हुई तथा लाबी में उन्हें सभी ने बधाइयाँ दी।"

इस भाषण का व्यापक प्रभाव हुआ तथा संविधान सभा ने लक्ष्य आधारित संकल्प पर विचार-विमर्श अगले सत्र तक के लिए स्थगित कर दिया। डॉ. अम्बेडकर ने इस अभिभाषण में जो कुछ कहा था, वह इस प्रकार था–

"आदरणीय अध्यक्ष महोदय, मैं आपका हृदय से आभारी हूँ कि आपने मुझे संकल्प के विषय में अपने विचार व्यक्त करने का अवसर प्रदान किया। मुझे यह स्वीकार करने में कोई हिचक नहीं है कि आपका यह आमंत्रण मेरे लिए

अत्यन्त आश्चर्यजनक था। मैं सोच रहा था कि मुझसे पहले 20 या 22 लोगों को बोलने के लिए आमंत्रित किया जाएगा और मुझे बोलने का अवसर यदि आया तो कल ही आ पाएगा।

मैं सर्वप्रथम यह स्पष्ट कर देना चाहता हूँ कि मैं यहाँ पर बिना किसी तैयारी के आया हूँ। यदि मुझे इस प्रकार के आरोपों के बारे में उत्तर देने को पहले से कहा गया होता, तो मैं पूरी तैयारी के साथ आता। इसके अलावा आपने मेरे लिए 10 मिनट की समय सीमा भी निर्धारित कर दी है। इन सभी कमियों के साथ मुझे नहीं मालूम कि मैं हमारे समक्ष रखे गए संकल्प के साथ न्याय कर भी पाऊँगा। मैं इस विषय में जो कुछ भी समझता हूँ, उसे कम से कम शब्दों में आपके सामने प्रस्तुत करने का प्रयास करूँगा।

आदरणीय अध्यक्ष महोदय, इस संकल्प, जो कल से जारी है, को यदि विचार-विमर्श के प्रकाश में देखा जाए, तो यह स्वयं में दो भागों में बँटा हुआ है। पहला भाग विवादास्पद है तथा दूसरा भाग विवादास्पद नहीं है। जो भाग विवादित नहीं है, वह इस संकल्प का अनुच्छेद (5) (7) है। ये अनुच्छेद इस देश के भावी संविधान के लक्ष्य को स्पष्ट करते हैं। मैं स्वीकार करता हूँ कि यह संविधान पण्डित जवाहर लाल नेहरू द्वारा प्रस्तुत किया गया है, जो स्वयं एक विख्यात समाजवादी चिंतक हैं। मेरे विचार से इस भाग का अविवादित होना अत्यधिक निराशाजनक है। मुझे उनसे संकल्प के इस भाग में इससे अधिक आगे जाने की उम्मीद थी। इतिहास के एक विद्यार्थी के रूप में मैं संकल्प के इस भाग को नहीं रखा जाना अधिक पसंद करता। जब कोई संकल्प के इस भाग को पढ़ता है, तो उसे फ्रेंच संविधान सभा द्वारा घोषित किए गए मानव अधिकारों की घोषणाओं का स्मरण हो आता है। मुझे लगता है कि मैं सुझाव देकर ठीक कर रहा हूँ कि वास्तव में मानव अधिकारों की इस घोषणा के 450 वर्ष बीतने के बाद इसमें वर्णित सिद्धांत हमारे तन-मन में रच-बस गए हैं। मैं तो कहूँगा कि न सिर्फ ये सिद्धांत हमारे विश्व के प्रत्येक सभ्य भाग के बल्कि भारत के प्रत्येक आधुनिक व्यक्ति के मन के भीतर भी गहराई तक बसे हुए हैं। हमारा देश अपने विचारों तथा सामाजिक संस्कार में अत्यन्त परम्परावादी है, इतना पुरातनपंथी है कि शायद ही कोई ऐसा व्यक्ति मिले जो इसकी वैधता को चुनौती देता हो। अत: इन सिद्धांतों को संकल्प के रूप में रखा जाना मिथ्याडम्बर से अधिक कुछ भी नहीं है। ये सिद्धांत हमारे दृष्टिकोण की प्रमुख निर्विवाद प्रस्तावना बन गए हैं। अत: इन्हें हमारी श्रद्धा का एक भाग घोषित करना अनावश्यक है। संकल्प में कुछ अन्य कमियाँ अवश्य हैं। मुझे लगता है कि संकल्प का यह भाग कुछ अधिकारों के वर्णन होने के बावजूद समाधान की बात नहीं करता। हम सभी

को यह ज्ञात है कि अधिकार तब तक व्यर्थ हैं, जब तक उनके अधिकारों के छीने जाने पर समाधान का उल्लेख न किया जाए। मैं ऐसे समाधानों को यहाँ पूर्णतः अनुपस्थित पाता हूँ। यहाँ तक कि संकल्प में इसका भी उल्लेख नहीं है कि कानून की विधिवत प्रक्रिया के बगैर किसी व्यक्ति का जीवन, स्वतंत्रता एवं सम्पत्ति नहीं छीनी जा सकती है। निर्धारित किए गए ये मूलभूत अधिकार कानून तथा नैतिकता के अधीन रखे गए हैं। वास्तव में कानून क्या है, नैतिकता क्या है, ये प्रश्न जब कार्यपालिका के नियंताओं द्वारा सुलझाए जाएंगे तब एक कार्यपालिका एक दृष्टिकोण रखेगी तथा दूसरी कार्यपालिका कुछ दूसरा दृष्टिकोण रखेगी और हमें यह नहीं पता होगा कि सही मौलिक अधिकार क्या हैं। श्रीमान्, कुछ ऐसे प्रावधान हैं, जो आर्थिक, सामाजिक तथा राजनीतिक न्याय की बात करते हैं। अगर ये संकल्प वास्तविक हैं तथा इनमें एक सच्चाई है, जिसमें मुझे रंच मात्र भी सन्देह नहीं है तथा संकल्प को लाने वाले महानुभाव की भाँति इस संकल्प में भी यदि गम्भीरता होती तो मैं इस संकल्प में आर्थिक, सामाजिक एवं राजनीतिक न्याय के विषय में भी दृष्टिकोण देख पाता। अर्थात् इसमें उद्योगों तथा भूमि का राष्ट्रीयकरण होता। मैं समझता हूँ कि जब तक हमारी अर्थव्यवस्था समाजवादी अर्थव्यवस्था नहीं बनेगी, तब तक भविष्य की कोई भी सरकार सामाजिक, आर्थिक तथा राजनीतिक न्याय नहीं कर सकेगी। अतः व्यक्तिगत रूप से मुझे संकल्प के विषय में यह कहने में कोई गुरेज़ नहीं है कि संकल्प के ये भाग निराशापूर्ण हैं और मैं अपने द्वारा उठाए गए विषयों हेतु चर्चा के लिए भी तैयार हूँ।

अब मैं संकल्प के पहले भाग पर आता हूँ, जिसमें प्रथम चार अनुच्छेद हैं। जैसा कि मैं सदन में चर्चा के दौरान कह चुका हूँ कि कि यह अत्यन्त विवादापस्द बन गया है। यह विवाद 'गणतंत्र' शब्द के प्रयोग के विषय में है और यह विवाद अनुच्छेद 4 की 'जनता से प्राप्त सम्प्रभुता' शब्दावली पर भी है। अतः यह विवाद मेरे मित्र डॉ. जयकर द्वारा उठाए गए मुद्दे से सम्बन्धित है, जिसमें उन्होंने जोर देकर कहा था कि इस संकल्प को बिना मुस्लिम लीग के संविधान सभा में उपस्थित हुए आगे बढ़ाना ठीक नहीं होगा। अब श्रीमान जी मेरे मन में इस महान देश की सामाजिक, आर्थिक तथा राजनीतिक संरचना के स्वरूप के विषय में तथा इसके भावी विकास के विषय में रंच मात्र भी सन्देह नहीं है। मैं जानता हूँ कि आज हम राजनीतिक, सामाजिक और आर्थिक रूप से बँटे हुए हैं। हम आपस में लड़ने वाले समूहों के रूप में हैं तथा मुझे यह स्वीकार करने में कोई हिचक नहीं है कि मैं सम्भवत ऐसे ही लड़ाकू समूहों में से एक का नेता हूँ, परन्तु इसके बावजूद मैं निश्चिन्त हूँ कि समय तथा परिस्थितियों के

साथ-साथ इस देश को एक होने से दुनिया की कोई ताकत नहीं रोक सकती। (करतल ध्वनि) हम जातियों तथा धर्मों में बँटे अवश्य हैं परन्तु निश्चित रूप से एक दिन हममें एका अवश्य होगी। (हर्ष ध्वनि) मुझे यह कहने में कोई हिचक नहीं है कि मुस्लिम लीग द्वारा भारत के विभाजन हेतु विरोध प्रदर्शन किए जाने के बावजूद एक दिन मुस्लिम लोगों की भी आँखें खुलेंगी और वे भी यह सोचने लगेंगे कि एक अखण्ड भारत उनके लिए भी बेहतर है।

तीव्र हर्ष एवं करतल ध्वनि

जहाँ तक अन्तिम लक्ष्य की बात है, तो मुझे लगता है कि हम में से किसी को इसकी चिन्ता करने की ज़रूरत नहीं है। न ही इस बारे में किसी को कोई संदेह होना चाहिए। हमारी समस्या भविष्य की नहीं है। हमारी समस्या विविधतापूर्ण जनता के लिए आज एक समान निर्णय करने की है, जिनसे भविष्य में एकता की ओर देश आगे बढ़ सके। हमारी समस्या अन्तिम ध्येय की नहीं है बल्कि शुरूआत करने की है। आदरणीय अध्यक्ष महोदय, अतः मैं समझता हूँ कि हमें मित्रता तथा सौहार्द्र कायम रखने के लिए, प्रत्येक पार्टी को प्रेरित करने के लिए, इस देश के प्रत्येक भाग को उस पथ पर ले जाने के लिए बहुमत धारी पार्टी को महान राजनयिकता दिखाते हुए कुछ छूट उन लोगों को प्रदान करनी चाहिए, जो अभी एक साथ चलने को तैयार नहीं हैं तथा इस कारण मैं यह अपील कर रहा हूँ। हमें उन नारों को किनारे रख देना चाहिए तथा शब्दों की उस बाज़ीगरी को अलग कर देना चाहिए, जिनसे लोग डरते हैं। हमें पूर्वाग्रहों से ग्रसित हमारे विरोधियों को भी छूट देते हुए सदन में लाना चाहिए, ताकि वे स्वेच्छा से हमारे साथ इस रास्ते पर चल सकें, जिसके लिए मैं पहले कह चुका हूँ कि अगर हम काफी दूर तक साथ चल सके तो इससे अवश्य ही एकता स्थापित हो सकेगी। अतः इस बिन्दु पर मैं डॉ. जयकर का समर्थन करता हूँ क्योंकि मैं सभी को यह अहसास दिलाना चाहता हूँ कि हम चाहे सही हों या गलत, हम अपने कानूनी अधिकारों के लिए जो भी रास्ता अख्तियार करें, चाहे इससे 16 मई या 6 दिसम्बर के बयान स्वीकार किये जाएँ, इन सबको किनारे रख दीजिए। संवैधानिक अधिकारों के मामले में यह कोई बहुत बड़ा मसला नहीं है। न ही यह कोई कानूनी प्रश्न है। हमें सभी कानूनी विचारों को छोड़ देना चाहिए तथा कुछ ऐसे प्रयत्न करने चाहिए, जिनसे जो इस संविधान सभा में आने को तैयार नहीं हैं, वे भी यहाँ आ जाएँ। हमें उन्हें यहाँ लाने का प्रयास करना चाहिए। यही मेरी आपसे अपील है।

विचार-विमर्श के दौरान दो प्रश्न मुख्य रूप से उठाए गए, जो मुझे इतने पसंद आए कि मैंने उन्हें एक कागज़ पर लिख लिया। पहला प्रश्न मेरे मित्र तथा

बिहार के प्रधानमंत्री महोदय ने कल पूछा था। उन्होंने पूछा था कि यह संकल्प भला कैसे मुस्लिम लीग को संविधान सभा में आने से रोक सकता है। आज मेरे मित्र डॉ. श्यामा प्रसाद मुखर्जी ने दूसरा प्रश्न पूछा है कि क्या यह संकल्य कैबिनेट मिशन के प्रस्तावों के असंगत है। श्रीमान् जी, मुझे ऐसा लगता है कि ये अत्यन्त महत्वपूर्ण प्रश्न हैं, जिनका उत्तर दिया जाना चाहिए तथा तार्किक ढंग से उत्तर दिया जाना चाहिए। मैं कहना चाहता हूँ कि इस संकल्प से भले ही परिणाम निकले या न निकले, भले ही यह पूर्वाग्रहों का परिणाम हो अथवा भले ही अनपेक्षित ढंग से इससे मुस्लिम लीग का बाहर रहना तय हो जाए। मैं इस सम्बन्ध में संकल्प के अनुच्छेद 3 पर आपका ध्यान आकर्षित करना चाहता हूँ जो मेरे विचार से अत्यन्त महत्त्वपूर्ण तथा प्रासंगिक है। अनुच्छेद 5 में भारत के भावी संविधान की संकल्पना दी गयी है। मुझे नहीं पता कि संकल्प को प्रस्तुत करने वाले का इससे क्या अभिप्राय है किन्तु मैं यह समझता हूँ कि यदि यह संकल्प पारित हो जाता है तो यह संकल्प के अनुच्छेद 3 में संविधान के निर्माण के विषय में किए गए उल्लेख के अनुरूप संविधान सभा हेतु दिशा निर्देश प्रदान करेगा। अनुच्छेद 3 क्या कहता है? अनुच्छेद 3 कहता है कि इस देश में दो प्रकार की नीतियाँ होंगी। पहली निचले स्तर अर्थात् स्वायत्तशासी क्षेत्रों अथवा राज्यों या अखण्ड भारत में शामिल ऐसे ही अन्य क्षेत्रों के लिए होंगी। ये स्वायत्तशासी इकाइयाँ पूर्णतः शक्तिसम्पन्न होंगी। उन्हें समस्त शक्तियाँ प्राप्त होंगी। प्रांतीय इकाइयों के ऊपर एक संघीय सरकार होगी, जिसके पास विधायन, दण्ड सम्बन्धी तथा प्रशासनिक विषय होंगे। जब मैं संकल्प के इस भाग को पढ़ता हूँ तो मुझे संघ तथा प्रान्तों के मध्य सम्बन्धों का कोई दृष्टिकोण नहीं दिखाई देता। इस अनुच्छेद को कैबिनेट मिशन के बयान के आलोक में देखने पर अथवा कांग्रेस के वर्धा सत्र में पारित संकल्प के आलोक में देखने पर भी इसमें मुझे प्रान्तों की सामूहिकता के विचार के अनुपस्थित रहने से अत्यधिक आश्चर्य हुआ है। जहाँ तक मेरे व्यक्तिगत दृष्टिकोण का प्रश्न है तो मैं सामूहिकता के विचार को पसंद नहीं करता हूँ। मैं एक मजबूत अखण्ड केन्द्र को पसंद करता हूँ। यह केन्द्र 1935 के भारत सरकार अधिनियम के अन्तर्गत तैयार किए गए केन्द्र से भी अधिक मजबूत होना चाहिए। किन्तु श्रीमान जी, इन इच्छाओं अथवा दृष्टिकोणों का इस स्थिति में कोई मतलब नहीं है। हमने एक लंबा सफर तय किया है। कांग्रेस पार्टी के लोग इस बारे में बेहतर जानते होंगे। यदि मैं यह कहूँ कि 150 वर्षों से इस देश के शासन का बना हुआ ढाँचा कांग्रेस पार्टी ने ध्वस्त कर दिया है तो गलत न होगा। मेरे विचार से इस ढाँचे से निर्मित मजबूत केन्द्र बहुत अच्छा था तथा उसके प्रति मेरे हृदय में गहन सम्मान की भावना थी, किन्तु इसे छोड़

दिया गया था और कहा जा रहा है कि इसमें एक मध्यममार्गी नीति रहेगी, जिसमें संघीय सरकार तथा प्रान्तों के बीच एक उपसंघटन होगा। मैं जानना चाहता हूँ कि सामूहिकता के विषय में अनुच्छेद 3 में कोई उल्लेख क्यों नहीं है। मैं भली-भाँति समझता हूँ कि सामूहिकता से सम्बन्धित खण्ड की व्याख्या के विषय में कांग्रेस पार्टी, मुस्लिम लीग तथा अंग्रेज़ी सरकार एकमत नहीं हैं, परन्तु मैं हमेशा सोचता हूँ कि भिन्न-भिन्न समूहों में विभाजित प्रान्त अगर चाहें, तो वे एक संघ बना सकते हैं, इस पर कांग्रेस को कोई आपत्ति नहीं होनी चाहिए। मैं समझता हूँ कि मैं कांग्रेस पार्टी के मन को समझने में गलत साबित नही होऊंगा। मैं उनसे इस बारे में यही सवाल करना चाहता हूँ कि इस संकल्प को प्रस्तुत करने वालों ने प्रान्तों के संघ अथवा प्रान्तों के समूह के विचार को इस संकल्प में शामिल क्यों नहीं किया, जबकि वे तथा उनकी पार्टी इसे स्वीकार करने को तैयार थे। सघ का विचार इस संकल्प से पूरी तरह से बाहर क्यों है? मुझे इसका कोई उत्तर अभी तक नहीं मिला है। इसके बदले में मैं इन दो प्रश्नों का उल्लेख करना चाहता हूँ, जो इस सभा में बिहार के प्रधानमंत्री तथा डॉ. श्यामा प्रसाद मुखर्जी ने उठाए थे जिनके अनुसार यह संविधान किस प्रकार 16 मई के वक्तव्य से असंगत है तथा यह संकल्प किस प्रकार मुस्लिम लीग को इस संविधान सभा में प्रवेश करने से रोक रहा है। यहाँ अनुच्छेद 3 में निहित बातों की आड़ लेकर मुस्लिम लीग इसका फायदा उठाते हुए अपने बहिष्कार को न्यायोचित ठहरा रही है। श्रीमान जी, मेरे मित्र डॉ. जयकर ने कल इस मामले में बहस करते हुए इस पर निर्णय स्थगित रखने की वकालत की थी। यदि मैं उनके प्रति किसी प्रकार की धृष्टता किए बगैर यह कहूँ कि उनकी बहस का आधार था कि क्या आपको ऐसा करने का अधिकार है? उन्होंने कैबिनेट मिशन के वक्तव्य के कुछ अंश पढ़े थे, जो संविधान सभा की कार्य-प्रक्रिया से सम्बन्धित हैं। उनका अभिमत था कि संविधान सभा जिस प्रक्रिया के द्वारा इस संकल्प पर निर्णय ले रही है, वह कैबिनेट मिशन के निर्देशों के अनुरूप नहीं है। श्रीमान जी, मैं इस मसले को अलग नज़रिए से देखना चाहूँगा। मेरा कहना है कि मैं आपसे यह नहीं पूछने जा रहा हूँ कि आपको यह संकल्प पारित करने का अधिकार है अथवा नहीं। हो सकता है कि आपको ऐसा करने का अधिकार हो। मेरा सवाल यह है कि क्या ऐसा करना आपके लिए विवेकपूर्ण होगा? क्या ऐसा करना बुद्धिमानी होगी? शक्ति एक चीज़ है, बुद्धिमत्ता एक दूसरी चीज़ है तथा मैं इस सदन से चाहता हूँ कि वह इस मामले पर विवेक तथा बुद्धिमत्ता से विचार कर निर्णय ले। मेरा जवाब है कि ऐसा करना विवेकपूर्ण नहीं होगा और न ही इसमें कोई बुद्धिमानी है। मेरा सुझाव है कि कांग्रेस और मुस्लिम लीग के बीच के झगड़े के निपटारे के लिए एक प्रयास और किया जा सकता है। यह विषय इतना महत्त्वपूर्ण है और

इतना ज़रूरी है कि मुझे विश्वास है कि एक पार्टी अथवा दूसरी पार्टी की गरिमा जैसे आधारों पर ही इसका निर्णय कभी नहीं किया जा सकता। राष्ट्रों की नियति, लोगों की गरिमा, नेताओं की प्रतिष्ठा तथा पार्टियों की प्रतिष्ठा को ही सब कुछ माना जाना चाहिए क्योंकि मैं महसूस करता हूँ कि यह संविधान सभा के हित में भी होगा कि वह एक होकर कार्य करे और इसके निर्माण में मुस्लिम लीग की सहमति भी प्रतिबिम्बित हो। इस मसले पर मैं डॉ. जयकर का समर्थन करता हूँ कि हमें भविष्य में क्या घटित होना है, इसका ध्यान रखते हुए अपना निर्णय करना होगा। मुझे नहीं मालूम कि सदन में प्रभुत्व रखने वाली कांग्रेस पार्टी के मन में इस विषय में क्या चल रहा है। न ही मैं अन्तर्यामी हूँ, जो इसका पता लगा सकूँ। उनकी क्या रणनीति है, उनकी क्या सोच है, मैं नहीं जानता लेकिन दिमाग से सोचने पर मुझे लगता है कि एक निरपेक्ष व्यक्ति होने के नाते भविष्य का निर्णय करने के तीन रास्ते हो सकते हैं। या तो एक पार्टी दूसरी पार्टी की इच्छाओं के आगे नतमस्तक हो जाए, एक रास्ता यह है। दूसरा रास्ता यह है जिसे मैं वार्त्ता से शान्ति प्राप्त करना कह सकता हूँ और तीसरा रास्ता है खुली लड़ाई होना। श्रीमान जी, मैंने संविधान सभा के कुछ सदस्यों को कहते सुना है कि वे लड़ाई के लिए तैयार हैं। मुझे यह सोचकर भी भय लगता है कि देश का कोई व्यक्ति राजनीतिक मसले तय करने के लिए युद्ध का रास्ता चुन सकता है। मैं नहीं जानता कि देश के कितने लोग इस विचार का समर्थन करेंगे। इनमें से कुछ अच्छे व्यक्ति शायद ऐसा करना चाहेंगे, क्योंकि उनमें से अधिकांश इसे अंग्रेज़ों के विरुद्ध युद्ध मानेंगे। श्रीमान जी यदि युद्ध के बारे में ही चिन्तन किया जाए, जो कुछ व्यक्तियों के मन में है, तो यह केवल अंग्रेज़ों के विरुद्ध युद्ध ही नहीं होगा, मैं शायद इस प्रकार की राजनीति से ज्यादा असहमत न हो सकूँगा। किन्तु क्या यह केवल अंग्रेजों के खिलाफ युद्ध ही होगा? मुझे यह कहने में कोई हिचक नहीं है कि यदि इस देश में युद्ध होता है और किसी भी प्रकार इस मसले का यदि युद्ध से कोई सम्बन्ध है भी, तो भी यह युद्ध अंग्रेज़ों के विरुद्ध युद्ध मात्र नहीं रहेगा। यह युद्ध मुसलमानों के खिलाफ जंग बन जाएगा। यह केवल मुसलमानों के विरुद्ध युद्ध ही न होकर यह अंग्रेज़ों और मुसलमानों दोनों के विरुद्ध युद्ध बन जाएगा। यह और भी बुरा होगा। मुझे नहीं मालूम कि यह युद्ध मुझे जिसका डर है वैसा होगा या किसी और प्रकार का होगा। श्रीमान जी, मैं यहाँ पर अमेरिका के ब्रिटेन के साथ समझौता करते समय हुए बर्के के ऐतिहासिक अभिभाषण का ज़िक्र करना चाहूँगा। मुझे विश्वास है कि इससे इस सदन के तनावपूर्ण माहौल पर कुछ प्रभाव अवश्य पड़ेगा। जैसा कि आप जानते हैं कि ब्रिटिश लोग संयुक्त राज्य अमेरिका के विद्रोही इलाकों को जीतने का प्रयास कर

रहे थे तथा उन्हें वे उनकी इच्छा के विपरीत अपने नियंत्रण में कर रहे थे। उनके इलाकों पर जबरन कब्जा करने के विरोध में बर्के ने कहा था–

"श्रीमान जी, मैं सबसे पहले यह कहने की अनुमति चाहता हूँ कि केवल सेना का प्रयोग अस्थायी है। इससे कुछ क्षणों के लिए जीत तो मिल जाएगी, लेकिन इससे दोबारा शान्ति भंग न होने की गारण्टी नहीं मिल सकती और एक पूरी तरह से स्थायी रूप से न जीते जा सके देश पर शासन नहीं किया जा सकता है। मेरी अगली आपत्ति इसकी अनिश्चितता पर है। बल के प्रयोग से सदैव भय नहीं पैदा होता और सैनिक सामग्री से ही जीत नहीं हासिल होती। शान्ति के उपायों के विफल हो जाने पर सेना के प्रयोग का विकल्प खुला रहता है, परन्तु सेना के प्रयोग के विफल हो जाने पर शान्ति का कोई और विकल्प शेष नहीं रहता। सत्ता और अधिकार कभी-कभी दयालुता से भी खरीदे जा सकते हैं, परन्तु इन्हें कभी भी हिंसा में पराजित होने के बाद भिखारियों की तरह भीख में नहीं माँगा जा सकता....।"

"सेना के प्रयोग के विषय में मेरी दूसरी आपत्ति है कि इस प्रकार आप अपने उद्देश्य को बचाए रखने के प्रयास में उसे ही सूली पर चढ़ा देते हैं जिसके लिए आप लड़ रहे होते हैं, वह जीतने पर उसी रूप में नहीं हासिल होती, बल्कि युद्ध में टूटी-फूटी, विकृत तथा बेकार होकर आपको प्राप्त होती है।"

ये वे बहुमूल्य शब्द हैं जिन्हें ध्यान में न रखना घातक हो सकता है। क्या यहाँ कोई ऐसा व्यक्ति है, जो हिन्दू-मुस्लिम समस्या को बल प्रयोग से सुलझाना चाहता हो, जो युद्ध का ही दूसरा रूप होगा। इससे हो सकता है कि मुसलमान पराजित हो जाएँ और वे अपनी इच्छा के विपरीत इस संविधान को मानने को तैयार हो जाएँ। हो सकता है कि यह देश उन्हें पूरी तरह से जीत ले। लेकिन यह जीत एक बार नहीं होगी और न ही यह स्थायी होगी। मैं आपका अधिक समय नहीं लेना चाहता और बर्के का पुनः उल्लेख करते हुए अपनी बात समाप्त करना चाहता हूँ। बर्के ने जो कुछ कहा था, उसके अनुसार सत्ता देना तो आसान है, किन्तु साथ में बुद्धिमत्ता का होना मुश्किल है। हमें अपने आचरण से यह सिद्ध करना होगा कि यदि यह सभा स्वयं को सम्प्रभु शक्तियाँ दिए जाने की मांग करती है, तो वह उन शक्तियों का बुद्धिमत्तापूर्वक प्रयोग करने के लिए भी तैयार है। यह ही एकमात्र वह रास्ता है, जिसके द्वारा हम देश के सभी वर्गों को एक साथ अपने साथ रख सकते हैं। हमें एकता के पथ पर ले जाने का और कोई रास्ता नहीं है। हमें इसमें कोई संदेह नहीं होना चाहिए।"

(डॉ. बाबा साहेब अम्बेडकर: *राइटिंग्स एॅण्ड स्पीचेज़*, खण्ड-13, पृ. 6-14)

कैबिनेट मिशन ने मौलिक अधिकारों, अल्पसंख्यकों आदि के लिए एक सलाहकार समिति के गठन का सुझाव दिया था। इसके अनुसार सभा ने 24 जनवरी, 1947 के एक संकल्प द्वारा सरदार वल्लभ भाई पटेल की अध्यक्षता में एक सलाहकार समिति गठित की। इस समिति में 50 सदस्य थे, जिनमें डॉ. अम्बेडकर भी थे। अपने कार्यों को गति देने के लिए सलाहकार समिति ने निम्नलिखित चार उपसमितयाँ गठित की–

1. मौलिक अधिकार उपसमिति
2. अल्पसंख्यक उपसमिति
3. पूर्वोत्तर सीमांत आदिवासी क्षेत्र उपसमिति
4. अलग रखे गए तथा आंशिक रूप से अलग रखे गए क्षेत्र (असम के क्षेत्रों के अतिरिक्त) उपसमिति

डॉ. अम्बेडकर प्रथम दो उपसमितियों के सदस्य थे तथा उन्होंने इनके विचार-विमर्श में सक्रिय रूप से भाग लिया था। उन्होंने मौलिक अधिकार उपसमिति को एक ज्ञापन भी सौंपा था, जिसमें उन्होंने अपने विचारों को दृढ़तापूर्वक प्रस्तुत किया था। इस ज्ञापन को बाद में उन्होंने *स्टेट्स एँण्ड माइनॉरिटीज़ व्हाट आर. देयर राइट्स एँण्ड हाउ टू सीक्योर देम इन द कॉन्सटीट्यूशन ऑफ फ्री इण्डिया* शीर्षक से प्रकाशित करवाया था।

संविधान सभा ने (1) संघीय शक्ति समिति, (2) संघीय संविधान समिति तथा (3) अस्थायी संविधान समिति नाम से तीन अन्य समितियाँ भी गठित की थीं। पहली दो समितियों के अध्यक्ष प्रधानमंत्री पं. जवाहर लाल नेहरू थे, जबकि तीसरी समिति के अध्यक्ष सरदार वल्लभ भाई पटेल थे। ये समितियाँ 30 अप्रैल, 1947 को प्रस्तुत किए गए एक संकल्प द्वारा गठित की गयी थीं।

उपर्युक्त समितियों के अलावा निम्नलिखित समितियाँ भी गठित की गयी थी–

नियमावली समिति, संचालन समिति, राज्यों हेतु समिति, व्यवस्थापन समिति, उच्चतम न्यायालय पर तदर्थ समिति।

जिन समितियों के डॉ. के.एम. मुंशी एक सदस्य थे, वे समितियाँ निम्नलिखित थीं–

नियमावली समिति, संचालन समिति, सलाहकार समिति, अल्पसंख्यक उपसमिति, मौलिक अधिकार उपसमिति, संघीय विषयों के अवसरों के परीक्षण हेतु समिति, संघीय संविधान समिति, नागरिकता पर तदर्थ समिति, राष्ट्रध्वज पर तदर्थ समिति, व्यवस्थापन समिति।

डॉ. अम्बेडकर संघीय संविधान समिति के एक सदस्य थे। 4 जुलाई, 1947 को इस समिति के अध्यक्ष पं. जवाहर लाल नेहरू ने समिति की रिपोर्ट संविधान सभा के अध्यक्ष को प्रस्तुत की। डॉ. अम्बेडकर द्वारा विभिन्न उपसमितियों में किए गए कार्यों को कांग्रेस के नेताओं ने अत्यधिक उपयोगी माना तथा वे उनके कार्यों से अत्यन्त प्रभावित थे। उनका स्पष्ट मत था कि डॉ. अम्बेडकर की सेवाओं के बग़ैर विधायन तथा स्वतंत्रता का ठोस स्वरूप बना पाना आसान नहीं होता।

संविधान सभा में डॉ. अम्बेडकर का पुनः निर्वाचित होना

बंगाल के विभाजन के परिणामस्वरूप डॉ. अम्बेडकर की संविधान सभा की सदस्यता समाप्त हो गयी थी। कांग्रेस पार्टी, जो पहले संविधान सभा में उनको प्रवेश देने का घोर विरोध कर रही थी, वही बाद में उनके समर्थन में आगे आयी और उसने उनकी सदस्यता को प्रायोजित किया।

30 जून, 1947 को संविधान सभा के अध्यक्ष डॉ. राजेन्द्र प्रसाद ने बम्बई के तत्कालीन प्रधानमंत्री श्री बी.जी खेर को पत्र लिखकर उनसे डॉ. अम्बेडकर को निर्वाचित कराने का अनुरोध किया। उन्होंने लिखा, "किसी अन्य बात पर ध्यान दिए बिना हमने डॉ. अम्बेडकर के कार्य को संविधान सभा तथा विभिन्न समितियों में अत्यधिक उपयोगी पाया है। इस कारण हम उनकी बहुमूल्य सेवाओं से वंचित नहीं होना चाहते। जैसा कि आप जानते हैं, वे बंगाल से निर्वाचित हुए थे और इस राज्य के विभाजन के बाद उनकी संविधान सभा की सदस्यता खत्म हो गयी है। मैं आगामी 14 जुलाई से शुरू होने वाले संविधान सभा के अगले सत्र में उनके भाग लेने के लिए अत्यन्त उत्सुक हूँ और इसके लिए यह आवश्यक है कि वे तुरन्त निर्वाचित हों।"

(डॉ बाबा साहेब अम्बेडकरः *राइटिंग्स एॅण्ड स्पीचेज़*,
खण्ड–13, पृ 24, 25, 26)

सरदार पटेल ने भी 1 जुलाई, 1947 को श्री बी.जी. खेर को एक पत्र लिखा था, जिसमें उन्होंने लिखा था, "आपसे कल रात हुई बातचीत की पुष्टि के लिए आपको यदि सम्भव हो तो 14 जुलाई से पहले डॉ. अम्बेडकर के चुनाव का इंतज़ाम करना होगा। अगर नामांकन की तारीख 4 जुलाई हो, तो कोई दिक्कत नहीं होगी, लेकिन अगर नामांकन 11 जुलाई को किया जाता है, तो इस कार्य को 14 जुलाई से पहले पूरा करने का एक ही रास्ता होगा कि अन्य उम्मीदवार अपने नामांकन वापस ले लें। जो भी हो, आप हर सम्भव कोशिश करें।"

(*सरदार पटेल्स करेस्पॉण्डेन्सः* खण्ड–5, पृ. 149)

इसी के अनुसार डॉ. अम्बेडकर बॉम्बे प्रेसीडेंसी से संविधान सभा के लिए पुनः निर्वाचित किए गए। शीघ्र ही प्रधानमंत्री पं. जवाहर लाल नेहरू ने उन्हें 15 अगस्त, 1947 को बनने वाली सरकार में कैबिनेट मंत्री का पद धारण करने का निमंत्रण दिया। यद्यपि पं. नेहरू इसके खिलाफ थे, किन्तु महात्मा गाँधी के ज़ोर देने पर उन्होंने अपनी इच्छा के विरुद्ध डॉ. अम्बेडकर के समक्ष यह प्रस्ताव रखा, जिसे उन्होंने स्वीकार कर लिया और इस प्रकार वे भारत के पहले कानून मंत्री बनाए गए।

2 संविधान सभा का डॉ. अम्बेडकर द्वारा विरोध

यह स्मरणीय है कि डॉ. अम्बेडकर ने संविधान सभा के गठित किए जाने का पुरज़ोर विरोध किया था। 6 मई, 1945 को बम्बई में हुए अखिल भारतीय अनुसूचित जाति महासंघ के वार्षिक अधिवेशन के अपने भाषण में उन्होंने इसके समर्थन में कारण दिए थे। इस अभिभाषण में डॉ. अम्बेडकर ने कहा था–

"क्या ऐसी किसी संविधान सभा की ज़रूरत है, जो एक संविधान तैयार करे? आजकल सभी के मुँह पर संविधान सभा की ही बात है। कांग्रेस पार्टी ने अपनी सरकारों के त्यागपत्र से पहले अपने संकल्प में मांग की थी कि भारत का संविधान बनाने के लिए भारतीयों से निर्मित एक संविधान सभा गठित की जानी चाहिए। क्रिप्स प्रस्तावों में भी एक संविधान सभा को शामिल किया गया था। सप्रू समिति में भी ऐसा ही उल्लेख था।

मैं कहना चाहता हूँ कि मैं एक संविधान सभा के प्रस्ताव का घोर विरोध करता हूँ। यह बिल्कुल गैरज़रूरी है। मैं इसे एक सर्वाधिक खतरनाक प्रस्ताव मानता हूँ, जो इस देश को गृहयुद्ध में झोंक देगा। सबसे पहले मुझे संविधान सभा के गठित किए जाने का कोई कारण नज़र नहीं आता। हम भारतीय उस स्थिति में नहीं हैं, जिस स्थिति में अमेरिका का संविधान तैयार करते समय अमेरिकी संविधान के निर्माता थे। उन्होंने एक स्वतंत्र जनता के लिए उपयुक्त संविधान हेतु विचार प्रस्तुत किए थे। उनके पास संविधान का पहले से निर्मित कोई ढाँचा नहीं था। भारतीयों के मामले में ऐसी बात नहीं है। संवैधानिक विचार तथा संवैधानिक रूप हमारे पास पहले से हैं। इसलिए इसमें कोई भिन्नता की सम्भावना बहुत कम है। दो अथवा तीन से अधिक संवैधानिक रूप नहीं हैं, जिनमें से हमें चुनना है। तीसरी बात यह कि शायद ही कोई ऐसे बड़े और शुद्ध संवैधानिक प्रश्न हों, जिन पर हम भारतीयों में अधिक मतभेद हों। यह ठीक है कि भारत का भावी संविधान संघीय होना चाहिए। यह भी कमोबेश तय है कि केन्द्र तथा प्रान्तों के बीच राजस्व के बँटवारे को लेकर भी कोई झगड़ा नहीं है। न ही मताधिकार,

न्यायपालिका और कार्यपालिका के विषय में ही कोई मतभेद है। एक मात्र विवाद का बिन्दु यह है कि अवशिष्ट शक्तियाँ राज्यों के पास रहें या केन्द्र के पास हों? लेकिन यह कोई ऐसा बड़ा मुद्दा नहीं है, जिसके लिए किसी तरह की चिंता की जाए। वास्तव में इस मसले का सर्वश्रेष्ठ हल है कि वर्तमान भारत सरकार अधिनियम के प्रावधानों को ही स्वीकार कर लिया जाए।

इस पर सहमति के बाद मुझे नहीं लगता कि संविधान बनाने के लिए किसी संविधान सभा की आवश्यकता है। भारत सरकार अधिनियम, 1935 में काफी कुछ ऐसा लिखा हुआ है, जिसके बाद उसी को दोबारा तैयार करने के लिए संविधान सभा को गठित करना व्यर्थ है। ज़रूरी यह है कि भारत सरकार अधिनियम, 1935 के वे अंश हटा दिए जाएँ, जो ब्रिटिश राष्ट्रमण्डल के सदस्य देश के रूप में असंगत हैं।

संविधान सभा के ऊपर एकमात्र दायित्व जो दिया जा सकता है, वह है साम्प्रदायिक समस्या का हल ढूँढना। मुझे पूरा विश्वास है कि संविधान सभा के जो भी सन्दर्भ होंगे, उनमें साम्प्रदायिक प्रश्न बाधक नहीं होगा। संविधान सभा को सप्रू समिति की सिफारिशों के अनुरूप गठित किया जाना चाहिए। इसके अनुसार इसकी कुल सदस्य संख्या 160 नियत होनी चाहिए। इनका चुनाव प्रान्तीय विधानसभाओं के सदस्यों द्वारा आनुपातिक प्रतिनिधित्व प्रणाली से संयुक्त मतदाताओं द्वारा किया जाना चाहिए तथा इसका निर्णय तीन-चौथाई उपस्थित सदस्यों एवं मतों द्वारा किया जाना चाहिए। क्या अल्पसंख्यक इस संविधान सभा को एक सुरक्षित निकाय मान सकते हैं, जबकि इसमें भेदभाव होंगे तथा इससे क्या उनका इसमें विश्वास पैदा हो सकेगा? इस प्रश्न का उत्तर दो अन्य प्रश्नों पर निर्भर करता है। क्या इस बात की गारंटी है कि सभा में निर्वाचित अल्पसंख्यकों के प्रतिनिधि वास्तव में अल्पसंख्यकों के प्रतिनिधि होंगे? दूसरा सवाल यह है कि क्या इस बात की गारंटी है कि किसी अल्पसंख्यक विशेष के दावे के सम्बन्ध में संविधान सभा का निर्णय वास्तव में अल्पसंख्यकों पर ज़बरदस्ती नहीं लादा जाएगा? इन दोनों प्रश्नों के न होने पर मैं विश्वासपूर्वक कह सकता हूँ कि अल्पसंख्यकों को इससे डरने की कोई ज़रूरत नहीं है।

संविधान सभा की योजना के विरोध में और कई तर्क भी हैं। इनमें से एक का मैं उल्लेख कर रहा हूँ, जिसने मुझे बहुत अधिक प्रभावित किया है। जब मैंने स्कॉटलैण्ड तथा इंग्लैण्ड की एकता का इतिहास पढ़ा, तब मैं यह पढ़कर अत्यधिक दुःखी हुआ कि स्कॉटलैण्ड की पार्लियामेंट की सहमति जीतने के लिए काफी रिश्वत दी गयी तथा भ्रष्टाचार का इसमें बोलबाला था। पूरी की पूरी स्कॉटलैण्ड की पार्लियामेंट खरीद ली गयी थी। भारतीय संविधान सभा हमें कुछ

समूहों द्वारा निर्णयों को प्रभावित करने के लिए भ्रष्टाचार तथा रिश्वत दिए जाने की आशंका निराधार नहीं है। मुझे विश्वास है कि इसके दुष्प्रभावों की उपेक्षा नहीं की जा सकती। अगर ऐसा होता है, तो यह संविधान सभा का मखौल होगा बल्कि मैं पूर्णतः विश्वस्त हूँ कि ऐसे निर्णयों को लागू करने से गृहयुद्ध भड़क सकता है। इसलिए मेरा यह दृढ़ मत है कि संविधान सभा का प्रस्ताव लाभकारी होने से कहीं अधिक खतरनाक और घातक है तथा इसे स्वीकार नहीं किया जाना चाहिए।"

(डॉ. बाबा साहेब अम्बेडकरः *राइटिंग्स ऍण्ड स्पीचेज*,
खण्ड-1, पृ. 360, 361, 365)

इससे पूर्व उन्होंने अखिल भारतीय अनुसूचित जाति महासंघ में एक अन्य व्याख्यान भी दिया था, जो उनकी पुस्तक *राइटिंग्स ऍण्ड स्पीचेज़* के पृष्ठ 358-360 में 'रिस्पाँसिबिलिटी फ़ॉर फ़्रेमिंग द कॉंसटीट्यूशन' शीर्षक से प्रकाशित हुआ था। इसमें डॉ. अम्बेडकर ने कहा था, "इससे पहले कि मैं अपने दिमाग़ में परिकल्पित संवैधानिक प्रस्तावों को ठोस रूप दूँ, मैं दो प्रमुख मुद्दे उठाना चाहता हूँ। पहला है, भारत का संविधान किसे बनाना चाहिए? यह सवाल उठाया जाना आवश्यक है, क्योंकि भारत में ऐसे अनेक लोग हैं, जो ब्रिटिश सरकार से कह तो नहीं रहे हैं, पर आशा ज़रूर कर रहे हैं कि वह इस गतिरोध को समाप्त करे तथा भारत के लिए एक संविधान तैयार करे। मैं समझता हूँ कि यह दृष्टिकोण भ्रमपूर्ण है, जिसका पर्दाफ़ाश किया जाना चाहिए। ब्रिटिश सरकार द्वारा बनाकर भारतीयों पर पहले लादा गया संविधान यथेष्ट था किन्तु यदि भावी संविधान, जिसकी भारतीय मांग कर रहे हैं, यदि अंग्रेज़ों द्वारा हम पर फिर लादा गया, तो वह संविधान हमारी आकांक्षाओं की पूर्ति नहीं कर सकेगा।

भारत के अतीत के संविधान और भविष्य के संविधान में मूलभूत अन्तर है और जो लोग भारत के संविधान के निर्माण के लिए ब्रिटिश सरकार की ओर देख रहे हैं, वे इस मूलभूत अन्तर को नहीं समझ पा रहे हैं। यह भिन्नता इस बात में है कि अतीत के संविधानों में ठप हो जाने की भी व्यवस्था थी। भारत में लोगों ने इस व्यवस्था की निन्दा की थी। अभी तक वह खण्ड भारत सरकार अधिनियम, 1935 के कुख्यात अनुच्छेद 93 के रूप में विद्यमान है। ऐसा इसलिए है क्योंकि वे यह नहीं जानते कि इस अधिनियम में इस खण्ड को क्यों और कैसे जगह दी गयी है। इसकी महत्ता तभी स्पष्ट होगी, जब एक समुदाय के राजनीतिक जीवन में दो महत्वपूर्ण मान्यताएँ जन्म लेंगी। पहली मान्यता है कि समुदाय आधारित राजनीति का इलाज कानून और व्यवस्था है और जब समुदाय आधारित राजनीति बीमारी के लक्षण दिखाने लगे तो उसे दवाइयाँ दी जानी

चाहिए। वास्तव में यह मान्यता इतनी महत्त्वपूर्ण है कि इसका सही-सही उपयोग न कर पाने का अर्थ है समाज तथा सभ्यता के लिए एक अपराध करना। दूसरी मान्यता है कि यद्यपि यह सही है कि किसी भी सरकार को सरकार चलाने का अधिकार नहीं है, किन्तु फिर भी हमारी सरकार चलाने के लिए एक सरकार होनी चाहिए, जो तब तक कानून और व्यवस्था सुनिश्चित कर सके, जब तक कोई बेहतर सरकार उस का स्थान नहीं ले लेती। ठप होने सम्बन्धी खण्ड इन्हीं दो उद्देश्यों की पूर्ति करता है। वास्तव में यह लोगों में शान्ति तथा स्थिरता लाने की श्रेष्ठतम व्यवस्था नहीं है, लेकिन जब संवैधानिक सरकार विफल हो जाए, तो कम से कम सरकार चलाने के लिए यह खण्ड अवश्य उपयोगी सिद्ध हो सकता है।

अतीत में संवैधानिक सरकार तथा संवैधानिक सरकारों के विफल होने पर बनने वाली अस्थायी सरकार के बीच अन्तर करना संभव था। यह इसलिए संभव था क्योंकि जब ब्रिटिश सरकार ने भारतीयों को संवैधानिक सरकार गठित करने का अधिकार दिया, तब उसने संवैधानिक सरकार के विफल होने की स्थिति में स्वयं सरकार चलाने का अधिकार अपने पास सुरक्षित रखा। इसका कारण बहुत साफ है। भारत के अतीत के संविधानों ने भारत को एक देश के रूप में नहीं माना। भविष्य का संविधान इस मान्यता पर आधारित होगा कि भारत एक स्वतंत्र सम्प्रभु राष्ट्र होगा। संवैधानिक सरकारों के विफल होने पर दूसरी सरकार बनाने की व्यवस्था सम्बन्धी खण्ड उस देश के लिए ठीक हो सकता है, जो स्वतंत्र राष्ट्र न हो, किन्तु एक राष्ट्र के मामले में यह दो व्यवस्थाएँ सही समाधान नहीं है। एक सम्प्रभुता सम्पन्न राष्ट्र के मामले में या तो एक संवैधानिक सरकार होनी चाहिए अथवा क्रान्ति होनी चाहिए।

इसका क्या अर्थ है? भारत राष्ट्र के लिए एक ऐसा संविधान बना पाना असंभव है, जिसके ठप हो जाने की संभावना हो। अगर इसे दूसरे शब्दों में कहें तो संविधान को इस प्रकार बनाया जाना चाहिए कि वह न सिर्फ सभी से सम्मान प्राप्त करे बल्कि सभी उसके आदेशों का पालन करें और यदि सभी न भी करें तो भी भारत के सार्वजनिक जीवन के सभी महत्त्वपूर्ण अंग हर कीमत पर उसकी रक्षा करने के लिए तत्पर हों तथा उसे अपना समर्थन प्रदान करें। यह तभी संभव है जब भारतीयों की स्वैच्छिक स्वीकृति से भारतीयों के लिए भारतीयों द्वारा संविधान निर्मित किया जाए। यदि ब्रिटिश सरकार द्वारा जबरन संविधान थोपा जाता है और यह किसी समुदाय द्वारा स्वीकार नहीं किया जाता है और दूसरे समुदाय द्वारा इसका विरोध किया जाता है, तो देश में एक ऐसा वर्ग खड़ा हो जाएगा, जो संविधान से घृणा रखेगा और जो अपनी ऊर्जा संविधान के सही ढंग

से कार्य करने में नहीं लगाएगा, बल्कि इसे तोड़ने में इसका प्रयोग करेगा और इसे ही अपना एकमात्र लक्ष्य बना लेगा तथा लैटिन अमेरिकी देशों की तरह यहाँ भी ऐसी पार्टी संविधान तैयार करने वाली पार्टी के विरुद्ध विषवमन करती रहेगी।

अंग्रेज़ों के लिए भारत हेतु एक संविधान तैयार करना निरर्थक होगा क्योंकि वे स्वयं इसे लागू करवाने की स्थिति में नहीं होंगे। यही हाल एक शक्तिशाली गुट अथवा शक्तिशाली गुटों के समूह द्वारा दूसरे समूहों पर थोपे गये संविधान का भी होगा। अत: मेरा यह दृढ़ विचार है कि यदि भारतीय स्वतंत्र राष्ट्र चाहते हैं तो उन्हें अपने संविधान को स्वयं तैयार करने की जिम्मेदारी से दूर नहीं भागना चाहिए।"

(डॉ. बाबा साहेब अम्बेडकर: *राइटिंग्स एँण्ड स्पीचेज़*,
खण्ड-1, पृ. 358-60)

3 नियति से मुलाकात

भारत के लिए सर्वाधिक आनन्द का क्षण (स्वतंत्र भारत का उदय)14/15 अगस्त की मध्य रात्रि को आया। 14 अगस्त को मध्य रात्रि से कुछ पहले संविधान सभा के सदस्य केंद्रीय कक्ष में जमा हुए। रात्रि 11.00 बजे सुचेता कृपलानी द्वारा गाए गए 'वन्दे मातरम्' गीत से सत्र का शुभारंभ हुआ। डॉ. राजेन्द्र प्रसाद ने अपना अध्यक्षीय भाषण दिया, इसके बाद पण्डित जवाहर लाल नेहरू ने निम्नलिखित संकल्प प्रस्तुत किया।

यह संकल्प लिया जाता है कि–

1. मध्य रात्रि के अन्तिम क्षणों के पश्चात इस अवसर पर उपस्थित संविधान सभा के सभी सदस्यगण यह शपथ लेते हैं कि

   'घोर कष्टों तथा बलिदानों के बाद मिली आज़ादी के इस महान एवं पवित्र क्षण पर मैं...भारत की संविधान सभा के एक सदस्य के रूप में स्वयं को सम्पूर्ण क्षमता के साथ भारत एवं भारत की जनता की सेवा में समर्पित करता हूँ ताकि यह प्राचीन भूमि विश्व में अपना सुयोग्य स्थान हासिल कर सके तथा यह विश्व शांति और मानवता के कल्याण में अपना पूर्ण एवं संकल्पित योगदान दे सके।

2. इस अवसर पर जो सदस्य उपस्थित नहीं हैं, वे सभा के अगले सत्र में उपस्थित होकर शपथ लेंगे।

संकल्प को प्रस्तुत करते समय पंडित नेहरू ने यह भाषण दिया–

"वर्षों पहले हमने नियति से एक मुलाकात की थी, और अब वह समय आ गया है जब हम अपने संकल्प को आधा-अधूरा नहीं बल्कि पूरे तौर पर वास्तव में पूर्ण होते देख सकते हैं। मध्य रात्रि के क्षण के आगमन के समय जब सारा विश्व सो रहा होगा, भारत अपने जीवन तथा स्वतंत्रता के साथ जाग्रत हो रहा होगा। ऐसे क्षण इतिहास में दुर्लभ ही आते हैं, जब हम प्राचीनता से नवीनता की ओर अग्रसर होते हैं, जब एक युग समाप्त होता है और जब एक राष्ट्र की

लम्बे समय से दमित आत्मा प्रकाशित हो जाती है। यह पवित्र पल इस हेतु उपयुक्त है कि हम भारत तथा इसके लोगों एवं मानवता के इससे भी बड़े उद्देश्य के लिए पूर्णतः समर्पित होने का संकल्प लें।

इतिहास के उषा काल में भारत ने अपनी असमाप्त खोज प्रारम्भ की थी तथा उसकी सफलताओं तथा असफलताओं के संघर्ष तथा महत्ता से अनगिनत शताब्दियाँ भरी हुई हैं। यद्यपि उसकी किस्मत में अच्छे तथा बुरे दोनों ही अवसर आए, लेकिन इसने कभी भी अपनी खोज की न तो दिशा बदली और न ही अपने उन आदर्शों को तिलांजलि दी, जिनसे उसे शक्ति मिली। हमने आज इसके दुर्भाग्य का अन्त किया है और भारत ने स्वयं को पुनः खोजा है। आज मनाए जा रहे समारोह की उपलब्धि और कुछ नहीं है, बल्कि उन और बड़ी विजयों तथा उपलब्धियों के अवसरों को खोलने का एक कदम मात्र है, जो हमारी प्रतीक्षा कर रही हैं। क्या हम इतने साहसी तथा बुद्धिमान हैं कि इन अवसरों को अपने हाथों में थाम लें तथा भविष्य की चुनौतियों को स्वीकार करें?

आज़ादी और सत्ता ज़िम्मेदारी लाती है और यह ज़िम्मेदारी संविधान सभा के कन्धों पर है, जो भारत के सम्प्रभुता सम्पन्न लोगों का प्रतिनिधित्व करने वाली सम्प्रभुतासम्पन्न संस्था है। आज़ादी के जन्म होने से पहले हमने परिश्रम के दर्द को धैर्यपूर्वक सहन किया था और इस कष्ट की याद से हमारे हृदय भारी हैं। उनमें से कुछ दर्द आज भी हैं, लेकिन आज वह अतीत बीत चुका है और हमें अपने भविष्य की ओर देखना है।

और इसलिए हमें अपने सपनों को पूरा करने के लिए कठोर परिश्रम करना होगा। हमारे सपने भारत के लिए हैं और ये विश्व के लिए भी हैं क्योंकि आज दुनिया के सभी देश और लोग इतनी गहराई से आपस में जुड़े हुए हैं कि किसी को भी छोड़कर हम जीवन की कल्पना नहीं कर सकते। कहा जाता है कि शान्ति को विभाजित नहीं किया जा सकता, इसे एक हिस्से में रखकर दूसरों से अलग-थलग नहीं किया जा सकता।

भारत के लोगों से, जिनका हम प्रतिनिधित्व कर रहे हैं, हम अपील करते हैं कि वे इस महान अवसर पर हममें विश्वास और भरोसा रखते हुए हमारे साथ जुड़ें। यह समय व्यर्थ की विध्वंसात्मक आलोचना का नहीं है, न ही दूसरों पर आरोप लगाने का ही यह मौका है। हमें स्वतंत्र भारत को एक आदर्श स्थान बनाना है, जहाँ उसके सभी बच्चे प्रेमपूर्वक रह सकें।"

चौधरी खलीकुज़्ज़माँ ने इस संकल्प का समर्थन किया। उनका भाषण विडम्बनापूर्ण था क्योंकि कुछ देर बाद ही वे पाकिस्तान चले गए। फिर भी यह

भाषण इस अवसर के लिए सर्वथा उपयुक्त था। इस अवसर पर कुछ अन्य लोगों ने भी अभिभाषण दिए।

अन्तिम अभिभाषण डॉ. सर्वपल्ली राधाकृष्णन का था। उनका भाषण अत्यधिक मर्मस्पर्शी था। इस मौके पर भी उन्होंने भारत की कमज़ोरियों का उल्लेख किया और अनुरोध किया कि यदि आज़ादी को कोई अर्थ देना है, तो हमें इन कमज़ोरियों को छोड़ना होगा। यह अभिभाषण ठीक वैसा ही था, जैसा उन्होंने 1967 में भारत के राष्ट्रपति पद के अपने कार्यकाल के समाप्त होने पर दिया था। इनका कहना था–

"हमारे पास महान अवसर आया है लेकिन मैं आपको चेतावनी देना चाहता हूँ कि जब सत्ता योग्यता को पीछे छोड़ देती है, तब हम दुर्दिन में फंस जाते हैं। हमें योग्यता और क्षमता विकसित करनी चाहिए, जिससे हमारे सामने खुले हुए अवसरों का हम सदुपयोग कर सकें। आज मध्यरात्रि से अथवा आने वाले कल की सुबह से ही हमें अंग्रेज़ों पर आरोप लगाने बन्द करने होंगे। हमें क्या करना है, इसकी जिम्मेदारी हमें खुद समझनी होगी। एक स्वतंत्र भारत का मूल्यांकन इस प्रकार किया जाएगा कि वह किस प्रकार अपने आम आदमी के रोटी, कपड़ा, मकान और सामाजिक गतिविधियों के हितों को पूरा करता है। जब तक हम उच्च स्तरों पर व्याप्त भ्रष्टाचार को दूर नहीं करेंगे, पक्षपात, सत्ता के मोह, मुनाफ़ाखोरी तथा कालाबाज़ारी को जड़ से नहीं उखाड़ फेंकेंगे, जिसने अभी तक हमारे महान देश को अभिशप्त कर रखा है, तब तक हम प्रशासन तथा रोज़मर्रा के उत्पादन एवं वितरण की वस्तुओं में गुणवत्ता नहीं ला सकेंगे।

पंडित जवाहर लाल नेहरू ने विश्व शान्ति तथा मानवता के कल्याण हेतु इस देश द्वारा भविष्य में किए जाने वाले महान योगदान का उल्लेख किया था। हमारे ध्वज में स्थित चक्र–अशोक चक्र हमें यही महान विचार दिखाता है। हमारे सम्राटों में महानतम 'अशोक' की प्रशंसा करते हुए एच.जी.वेल्स ने कहा है कि वह उसे 'उच्चतम, भव्यतम, योग्यतम, निर्मलतम, राजाओं का राजा इन सबसे ऊपर एक सितारा जो सभी सम्राटों में महानतम था। उसने विरोधियों को भी मित्र बनाने के सन्देश शिलालेखों में खुदवाए। उसके अनुसार यदि मतभेद हैं तो इनका समाधान सौहार्द्र है। सौहार्द्र एकमात्र वह रास्ता है जिससे हम मतभेदों से छुटकारा पा सकते हैं। इसका और कोई दूसरा हल नहीं है–

"समवाय एव साधुः"

हम भाग्यशाली हैं कि हमारे नेता विश्व नागारिक हैं, वे मानवतावादी हैं जो स्थितियों के प्रतिकूल होने तथा मानवता के प्रति शत्रुतापूर्ण व्यवहार से जूझने

के बावजूद धुर आशावादी हैं तथा एक बुद्धिमत्ता सम्पन्न मस्तिष्क के स्वामी हैं।"

डॉ. राधाकृष्णन का अभिभाषण उल्लेखनीय था क्योंकि उन्होंने बाद के समय में उच्च पदों पर पनपने वाले भ्रष्टाचार की आहट पहले ही सुन ली थी।

मध्यरात्रि का क्षण आते ही सदस्यों ने शपथ ग्रहण की तथा संविधान सभा ने अध्यक्ष डॉ. राजेन्द्र प्रसाद द्वारा प्रस्तुत निम्नलिखित संकल्प को पारित किया–

(अ) भारत की संविधान सभा भारत के शासन के लिए सत्ता का उत्तरदायित्व ग्रहण करती है, तथा

(ब) भारत की संविधान सभा इस प्रस्ताव को अनुमोदित करती है कि 15 अगस्त, 1947 से लार्ड माउंटबेटन भारत के गवर्नर जनरल होंगे।

डॉ. राजेन्द्र प्रसाद तथा पं. जवाहर लाल नेहरू को यह दायित्व दिया गया था कि वे लार्ड माउंटबेटन तक उक्त सन्देश पहुँचाएं। इसके पश्चात भारत की महिलाओं की ओर से श्रीमती हंसा मेहता ने राष्ट्रध्वज प्रस्तुत किया। उस समय से ब्रिटिश ध्वज का स्थान राष्ट्रध्वज ने ले लिया।

(*हैण्ड ऑफ़ डेस्टिनी*: सी. सुब्रामणियम, खण्ड-1,
भारतीय विद्या भवन, पृ. 81-84)

डॉ. राजेन्द्र प्रसाद तथा जवाहर लाल नेहरू औपचारिक रूप से माउंटबेटन को उक्त सन्देश देने के लिए उनसे मिले।

जब मध्य रात्रि हुई, उस समय माउंटबेटन शान्त मुद्रा में अपनी डेस्क पर बैठे थे, उनके आस-पास शान्ति तथा अकेलेपन का माहौल था। उनकी व्यक्तिगत उपलब्धि का पैमाना अत्यधिक महान एवं महत्त्वपूर्ण था। ऐसे नाटकीय क्षण में इतिहास के प्रति उनमें दायित्व बोध झलक रहा था। यह वह क्षण था जब पुरानी व्यवस्था समाप्त होने जा रही थी और नयी व्यवस्था उसका स्थान लेने के लिए आतुर थी।

उन्होंने धीरे से अपना चश्मा उतारा, डिसपैच बॉक्स पर चाबियाँ रखीं और मुझे (एलेन कैम्पबेल) आवाज दी कि मैं कमरा साफ करने में मदद करूँ तथा ब्रिटिश वायसराय के राज की सभी दिखने वाली वस्तुएँ वहाँ से हटवाने में सहायता करूँ। यद्यपि बाहर नौकरों की पूरी फौज खड़ी हुई थी, लेकिन उन्होंने डेस्क स्वयं खाली कर दी, तब उन्होंने नौकरों को कुछ फर्नीचर व्यवस्थित करने के लिए बुलवाया, जिससे प्रेस के रिपोर्टरों को कक्ष सुविधा मिल सके जो इस घटना के साक्षी बनने के लिए आमंत्रित किए गए थे।

संविधान सभा के समारोह को कवर करने के बाद पत्रकार अब एक-एक कर वहां आने लगे थे। उन्होंने बताया कि रास्तों पर भारी भीड़ जमा है और उन्हें लगता है कि इससे राजेन्द्र प्रसाद और नेहरू को आने में कुछ देर हो सकती है।

थके हुए किन्तु प्रसन्नचित्त दिख रहे राजेन्द्र प्रसाद और नेहरू लोगों की बधाइयाँ स्वीकार करते आखिरकार आए। थोड़ी ही देर में औपचारिकता की दीवारें ढह गईं और मित्रता की भावना फट पड़ी। प्रेस संवाददाता कक्ष के बगल में खड़े हो गए जबकि फोटोग्राफर गोलाकार मेज पर खड़े हो गए।

अन्त में माउंटबेटन और प्रसाद ने औपचारिक आमंत्रण धीरे-धीरे बोलना शुरू किया। लेकिन वे अपनी पंक्तियाँ भूल गए और नेहरू ने फिर उनकी पंक्तियाँ तुरन्त आगे बढ़कर पूरी कर दीं। उन्होंने बताया कि संविधान सभा की बैठक अभी-अभी खत्म हुई है और वहाँ पर नेताओं के अनुरोध को स्वीकार करते हुए यह कहा गया है कि माउंटबेटन पहले गवर्नर जनरल बनें। इस सन्देश पर माउंटबेटन ने मुस्कुराते हुए उत्तर दिया, "मुझे इस सम्मान के मिलने का गर्व है तथा मैं आपकी सलाह को संवैधानिक ढंग से मानने का हर सम्भव प्रयास करूँगा।"

इसके बाद नेहरू ने उन्हें एक बड़ा लिफाफा थमाते हुए औपचारिक ढंग से कहा, "क्या मैं आपको नई कैबिनेट के विभागों का विवरण दे सकता हूँ?" यह समारोह दस मिनट से कम समय में ही समाप्त हो गया, किन्तु इस बग़ैर तैयारी के हुए अभूतपूर्व समारोह में हमारी विक्टरी परेडों की तुलना में कहीं अधिक आशावादिता और मानवता झलक रही थी।

एक बार फिर मैं और माउंटबेटन अकेले रह गए थे। उनकी उत्सुकता को शान्त करने के लिए मैंने उन्हें कैबिनेट के उस लिफाफे की याद दिलाई, जिसमें उनके द्वारा सहमति दिए गए कैबिनेट के नामों का विवरण था और कुछ घण्टों बाद उन्हें शपथ दिलायी जानी थी, उन्होंने बड़ा लिफाफा खोला, किन्तु उसमें उन्हें उनके प्रधानमंत्री के उस रात कहे गए शब्दों के अनुरूप कुछ नहीं दिखा। वास्तव में नेहरू जी का वह लिफाफा खाली था।

(*मिशन विद माउंटबेटन*: एलेन कैम्पबेल-जॉनसन,
रॉबर्ट हेल लिमिटेड, लंदन, 1951, पृ. 156-62)

जब माउंटबेटन ने नेहरू जी से इस बारे में पूछा तो उनका उत्तर था, "मेरे और आपके बीच ऐसा कई बार हो चुका है। इससे कोई फर्क नहीं पड़ता। आप तथा मैं इस बात पर सहमत हैं कि किसे क्या विभाग दिए जाने हैं।

(*माउंटबेटन एँण्ड पार्टीशन ऑफ इण्डिया*: लैरी कॉलिन्स एवं
डॉमिनिक लॉपियर: तरन पेपर बैक्स, नयी दिल्ली, पृ. 110)

लॉर्ड माउंटबेटन ने 15 अगस्त ही तारीख क्यों चुनी?

कहा जाता है कि माउंटबेटन ने कहा था:

"यह तारीख मैंने अचानक ही चुन ली। मैंने यह तारीख एक प्रश्न के उत्तर के रूप में चुनी। मैं यह दिखाना चाहता था कि मैं ही इस पूरी घटना का कर्त्ता धर्त्ता हूँ। जब उन्होंने पूछा कि क्यों न हम एक तारीख तय कर लें, तब मैं जानता था कि यह बहुत जल्दी ही होना चाहिए लेकिन तब तक मैंने इस बारे में अधिक सोच-विचार नहीं किया था। मैंने सोचा कि यह तारीख अगस्त-सितम्बर के आस-पास की होनी चाहिए और तब मैंने 15 अगस्त की तारीख निश्चित की। क्यों? क्योंकि यह जापान के हथियार डालने की दूसरी वर्षगाँठ भी थी।"

(*पार्टीशन ऑफ इण्डिया, लीजेण्ड ऍण्ड रियलिटी*: एच.एम. सीरवाय, एमीनेम पब्लिकेशन, बम्बई, पृ. 138)

लैरी कॉलिन्स तथा डॉमिनिक लॉपियर की पुस्तक *माउंटबेटन ऍण्ड पार्टीशन ऑफ इण्डिया* के लिए माउंटबेटन ने एक अत्यन्त महत्त्वपूर्ण साक्षात्कार दिया था। इसमें उन्होंने 15 अगस्त की तारीख निश्चित करने के सम्बन्ध में जो विचार व्यक्त किए थे, वे निम्नलिखित हैं–

प्रश्न: 15 अगस्त के समारोह की कोई पूर्व परम्परा नहीं थी। इसे किसने तैयार किया था?

उत्तर: इस बारे में मैंने नेहरू से बात की थी। 15 अगस्त तारीख तय करने के बारे में सबसे महत्त्वपूर्ण बात यह थी कि इस तिथि को जापानियों ने आत्मसमर्पण किया था और यह मत भूलिए कि यह घटना दो साल पहले ही हुई थी, लेकिन मैंने इस बारे में ज्योतिषियों से मशविरा नहीं किया था।

जैसा कि आप जानते हैं, भारतीय लोग ज्योतिष को बहुत अधिक मानते हैं, लेकिन मुझे इसका अहसास नहीं था। एक खराब दिन होने पर यहाँ उस दिन कोई कुछ भी नहीं कर सकता। नेहरू ज्योतिष को नहीं मानते थे। लेकिन उन्होंने मुझसे कहा कि बहुत से लोग कह रहे हैं कि मैंने एक अशुभ दिन चुना है। मैंने महसूस किया कि मैंने इस बारे में ज्योतिषियों से सलाह न लेकर भूल की है। किन्तु मुझे ऐसा करने की याद नहीं आई थी।

नेहरू ने कहा, "ज़्यादा परेशान न हों। यदि आप सहमत हैं कि हम मध्य रात्रि और मध्य रात्रि होने से ठीक पहले मीटिंग कर सकते हैं और सत्ता का हस्तांतरण कर सकते हैं तो यह कहीं अधिक महान अवसर होगा।" और मैंने सोचा कि यह विचार कितना शानदार और नाटकीय है कि जब शेष सारी दुनिया

सो रही होगी, हम मध्य रात्रि में मीटिंग कर रहे होंगे। और आप जानते हैं कि ऐसा ही किया गया, ऐसा इसलिए नहीं किया गया कि हम एक नाटकीय क्षण रचना चाहते थे बल्कि ऐसा इसलिए करना पड़ा क्योंकि मैंने एक गलत दिन चुना था। क्योंकि ज्योतिषियों ने कहा था कि यह दिन शुभ नहीं है।"

(*लॉर्ड माउंटबेटन एॅण्ड पार्टीशन ऑफ इण्डिया*: लैरी कॉलिन्स एवं डॉमिनिक लॉपियर: तरन पेपर बैक्स, नयी दिल्ली, पृ. 109)

जिस समय नयी दिल्ली में स्वतंत्रता दिवस समारोह मनाया जा रहा था, उस समय लार्ड माउंटबेटन ने संयुक्त राज्य अमेरिका के लिए जारी किए गए ब्रॉडकास्ट में मित्र सेनाओं की जापान पर जीत की दूसरी वर्षगाँठ मनाने का आह्वान किया था। इस ब्राडॅकास्ट में उन्होंने कहा था–

"दो साल पहले, आज ही के दिन मैं पॉट्सडैम सम्मेलन से लौटा ही था तथा 10, डाउनिंग स्ट्रीट में प्रधानमंत्री के कक्ष में था, जब जापानियों के आत्मसमर्पण की खबर आयी थी। यहाँ आज रात मैं आपसे दिल्ली में बैठकर बात कर रहा हूँ, जहाँ हम एक समारोह मना रहे हैं जो विश्व के भविष्य के लिए इस घटना से कतई कम महत्त्वपूर्ण नहीं है और वह है भारत की स्वतंत्रता का दिन। अटलांटिक चार्टर में हमने, ब्रिटिशों तथा अमेरिकियों, ने लोगों के आत्मसम्मान तथा देशों की स्वाधीनता के प्रति संकल्पबद्धता जताई थी। कड़वे अनुभवों ने हमें सिखाया है कि एक युद्ध जीतना कभी-कभी आसान होता है लेकिन एक युद्ध का उद्देश्य हासिल करना मुश्किल होता है। अत: हमें 15 अगस्त को एक विजय के समारोह के रूप में ही नहीं याद रखना है बल्कि एक संकल्प के पूरे किए जाने के रूप में भी याद रखना है।"

(*पार्टीशन ऑफ़ इण्डिया, लीजेण्ड एॅण्ड रियलिटी*: एच.एम. सीरवाय, एमीनेम पब्लिकेशन, बंबई, पृ. 138)

4 संविधान का प्रारूप

संविधान सभा द्वारा पारित संकल्प के अनुसार सर बी.एन. राऊ ने प्रस्तावित संविधान का एक प्रारूप तैयार किया। इस प्रारूप में 240 अनुच्छेद तथा 13 अनुसूचियाँ थीं। इस प्रारूप को तैयार करने से पहले सर बी.एन. राऊ ने ग्रेट ब्रिटेन, आयरलैण्ड, संयुक्त राज्य अमेरिका और कनाडा की यात्रा की तथा वहाँ के संविधानों का गहन अध्ययन किया। उन्होंने इस विषय में अमेरिका के राष्ट्रपति ट्रूमैन, आयरलैण्ड के प्रधानमंत्री डी. वेलियर, अनेक संवैधानिक विशेषज्ञों, विधिवेत्ताओं तथा न्यायाधीशों से बात की।

(श्री निवास बेलवी: *भवन्स जर्नल*, 31 जनवरी, 1995 अंक)

प्रारूप समिति

29 अगस्त, 1947 को हुई एक बैठक में संविधान सभा ने संकल्प लिया कि सभा में लिए गए निर्णयों के आधार पर सभा के कार्यालय में रहकर भारत के संविधान के प्रारूप के आवश्यक संशोधनों की जाँच करने तथा महत्त्वपूर्ण सुझाव देने के लिए निम्नलिखित सदस्यों की एक समिति नियुक्त की जाती है–

1. श्री अलादि कृष्णास्वामी अय्यर
2. श्री ऍन. गोपालस्वामी आयंगर
3. डॉ. बी.आर. अम्बेडकर
4. डॉ. के.एम. मुंशी
5. सैयद मुहम्मद सादुल्ला
6. सर बी.एल. मिट्टर
7. श्री डी.पी. खेतान

प्रारूप समिति की पहली बैठक 30 अगस्त, 1947 को हुई, जिसमें सर्वसम्मति से डॉ. अम्बेडकर को इसका अध्यक्ष चुना गया। समिति की 27 अक्तूबर, 1947 से प्रतिदिन बैठक होती थी, जिसमें संवैधानिक सलाहकार द्वारा तैयार किए गए

प्रारूप पर चर्चा की जाती थी तथा उसमें आवश्यक संशोधन किए जाते थे। प्रारूप समिति 13 फरवरी, 1948 तक कुल 44 दिनों तक बैठी, जिसमें डॉ. अम्बेडकर ने सभी कार्य किए। 14 फरवरी, 1948 को प्रारूप समिति द्वारा निर्धारित नवीनतम प्रारूप संविधान सभा के अध्यक्ष को सौंपा गया। समय-समय पर सुझावों तथा संशोधनों की जाँच के लिए इसके बाद भी प्रारूप समिति कार्य करती रही। आठ माह के लिए संविधान का प्रारूप जनता के समक्ष रखा गया और 4 नवम्बर, 1948 को यह संविधान सभा में चर्चा हेतु आया।

संविधान के प्रारूप का विषय-प्रवेश

गुरुवार, 4 नवम्बर, 1948 को नयी दिल्ली के संविधान कक्ष में संविधान सभा बैठी। अधिकार पत्र प्रस्तुत करने, रजिस्टर पर हस्ताक्षर करने तथा संकल्प लेने की औपचारिकताएँ पूरी होने के बाद अध्यक्ष डॉ. राजेन्द्र प्रसाद ने राष्ट्रपिता को श्रद्धा सुमन अर्पित करने तथा उन्हें सम्मान देने के लिए सभी सदस्यों से खड़े होने का अनुरोध किया। उन्होंने महात्मा गाँधी को उस महान विभूति की संज्ञा दी, जिसने हमारे मृतप्राय शरीरों एवं हड्डियों में जीवन का संचार किया, जिसने हमें दु:ख तथा निराशा के अँधेरे से आशा एवं उपलब्धियों के प्रकाश तथा चमक में ले जाने का कार्य किया और जिसने हमें दासता से आज़ादी की ओर ले जाने में हमारा नेतृत्व किया।

(डॉ. बाबा साहेब अम्बेडकर: *राइटिंग्स एॅण्ड स्पीचेज़*,
खण्ड-13, पृ. 36, 37, 44, 47)

इसके पश्चात प्रारूप समिति तथा नियत संविधान का प्रारूप डॉ. अम्बेडकर द्वारा संविधान सभा में प्रस्तुत किया गया। उन्होंने उसी दिन इसे चर्चा के लिए आगे बढ़ाया और ऐसा करते समय उन्होंने संविधान के कुछ महत्वपूर्ण बिन्दुओं की ओर ध्यान खींचा तथा इसके विरुद्ध हो रही आलोचनाओं का भी उत्तर दिया। उनका यह व्याख्यान यहाँ पुन: प्रस्तुत किया जा रहा है:

डॉ. अम्बेडकर का अभिभाषण: 4 नवम्बर, 1948: "आदरणीय अध्यक्ष महोदय, मैं प्रारूप समिति द्वारा तैयार किए गए संविधान के प्रारूप को प्रस्तुत कर रहा हूँ तथा इसे चर्चा हेतु पटल पर रख रहा हूँ। प्रारूप समिति का गठन संविधान सभा द्वारा 29 अगस्त, 1947 को पारित किए गए एक संकल्प के द्वारा किया गया था। प्रारूप समिति को संविधान सभा के आदेशानुसार विभिन्न समितियों, जैसे-संघीय शक्ति समिति, संघीय संविधान समिति, प्रांतीय संविधान समिति तथा मौलिक अधिकारों, अल्पसंख्यकों, आदिवासी क्षेत्रों आदि पर सलाहकार समिति द्वारा तैयार की गयी रिपोर्टों के आधार पर एक संविधान तैयार करने का

दायित्व दिया गया था। संविधान सभा ने यह भी निर्देश दिया था कि कुछ मामलों में भारत सरकार अधिनियम, 1935 के प्रावधानों को ही गृहीत कर लिया जाए। संविधान सभा ने इस अधिनियम के उन बिन्दुओं को नहीं शामिल करने को कहा था, जिनको 21 फरवरी, 1948 को लिखे पत्र में मैंने हटाने को कहा था तथा प्रारूप समिति ने इसके विकल्प सुझाए थे। मैं आशा करता हूँ कि प्रारूप समिति ने प्राप्त निदेर्शों के अनुरूप ही अपने दायित्वों का निर्वहन किया है।

वृहत् प्रारूप समिति द्वारा तैयार किया गया यह संविधान का प्रारूप एक वृहत् दस्तावेज़ है। इसमें 315 अनुच्छेद तथा 8 अनुसूचियाँ हैं। यह स्वीकार किया जाना चाहिए कि किसी भी देश का संविधान इस संविधान के प्रारूप जितना विशाल नहीं है। यह समझना उनके लिए कठिन होगा, जो इसके महत्त्वपूर्ण तथा विशिष्ट गुणों से अनजान हैं।

संविधान के प्रारूप को जनता के समक्ष 8 माह तक रखा गया। इस लम्बी अवधि के दौरान मित्रों, आलोचकों तथा विपक्षियों के पास इसके सम्बन्ध में अपनी प्रतिक्रिया देने का प्रर्याप्त अवसर था। मैं यह कहने का साहस करता हूँ कि इनमें से कुछ प्रतिक्रियाएँ नासमझी के कारण थीं तथा कुछ अनुच्छेदों को ठीक से न समझ पाने के फलस्वरूप थीं, किन्तु अनेक आलोचनाएँ हुई हैं तथा इनका उत्तर दिया जाना चाहिए।

इन दोनों कारणों से यह आवश्यक हो गया है कि इसे चर्चा हेतु प्रस्तुत करने से पूर्व मैं आपका ध्यान संविधान के विशेष लक्षणों की ओर खींचूँ तथा की जा रही आलोचनाओं का समुचित जवाब दूँ।

आगे बढ़ने से पहले मैं सदन के पटल पर संविधान सभा द्वारा नियुक्त तीन समितियों (1) चीफ कमिश्नर की प्रांतों की समिति की रिपोर्ट (2) संघ तथा राज्यों के बीच वित्तीय सम्बन्धों पर विशेषज्ञ समिति की रिपोर्ट, तथा (3) आदिवासी क्षेत्रों पर सलाहकार समिति की रिपोर्ट, जो सभा द्वारा बहुत विलंब से संज्ञान में ली गयी, की रिपोर्ट रखना चाहता हूँ। चूंकि ये रिपोर्टें तथा इनके द्वारा दिए गए सुझाव प्रारूप समिति द्वारा संज्ञान में लिए जा चुके हैं, अत: यह उचित होगा कि इन रिपोर्टों को सदन के पटल पर मात्र औपचारिक रूप से ही प्रस्तुत किया जाए।

अब मैं मुख्य प्रश्न पर आता हूँ। संवैधानिक कानून का एक अध्येता होने के नाते संविधान की एक प्रति अपने हाथों में लिए हुए किसी को भी दो प्रश्न अवश्य पूछने होंगे। पहला, संविधान में निहित सरकार का क्या स्वरूप होगा तथा दूसरा संविधान किस रूप में है? ये दो ऐसे प्रश्न हैं, जिनसे हरेक संविधान को जूझना पड़ता है। मैं इन दो प्रश्नों में से पहले प्रथम प्रश्न से शुरूआत करूँगा।

संविधान के प्रारूप में भारतीय संघ के प्रधान के रूप में कार्य करने वाले व्यक्ति को संघ का राष्ट्रपति कहा गया है। इस पद के नाम से हमें अमेरिका के राष्ट्रपतियों का स्मरण हो आता है, परन्तु एक जैसे नाम होने के बावजूद अमेरिका में प्रचलित सरकार के स्वरूप से हमारे संविधान के प्रारूप में प्रस्तावित सरकार का स्वरूप पर्याप्त भिन्न है। वस्तुतः इन दोनों में कोई समानता नहीं है। अमेरिकी सरकार का स्वरूप राष्ट्रपति सिस्टम पर आधारित है। ये दोनों रूप अपने मूलभूत स्वरूप में भिन्न हैं।

अमेरिका के राष्ट्रपति सिस्टम में कार्यपालिका का प्रधान राष्ट्रपति होता है। प्रशासनिक अधिकार उसमें निहित होते हैं। संविधान के प्रारूप के अन्तर्गत राष्ट्रपति ब्रिटिश संविधान के अन्तर्गत राजा जैसी स्थिति धारण करता है। वह संघ का प्रधान तो है परन्तु कार्यपालिका का प्रधान नहीं है। वह राष्ट्र का प्रतिनिधित्व तो करता है, परन्तु राष्ट्र पर शासन नहीं करता है। वह राष्ट्र का प्रतीक है। प्रशासन में उसकी स्थिति एक मुहर जैसी औपचारिकता मात्र की है, जिसके माध्यम से राष्ट्र के निर्णय बताए जाते हैं। भारत संघ के राष्ट्रपति के अधीन प्रशासन के विभिन्न विभागों के प्रभारी मंत्री होते हैं। यहाँ पुनः दोनों के बीच मौलिक अन्तर है। अमेरिका का राष्ट्रपति अपने सचिवों द्वारा दी गयी किसी सलाह को मानने के लिए बाध्य नहीं है। भारत संघ का राष्ट्रपति अपने मंत्रियों की सलाह मानने को प्रायः बाध्य है। वह न तो उनकी सलाह के विपरीत कोई कार्य कर सकता है और न ही उनकी सलाह लिए बग़ैर कोई कार्य कर सकता है। जब तक उसके मंत्रियों का संसद में बहुमत है, तब तक भारत संघ का राष्ट्रपति ऐसा करने की शक्ति नहीं रखता है।

अमेरिका का राष्ट्रपति सिस्टम कार्यपालिका तथा विधायिका के अलग-अलग होने पर आधारित है ताकि राष्ट्रपति तथा उसके सचिव कांग्रेस के सदस्य न बन सकें। भारत संघ के मंत्रीगण संसद के सदस्य होंगे। संसद के सदस्य ही यहाँ मंत्री बन सकते है। मंत्रियों को संसद के अन्य सदस्यों की भाँति सारे अधिकार होंगे। वे संसद में बैठ सकते हैं, चर्चा में भाग ले सकते हैं तथा इसकी कार्रवाइयों में मताधिकार का प्रयोग कर सकते हैं। सरकार चलाने के ये दोनों सिस्टम लोकतांत्रिक हैं तथा इन दोनों में एक चुनना आसान काम नहीं है। एक लोकतांत्रिक कार्यपालिका को दो शर्तें पूरी करनी होती हैं–

(1) यह एक स्थाई कार्यपालिका होनी चाहिए, (2) यह एक जिम्मेदार कार्यपालिका होनी चाहिए। दुर्भाग्य से ऐसा कोई सिस्टम नहीं बनाया जा सकता, जो इन दोनों शर्तों को पूरा करने की समान गारण्टी देता हो। आपके पास एक सिस्टम हो सकता है, जो आपको अधिक स्थायित्व दे सके किन्तु कम उत्तरदायित्व

वाला हो अथवा आप एक ऐसा सिस्टम रख सकते हैं, जिसमें उत्तरदायित्व अधिक हों, परन्तु स्थायित्व कम हो। अमेरिकी तथा स्विस सिस्टम में स्थायित्व तो अधिक है किन्तु उत्तरदायित्व अपेक्षाकृत कम हैं। दूसरी ओर ब्रिटिश सिस्टम आपको उत्तरदायित्व तो अधिक देता है, किन्तु इसमें स्थायित्व कम है। इसका कारण स्पष्ट है। अमेरिकी कार्यकारी एक पार्लियामेंट का सदस्य नहीं है, जिसका मतलब है कि उसका अस्तित्व पार्लियामेंट के बहुमत पर निर्भर नहीं है। चूंकि वह पार्लियामेंट का एक सदस्य नहीं है, अतः अमेरिका की कांग्रेस उसे बर्खास्त नहीं कर सकती। एक संसदीय सरकार को उस समय इस्तीफा देना होगा, जब वह संसद सदस्यों के बहुमत का विश्वास खो देगी। उत्तरदायित्व की दृष्टि से देखा जाए तो पार्लियामेंट का सदस्य न होने वाला प्रधान अधिक स्वतंत्र है जबकि पार्लियामेंट में बहुमत रखने वाला अधिक उत्तरदायी होगा। अमेरिकी सिस्टम की तुलना में ब्रिटिश सिस्टम अधिक उत्तरदायी है, किन्तु समय तथा इसके मूल्यांकन की प्रक्रिया इसे परिवर्तित भी कर सकती है। पार्लियामेंट सिस्टम न होने की दशा में, जैसा कि अमेरिका में है, कार्यपालिका के उत्तरदायित्व का मूल्यांकन अवधि पर आधारित होगा। ऐसा वहाँ दो वर्ष में एक बार होता है। यह कार्य वहाँ मतदाताओं द्वारा किया जाता है। इंग्लैण्ड में जहाँ पार्लियामेंट सिस्टम है, कार्यपालिका के उत्तरदायित्व का मूल्यांकन नित्य तथा अवधि दोनों आधारों पर किया जाता है। नित्य मूल्यांकन पार्लियामेंट के सदस्यों द्वारा प्रश्नों, संकल्पों, अविश्वास प्रस्तावों, स्थगन प्रस्तावों तथा चर्चाओं द्वारा किया जाता है। अवधि आधारित मूल्यांकन चुनाव के समय मतदाताओं द्वारा किया जाता है, जो प्रत्येक पाँच वर्ष पर अथवा इससे पहले होते हैं। उत्तरदायित्व का नित्य मूल्यांकन जो अमेरिकी सिस्टम में नहीं है, अवधि आधारित मूल्यांकन की तुलना में अधिक प्रभावी महसूस किया गया है तथा भारत जैसे देश के लिए यह अत्यधिक आवश्यक है। कार्यपालिका के लिए पार्लियामेंट सिस्टम की सिफारिश करते समय संविधान के प्रारूप में स्थायित्व की तुलना में उत्तरदायित्व को अधिक महत्त्वपूर्ण माना गया है।

अभी तक मैने संविधान के प्रारूप में सरकार के स्वरूप का विश्लेषण किया। अब मैं दूसरे प्रश्न की ओर आऊँगा, जो संविधान के स्वरूप से सम्बन्धित है।

इतिहास में संविधानों के दो प्रमुख रूप ज्ञात हैं। एक को एकांगी कहते हैं और दूसरा फ़ेडरल है। एकांगी संविधान के दो आवश्यक लक्षण हैं-(1) केन्द्र के राज्य तंत्र की सर्वोच्चता तथा (2) सहायक सम्प्रभु राज्य तंत्रों की अनुपस्थिति। इसके विपरीत फ़ेडरल संविधान की पहचान (1) एक केन्द्र के राज्य तंत्र तथा

उसके सहायक सम्प्रभु राज्य तंत्रों, तथा (2) सभी अपने आप में सम्प्रभुता सम्पन्न राज्य तंत्रों द्वारा होती है। दूसरे शब्दों में फेडरेशन का अर्थ द्वि राज्य-तंत्र की स्थापना का होना है। यह दोहरा राज्य तंत्र प्रस्तावित संविधान में रखा गया है। इसके अन्तर्गत केंद्र में संघ तथा परिधि पर राज्य होंगे, प्रत्येक को अपने-अपने क्षेत्र में निर्धारित की गयी शक्तियों के प्रयोग की सम्प्रभुता संविधान द्वारा प्राप्त होगी। यह दोहरा राज्य तंत्र अमेरिकी संविधान जैसा है। अमेरिकी राज्य तंत्र भी दोहरा राज्य तंत्र है, इसमें एक को फ़ेडरल सरकार कहते हैं तथा दूसरे को राज्य या स्टेट्स कहते हैं, जो हमारे संविधान के प्रारूप के अनुसार क्रमश: केन्द्र सरकार तथा राज्य सरकारें हैं। अमेरिकी संविधान के अन्तर्गत फ़ेडरल सरकार मात्र राज्यों का समूह नहीं है, न ही राज्य फ़ेडरल सरकार की प्रशासनिक इकाइयाँ हैं। इसी प्रकार संविधान के प्रारूप में प्रस्तावित भारतीय संविधान में संघीय सरकार भी ऐसी नहीं है। यहाँ पर आकर भारतीय तथा अमेरिकी संविधान की समानताएँ खत्म हो जाती हैं। इन दोनों के बीच भिन्नताएँ समानताओं से कहीं अधिक हैं।

अमेरिकी फ़ेडरेशन तथा भारतीय फ़ेडरेशन में मुख्यत: दो बिन्दुओं पर भिन्नता है। अमेरिका में यह दोहरा राज्य तंत्र दोहरी नागरिकता पर आधारित है। अमेरिका में राज्य की एक नागरिकता होती है। बहरहाल इस दोहरी नागरिकता की कठोरता को वहाँ पर निस्सन्देह चौदहवें संविधान संशोधन द्वारा हल्का कर दिया गया है, जो राज्यों को अमेरिका के नागरिक के अधिकारों, विशेषाधिकारों, स्वतंत्रता को छीनने से रोकता है। इसी तरह जैसा कि श्री विलियम एण्डरसन ने संकेत किया है कि कुछ राजनीतिक मामलों, जिसमें मताधिकार तथा सार्वजनिक पद ग्रहण करना शामिल है, में राज्य अपने नागरिकों के लिए पक्षपात करते हैं या कर सकते हैं। कई मामलों, में तो यह पक्षपात और भी आगे तक जाता है। एक राज्य अथवा स्थानीय सरकार की नौकरी हासिल करने के लिए अधिकांश जगहों पर वहाँ का स्थानीय निवासी या नागरिक होना अनिवार्य है। इसी प्रकार कानून तथा चिकित्सा जैसे नागरिक व्यवसायों के लिए लाइसेंस लेने हेतु भी राज्य में निवास तथा नागरिकता प्राय: आवश्यक है और मदिरा बेचने तथा स्टॉक एवं बॉण्डों का धंधा करने के लिए भी ऐसी अनिवार्यताएँ रखी गयी हैं।

प्रत्येक राज्य की परिधि में कुछ ऐसे अधिकार भी हैं, जो उसके अपने नागरिकों को विशेष लाभ प्रदान करते हैं। अत: राज्यों द्वारा अपने नागरिकों को विशेष सुविधाएँ मुहैया कराई जाती हैं। राज्यों में यह परम्परा है कि ग़ैर नागरिकों से वे अपने नागरिकों की तुलना में अधिक शिकार एवं मछली के लाइसेंस की

फीस लें। राज्य अपने कॉलेजों तथा विश्वविद्यालयों में ग़ैर नागरिकों से अधिक ट्यूशन फीस लेते हैं तथा आपात् स्थिति को छोड़कर वे अपने अस्पतालों में केवल अपने नागरिकों को ही भर्ती होने की अनुमति देते हैं।

संक्षेप में, वहाँ पर कई ऐसे अधिकार हैं, जो एक राज्य अपने नागरिकों को ही प्रदान करता है और वह वैधानिक तरीके से इन अधिकारों को ग़ैर नागरिकों अथवा ग़ैर निवासियों को देने से मना कर सकता है या फिर वह ये अधिकार ग़ैर नागरिकों को अपेक्षाकृत कठोर शर्तों पर दे सकता है। अपने राज्य में नागरिकों को दिए गए ये लाभ राज्य नागरिकता के विशेष अधिकार हैं। इन सबको मिलाकर ये नागरिकों तथा ग़ैर नागरिकों में पर्याप्त भेद-भाव पैदा करते हैं। ये सभी नियम कुछ समय के लिए विशेष प्रतिबन्धों के साथ हैं।

प्रस्तावित भारतीय संविधान में एकल नागरिकता तथा दोहरे राज्यतंत्र का प्रावधान है। सम्पूर्ण भारत के लिए एक ही नागरिकता होगी। यह भारतीय नागरिकता कहलाएगी। किसी प्रकार की कोई राज्य नागरिकता नहीं होगी। इससे कोई फर्क नहीं पड़ेगा कि वह किस राज्य में निवास करता है, सभी भारतीयों के पास एक जैसे अधिकार होंगे।

एक अन्य मामले में भी प्रस्तावित भारतीय संविधान का दोहरा राज्यतंत्र अमेरिका के दोहरे राज्य तंत्र से भिन्न है। अमेरिका में फ़ेडरल तथा राज्यों के संविधान ढीले-ढाले तरीके से जुड़े हुए हैं। अमेरिका में फ़ेडरल तथा राज्य सरकारों के सम्बन्ध को विवेचित करते हुए ब्राइस ने कहा था-

"केन्द्र अथवा राष्ट्रीय सरकार तथा राज्य सरकारों की तुलना एक बड़ी बिल्डिंग और छोटी-छोटी बिल्डिंगों के एक सेट से की जा सकती है, जो एक ही ज़मीन पर खड़ी तो हैं, लेकिन एक दूसरे से अलग हैं।"

ये एक दूसरे से अलग हैं, लेकिन अमेरिका में राज्य सरकारें फ़ेडरल सरकार से कितनी भिन्न हैं? निम्नलिखित तथ्यों से इस भिन्नता के बारे में कुछ अनुमान लगाए जा सकते हैं-

सरकार के गणतांत्रिक स्वरूप को बरकरार रखते हुए अमेरिका में राज्य अपने निजी संविधान बनाने को स्वतंत्र हैं।

एक राज्य के लोग राष्ट्रीय सरकार से अलग अपने संविधान में संशोधन करने की शक्ति अपने हाथ में रखते हैं।

ब्राइस के शब्दों में-

> "अपने स्वयं के संविधान के कारण एक राज्य (अमेरिका में) एक कॉमनवेल्थ की भाँति अपना अस्तित्व रखता है तथा राज्य के सभी अधिकारी, विधायिका, कार्यपालिका तथा न्यायपालिका संविधान के ही जीव हैं।"

प्रस्तावित भारतीय संविधान के बारे में यह सच नहीं है। कोई भी राज्य (भाग 1 में किसी भी कीमत पर) अपना संविधान बनाने का अधिकार नहीं रखेगा। संघ तथा राज्यों का एक ही संविधान होगा, जिससे ऊपर कोई नहीं होगा और सभी को इसके अन्तर्गत रहकर अपना कार्य करना होगा।

अभी तक मैंने अमेरिकी फ़ेडरेशन तथा प्रस्तावित भारतीय संविधान के बीच अन्तर पर आपका ध्यान खींचा। लेकिन प्रस्तावित भारतीय फ़ेडरेशन में कुछ अन्य विशेषताएँ भी हैं, जो अमरीकी फ़ेडरेशन से ही नहीं बल्कि अन्य सभी फ़ेडरेशनों से अलग हैं। अमेरिकी फ़ेडरेशन सहित सभी फ़ेडरल व्यवस्थाओं में संयुक्तीकरण को बहुत मजबूत तरीके से रखा गया है। किसी भी परिस्थिति में इसके रूप तथा आकार को नहीं बदला जा सकता। यह कभी भी समय तथा परिस्थिति की आवश्यकता के अनुसार एकांगी तथा फेडरल नहीं हो सकता। सामान्य परिस्थितियों में इसे एकांगी व्यवस्था के लिए कार्य करने हेतु बनाया गया है। जब एक बार राष्ट्रपति अनुच्छेद 275 के अन्तर्गत अपने अधिकारों का इस्तेमाल करते हुए एक अधिसूचना जारी कर देता है तो पूरा दृश्य बदल जाता है और राज्य एक एकांगी राज्य बन जाता है। अधिसूचना के अन्तर्गत संघ यदि चाहे तो (1) राज्य सूची के किसी विषय पर भी कोई कानून बना सकता है, (2) राज्य के अधिकार में आने वाले कार्यपालिका के मामलों पर भी संघ राज्य को निर्देशित कर सकता है, (3) किसी अधिकारी को किसी उद्देश्य हेतु संघ बुला सकता है, (4) संविधान के वित्तीय प्रावधानों को संघ निलंबित रख सकता है। किसी अन्य फ़ेडरेशन में स्वयं को एकांगी स्थिति में बदलने की ऐसी शक्ति नहीं है। यह एक ऐसा बिन्दु है, जिस पर हमें ज्ञात अन्य सभी फ़ेडरेशनों से हमारा प्रस्तावित प्रारूप संविधान अलग है।

प्रस्तावित संविधान के प्रारूप तथा अन्य फ़ेडरेशनों के बीच केवल एक यही अन्तर नहीं है। यदि प्रभावी सरकार न हो तो संयुक्तता को एक कमजोर व्यवस्था माना जाता है। दो ऐसी कमज़ोरियाँ हैं, जिनसे फ़ेडरेशन को जूझना पड़ता है। पहली दृढ़ता है और दूसरी वैधानिकता। निर्विवाद रूप से ये कमियाँ फ़ेडरल ढाँचे में रहती हैं। एक फ़ेडरल संविधान और कुछ नहीं बल्कि एक लिखित संविधान होता है तथा एक लिखित संविधान को अनिवार्य रूप से एक दृढ़ संविधान होना चाहिए। एक फ़ेडरल संविधान का अर्थ है सम्प्रभुता का बँटवारा संविधान के कानून के अनुसार फ़ेडरल सरकार तथा राज्यों के बीच दो अनिवार्य स्थितियों (1) फ़ेडरल सरकार का राज्यों हेतु निर्धारित क्षेत्रों में अतिक्रमण अथवा राज्यों का फ़ेडरल सरकार हेतु निर्धारित क्षेत्रों में अतिक्रमण संविधान का उल्लंघन हो, तथा (2) ऐसे उल्लंघन में केवल न्यायपालिका द्वारा ही न्याय दिया जाए, हो

सकता है। यह फ़ेडरल व्यवस्था की प्रकृति है। अमेरिका के संविधान में अलिखित रूप में एक फ़ेडरल संविधान मिलता है।

जिन देशों ने फ़ेडरल संविधान को बाद में अपनाया है, उन्होंने इसमें निहित दृढ़ता तथा वैधानिकता के दुष्परिणामों को अपेक्षाकृत कम करने का प्रयास किया है। इस मामले में आस्ट्रेलिया का उदाहरण दिया जा सकता है। आस्ट्रेलिया ने अपने संविधान में इसके फ़ेडरेशन को कम दृढ़ बनाने हेतु कुछ उपाय किए हैं, जो इस प्रकार हैं–

1. कॉमनवेल्थ की पार्लियामेंट को समवर्ती विधायन की बड़ी शक्तियाँ देकर तथा विशिष्ट विधायन की कुछ शक्तियाँ देकर।
2. संविधान के कुछ अनुच्छेदों को अस्थायी रूप से थोड़े समय के लिए तब तक अस्तित्व में रखकर जब तक कि पार्लियामेंट दूसरे विकल्प नहीं प्रदान कर देती।

यह स्पष्ट है कि आस्ट्रेलिया के संविधान में आस्ट्रेलिया की पार्लियामेंट ऐसे अनेक कार्य कर सकती है, जो अमेरिकी कांग्रेस के अधिकार क्षेत्र में नहीं आते और जिसके लिए अमेरिकी सरकार को सुप्रीम कोर्ट के पास जाना पड़ता है तथा अधिकारियों के कार्यों को न्यायोचित ठहराने के लिए सिद्धांत गढ़ते समय उसे सुप्रीम कोर्ट की योग्यता, प्रतिभा तथा इच्छा पर निर्भर होना पड़ता है।

दृढ़ता तथा वैधता की कठोरता को कम करने के लिए संविधान के प्रारूप में आस्ट्रेलिया की योजना का सहारा लिया गया है तथा यह आस्ट्रेलिया में किए गए उपायों की तुलना में कहीं अधिक गहन रूप से यहाँ पर लागू किया गया है। आस्ट्रेलिया के संविधान की भाँति इसमें विधायन की समवर्ती शक्तियों हेतु विषयों की एक लम्बी सूची है। आस्ट्रेलिया के संविधान में समवर्ती विषयों की संख्या 39 है। संविधान के हमारे प्रारूप में यह संख्या 37 है। आस्ट्रेलिया के संविधान की भाँति इसमें 6 अनुच्छेद हैं। इन अनुच्छेदों के प्रावधान अस्थायी रूप से अल्प अवधि के लिए हैं तथा इन्हे संसद आवश्यकतानुसार किसी भी समय परिवर्तित कर सकती है। आस्ट्रेलिया के संविधान से अलग हमारे प्रस्तावित संविधान में विधायन की विशिष्ट शक्तियाँ संसद में निहित हैं। आस्ट्रेलिया की पार्लियामेंट लगभग तीन मामलों में विधायन की विशिष्ट शक्तियाँ रखती हैं, जबकि प्रस्तावित संविधान के अनुसार भारतीय संसद 91 मामलों में विधायन कर सकती है। इस प्रकार यह संविधान अधिकतम सम्भव लचीलापन अपने फ़ेडरल स्वरूप में रखता है, जिसे स्वभाव से दृढ़ माना जाता है।

यह कहना उचित नहीं है कि संविधान का प्रारूप आस्ट्रेलिया के संविधान का अनुसरण करता है अथवा यह इसे अधिक गहनता से स्वीकार करता है। यहाँ

यह उल्लेखनीय है कि इसने फ़ेडरल स्वरूप में निहित दृढ़ता तथा वैधानिकता में नए रास्ते अवश्य जोड़े हैं, जो अत्यन्त विशिष्ट हैं और अन्यत्र कहीं नहीं मिलते।

पहली बात यह है कि सामान्य अवसरों पर संसद को प्रान्तीय विषयों पर विधायन की शक्ति प्रदान की गयी है। मैं इस मामले में अनुच्छेद 226, 227 तथा 229 का उल्लेख करना चाहूँगा। अनुच्छेद 226 के अन्तर्गत संसद किसी विषय के राज्य की सूची में होने के बावजूद यदि वह राष्ट्रीय सरोकारों से जुड़ा विषय हो जाए, तो उस पर विधायन की शक्ति रखती है, बशर्ते ऊपरी सदन द्वारा इसे दो-तिहाई बहुमत से पारित किया गया हो। अनुच्छेद 227 राष्ट्रीय आपातकाल की स्थिति में ऐसी ही शक्ति संसद को प्रदान करता है। अनुच्छेद 229 के अन्तर्गत संसद प्रान्तों की सहमति से अपनी शक्तियों का प्रयोग कर सकती है। यद्यपि अन्तिम प्रावधान आस्ट्रेलिया के संविधान में भी है, किन्तु पहले दो अनुच्छेद हमारे प्रस्तावित संविधान के विशेष लक्षण हैं।

दूसरी बात यह है कि दृढ़ता तथा वैधानिकता को कम करने के लिए संविधान में संशोधन किए जाने की सुविधा भी प्रदान की गयी है। संविधान के संशोधन से सम्बन्धित प्रावधानों को दो वर्गों में बाँटा जा सकता है। पहले समूह में केन्द्र तथा राज्यों के बीच वितरित विधायी शक्तियों को रखा जा सकता है, संसद में राज्यों के प्रतिनिधित्व को रखा जा सकता है तथा न्यायाधीशों की शक्तियों को रखा जा सकता है। शेष सभी अनुच्छेद दूसरे समूह में रखे जा सकते हैं। दूसरे समूह में रखे गए अनुच्छेद संविधान के एक बड़े भाग को निरूपित करते हैं तथा इन्हें संसद द्वारा दोहरे बहुमत से अर्थात् प्रत्येक सदन के उपस्थित तथा मत देने वाले सदस्यों के दो-तिहाई बहुमत एवं प्रत्येक सदन की कुल सदस्यता के बहुमत द्वारा संशोधित किया जा सकता है। इन अनुच्छेदों के संशोधनों को राज्यों से अनुमोदन लेने की आवश्यकता नहीं है। मात्र पहले समूह के अनुच्छेदों के संशोधन हेतु अतिरिक्त सुरक्षा की दृष्टि से अनुमोदन लेना होगा।

अत: कोई भी यह स्वीकार कर सकता है कि भारतीय फ़ेडरेशन दृढ़ता तथा वैधानिकता की जकड़ में नहीं फँसेगा। यह अत्यन्त महत्त्वपूर्ण बात है कि यह एक लचीला फ़ेडरेशन है।

प्रस्तावित भारतीय फ़ेडरेशन का एक अन्य महत्त्वपूर्ण लक्षण है जो इसे अन्य फ़ेडरेशनों से अलग करता है। एक फ़ेडरेशन पृथक विधायिका, कार्यपालिका तथा न्यायपालिका की शक्तियों से युक्त दोहरा राज्यतंत्र होता है, जिसमें प्रत्येक दोहरा राज्यतंत्र कानून प्रशासन तथा न्याय प्रक्रिया में विविधता पैदा करता है। एक

सीमा तक इस विविधता का अधिक फर्क नहीं पड़ता बल्कि स्थानीय आवश्यकताओं तथा स्थानीय परिस्थितियों में सरकार की शक्तियों को अन्तर्निहित करने के प्रयत्न के रूप में इसका स्वागत किया जाना चाहिए, लेकिन जब यह विविधता एक सीमा से आगे चली जाती है, तो इससे अव्यवस्था फैलने की आशंका उत्पन्न हो जाती है तथा इसने अनेक फ़ेडरल राज्यों में अव्यवस्थाएँ पैदा की हैं। यदि हमारे संघ में बीस राज्य हैं तो हम बीस भिन्न-भिन्न कानूनों की सिर्फ कल्पना ही कर सकते हैं। ये कानून राज्यों के हिसाब से विवाह, तलाक, पैतृक सम्पत्ति, पारिवारिक सम्बन्धों, सम्पर्कों, उत्पीड़नों, अपराधों, नाप-तौल, बिलों और चेकों, बैंकों तथा व्यवसायों, न्याय प्राप्त करने के तरीकों तथा प्रशासन के मानकों तथा प्रक्रियाओं आदि में भिन्न-भिन्न हो सकते हैं। ऐसी स्थिति न सिर्फ राज्यों को कमज़ोर करती है बल्कि यह उन नागरिकों के लिए भी असहनीय है जो एक राज्य में एक तरीके को संवैधानिक पाते हैं तथा इसी तरीके को दूसरे राज्य में अवैधानिक पाते हैं और इस प्रकार वे एक राज्य से दूसरे राज्य में भटकते रहते हैं। प्रस्तावित संविधान के प्रारूप में इसके तौर-तरीके विकसित करने का प्रयास किया गया है, जिससे भारत एक फ़ेडरेशन बने किन्तु साथ ही वह अपने सभी आधारभूत मामलों में एकरूपता रख सके, जो देश की एकता हेतु आवश्यक है। संविधान के प्रारूप में इस हेतु तीन तरीके अपनाए गए हैं–

1. एकल न्यायपालिका
2. मूलभूत नागरिक एवं आपराधिक कानूनों में एकरूपता
3. जनता की दृष्टि से महत्त्वपूर्ण पदों के लिए एक अखिल भारतीय सिविल सेवा

जैसा कि मैंने पहले कहा दोहरी न्यायपालिका, दोहरी वैधानिक संहिताएँ तथा दोहरी सिविल सेवाएँ फ़ेडरेशन में अन्तर्निहित होती हैं। अमेरिका में फ़ेडरल न्यायपालिका तथा राज्यों की न्यायपालिकाएँ अलग-अलग हैं तथा एक दूसरे से स्वतंत्र रहकर कार्य करती हैं। भारतीय फ़ेडरेशन यद्यपि दोहरा राज्यतंत्र होगा, परन्तु इसमें दोहरी न्यायपालिका बिल्कुल नहीं होगी। उच्च न्यायालयों तथा उच्चतम न्यायालय को संवैधानिक कानूनों, सिविल अथवा आपराधिक दंड संहिताओं के अन्तर्गत आने वाले सभी मामलों में एक न्याय प्रक्रिया के माध्यम से न्याय प्रदान करना तथा राहत पहुँचाना होगा। ऐसा सभी न्याय प्रक्रियाओं में भिन्नता दूर करने में सहायक होगा। कनाडा एकमात्र ऐसा देश है, जो इसके समतुल्य है। आस्ट्रेलिया में भी लगभग ऐसी ही व्यवस्था है।

कानूनों की उन सभी विविधताओं को यहाँ दूर करने का प्रयास किया गया है, जो नागरिक तथा कॉरपोरेट से सम्बधित हैं। सिविल तथा आपराधिक कानूनों

की महत्त्वपूर्ण संहिताओं जैसे सिविल प्रोसीजर कोड, पीनल कोड, क्रिमिनल प्रोसीजर कोड, प्रमाण अधिनियम, सम्पत्ति के स्थानान्तरण का अधिनियम, विवाह, तलाक तथा पैतृक सम्पत्ति सम्बन्धी कानून को समवर्ती सूची में रखा गया है ताकि ये फेडरल सिस्टम को नुकसान पहुँचाए बग़ैर आवश्यक एकरूपता बनाए रख सकें।

जैसा मैंने पहले कहा कि एक फ़ेडरल सिस्टम में अन्तर्निहित दोहरा राज्यतंत्र सभी फ़ेडरेशनों में दोहरी सेवाओं द्वारा स्वीकार किया गया है। सभी फ़ेडरेशनों में एक फ़ेडरल सेवा होती है तथा एक राज्य सिविल सेवा होती है। यद्यपि भारतीय फ़ेडरेशन में दोहरे राज्य तंत्र के साथ दोहरी सेवाएँ होंगी किन्तु एक अपवाद के साथ होंगी। प्रत्येक देश में प्रशासन में ऐसी सेवाएँ होती हैं जिन्हें कूटनीतिक दृष्टि से प्रशासन की गुणवत्ता बनाए रखने के लिए महत्त्वपूर्ण माना जाता है। ऐसे पदों को प्रशासन के बड़े तथा पेचीदे तंत्र में खोजना आसान नहीं है, लेकिन इसमें कोई सन्देह नहीं कि प्रशासन की गुणवत्ता उन सिविल सेवकों की कुशलता पर निर्भर करती है, जिन्हें इन महत्त्वपूर्ण पदों पर नियुक्त किया जाता है। संविधान के अनुसार राज्य को उसकी अपनी सिविल सेवाओं के अधिकारों से वंचित किए बग़ैर एक अखिल भारतीय सिविल सेवा होगी, जो अखिल भारतीय स्तर पर होगी। इसकी योग्यताएँ, वेतनमान एक जैसे होंगे। इसके सदस्य सम्पूर्ण संघ की महत्त्वपूर्ण सेवाओं पर नियुक्त किए जाएंगे।

प्रस्तावित फ़ेडरेशन के ये विशेष गुण हैं। मैं अब उन आलोचकों की ओर अपना रुख करता हूँ, जो इस संविधान के कुछ प्रावधानों पर आपत्ति जता रहे हैं।

कहा जा रहा है कि संविधान के प्रारूप में कुछ भी नया नहीं है और यह भारत सरकार अधिनियम, 1935 की नकल मात्र है और इसका कुछ हिस्सा अन्य देशों के संविधानों से उधार लेकर बनाया गया है तथा इसका बहुत थोड़ा अंश ही मौलिक कहा जा सकता है।

यहाँ एक सवाल यह पूछा जाना चाहिए कि क्या विश्व के इतिहास में इस समय कोई भी नया संविधान हो सकता है। 100 वर्षों से भी अधिक समय पूर्व पहला लिखित संविधान तैयार किया गया था। अनेक देशों ने लिखित स्वरूप में अपने संविधान को छोटा करते हुए इसी संविधान का सहारा लिया। संविधान की क्या उपयोगिता है, यह मसला पहले ही हल किया जा चुका है। इसी प्रकार संविधान के आधारभूत ढाँचे को भी सम्पूर्ण विश्व में मान्यता दी जा चुकी है। इन तथ्यों के आधार पर अपने प्रमुख प्रावधानों में सभी संविधान एक जैसे दिखने चाहिए। कोई नई बात यदि हो सकती है, तो वह यह कि एक संविधान में देश विशेष की आवश्यकता के अनुसार प्रावधान जोड़े जाने चाहिए तथा समय के

साथ अप्रासंगिक अथवा गलत प्रावधानों को हटा दिया जाना चाहिए। जहाँ तक अन्य देशों के संविधानों की पूरी नकल के आरोप का प्रश्न है, तो मैं यह विश्वासपूर्वक कह सकता हूँ कि आरोप लगाने वालों ने संविधान को पूरी तरह से नहीं पढ़ा है। मैंने अभी दिखाया है कि संविधान में क्या नया है तथा मुझे पूरा विश्वास है कि जिन्होंने अन्य देशों के संविधानों का अध्ययन किया है तथा जो इस मसले पर शान्तिपूर्वक विचार करने को तैयार हैं, वे इस बात से सहमत होंगे कि इसे तैयार करते समय प्रारूप समिति ने जैसा कि आरोप लगाया जा रहा है, वैसी अंधी नकल नहीं की है।

एक अन्य आरोप यह है कि संविधान के प्रारूप की कई बातें भारत सरकार अधिनियम, 1935 से ज्यों की त्यों ले ली गयी हैं। मुझे इसका कोई खेद नहीं है। न ही इसमें मुझे कोई शर्मिन्दगी हो रही है कि हमने कुछ बातें उक्त अधिनियम से ली हैं। ऐसा करना कोई चोरी की बात नहीं है। एक संविधान के मूलभूत विचारों पर किसी का पेटेन्ट नहीं है। जिस बात पर मुझे खेद है वह यह है कि भारत सरकार अधिनियम, 1935 से लिए गए अधिकांश प्रावधान प्रशासन से सम्बन्धित हैं। मैं इस बात पर सहमत हूँ कि प्रशासनिक विवरणों का संविधान में कोई स्थान नहीं होना चाहिए। मेरी हार्दिक इच्छा है कि प्रारूप समिति इसे संविधान में शामिल न होने के रास्ते ढूँढे लेकिन ऐसा ज़रूरत के अनुसार हो और इसके शामिल किए जाने के उचित-अनुचित दृष्टिकोणों को ध्यान में रखकर ही ऐसा किया जाना चाहिए। यूनान के इतिहासकार ग्रोटे ने कहा था–

> "संवैधानिक नैतिकता का फैलाव केवल किसी समुदाय के बीच में ही नहीं सीमित रहना चाहिए बल्कि सरकार के सभी भागों में समान रूप से दिखना चाहिए तभी सरकार स्वतंत्रतापूर्वक तथा शान्तिपूर्वक कार्य कर सकेगी। कोई भी हठी अथवा शक्तिशाली अल्पसंख्यक समुदाय एक स्वतंत्र संस्था की कार्यप्रणाली को अवरुद्ध कर सकता है, भले ही वह अपने लिए सत्ता शिखर हासिल करने में सक्षम न हो।"

संवैधानिक नैतिकता से ग्रोटे का अभिप्राय था–

"संविधान के प्रावधानों के प्रति उच्चकोटि के सम्मान की भावना, इन प्रावधानों के पालन हेतु अधीनस्थों को प्रेरित करने की आकांक्षा, अपने व्याख्यानों, कार्यों, वैधानिक तरीकों तथा नागरिकों का विश्वास जीतते हुए उन्हें साथ लेकर चलने की भावना ही संवैधानिक नैतिकता की परिधि में आती है। दलगत राजनीति की कड़वाहट के होते हुए भी स्वयं तथा स्वयं के विरोधियों के मन में संविधान के रूपों के प्रति पवित्रता लक्षित होना संवैधानिक नैतिकता के लिए अत्यन्त आवश्यक है।"

हर कोई इस बात को स्वीकार करता है कि एक लोकतांत्रिक संविधान के शान्तिपूर्वक चलने के लिए संवैधानिक नैतिकता का फैलाव अत्यन्त आवश्यक है। इसके साथ दो अन्य बातें भी जुड़ी हुई हैं, जिनको दुर्भाग्यवश अधिक महत्त्व नहीं दिया जाता है। पहली के अनुसार प्रशासन का स्वरूप संविधान के स्वरूप के अनुरूप तथा उपयुक्त होना चाहिए। दूसरी बात है कि संविधान को विकृत कर देना पूरी तरह से सम्भव है, ऐसा उसके स्वरूप में छेड़छाड़ किए बग़ैर प्रशासन के स्वरूप को परिवर्तित करके किया जा सकता है, जिससे वह प्रतिकूल आचरण करने लगे तथा संविधान की मूल भावना को ही नष्ट कर दे। जहाँ पर लोग ग्रोटे के कथनानुसार संवैधानिक नैतिकता से ओतप्रोत होंगे तथा तब कोई संविधान से प्रशासन सम्बन्धी विवरण हटाने का रिस्क ले सकता है और विधायिका को उन्हें निर्देशित करने को छोड़ सकता है। प्रश्न यह उठता है कि क्या हम संवैधानिक नैतिकता के ऐसे फैलाव को स्वीकार कर सकते हैं? संवैधानिक नैतिकता स्वतः स्फूर्त नहीं होती है। इसे पैदा करना पड़ता है। हमें यह अहसास करना चाहिए कि अभी हमारे लोगों को इसे सीखना है। भारत में लोकतंत्र अभी भारतीय धरती पर उगाने का ऊपरी तौर पर प्रयास ही किया गया है, जो वास्तव में अलोकतांत्रिक है।

ऐसी स्थितियों में यह बुद्धिमानी होगी कि हम प्रशासन को विधायिका द्वारा निर्देशित न करें। संविधान में ऐसे विवरण शामिल करना इस दृष्टि से न्यायोचित है।

प्रारूप संविधान की एक अन्य आलोचना यह की जा रही है कि इसका कोई भी अंश प्राचीन भारत के राज्यतंत्र को नहीं प्रतिबिम्बित करता है। कहा जा रहा है कि नए संविधान को पाश्चात्य सिद्धांतों के बजाए प्राचीन हिन्दू मॉडल के आधार पर तैयार किया जाना चाहिए तथा ग्राम पंचायतों एवं जिला पंचायतों का गठन इसी आधार पर किया जाना चाहिए। कुछ अन्य लोग भी हैं जो और अधिक कट्टर दृष्टिकोण रखते हैं। वे किसी प्रकार की केन्द्रीय अथवा प्रान्तीय सरकार नहीं चाहते। वे भारत में केवल इसी प्रकार की अनेक ग्राम सरकारें चाहते हैं। कुछ बुद्धिजीवी भारतीयों का ग्राम समुदाय के लिए उमड़ रहा प्यार अगर मर्मस्पर्शी नहीं तो असीम और अनंत अवश्य है (हँसी का ठहाका)। यह सोच मेटकॉफ द्वारा इस व्यवस्था की प्रशंसा किए जाने के कारण है, जिसने इन्हें छोटे-छोटे गणतंत्र माना है, जिसमें ग्रामीणों को प्रत्येक इच्छित वस्तु वहीं प्राप्त कर लेने की सुविधा होती है तथा वे किसी विदेशी सम्बन्ध से पूरी तरह स्वतंत्र होते हैं। ऐसे ग्राम समुदाय अपने आप में एक पृथक राज्य होते हैं। मेटकॉफ के अनुसार ये भारत के लोगों के हितों का संरक्षण आन्दोलनों तथा परिवर्तनों से कहीं

अधिक अच्छे तरीके से कर सकते हैं, जिनसे भारतीय लम्बे समय से पीड़ित रहे हैं तथा इन ग्राम समुदायों से उनमें प्रसन्नता तथा आनन्द की भावना जाग्रत होगी और वे स्वतंत्रता तथा आत्मनिर्भरता का कहीं अधिक आनन्द ले सकेंगे। निस्सन्देह जहाँ कुछ नहीं टिक पाता, वहाँ पर ग्राम समुदाय ही टिक सकते हैं।

लेकिन जो ग्राम समुदाय को गर्व का पर्याय मानते हैं, वे इस बात की चिंता नहीं करते कि ये छोटे-छोटे भाग देश के भविष्य तथा राष्ट्रीय मामलों में किस प्रकार की भूमिका निभाएंगे और क्यों। मेटकॉफ ने स्वयं देश के भविष्य में इनकी भूमिका का ज़िक्र इस प्रकार किया है–

"वंश दर वंश नष्ट होते जाते हैं। क्रान्ति का स्थान क्रान्ति ले लेती है। हिन्दू, पठान, मुग़ल, मराठा, सिक्ख, अंग्रेज़ सभी एक-एक कर राज करते हैं मगर ग्राम समुदायों में कोई बदलाव नहीं आता। मुसीबत की घड़ी में वे हथियार उठा लेते हैं और अपनी रक्षा कर लेते हैं। ग्राम समुदाय अपने मवेशियों को छुपाकर रखते हैं और इस प्रकार शत्रु से वे जन-धन की रक्षा कर लेते हैं।"

ग्राम समुदायों ने हमारे देश के इतिहास में इसी भूमिका का निर्वाह किया है। यह जानकर हम उनमें कैसे गर्व का अनुभव कर सकते हैं? सभी बदलावों के सामने उन्होंने खुद को बचाए रखा है, यह एक तथ्य हो सकता है मगर सिर्फ अस्तित्व बचाए रखने का कोई मूल्य नहीं है। सवाल यह उठता है कि किस सीमा तक वे अपना अस्तित्व बचाए रख सके हैं? निश्चय ही यह सीमा अत्यन्त छोटी होगी। वह भी निजी स्वार्थ के स्तर पर होगी। मैं मानता हूँ कि इन ग्राम गणतंत्रों ने ही भारत का विनाश किया है। यह देखकर मुझे आश्चर्य है कि जो लोग प्रांतीयता तथा साम्प्रदायिकता का विरोध करते हैं, वे ही ग्राम समुदाय के समर्थक के रूप में सामने आ रहे हैं। ग्राम और कुछ नहीं है बल्कि स्थानीयता में डूबे हुए, कूपमण्डूक, संकीर्ण दिमागों वाले साम्प्रदायिक लोगों के समूह हैं।

संविधान के प्रारूप की इस बात के लिए भी आलोचना की जा रही है कि इसमें अल्पसंख्यकों के संरक्षण के प्रावधान क्यों डाले गए हैं? इसमें प्रारूप समिति का कोई हाथ नहीं है। ऐसा संविधान सभा के निर्देशानुसार ही किया गया है। यदि मुझसे पूछा जाए तो मेरा उत्तर होगा कि अल्पसंख्यकों को ऐसे संरक्षण प्रदान करके संविधान सभा ने अत्यन्त बुद्धिमत्ता का कार्य किया है। इस देश में अल्पसंख्यक तथा बहुसंख्यक दोनों ही गलत रास्ते पर चल रहे हैं। बहुसंख्यकों द्वारा अल्पसंख्यकों के अस्तित्व को नकारा जाना गलत है। एक ऐसा समाधान निकाला जाना चाहिए जो दोनों के उद्देश्यों की पूर्ति करे। इसके लिए सबसे पहले बहुसंख्यकों को अल्पसंख्यकों के अस्तित्व को मान्यता देनी होगी। ऐसा इस प्रकार किया जाना चाहिए कि एक दिन बहुसंख्यक तथा अल्पसंख्यक आपस

में मिलकर एक हो जाएँ। संविधान सभा द्वारा सुझाए गए समाधान का स्वागत किया जाना चाहिए क्योंकि यह एक ऐसा समाधान है, जो दोहरे उद्देश्य पूरे करेगा। यह उनके लिए भी होगा, जो कटट्रतापूर्वक अल्पसंख्यकों के खिलाफ मानसिकता जगाने का काम करते हैं। मैं दो बातें कहना चाहूँगा। पहली यह कि अल्पसंख्यक लोग विस्फोटक बल की भाँति हैं, जो फटने पर राष्ट्र के ताने-बाने को उड़ा सकते हैं। यूरोप का इतिहास इस तथ्य की प्रबल पुष्टि करता है। दूसरी बात यह है कि अल्पसंख्यक भारत में बहुसंख्यकों के हाथों में अपना अस्तित्व सौंप दें। आयरलैण्ड के विभाजन को रोकने के लिए हुई बातचीत में रेडमण्ड ने कार्सन से कहा था, "प्रोटेस्टेण्ट अल्पसंख्यकों के लिए आप जो भी संरक्षण मांगें, दिया जाएगा, मगर हमें एक अखण्ड आयरलैण्ड बरक़रार रखने दीजिए।" कार्सन ने इसका उत्तर दिया था, "अपने संरक्षण अपने पास ही रखिए। हम आपके द्वारा शासित होना नहीं चाहते।" भारत में किसी भी अल्पसंख्यक समुदाय ने यह दृष्टिकोण नहीं रखा है। उन्होंने बहुसंख्यकों के शासन को चुपचाप स्वीकार कर लिया है, जो राजनैतिक बहुसंख्यक न होकर मूलतः साम्प्रदायिक बहुसंख्यक हैं। यह बहुसंख्यकों की ज़िम्मेदारी है कि वे अल्पसंख्यकों के साथ भेदभाव न होने दें। बहुसंख्यकों के कार्यकलापों पर यह निर्भर करेगा कि अल्पसंख्यक साथ रहेंगे या नष्ट हो जाएंगे। जिस दिन बहुसंख्यक अल्पसंख्यकों के साथ भेदभाव करने की नीति छोड़ देंगे, उसी दिन से अल्पसंख्यक नामक संस्था का अस्तित्व समाप्त हो जाएगा और यह संस्था नष्ट हो जाएगी।

संविधान के प्रारूप के जिस भाग की सबसे अधिक आलोचना की जा रही है, वह मूलभूत अधिकारों से सम्बन्धित है। कहा जा रहा है कि अनुच्छेद 13 में इतने अपवादों के छेद हैं कि अपवादों ने अधिकारों को ही खा डाला है। यह आलोचना कपटपूर्ण है। आलोचकों की नज़र में मौलिक अधिकार तब तक मौलिक अधिकार नहीं होते जब तक वे पूर्ण अधिकार नहीं होते। अपने तर्क के प्रमाण में वे आलोचक अमेरिका के संविधान का उल्लेख करते हैं और अपने तर्कों को विधिसम्मत ठहराने के लिए वे इसी संविधान के अमेरिका अधिकार बिल के पहले दस संशोधनों का सहारा लेते हैं। कहा जा रहा है कि अमेरिका अधिकार बिल में मौलिक अधिकार वास्तविक हैं क्योंकि उनमें शर्तें नहीं लगाई गयी हैं और अपवाद नहीं जोड़े गए हैं।

मुझे इस बात का खेद है कि मौलिक अधिकारों की यह आलोचना इसे ठीक तरीके से समझे बग़ैर की जा रही है। अभी तक जो आलोचना की जा रही है, वह मौलिक अधिकारों तथा अमौलिक अधिकारों में भेद स्पष्ट किए जाने से सम्बन्ध रखती है। यह उचित नहीं है। यह कहना गलत है कि मौलिक अधिकार

अपने में स्पष्ट होते हैं जबकि अमौलिक अधिकार स्वतः स्पष्ट नहीं होते। इन दोनों में वास्तविक अन्तर यह है कि मौलिक अधिकार राज्यों के उपहार होते हैं और इसका मतलब यह नहीं लगाया जाना चाहिए कि राज्य इन्हें प्राप्त करने की अर्हता नही रख सकते।

यह कहना भी गलत है कि अमेरिका के मौलिक अधिकार स्पष्ट हैं। अमेरिकी संविधान तथा प्रस्तावित भारतीय संविधान में स्वरूप मात्र का अन्तर है, वास्तव में ये दोनों एक जैसे ही हैं। अमेरिका के मौलिक अधिकार कानून निर्विवाद रूप से पूर्ण अधिकार नहीं हैं। प्रस्तावित संविधान के प्रारूप के अपवादों के समर्थन में कोई भी अमेरिका के सुप्रीम कोर्ट का कम से कम एक निर्णय उद्धृत कर सकता है। संविधान के प्रारूप के अनुच्छेद 13 में निहित अभिव्यक्ति की स्वतंत्रता के अधिकार की सीमाओं को न्यायोचित ठहराने के लिए अमेरिका के एक ऐसे ही सुप्रीम कोर्ट के निर्णय का उल्लेख करना उचित होगा। गिटलो बनाम न्यूयार्क सरकार के मामले में मुद्दा आपराधिक अराजकता (क्रिमिनल एनार्की) सम्बन्धी न्यूयार्क सरकार के एक कानून की वैधता से सम्बन्धित था, जिसमें हिंसक साधनों द्वारा परिवर्तन करने की अभिव्यक्ति करने वालों को दण्डित करने का प्रावधान था। इस मामले में वहाँ के सुप्रीम कोर्ट ने कहा था–

> "यह एक मौलिक सिद्धांत है कि संविधान द्वारा संरक्षित अभिव्यक्ति तथा प्रेस की स्वतंत्रता बग़ैर जिम्मेदारी का अहसास किए कुछ भी बोलने अथवा प्रकाशित करने का अधिकार नहीं देती। किसी भी प्रकार की भाषा के प्रयोग की यह स्वतंत्रता अनुमति नहीं देती और न ही इस स्वतंत्रता का उल्लंघन करने वालों को दण्ड देने से रोकती है।"

अतः यह कहना गलत है कि अमेरिका के मौलिक अधिकार पूर्ण हैं जबकि हमारे संविधान के प्रारूप में ये अपूर्ण हैं।

यह बहस की जाती है कि यदि किसी मौलिक अधिकार को कसौटी पर कसा जाना हो तो सबसे पहले स्वयं संविधान को इस कटौती पर कसा जाना चाहिए। जैसा कि अमेरिका के संविधान में किया गया है तथा जहाँ यह ऐसा नहीं कर पाता है तो इसके सभी सम्भावित समाधानों के लिए इसे न्यायपालिका पर छोड़ दिया जाना चाहिए। मुझे खेद है कि यह सोच अमेरिकी संविधान की सही व्याख्या न समझ पाने के कारण पैदा हुई है, अमेरिकी संविधान में ऐसा कुछ भी नहीं है। असेम्बली के अधिकार को छोड़कर अमेरिकी संविधान अमेरिकी नागरिकों पर अन्य मौलिक अधिकारों की गारण्टी पर कोई रोक नही लगाता। यह कहना भी गलत है कि अमेरिकी संविधान मौलिक अधिकारों पर

रोक लगाने का अधिकार न्यायपालिका को देता है। ऐसी रोक लगाने का अधिकार वहाँ की कांग्रेस को है। वास्तविकता आलोचकों के अनुमानों से कहीं भिन्न है। अमेरिका में संविधान द्वारा प्रदत्त मौलिक अधिकार निस्संदेह पूर्ण थे, किंतु शीघ्र ही कांग्रेस ने यह अनुभव किया कि इन मौलिक अधिकारों पर अंकुश लगाया जाना आवश्यक है। जब सुप्रीम कोर्ट के पास इन अंकुशों की संवैधानिकता का प्रश्न आया, तब यह दावा किया गया कि संविधान ने कांग्रेस को ऐसे अंकुश लगाने का अधिकार नहीं दिया है। तब सुप्रीम कोर्ट ने पुलिस शक्ति का सिद्धान्त बनाया और पूर्ण मौलिक अधिकारों का खण्डन करते हुए तर्क दिया कि प्रत्येक राज्य में पुलिस शक्ति निहित है, जिसे संविधान द्वारा अभिव्यक्त करते हुए उसे प्रदान नहीं किया गया है। सुप्रीम कोर्ट ने जिस भाषा का प्रयोग इस सन्दर्भ में किया था, उसे मैं अक्षरशः उद्धृत कर रहा हूँ–

> "जो लोग जनकल्याण के विरुद्ध शत्रुतापूर्ण कार्य करते हुए अपनी स्वतंत्रता का दुरुपयोग करते हैं, नैतिकता को ताक पर रख देते हैं, अपराध करते हैं अथवा जनता की शान्ति भंग करते हैं, उनके लिए एक राज्य अपनी पुलिस शक्ति का प्रयोग करते हुए उन्हें दण्डित कर सकता है, इस पर कोई प्रश्न नहीं खड़ा किया जा सकता।"

संविधान के प्रारूप में जो कुछ किया गया है, वह मौलिक अधिकारों को सम्पूर्णता में तैयार किए जाने तथा संसद के बचाव के लिए हमारे उच्चतम न्यायालय द्वारा पुलिस शक्ति सिद्धांत विकसित करने पर निर्भर रहने के बजाए यह राज्यों को प्रत्यक्ष रूप से मौलिक अधिकारों पर अंकुश लगाने की अनुमति देता है। परिणामतः कोई अन्तर नहीं आता। जिसे कोई प्रत्यक्ष रूप से करता है, उसे ही दूसरा अप्रत्यक्ष रूप से करता है। दोनों ही मामलों में मौलिक अधिकार पूर्ण नहीं हैं।

संविधान के प्रारूप में नीति निर्देशक सिद्धांतों के पश्चात् मौलिक अधिकार रखे गए हैं। संसदीय लोकतंत्र हेतु निर्मित संविधान के लिए यह एक नया प्रयोग है। संसदीय लोकतंत्र के लिए इस सिद्धांत को हमारे अतिरिक्त आयरिश स्वतंत्र राष्ट्र ने ही अंगीकृत किया है। इन नीति निर्देशक सिद्धान्तों की भी आलोचना की गयी है। कहा जा रहा है कि ये पवित्र घोषणाएँ मात्र है। इनको लागू नहीं करवाया जा सकता। वास्तव में यह आलोचना अनावश्यक है। संविधान में स्वयं इसी बात को कहा गया है।

यदि यह कहा जाता है कि नीति निर्देशक सिद्धान्तों के पीछे कोई वैधानिकता नहीं है तो मैं इसे स्वीकार करने को तैयार हूँ। लेकिन मैं यह स्वीकार करने को तैयार नहीं हूँ कि इनमें लागू किए जाने की शक्ति नहीं है। न ही मैं यह निष्कर्ष

मानने को तैयार हूँ कि ये सिद्धांत बेकार हैं क्योंकि कानूनी रूप से इन्हें स्वीकार नहीं करवाया जा सकता।

नीति निर्देशक सिद्धांत उन निर्देशों की भाँति हैं, जो 1935 के अधिनियम के अन्तर्गत ब्रिटिश सरकार द्वारा भारत तथा उपनिवेशों के गर्वनर जनरल एवं प्रान्तों के गर्वनरों को जारी किए गए थे। संविधान के प्रारूप के अन्तर्गत इन्हें राष्ट्रपति तथा राज्यपालों हेतु निर्देश जारी करने के लिए प्रस्तावित किया गया है। इन निर्देशों को संविधान की चौथी अनुसूची के पाठ में देखा जा सकता है। जिन्हें नीति निर्देशक सिद्धांत कहा गया है, वह निर्देशों का ही दूसरा नाम है। दोनों में एक ही भिन्नता है कि ये निर्देश विधायिका तथा कार्यपालिका के लिए हैं। मेरे विचार से इसका स्वागत किया जाना चाहिए। जहाँ पर शान्ति, व्यवस्था तथा सुशासन के लिए शक्तियाँ प्रदान की जा रही हों, वहाँ इस कार्य को करने के लिए कुछ निर्देश भी दिए जाने आवश्यक हैं।

एक अन्य कारण से भी नीति निर्देशक सिद्धान्तों का प्रस्तावित संविधान में जोड़ा जाना औचित्यपूर्ण है। प्रस्तावित संविधान देश की सरकार के लिए केवल एक मशीनरी ही उपलब्ध कराता है। यह किसी पार्टी विशेष को सत्ता नहीं दिलाता जैसा कि कुछ देशों में किया जा रहा है। किसे सत्ता में रहना है, यह निश्चित करने का अधिकार वहाँ की जनता पर छोड़ दिया जाना चाहिए, यदि सिस्टम लोकतंत्र की परीक्षा को सन्तुष्ट करना चाहता है। लेकिन जो सत्ता हासिल कर लेता है, उसे भी मनमानी करने की स्वतंत्रता नहीं दी जा सकती। ऐसे में उसे इन निर्देशों का सम्मान करना होगा, जिन्हें हम नीति निर्देशक सिद्धांत कहते हैं। वह इनकी अवहेलना नहीं कर सकता। भले ही उसे इनके उल्लंघन के लिए अदालत में सफाई न देनी पड़े लेकिन उसे चुनाव के समय अपने मतदाताओं के सामने इसका उत्तर अवश्य देना पड़ेगा। ये नीति निर्देशक सिद्धांत कितने मूल्यवान हैं, इसका सत्ता प्राप्त करने वाली शक्तियों को अधिक प्रभावशाली ढंग से पता चल सकेगा।

इन्हें लागू नहीं करवाया जा सकता, यह इनके संविधान में शामिल होने पर कोई विवाद का विषय नहीं है। इस बात पर मतभेद हो सकते हैं कि संविधान में इनका समुचित स्थान कहाँ हो। मैं इस बात पर सहमत हूँ कि जिन प्रावधानों में बाध्यता न हो, वे बाध्यताओं वाले प्रावधानों के बीच में रखे जाने चाहिए। मेरे विचार से इनका समुचित स्थान अनुसूची-3ए तथा अनुसूची-4 के मध्य में है, जिनमें राष्ट्रपति तथा राज्यपालों के लिए दिशा-निर्देश हैं, लेकिन जैसा मैंने पहले कहा है कि ये निर्देश मात्र कार्यपालिका तथा विधायिका के लिए हैं कि उन्हें

अपनी शक्तियों का प्रयोग किस प्रकार करना चाहिए, किन्तु यह केवल व्यवस्था का विषय ही है।

कुछ आलोचकों ने कहा है कि केन्द्र को अत्यन्त मजबूत बना दिया गया है। कुछ का विचार है कि केन्द्र को और भी अधिक मजबूत बनाया जाना चाहिए। संविधान के प्रारूप में एक सन्तुलन बनाने का प्रयास किया गया है। आप जितना अधिक शक्तियों से केन्द्र को वंचित करेंगे, उतना ही केन्द्र को मजबूत बनाने से रोक पाना मुश्किल होगा। आधुनिक विश्व में ऐसी परिस्थितियाँ विद्यमान हैं कि शक्तियों का केन्द्रीकरण अवश्यंभावी हो गया है। हमें अमेरिका की फ़ेडरल सरकार के विकास को देखना चाहिए कि उसने संविधान से अत्यन्त सीमित शक्तियाँ प्राप्त होने के बावजूद किस प्रकार स्वयं को विकसित किया तथा राज्य सरकारों की शक्तियाँ भी छीनते हुए उन पर छा गया। यह आधुनिक परिस्थितियों की वजह से हुआ। ऐसी ही परिस्थितियाँ भारत सरकार को भी संचालित करेंगी तथा इसमें कुछ भी नहीं किया जा सकता। इसकी शक्ति इसके भार के अनुपात में ही होनी चाहिए। यह कहना मूर्खता होगी कि इसे इतना मजबूत बना दिया जाए कि यह अपने ही भार से गिर पड़े।

संविधान के प्रारूप की इस बात के लिए भी आलोचना की गयी है कि इसमें केन्द्र तथा प्रांतों के बीच संवैधानिक सम्बन्धों के लिए अलग प्रावधान रखे गए हैं तथा केन्द्र और भारतीय राज्यों के बीच संवैधानिक सम्बन्धों के लिए दूसरे प्रावधान रखे गए हैं। भारतीय राज्य रक्षा, विदेशी मामले तथा संचार के अलावा संघ के विषयों की पूरी सूची स्वीकार करने के लिए बाध्य नहीं हैं। वे समवर्ती सूची के अन्तर्गत आए विषयों को भी मानने के लिए बाध्य नहीं हैं। वे संविधान के प्रारूप में उल्लिखित राज्य सूची को भी मानने के लिए बाध्य नहीं हैं। वे अपनी स्वयं की संविधान सभाएँ बनाने के लिए स्वतंत्र हैं और वे अपना स्वयं का संविधान बना सकते हैं। मैं स्वीकार करता हूँ कि यह सब अत्यन्त दुर्भाग्यपूर्ण है तथा इनकी कोई बहानेबाज़ी नहीं की जा सकती। यह असमानता राज्य की कार्यक्षमता के लिए खतरनाक भी साबित हो सकती है। जितने लम्बे समय तक यह असमानता रहेगी उतनी ही अखिल भारतीय मामलों में केन्द्र की शक्ति घटती जाएगी। ऐसी शक्ति का कोई मतलब नहीं है, जिसे सभी मामलों तथा स्थानों पर प्रयुक्त न किया जा सके। युद्ध से उत्पन्न होने वाली स्थितियों में ऐसी रुकावटें देश के पूरे जीवन को पंगु बनाकर रख सकती हैं। इससे अधिक बुरी बात यह है कि संविधान के प्रारूप के अन्तर्गत भारतीय राज्यों को अपनी सेनाएँ रखने की अनुमति होगी। मैं इसे सर्वाधिक प्रतिगामी तथा नुकसानदेह प्रावधान मानता हूँ, जो भारत की अखण्डता को आगे चलकर तोड़ सकता है तथा केन्द्र सरकार को

उखाड़ सकता है। यदि मैं अपनी प्रारूप समिति के सदस्यों को गलत नहीं समझ रहा हूँ तो वे सभी इस मसले पर प्रसन्न नहीं थे। उन सभी की यह इच्छा थी कि प्रान्तों तथा भारतीय राज्यों के केन्द्र के साथ सम्बन्धों में एकरूपता होनी चाहिए। दुर्भाग्यवश वे ऐसा नहीं कर सके। वे संविधान सभा के निर्णयों से बँधे हुए थे तथा संविधान सभा के हाथ इस मामले में हुई वार्ता समिति के समझौते के कारण बँधे हुए थे।

लेकिन हम जर्मनी में घटित हुई घटनाओं से साहस प्राप्त कर सकते हैं। बिस्मार्क द्वारा सन् 1870 में गठित जर्मन साम्राज्य 25 इकाइयों से युक्त एक संयुक्त राज्य था। इन 25 इकाइयों में से 22 राजतंत्रात्मक राज्य थे तथा 3 गणतंत्रात्मक नगर राज्य थे। जैसा कि हम जानते हैं, यह असमानता समय के साथ समाप्त हो गयी तथा जर्मनी एक भूमि, एक जन तथा एक संविधान के अन्तर्गत आ गया। भारतीय राज्यों के एकीकरण की यह प्रक्रिया जर्मनी की तुलना में अधिक तेज़ी से होनी वाली है। 15 अगस्त, 1947 को हमारे 600 भारतीय राज्य अस्तित्व में थे। आज इन्होंने भारतीय प्रान्तों के साथ या तो विलय कर लिया है या केन्द्र ने उन्हें केन्द्र शासित क्षेत्रों के रूप में ग्रहण कर लिया है और इस प्रकार अब यह संख्या घटकर कुछ 20 या 30 राज्य ही रह गए हैं। यह अत्यन्त तीव्र प्रक्रिया है और तेज़ गति से की गयी प्रगति है। मैं इन सभी राज्यों से अपील करता हूँ कि वे भारतीय प्रान्तों की धारा में शामिल हो जाएँ तथा भारतीय प्रान्तों की भाँति ही उन्हीं शर्तों पर भारतीय संघ की पूर्ण इकाई बन जाएँ। इस प्रकार वे भारतीय संघ को उसके लिए आवश्यक शक्ति प्रदान करेंगे। वे स्वयं को भी अपनी निजी संविधान सभाएँ शुरू करने तथा संविधान तैयार करने की मुश्किलों से बचा सकेंगे और वे अपने लिए उपयोगी कोई भी वस्तु नहीं खोएँगे। मुझे आशा है कि मेरी अपील व्यर्थ नहीं जाएगी तथा संविधान के पारित होने से पहले ही हम प्रान्तों तथा भारतीय राज्यों के बीच के मतभेद दूर कर सकेंगे।

कुछ आलोचकों ने संविधान के प्रारूप में अनुच्छेद-1 में भारत को राज्यों का संघ कहने पर आपत्ति की है। कहा गया है कि इसके लिए सही शब्दावली 'राज्यों का फ़ेडरेशन' होनी चाहिए। यह सही है कि दक्षिण अफ़्रीका, जो एकांगी राज्य है, को एक संघ माना गया है लेकिन कनाडा, जो एक फ़ेडरेशन है, को भी एक संघ कहा गया है। अतः अपने संविधान में फ़ेडरल होते हुए भी भारत को संघ कहना अनुचित नहीं है। लेकिन जो महत्त्वपूर्ण बात है, वह यह है कि 'संघ' शब्द का प्रयोग जानबूझकर किया गया है। मुझे नहीं पता कि कनाडा के संविधान में 'संघ' शब्द का प्रयोग क्यों किया गया है लेकिन मैं आपको बता

सकता हूँ कि प्रारूप समिति ने इसका प्रयोग क्यों किया है। प्रारूप समिति यह स्पष्ट कर देना चाहती थी कि यद्यपि भारत एक फ़ेडरेशन होगा, किन्तु यह फ़ेडरेशन में शामिल होने वाले राज्यों की व्यवस्था के परिणामस्वरूप नहीं बनेगा और यह फ़ेडरेशन न ही किसी राज्य के इससे अलग होने के परिणामस्वरूप बनेगा। फ़ेडरेशन एक संघ है क्योंकि इसे ध्वस्त नहीं किया जा सकता। यद्यपि राज्यों को प्रशासन की सुविधा के लिए विभिन्न राज्यों में बाँटा जा सकता है लेकिन देश हमेशा एक रहेगा, इसके लोग एक होंगे जो एक स्रोत से बने एक शासन के अन्तर्गत निवास करेंगे। अमेरिका को यह स्थापित करने के लिए युद्ध लड़ना पड़ा था कि राज्यों को अलग होने का अधिकार नहीं है और उनके फ़ेडरेशन को ध्वस्त नहीं किया जा सकता। प्रारूप समिति ने यह उचित समझा कि प्रारम्भ में ही इसे स्पष्ट कर दिया जाना चाहिए ताकि इस पर बाद में तर्क-वितर्क अथवा विवाद न उठ खड़े होने पाएं।

प्रारूप संविधान में संविधान संशोधन के विषय में किए गए प्रावधानों की भी तीखी आलोचना की गयी है। यह कहा जा रहा है कि प्रारूप में निहित प्रावधानों से संशोधन करना कठिन हो जाएगा। यह भी प्रस्तावित किया जा रहा है कि कुछ वर्षों तक साधारण बहुमत से ही संविधान में संशोधन कर दिए जाने की अनुमति होनी चाहिए। यह तर्क धूर्ततापूर्ण ढंग से तथा चतुराईपूर्वक दिया जा रहा है। कहा यह जा रहा है कि यह संविधान सभा वयस्क मताधिकार के आधार पर निर्वाचित नहीं हुई है और भविष्य की संसद का चुनाव वयस्क मताधिकार के आधार पर किया जाएगा। अतः संविधान सभा को तो साधारण बहुमत से संविधान पारित करने की अनुमति दी जा रही है जबकि संसद को इस अधिकार से वंचित किया जा रहा है। इसे प्रारूप संविधान की भयंकर चूक बताकर प्रचारित किया जा रहा है। मैं इस आरोप का खण्डन करता हूँ क्योंकि यह आधारहीन आरोप है। यदि कोई अमेरिका तथा आस्ट्रेलिया के संविधानों का ही अध्ययन कर ले तो उसे यह ज्ञात हो जाएगा कि उनकी तुलना में प्रस्तावित संविधान के प्रारूप में संशोधन हेतु रखे गए प्रावधान कितने सरल हैं। इनकी तुलना में प्रारूप संविधान के प्रावधान सरलतम ही कहे जाएँगे। संविधान के प्रारूप से कठिन प्रक्रियाएँ, जैसे जनमत संग्रह अथवा प्रतिनिधि सभा द्वारा निर्णय को हटा दिया गया है। संशोधन की शक्तियाँ केन्द्रीय तथा प्रान्तीय विधायिका को प्रदान कर दी गयी हैं। ऐसे कुछ विशेष प्रावधान ही रखे गए हैं, जिनके संशोधन के लिए राज्य विधानमण्डलों की स्वीकृति अनिवार्य है। संविधान के शेष सभी अनुच्छेदों के संशोधन संसद द्वारा पारित किए जा सकते हैं। एकमात्र सीमा यह है कि ऐसा संशोधन प्रत्येक सदन के उपस्थित तथा मत देने वाले

सदस्यों के कम से कम दो-तिहाई बहुमत तथा प्रत्येक सदन की कुल सदस्य संख्या के बहुमत द्वारा ही पारित किए जा सकते हैं। संविधान के संशोधन के लिए इससे आसान तरीका ढूँढ पाना कठिन है।

संशोधन के प्रावधानों की जिसे भयंकर चूक बताया जा रहा है, वह संविधान सभा की स्थिति के बारे में तथा संविधान के तहत निर्वाचित होने वाली भविष्य की संसद के बारे में गलत धारणा बना लेने के कारण उत्पन्न हुई है। संविधान बनाते समय संविधान सभा के मन में कोई दुराग्रह नहीं था। एक अच्छा तथा कार्यक्षम संविधान बनाने के अतिरिक्त इसका और कोई ध्येय नहीं था। संविधान के अनुच्छेदों पर विचार करते समय संविधान सभा के मन में दलगत भावना लेशमात्र भी नहीं थी। यदि कभी भविष्य की संसद एक संविधान सभा के रूप में बैठेगी, तो इसके सदस्य अपने-अपने दलों की नीतियों के अनुसार संशोधनों पर विचार करेंगे, जिसे हासिल करने में वे असमर्थ होंगे क्योंकि संविधान के कुछ अनुच्छेद उनके इस प्रयास में रोड़ा बन जाएंगे। संसद को दलगत राजनीति के कारण इसमें दिक्कत आ सकती है मगर संविधान सभा को इसमें कोई समस्या नहीं आई। संविधान सभा तथा भावी संसद में यही अन्तर है। इससे यह स्पष्ट है कि सीमित मताधिकार के आधार पर निर्वाचित संविधान सभा संविधान को साधारण बहुमत से क्यों पारित कर सकती है और वयस्क मताधिकार द्वारा निर्वासित संसद को इसी शक्ति के आधार पर संविधान संशोधन की अनुमति क्यों नहीं दी जा सकती।"

अपने भाषण को समाप्त करते हुए डॉ. अम्बेडकर ने कहा-

"मुझे विश्वास है कि प्रारूप संविधान पर लगाए गए सभी आरोपों का जिस प्रकार प्रारूप समिति ने समाधान किया है, उसी प्रकार से मैंने इन आरोपों का उत्तर दे दिया है। विगत आठ महीनों तक जनता के सामने प्रस्तुत किए गए इस संविधान के प्रारूप पर जिस प्रकार की आलोचना तथा टीका-टिप्पणी की गयी है, मुझे नहीं लगता है कि मैंने किसी महत्त्वपूर्ण बिन्दु के स्पष्टीकरण का उत्तर न दिया हो। अब यह संविधान सभा पर निर्भर है कि वे प्रारूप समिति द्वारा तैयार किए गए इस संविधान को स्वीकार करते हैं अथवा इसे पारित करने से पूर्व इसमें संशोधन करते हैं।

लेकिन मैं एक बात कहना चाहूँगा कि इस संविधान पर भारत की कुछ प्रान्तीय विधानसभाओं में भी चर्चा हुई है। इस पर चर्चा बंबई, मध्य प्रान्त, पश्चिम बंगाल, बिहार, मद्रास तथा पूर्वी पंजाब की विधानसभाओं में हुई है। यह सच है कि कुछ प्रांतीय विधानसभाओं ने संविधान के वित्तीय प्रावधानों तथा मद्रास ने अनुच्छेद 226 पर गम्भीर आपत्तियाँ उठाई हैं, लेकिन इनके

अतिरिक्त किसी अन्य विधानसभा ने संविधान के किसी अनुच्छेद पर कोई गहरी आपत्ति नहीं की है। कोई भी संविधान अपने आप में पूर्ण नहीं होता और स्वयं प्रारूप समिति ने भी संविधान के प्रारूप में सुधार के लिए कुछ संशोधन सुझाए हैं। लेकिन प्रान्तीय विधानसभाओं में हुई बहस से मुझे यह कहने का साहस हुआ है कि प्रारूप समिति द्वारा तैयार किए गए इस संविधान से यह देश अच्छी शुरूआत कर सकता है। मुझे लगता है कि यह संविधान कार्य कर सकता है, यह लचीला है तथा यह देश को शान्ति काल तथा युद्ध काल दोनों ही अवसरों पर एकजुट रख सकता है। यदि मैं ऐसा कहूँ कि अगर नए संविधान में खराबियाँ दिखने लगें तो इसका कारण यह नहीं होगा कि हमारा संविधान खराब है। तब हम यही कहेंगे कि मनुष्य ही अधम प्राणी है।"

(डॉ. बाबा साहेब अम्बेडकर: *राइटिंग्स एॅण्ड स्पीचेज़*, खण्ड-13, पृ. 49-70)

डॉ. अम्बेडकर के अभिभाषण के पश्चात संविधान सभा के कुल 52 सदस्यों ने संविधान के प्रारूप के विषय में अपने विचार व्यक्त किए, जिनमें से 38 इसके पक्ष में थे तथा 8 विरोध में थे। श्री टी.टी. कृष्णमाचारी, श्री अलादि कृष्णास्वामी अय्यर तथा सैयद मुहम्मद सादुल्ला के विचार संक्षेप में नीचे दिए जा रहे हैं क्योंकि इनके विचारों से संविधान सभा के सामान्य दृष्टिकोण का पता चलता है।

श्री टी.टी. कृष्णमाचारी:

"आदरणीय अध्यक्ष महोदय, मैं सदन के उन लोगों में से एक हूँ, जिन्होंने डॉ. अम्बेडकर को पूरी तन्मयता के साथ सुना है। मैं इस तथ्य से भली-भाँति अवगत हूँ कि इस संविधान के प्रारूप को तैयार करते समय उन्होंने कितना परिश्रम किया होगा। इस मौके पर मुझे इस बात का भी अहसास है कि एक संविधान को तैयार करने के उद्देश्य के लिए जितना ध्यान दिया जाना हमारे लिए आवश्यक था शायद उतना ध्यान इसे प्रारूप समिति द्वारा नहीं दिया गया। सम्भवत: सदन को यह ज्ञात हो कि आपके द्वारा प्रारूप समिति में सात सदस्य नामित किए गए थे, जिनमें से एक ने सदन से त्यागपत्र दे दिया था, जिसके खाली स्थान को नहीं भरा गया। एक सदस्य की मृत्यु हो गयी तथा उनके स्थान पर भी दूसरा सदस्य नामित नहीं किया गया। एक अमेरिका में था तथा उसके स्थान की भी पूर्ति नहीं की गयी तथा एक अन्य सदस्य राज्य के मामलों में उलझा हुआ था और इस हद तक इस समिति में खालीपन था। एक या दो लोग दिल्ली से काफी दूर थे तथा शायद खराब स्वास्थ्य की वजह से वे इसकी

बैठकों में शामिल नहीं हो सके। अतः ऐसा लगता है कि संविधान को तैयार करने का सारा परिश्रम डॉ. अम्बेडकर को ही करना पड़ा तथा मुझे इस बात पर कोई सन्देह नहीं है कि हमें उनके प्रति इस बात के लिए आभारी होना चाहिए कि उन्होंने यह कार्य जिस परिश्रम के साथ पूरा किया है, उसके लिए वे बधाई के पात्र हैं।"

श्री अलादि कृष्णास्वामी अय्यर:

"महोदय, इससे पहले कि मैं संविधान के प्रारूप के विषय में अपने विचार प्रस्तुत करूँ, मैं सर्वप्रथम आदरणीय डॉ. अम्बेडकर जी को उनके द्वारा संविधान के प्रारूप का अत्यन्त सरल एवं स्पष्टतापूर्वक विवेचन करने के लिए बधाई देता हूँ। यद्यपि मैं यह कहना उचित समझता हूँ कि मैं अपने आदरणीय मित्र द्वारा ग्राम समुदायों की भारत में आवश्यकता विषय पर की गयी आलोचनाओं से सहमत नहीं हूँ। मैं उनके द्वारा कही गयी इस बात का भी विरोध करता हूँ कि भारत में लोकतंत्र उगाने का ऊपरी तौर पर ही प्रयास किया गया है। इससे पहले कि मैं संविधान के प्रारूप के विषय में अपने विचार आपके समक्ष रखूँ, मैं अपने सम्माननीय मित्र श्री टी.टी. कृष्णमाचारी की समिति द्वारा किए गए कार्यों के विषय में की गयी टीका-टिप्पणियों के विषय में यह स्पष्ट कर देना चाहता हूँ कि मैंने अपने खराब स्वास्थ्य के बावजूद प्रारूप संविधान के प्रकाशित होने से पूर्व हुई समिति की बैठकों तथा कार्यों में सक्रिय रूप से भाग लिया है तथा जब मैं इसकी बैठकों में नहीं शामिल हो पाया था, उस समय भी मैंने अपने सहयोगियों हेतु विचार के लिए अनेक सुझाव भेजे थे। प्रारूप के प्रकाशित होने के पश्चात स्वास्थ्य खराब होने के कारण मैं इस सम्बन्ध में हुई वार्त्ताओं में शामिल नहीं हो सका था तथा इस कारण मैं प्रारूप में किए गए संशोधनों अथवा सुझावों का श्रेय लेने का दावा नहीं कर सकता।

संविधान के प्रारूप का एक संक्षिप्त सर्वेक्षण करने से सदस्य इस बात को स्वीकार करेंगे कि यह लोकतान्त्रिक सरकार के दृढ़ सिद्धान्त पर आधारित है तथा इसमें ऐसे तत्त्व हैं, जो इसके विकास तथा विस्तार हेतु आवश्यक हैं और यह विश्व के अत्याधुनिक गणतांत्रिक संविधानों के जैसा ही है। यहाँ यह याद रखा जाना चाहिए कि एक संविधान के अच्छे या बुरे होने का निर्णय नहीं किया जा सकता। यह उसका उपयोग करने वालों पर निर्भर है। इसका सर्वश्रेष्ठ उदाहरण अमेरिका का संविधान है, जिसके बनने पर प्रारम्भ में विभिन्न राज्यों द्वारा इसे अधिक उत्साहपूर्वक नहीं लिया गया था, किंतु समय के साथ इसने अपनी श्रेष्ठता प्रदर्शित की और आज इसे लोकतांत्रिक विश्व के लिए एक आदर्श संविधान के रूप में देखा जाता है।"

सैयद मुहम्मद सादुल्लाः

"प्रारूप समिति स्वतः अस्तित्व में नहीं आयी थी। यदि मैं सही हूँ तो इसका गठन इस सदन द्वारा अगस्त, 1947 में एक संकल्प के द्वारा किया गया था। उस समय मैं गम्भीर रूप से बीमार था और इस वजह से मैं उस सत्र में भाग नहीं ले पाया था। लेकिन, महोदय, मैंने इसकी कार्रवाइयों में यह देखा था कि जिस प्रकार प्रारूप समिति से लक्ष्य आधारित संकल्प के चार उद्देश्यों को ध्यान में रखकर संविधान तैयार करने को कहा गया था, उसमें हमें आलोचनाओं के तीर भी सहने होंगे, जिसके बारे में हम अभी सुन चुके हैं। उस समय भी कुछ बुद्धिमान लोगों ने इस आलोचना का पहले ही अनुमान लगा लिया था और सरकारी संकल्प संशोधन बंबई के विद्वान प्रधानमंत्री श्री खेर द्वारा प्रस्तुत किया गया था, जिसमें हमें निर्देशित किया गया था। मैं उनके अभिभाषण से कुछ अंश पढ़ना चाहूँगा। उन्होंने इस प्रारूप समिति को गठित करने के लिए मूल संकल्प में संशोधन प्रस्तुत किया था और कहा था– "कि प्रारूप समिति को संवैधानिक सलाहकार द्वारा तैयार किए गए भारत के संविधान के पाठ के प्रारूप की जाँच करने का दायित्व दिया जाएगा, जिसमें संविधान सभा पहले से निर्णय ले चुकी है तथा वे सभी मुद्दे जो इसमें सम्मिलित हैं तथा जो एक संविधान में होने चाहिए, को प्रारूप समिति विचार हेतु संविधान सभा के सामने प्रस्तुत करेगी।"

सैयद मुहम्मद सादुल्ला ने आगे कहा– "मैं आदरणीय सदस्यों से यह कैसे कह सकता हूँ कि हमने अपनी पूरी क्षमता के साथ मेहनत से इसे तैयार किया है, कि हमने एक प्रारूप तैयार करने के लिए तीन भिन्न-भिन्न महाद्वीपों के सभी ज्ञात संविधानों की गहरी छानबीन की है, जबकि इसे पैबन्द लगाया हुआ काम बताया जा रहा है। लेकिन वे, जो कलाकार हैं, जो शिल्पकार हैं, वे यह अच्छी तरह जानते हैं कि पैबन्द से भी सुन्दर डिजाइनें और सुन्दर पैटर्न तैयार किए जा सकते हैं। मैं दावा करता हूँ कि हमारे प्रारूप में कई कमियों के बावजूद हमने एक सम्पूर्ण चित्र तैयार करने का प्रयास किया है, हमने इस सम्माननीय सदन को यथासम्भव एक सम्पूर्ण अभिलेख बनाकर देने का प्रयास किया है। प्रारूप समिति ने यह दावा कभी नहीं किया कि ये संविधान के बारे में अन्तिम शब्द हैं, कि इसके प्रावधान अचूक हैं या इन अनुच्छेदों में परिवर्तन नहीं किए जा सकते। वास्तविकता यह है कि अन्तिम स्वीकृति के लिए इस महान सदन के सम्मुख इस प्रारूप को प्रस्तुत करना यह प्रदर्शित करता है कि हम किसी एक अथवा दूसरी नीति से बँधे हुए नहीं हैं। जहाँ कहीं हम समितियों के सुझावों से असहमति रखते थे अथवा जहाँ हमें इस महान सदन के स्वीकृत सिद्धान्तों से एक भी शब्द में इधर या उधर परिवर्तन करने का दुस्साहस करना पड़ा, वहाँ

हमने टिप्पणियों (फुट नोट्स) के रूप में इसके पर्याप्त संकेत कर दिए हैं ताकि पूरी पारदर्शिता दिखाई जा सके। इस ओर सदन का ध्यान इस लिए खींचा गया है ताकि उन अंशों पर विद्वान लोग अपना ध्यान केन्द्रित कर सकें, जिन अंशों के लिए समिति को स्वीकृत सिद्धान्तों से थोड़ा हटना पड़ा है।"

श्री सादुल्ला के अभिभाषण के पश्चात प्रस्ताव को मतदान हेतु इस प्रकार प्रस्तुत किया गया–

आदरणीय उपाध्यक्ष महोदय, प्रश्न यह है कि

"29 अगस्त, 1947 को इस सभा द्वारा किए गए संकल्प द्वारा नियुक्त प्रारूप समिति द्वारा तैयार किए गए भारत के संविधान के प्रारूप पर विचार करने के लिए संविधान सभा प्रवृत्त होती है।"

प्रस्ताव पारित कर दिया गया।

(डॉ. बाबा साहेब अम्बेडकर: *राइटिंग्स एॅण्ड स्पीचेज़*, खण्ड–13, पृ. 76, 78, 80, 81, 88, 89, 91, 92)

5

संविधान को अंगीकार किया जाना

17 नवम्बर, 1949 को डॉ. अम्बेडकर के एक प्रस्ताव पर संविधान सभा ने संविधान का तीसरी बार अध्ययन शुरू किया ताकि सभा द्वारा इसे पारित किया जा सके। 26 नवम्बर को इस प्रस्ताव पर चर्चा खत्म हुई तथा प्रस्ताव को मतदान के लिए पेश किया गया तथा इसे हर्षध्वनि के साथ पारित कर दिया गया।

26 नवम्बर, 1949 को प्रारूप समिति के अध्यक्ष के रूप में डॉ. बी. आर. अम्बेडकर ने अपना अभिभाषण दिया, जिसमें उन्होंने कहा–

"महोदय, यदि संविधान सभा के कार्य को पीछे मुड़कर देखा जाए तो अब तक यह कार्य करते हुए दो वर्ष, ग्यारह माह तथा सत्रह दिन हो गए हैं। पहली बार यह सभा 9 दिसम्बर, 1946 को मिली थी। इस अवधि के दौरान संविधान सभा के कुल 11 सत्र हुए। इन ग्यारह सत्रों में से पहले छः सत्रों का प्रयोग लक्ष्य आधारित संकल्प पारित करने तथा मौलिक अधिकारों, संघीय संविधान, संघीय शक्तियों, प्रान्तीय संविधानों, अल्पसंख्यकों तथा अनुसूचित क्षेत्रों एवं अनुसूचित जातियों पर समितियों की रिपोर्टों पर विचार के लिए किया गया। सातवें, आठवें, नवें, दसवें तथा ग्यारहवें सत्रों पर कुल 165 दिन खर्च हुए। इनमें से सभा ने 144 दिनों तक संविधान के प्रारूप पर विचार किया।

अब मैं प्रारूप समिति पर आता हूँ। संविधान सभा ने इसे 29 अगस्त, 1947 को चुना था। इसकी पहली बैठक 30 अगस्त को हुई। 30 अगस्त से यह 141 दिनों तक बैठी, जिस दौरान इसने संविधान के प्रारूप को तैयार करने का कार्य किया। प्रारूप समिति को प्रारूप संविधान तैयार करने के लिए संवैधानिक सलाहकार द्वारा जो पाठ दिया गया था, उसमें 243 अनुच्छेद तथा 13 अनुसूचियाँ थीं। संविधान सभा को प्रारूप समिति द्वारा जो पहला प्रारूप संविधान प्रस्तुत किया गया था, उसमें 315 अनुच्छेद तथा 8 अनुसूचियाँ थीं। विचार-विमर्श की प्रक्रिया के पश्चात संविधान के प्रारूप में अनुच्छेदों की संख्या बढ़कर 396 हो गयीं। अपने अन्तिम स्वरूप में प्रारूप संविधान में कुल 395 अनुच्छेद तथा

8 अनुसूचियाँ थीं। प्रस्तुत प्रारूप संविधान में आए कुल संशोधनों की संख्या लगभग 7,635 थी, जिनमें से सदन में कुल 2,473 संशोधन वास्तव में लाए गए।

मैं इन तथ्यों का उल्लेख इसलिए कर रहा हूँ क्योंकि एक समय यह कहा जा रहा था कि सभा ने इस काम को करने में कुछ ज़्यादा ही समय लगाया है और यह काम बहुत धीरे-धीरे आराम से किया जा रहा है तथा इससे जनता की गाढ़ी कमाई का दुरुपयोग हो रहा है। इसको रोम के जलने पर नीरो का बाँसुरी बजाना भी कहा गया। इस शिकायत का क्या कोई आधार है? अब हम दूसरे देशों द्वारा उनके संविधान बनाने के लिए नियुक्त की गयी संविधान सभाओं द्वारा इस कार्य हेतु लिए गए समय की ओर ज़रा देखें। कुछ उदाहरण लें–अमेरिका में इस हेतु बैठक 25 मई, 1787 को हुई थी तथा इसने अपना कार्य 17 सितम्बर, 1787 को अर्थात् चार महीनों के भीतर पूरा कर दिया था। कनाडा की संविधान सभा की बैठक 10 अक्टूबर, 1864 को सर्वप्रथम हुई तथा संविधान को कानून का रूप मई 1867 को दिया गया और इसमें कुल दो वर्ष पाँच माह का समय लगा। आस्ट्रेलिया की संविधान सभा की बैठक मार्च 1891 को हुई तथा इसका संविधान 9 जुलाई, 1900 को कानून बना, जिसमें नौ वर्ष का समय लगा। दक्षिण अफ्रीका के संविधान हेतु बैठक अक्तूबर 1908 में हुई तथा 20 सितम्बर, 1909 को यह संविधान कानून बना, जिसमें एक वर्ष का परिश्रम लगा। यह सच है कि हमने अमेरिका तथा दक्षिण अफ्रीका की तुलना में अधिक समय लगाया लेकिन हमने कनाडा से अधिक समय नहीं लिया तथा आस्ट्रेलिया की तुलना में तो यह समय और भी कम है। समय के आधार पर तुलना करते समय दो बातें ध्यान में रखी जानी चाहिए। पहली यह कि अमेरिका, कनाडा, दक्षिण अफ्रीका तथा आस्ट्रेलिया के संविधान हमारे संविधान की तुलना में बहुत छोटे हैं। जैसा कि मैंने पहले बताया, हमारे संविधान में 395 अनुच्छेद हैं, जबकि अमेरिका के संविधान में मात्र सात अनुच्छेद हैं, जिनमें से प्रथम चार को कुल 21 धाराओं में विभाजित किया गया है। कनाडा के संविधान में 147, आस्ट्रेलिया के संविधान में 128 तथा दक्षिण अफ्रीका के संविधान में 153 अनुच्छेद हैं। दूसरी बात जो याद रखी जानी चाहिए, वह यह है कि अमेरिका, कनाडा, आस्ट्रेलिया तथा दक्षिण अफ्रीका के संविधान निर्माताओं को संशोधनों की समस्या से नहीं जूझना पड़ा था। उन्होंने इन्हें जिस प्रकार प्रस्तुत किया, उसी प्रकार वे पारित कर दिए गए। दूसरी ओर इस संविधान सभा को कुल 2,473 संशोधनों से निपटना पड़ा। इन तथ्यों के प्रकाश में अधिक समय लेने का आरोप मुझे अनौचित्यपूर्ण प्रतीत होता है तथा यह संविधान सभा इस बात के लिए अपनी पीठ थपथपा सकती है कि उसने इतना महत्त्वपूर्ण कार्य इतने कम समय में पूरा कर दिया।

इस प्रारूप समिति द्वारा किए गए कार्य की गुणवत्ता को देखते हुए श्री नज़ीरुद्दीन अहमद का विचार है कि उनका यह कर्त्तव्य है कि वे इसकी पूरी तरह से भर्त्सना करें। उनके विचार में प्रारूप समिति द्वारा किया गया यह कार्य न सिर्फ भर्त्सना के योग्य है, बल्कि यह अत्यन्त निम्न कोटि की गुणवत्ता का भी है। प्रारूप समिति द्वारा किए गए कार्य के विषय में हरेक को अपना दृष्टिकोण देने का अधिकार है और श्री नज़ीरूद्दीन के विचारों का भी स्वागत है। श्री नज़ीरूद्दीन अहमद सोचते हैं कि वे प्रारूप समिति के किसी भी अन्य सदस्य की तुलना में कहीं अधिक प्रतिभावान हैं। प्रारूप समिति उनके इस दावे को चुनौती देना नहीं चाहती। दूसरी ओर प्रारूप समिति उनका अपने बीच में स्वागत करती यदि संविधान सभा ने उन्हें समिति में नियुक्त करने योग्य समझा होता। अगर संविधान के बनाने में उनका कोई योगदान नहीं है तो यह प्रारूप समिति की गलती नहीं है।

नज़ीरूद्दीन अहमद साहब ने प्रारूप समिति (ड्राफ्ट कमेटी) के प्रति अपनी अवमानना दिखाते हुए इसके लिए एक नया नाम उछाला है। वे इसे भटकाव समिति (ड्रिफ्टिंग कमेटी) कहते हैं। निस्सन्देह श्री नज़ीरूद्दीन अपने इस प्रहार से अत्यधिक प्रसन्न होंगे लेकिन वे शायद यह बात नहीं जानते कि निपुणता के बग़ैर भटकाव तथा निपुणता के साथ भटकाव में अन्तर होता है। अगर प्रारूप समिति भटक रही थी, तो वह उन परिस्थितियों में अपनी विशेषज्ञता दिखा रही थी। यह केवल मछली देखे बग़ैर मछली पकड़ने का प्रयास नहीं था। पहले वह पानी में जाकर देखती है कि इसमें मछली है भी या नही। कुछ बेहतर की खोज करना भटकने जैसा कतई नहीं होता। यद्यपि नज़ीरूद्दीन साहब ने प्रारूप समिति को एक प्रशंसा के रूप में ऐसा नहीं कहा है लेकिन मैं इसे प्रारूप समिति के लिए एक प्रशंसा के रूप में ही लेता हूँ। प्रारूप समिति को तो तब दायित्वों का सही निर्वाह न करने तथा गरिमाविहीन होने का दोषी माना जाता, अगर इसने स्वयं द्वारा सोचे गए गलत संशोधनों को वापस लेने का साहस नहीं दिखाया होता और उसके स्थान पर बेहतर विकल्प न रख दिए होते। अगर यही किया जाना गलती है, तो मुझे प्रसन्नता है कि प्रारूप समिति ने ऐसी गलतियों को स्वीकार करने में कोई शर्मिन्दगी नहीं दिखाई है तथा इन गलतियों को ठीक करने के लिए वह आगे आई है।

मुझे यह देखकर प्रसन्नता हो रही है कि मात्र एक सदस्य को छोड़कर संविधान सभा के शेष सभी सदस्य प्रारूप समिति द्वारा किए गए कार्य के प्रति सर्वसम्मति से प्रशंसा का भाव रखते हैं। मुझे विश्वास है कि प्रारूप समिति अपने परिश्रम को इतनी सुन्दर मान्यता मिलने से अवश्य प्रसन्नता का अनुभव कर रही

होगी। जिस प्रकार की प्रशंसा के भाव संविधान सभा के सदस्यों तथा स्वयं प्रारूप समिति के मेरे सहयोगियों ने मेरे प्रति दर्शाए हैं, उनसे मैं इतना अभिभूत हूँ कि मेरे पास उन्हें कृतज्ञता ज्ञापित करने हेतु समुचित शब्द नहीं हैं। मैं संविधान सभा में अनुसूचित जातियों के हितों के संरक्षण के अतिरिक्त अन्य कोई महत्वाकांक्षा लेकर नहीं आया था। मुझे दूर-दूर तक यह ख्याल नहीं था कि मुझे इससे कहीं अधिक ज़िम्मेदारी वाला दायित्व सौंपा जाने वाला है। इस बात से मुझे आश्चर्य हुआ कि मुझे प्रारूप समिति में चुना गया है। इससे भी अधिक आश्चर्य मुझे तब हुआ जब प्रारूप समिति ने मुझे अपना अध्यक्ष चुन लिया। प्रारूप समिति में जबकि सर अलादि कृष्णास्वामी अय्यर जैसे मुझसे कहीं अधिक बड़े, बेहतर तथा सुयोग्य विद्वान थे। मैं संविधान एवं प्रारूप समिति का आभार व्यक्त करता हूँ कि उसने मुझ पर विश्वास दर्शाते हुए मुझे इतना महत्त्वपूर्ण दायित्व सौंपा तथा इस पद पर चुनकर मुझे देश की सेवा करने का यह सुअवसर प्रदान किया (करतल ध्वनि)।

जो श्रेय मुझे दिया जा रहा है, दरअसल वह मेरा श्रेय नहीं है। आंशिक रूप से यह श्रेय संविधान सभा के संवैधानिक सलाहकार सर बी.एन.राऊ को दिया जाना चाहिए, जिन्होंने प्रारूप समिति के विचार हेतु संविधान का एक कच्चा प्रारूप तैयार किया। इसका कुछ श्रेय प्रारूप समिति के सदस्यों को जाना चाहिए, जो जैसा कि मैं पहले कह चुका हूँ 141 दिनों तक बैठे तथा जिनकी बुद्धिमत्ता तथा नए सिद्धांत विकसित करने के गुणों एवं विभिन्न दृष्टिकोणों को समाविष्ट करने की क्षमता के बग़ैर संविधान तैयार करने का कार्य इतनी सफलतापूर्वक सम्भव नहीं हो सकता था। इस श्रेय का एक बड़ा भाग संविधान को मुख्य रूप से प्रारूप की शक्ल देने वाले श्री एस.एन. मुखर्जी को दिया जाना चाहिए। अत्यन्त उलझे हुए प्रस्तावों को सरलतम एवं स्पष्टतम वैधानिक रूप देने में उनकी दक्षता की बराबरी शायद ही की जा सके और उनके कठिन परिश्रम की तुलना करना भी कठिन है। वे संविधान सभा की एक अमूल्य निधि हैं। उनकी सहायता के बिना इस सभा को संविधान तैयार करने में और भी अधिक वर्ष लग जाते। मैं इस अवसर पर श्री मुखर्जी के अधीन कार्य करने वाले स्टाफ के सदस्यों का ज़िक्र करना नहीं भूलूँगा क्योंकि मैं जानता हूँ कि उन्होंने इस कार्य हेतु कितना कठिन परिश्रम किया है तथा कैसे उन्होंने कभी-कभी मध्य रात्रि के बाद तक भी जाग-जागकर अपने दायित्व का निर्वाह किया है। मैं उनके इस प्रयास तथा सहयोग हेतु उन्हें धन्यवाद देता हूँ (करतल ध्वनि)।

प्रारूप समिति का कार्य और भी अधिक कठिन हो जाता, यदि यह संविधान सभा एक मूकदर्शक मात्र होती, सदस्य मात्र सदन की शोभा बढ़ा रहे होते या

प्रत्येक सदस्य अथवा प्रत्येक समूह स्वयं को ही कानून समझता। ऐसे में और कुछ नहीं बल्कि अव्यवस्था ही दिख रही होती। कांग्रेस पार्टी की सभा के अन्दर उपस्थिति ने इस सम्भावना को नगण्य कर दिया, जिसके परिणामस्वरूप इसकी कार्रवाइयों में सुव्यवस्था तथा अनुशासन सम्भव हो सका। ऐसा कांग्रेस पार्टी के अनुशासन के कारण ही हुआ कि प्रारूप समिति इस विश्वास के साथ कि प्रत्येक अनुच्छेद तथा प्रत्येक संशोधन का क्या भविष्य होगा, यह जानते हुए संविधान को सदन में प्रस्तुत कर सकी। अत: कांग्रेस पार्टी को सदन में संविधान के प्रारूप के विधिवत् एवं शान्तिपूर्वक प्रस्तुत हो जाने का पूरा श्रेय दिया जाना चाहिए।

अगर संविधान सभा के सभी सदस्य पार्टी अनुशासन में बँधे रहते तो भी इस सदन की कार्रवाइयाँ बोरियत भरी तथा एकरसतापूर्ण हो जातीं। पार्टी अनुशासन में बँधकर यह संविधान सभा सिर्फ 'हाँ जी' कहने वालों का जमावड़ा बनकर रह जाती। सौभाग्यवश इस सदन में विद्रोही भी थे। इनमें श्री कामत, डॉ. पी.एस. देशमुख, श्री सिधवा, प्रो. सक्सेना तथा पण्डित ठाकुर दास भार्गव प्रमुख थे। इनके साथ में मैं प्रो. के.टी. शाह तथा पण्डित हृदय नाथ कुंजरू का भी ज़िक्र करना चाहूँगा। इन्होंने जो भी बिन्दु उठाए वे प्राय: सभी आदर्शवादी थे। यदि मैं इनके सुझावों को स्वीकार नहीं कर सका तो इससे इनके सुझावों का महत्त्व कम नहीं हो जाता और न ही इस प्रकार सदन की कार्रवाइयों को जीवंत रखने में उनकी सेवाओं में ही कोई कमी आती है। मैं इनके प्रति आभार व्यक्त करता हूँ क्योंकि इन्हीं के कारण मुझे संविधान में निहित सिद्धांतों को व्याख्यायित करने का अवसर मिल सका, जो इनके बग़ैर मिल पाना सम्भव नहीं था और मेरे लिए संविधान के पारित होने जैसे मशीनी कार्य से उक्त अवसर कहीं अधिक महत्त्वपूर्ण है।

अन्त में मैं आदरणीय अध्यक्ष महोदय आपको धन्यवाद देना चाहूँगा। जिस प्रकार आपने इस सदन की कार्रवाइयों का संचालन किया है, उसके लिए आप निश्चित तौर पर बधाई के पात्र हैं। आपने संविधान सभा के सदस्यों के प्रति जो विनयपूर्ण आचरण दर्शाया है, उसे वे लोग कभी नहीं भूल पाएंगे, जिन्होंने इस सभा की कार्रवाइयों में भाग लिया है। ऐसे अनेक अवसर आए जब प्रारूप समिति द्वारा प्रस्तुत संशोधनों के मात्र तकनीकी आधार पर निरस्त होने की सम्भावनाएँ उत्पन्न हो गयी थीं। मेरे लिए ये स्थितियाँ अत्यन्त तनाव की थीं। अत: मैं आप द्वारा संविधान निर्माण के कार्य को महज़ तकनीकी आधार पर खारिज न होने देने हेतु भी विशेष रूप से आपका आभार व्यक्त करता हूँ।

इस संविधान का जितना अधिक बचाव किया जा सकता था, उतना बचाव मेरे मित्रों सर अलादि कृष्णास्वामी अय्यर तथा श्री टी.टी. कृष्णमाचारी ने किया है। मैं संविधान के गुणावगुण पर नहीं आना चाहता क्योंकि मैं यह महसूस करता हूँ कि कोई संविधान कितना भी अच्छा क्यों न हो वह एक बुरे संविधान में निश्चय ही बदला जा सकता है। यदि इसका प्रयोग अच्छे ढंग से किया जाए तो यह संविधान अच्छा साबित हो सकता है। संविधान की कार्यप्रणाली संविधान की प्रकृति पर ही पूर्णतः निर्भर नहीं होती। संविधान किसी राष्ट्र को विधायिका, कार्यपालिका और न्यायपालिका जैसे अंग ही दे सकता है। राष्ट्र के ये अंग किस प्रकार कार्य करते हैं, यह उन लोगों तथा राजनीतिक दलों पर निर्भर करता है, जो लोगों की इच्छाओं तथा नीतियों के कार्यान्वयन हेतु सत्ता में रहकर कार्य करते हैं। कौन कह सकता है कि भारत के लोग तथा उनके राजनीतिक दल किस प्रकार भविष्य में कार्य करेंगे? क्या वे अपने उद्देश्यों की पूर्ति के लिए संवैधानिक तरीकों का इस्तेमाल करेंगे या वे क्रान्तिकारी तौर-तरीकों को पसंद करेंगे? संविधान के अच्छा होने से इस बात पर कोई असर नहीं पड़ने वाला। लोगों तथा उनके दलों की भावी भूमिका के विषय में जाने बिना संविधान के विषय में कोई भी धारणा बनाना निरर्थक होगा।

संविधान की आलोचना मुख्य रूप से दो दलों कम्युनिस्ट पार्टी तथा सोशलिस्ट पार्टी द्वारा की गयी है। उन्होंने संविधान की आलोचना क्यों की? क्या इसलिए कि यह वास्तव में एक खराब संविधान है? मैं दृढ़तापूर्वक 'नहीं' कहना चाहूँगा। कम्युनिस्ट पार्टी एक ऐसा संविधान चाहती थी, जो श्रमिक वर्ग की तानाशाही के सिद्धांत पर आधारित होता। वे संविधान की इसीलिए आलोचना कर रहे हैं क्योंकि यह संसदीय लोकतंत्र पर आधारित है। समाजवादी दो बातें चाहते हैं, पहली बात वह यह चाहते हैं कि जब कभी वे सत्ता में आएँ तो संविधान से उन्हें सभी निजी सम्पत्तियों की बग़ैर मुआवज़ा दिए राष्ट्रीयकरण अथवा समाजीकरण करने की छूट मिले। दूसरी बात यह कि संविधान में वर्णित मौलिक अधिकार पूर्ण होने चाहिए तथा इनमें कोई शर्त नहीं होनी चाहिए ताकि यदि कभी उनकी पार्टी सत्ता में आती है तो उन्हें न सिर्फ आलोचना करने की स्वतंत्रता मिले, बल्कि राज्यों की सरकारों को गिराने की भी आज़ादी का उपयोग कर सकें।

ये प्रमुख आधार हैं, जिनके द्वारा संविधान की आलोचना की गयी है। मैं यह नहीं कहता कि संसदीय लोकतंत्र का सिद्धान्त ही राजनीतिक लोकतंत्र के लिए सबसे आदर्श रूप है। मै यह नहीं कहता कि बग़ैर मुआवजा दिए निजी सम्पत्ति को न लेने का सिद्धांत इतना पवित्र है कि इसे छोड़ा नहीं जा सकता। मैं यह भी नहीं कहता कि मौलिक अधिकार कभी भी पूर्ण नहीं हो सकते तथा

उनमें जोड़ी गयी शर्तें भी कभी हटाई नहीं जा सकतीं। मैं जो कुछ कहना चाहता हूँ, वह यह है कि संविधान में निहित सिद्धान्त वर्तमान पीढ़ी के दृष्टिकोण को दर्शाते हैं अथवा यदि आप सोचते हैं कि यह बड़बोलापन है तो मैं कहता हूँ कि ये संविधान सभा के सदस्यों के विचार हैं। संविधान में इनके रखे जाने पर प्रारूप समिति पर क्यों आरोप लगाए जाते हैं? मैं कहता हूँ कि संविधान सभा के सदस्यों पर भी क्यों आरोप लगाते हैं? महान अमेरिकी राजनीतिज्ञ जेफ़रसन जिसने अमेरिका के संविधान को तैयार करने में महत्त्वपूर्ण भूमिका निभाई थी, ने कुछ अत्यन्त मूल्यवान विचार व्यक्त किए हैं, जिन्हें संविधान के बनाने वाले कभी भी नहीं भूल सकते। एक स्थान पर उसने कहा है–

> "हम प्रत्येक पीढ़ी को एक अलग राष्ट्र के रूप में मान सकते हैं, जो बहुमत की इच्छा द्वारा स्वयं पर बन्धन लगाने का अधिकार रखती है लेकिन उसके आगे आने वाली पीढ़ी को दूसरे देश के लोगों के अतिरिक्त और कोई नहीं बाँध सकता।"

एक अन्य स्थान पर उसने कहा है–

> "एक विचार कि देश के उपयोग के लिए स्थापित संस्थाओं को न तो छुआ जा सकता है और न ही इन्हें संशोधित किया जा सकता है, उन्हें जवाबदेह बनाने के लिए भी ऐसा नहीं किया जा सकता क्योंकि जनता के विश्वास हेतु जो अधिकार इन्हें चलाने वालों को दिए गए हैं, वे एक शासक की कारगुज़ारियों को मौन सहमति देने में बदल जाने का खतरा है और यह देश के लिए भी बहुत बुरी स्थिति हो सकती है। फिर भी हमारे संविधानविदों तथा विद्वानों ने इस सिद्धान्त को सम्मिलित किया है तथा यह आशा की है कि हमारी पूर्ववर्ती पीढ़ियों ने पृथ्वी का हमसे कहीं अधिक स्वतंत्रतापर्वूक उपभोग किया, हम पर ये कानून थोपने का अधिकार अपने पास रखा, जिन्हें बदलने का हमें अधिकार नहीं है और हम भी इसी प्रकार वे कानून बना सकते हैं तथा भावी पीढ़ियों पर उन्हें लागू कर सकते हैं, जिन्हें वे बदल न सकें। इसका अर्थ यह हुआ कि यह पृथ्वी मृत लोगों के लिए है, जीवित लोगों के लिए नहीं।"

मैं मानता हूँ कि जो कुछ जेफ़रसन ने कहा था वह सच ही नहीं है बल्कि पूर्ण सच है। इस बारे में कोई प्रश्नचिह्न नहीं लगाए जा सकते। यदि संविधान सभा जेफ़रसन द्वारा निर्धारित किये गए उपर्युक्त सिद्धान्त को न मानती तो इस पर भी आरोप लगाए जाते, यहाँ तक कि इसकी निन्दा भी की जाती लेकिन मैं पूछता हूँ, क्या ऐसा है? इसके विपरीत हमें सिर्फ संविधान के संशोधन से सम्बन्धित प्रावधानों का विश्लेषण करना है। संविधान सभा ने इस संविधान में

भावी संशोधनों पर कोई रोक नहीं लगाई है तथा कनाडा के संविधान की भाँति इसी संविधान को अन्तिम वाक्य नहीं मान लिया है, न ही अमेरिका और आस्ट्रेलिया के संविधानों की भाँति संविधान में संशोधन के लिए भारी भरकम शर्तें अथवा असाधारण नियम ही थोप दिए हैं बल्कि हमने अपने संविधान के संशोधन की अत्यन्त सरल प्रक्रिया निर्धारित की है। मैं हमारे संविधान की आलोचना करने वालों को चुनौती देता हूँ कि वे यह साबित करके दिखाएँ कि जिन परिस्थितियों में पड़कर इस देश में संविधान तैयार किया गया है, क्या दुनिया में कहीं भी किसी संविधान सभा ने इन परिस्थितियों के बावजूद इतनी सरल संविधान संशोधन की प्रक्रिया निर्धारित की है। जो लोग संविधान से सन्तुष्ट नहीं हैं, उन्हें इसके लिए केवल दो-तिहाई बहुमत की आवश्यकता है और यदि वयस्क मताधिकार के आधार पर निर्वाचित संसद में दो-तिहाई बहुमत को अपने पक्ष में नहीं कर पाते हैं तो यह नहीं माना जा सकता कि उनके असन्तोष को सामान्य जनता का समर्थन भी प्राप्त है।

संविधान के विषय में एक अन्य बिन्दु भी महत्त्वपूर्ण है, जिसका मैं उल्लेख करना चाहता हूँ। इस आधार पर एक गम्भीर शिकायत की गयी है कि बहुत अधिक केन्द्रीयकरण कर दिया गया है तथा राज्य केवल म्यूनिसिपलिटी बनकर ही रह गए हैं। यह स्पष्ट है कि न सिर्फ यह एक बढ़ा-चढ़ाकर कही गयी बात है बल्कि इसमें संविधान के अभिप्राय को भी सही तरीके से नहीं समझा गया है। जहाँ तक केन्द्र और राज्य के सम्बन्धों का प्रश्न है तो इस विषय में मूलभूत सिद्धान्त को ध्यान में रखना अत्यन्त आवश्यक है। वह यह है कि विधायिका तथा कार्यपालिका के अधिकारों का केन्द्र तथा राज्यों के बीच विभाजन केन्द्र द्वारा बनाए जाने वाले किसी नियम के अनुसार नहीं किया गया है बल्कि स्वयं संविधान सभा द्वारा किया गया है। यही वह बात है जो संविधान में निहित है। हमारे संविधान के अन्तर्गत राज्य अपने विधायी अथवा कार्यपालिका के अधिकारों के लिए किसी भी प्रकार से केन्द्र पर निर्भर नहीं हैं। इस मामले में केन्द्र तथा राज्य एक समान हैं। यह देखना मुश्किल है कि किस प्रकार से संविधान को केन्द्र पर आधारित कहा जा सकता है। हो सकता है कि संविधान ने केन्द्र को किसी अन्य फ़ेडरल संविधान की तुलना में विधायिका तथा कार्यपालिका से कहीं अधिक अधिकार दे दिए हों। हो सकता है कि अवशिष्ट शक्तियाँ राज्यों को न देकर केन्द्र को दे दी गयी हैं, लेकिन इन बातों से फ़ेडरलिज़्म नहीं पैदा होती। फ़ेडरलिज़्म का प्रमुख चिह्न जैसा कि मैंने पहले कहा है, संविधान द्वारा केन्द्र तथा इकाइयों के बीच विधायिका तथा कार्यपालिका के अधिकारों के बँटवारे से पैदा होता है। यही वह सिद्धान्त है जो हमारे संविधान में निहित है।

इस विषय में कोई गलती नहीं होनी चाहिए। अतः यह कहना गलत है कि राज्यों को केन्द्र के अधीन रख दिया गया है। केन्द्र तो अपनी इच्छा से राज्यों की सीमाएँ भी नहीं बदल सकता। न ही न्यायपालिका ऐसा कर सकती है। इसीलिए कहा गया है–

"अदालतें संशोधन तो कर सकती हैं किन्तु बदल नहीं सकतीं। वे पूर्व की व्याख्याओं को नई व्याख्याओं या नए दृष्टिकोणों से संशोधित कर सकती हैं, अत्यन्त नाजुक मसलों पर वे विभाजन रेखा को तो खिसका सकती हैं, लेकिन लगे हुए अवरोधों को पार नहीं कर सकती हैं। वे स्पष्ट प्रदत्त शक्तियों का पुनर्विभाजन नहीं कर सकती हैं। वे विद्यमान शक्तियों को विस्तृत तो कर सकती हैं लेकिन वे किसी एक को दी गयी शक्ति को किसी अन्य को प्रदान नहीं कर सकती हैं।

अतः केन्द्रीयकरण से फ़ेडरलिज़्म को नुकसान पहुँचाने का पहला आरोप स्वतः खण्डित हो जाता है।

दूसरा आरोप यह है कि केन्द्र को राज्यों का अतिक्रमण करने की शक्ति दे दी गयी है। यह आरोप स्वीकार किया जाना चाहिए, लेकिन ऐसी अतिक्रमणकारी शक्ति के लिए संविधान की आलोचना करने से पहले कुछ बातें दिमाग में बैठा लेनी चाहिए। पहली बात यह है कि ये अतिक्रमणकारी शक्तियाँ संविधान का सामान्य लक्षण नहीं हैं। इनका उपयोग अत्यधिक आपातकालीन स्थितियों में ही किये जाने का विधान किया गया है। दूसरी बात यह है कि क्या हम आपातकाल में केन्द्र को ये शक्तियाँ प्रदान करने से बच सकते थे? वे लोग जो आपात स्थिति में भी ये शक्तियाँ केन्द्र को देने के पक्ष में नहीं हैं, वे इस मसले की जड़ में जो समस्या है, उसे नज़रअन्दाज़ करते हैं। इस समस्या का स्पष्ट उल्लेख द *राउण्ड टेबल* नामक एक विख्यात पत्रिका के दिसम्बर, 1935 के अंक में एक लेखक द्वारा किया गया है। मैं उसके कुछ अंशों को बिना खेद व्यक्त किए यहाँ उद्धृत कर रहा हूँ, जिसमें लेखक कहता है–

राजनीति व्यवस्थाएँ अधिकारों एवं दायित्वों का मिश्रण होती हैं, जो मूलतः इस प्रश्न पर टिकी होती हैं कि नागरिकों का स्वयं का अनुराग किस पर हो अथवा किस अधिकारी पर हो। साधारणतया यह प्रश्न उपस्थित नहीं होता है क्योंकि कानून सुचारु ढंग से अपना कार्य करता है तथा एक व्यक्ति अपने वरिष्ठ अधिकारी की एक मामले तथा अन्य अधिकारी की दूसरे मामले में आज्ञा मानता है। लेकिन एक संकट की घड़ी में ऐसे दावों के बीच संघर्ष शुरू हो जाता है तथा तब यह स्पष्ट हो जाता है कि किसी अधिकारी के प्रति आज्ञापालन को बाँटा नहीं जा सकता। इस मसले को न्यायपालिका द्वारा भी नहीं सुलझाया जा

सकता क्योंकि कानून को तब तथ्यों की पुष्टि करनी होगी अथवा यह तब कानून के लिए और भी बुरी स्थिति पैदा कर देगा। जब सभी समाधान खत्म हो जाएँ तो प्रश्न यह उठता है कि नागरिकों पर शासन करने का अधिकार किसके पास है। क्या यह केन्द्र के पास है या संविधानसम्मत राज्य के पास है?

इस समस्या का समाधान उपर्युक्त प्रश्न के उत्तर में ही निहित है, जो समस्या की जटिलता को दर्शाता है। इस बात में कोई सन्देह नहीं कि एक बड़े बहुमत के दृष्टिकोण से आपातकाल में नागरिकों की अवशिष्ट शक्तियाँ केन्द्र के पास होनी चाहिए न कि संवैधानिक राज्य के पास। क्योंकि यह केवल केन्द्र ही है जो सभी के लिए एक समान लक्ष्य की प्राप्ति हेतु कार्य करता है और सम्पूर्ण देश को एक समान मानते हुए सभी के हितों का संरक्षण करता है। यहाँ पर केन्द्र को कुछ अतिक्रमण करने वाली शक्तियों को दिए जाने का औचित्य सन्निहित है, जो आपातकाल में वह इस्तेमाल कर सकता है। और इन आपातकालीन शक्तियों द्वारा संवैधानिक राज्यों पर किस प्रकार की बाध्यताएँ लगायी जा सकती हैं? एक आपातकाल में राज्यों के स्थानीय हितों, विचारों को परे रखते हुए एक समग्र राष्ट्र के हितों तथा विचारों को प्रमुखता दी जानी चाहिए। केवल वे लोग जो इस समस्या को नहीं समझ सके हैं, वे ही इसके विरुद्ध शिकायत करेंगे।

यहाँ पर मुझे अपना व्याख्यान समाप्त कर देना चाहिए था किन्तु मेरा दिमाग हमारे देश के भविष्य के बारे में इतना अधिक सोच रहा है कि मैं इस अवसर का इस्तेमाल कुछ अपनी अभिव्यक्ति देने में भी करूँ। 26 जनवरी, 1950 को भारत एक स्वतंत्र राष्ट्र बन जाएगा। (करतल ध्वनि) उसकी स्वतंत्रता का क्या होगा? क्या भारत अपनी स्वतंत्रता बरक़रार रख पाएगा या यह इसे पुनः खो देगा? यह पहला विचार है जो मेरे मन में आता है। ऐसा नहीं है कि भारत पहले कभी स्वतंत्र राष्ट्र नहीं था। बिन्दु यह है कि पिछली बार हासिल हुई आज़ादी को इसने खो दिया था। क्या यह दोबारा इसे खो देगा? यह वह विचार है जो मुझे भविष्य के प्रति अत्यन्त चिंतित करता है। जिससे मुझे सर्वाधिक भय है वह यह कि इससे पहले न सिर्फ भारत ने अपनी आज़ादी खोई थी बल्कि उसे अपने ही देशवासियों के विश्वासघात के कारण ही अपनी आज़ादी से हाथ धोना पड़ा था। मोहम्मद बिन कासिम द्वारा सिन्ध पर आक्रमण के समय राजा दाहर के सेनानायकों ने मोहम्मद बिन कासिम के दूतों से रिश्वत ले ली थी और अपने राजा के लिए लड़ने से इन्कार कर दिया था। यह जयचन्द ही था, जिसने भारत पर आक्रमण के लिए तथा पृथ्वीराज चौहान से युद्ध लड़ने के लिए मोहम्मद गौरी को न्यौता भेजा था और अपनी तथा सोलंकी राजाओं की मदद की उससे पेशकश की थी। जब शिवाजी हिन्दुओं की मुक्ति के लिए युद्ध लड़ रहे थे तब अन्य मराठा वीर

तथा राजपूत राजा मुग़लों की ओर से उनसे लड़ रहे थे। जब अंग्रेज़ सिक्ख शासकों का विनाश करने पर आमादा थे, तब उनका प्रमुख सेनापति गुलाब सिंह चुप बैठा था तथा उसने सिक्ख साम्राज्य को बचाने का कोई प्रयास नहीं किया। सन् 1857 में जब भारत के एक बड़े हिस्से ने अंग्रेज़ी शासन के खिलाफ युद्ध का बिगुल बजा दिया था, तब सिक्ख मूकदर्शक बनकर यह नज़ारा देख रहे थे।

क्या इतिहास स्वयं को दोहराएगा? यह वह विचार है जो मुझे सर्वाधिक डराता है। यह भय और भी अधिक गहरा हो जाता है जब मैं यह अहसास करता हूँ कि हमारे पुराने शत्रु आज भी जातियों तथा समुदायों के रूप में अनेक राजनीतिक दलों में घुसे हुए हैं। क्या हम भारतीय कभी अपने अपने देश को अपनी जाति से ऊपर रख पाएंगे या वे जाति को देश से ऊपर रखेंगे? मैं नहीं जानता लेकिन यह भी उतना ही सच है कि अगर पार्टियों ने देश से ऊपर जाति को रखा तो हमारी स्वतंत्रता दोबारा खतरे में पड़ जाएगी तथा शायद यह हमेशा के लिए हमसे छिन जाए। यह दुर्घटना न होने पाए, हमें ऐसे उपाय करने होंगे। हमें अपने खून के कतरे की आखिरी बूँद तक अपनी आज़ादी को बचाए रखना होगा (करतल ध्वनि)।

26 जनवरी, 1950 को इस मामले में भारत एक लोकतांत्रिक देश होगा कि उस दिन से भारत में जनता की, जनता द्वारा एवं जनता हेतु सरकार होगी। ऐसा ही विचार मेरे मन में आता है। इसके लोकतांत्रिक संविधान का क्या होगा? क्या वह इसे बरक़रार रख सकेगा या इसे फिर से खो देगा? यह दूसरा विचार है जो मेरे मन में आता है तथा पहले विचार की ही भाँति यह भी मुझे डराता है।

ऐसा नहीं है कि भारत को लोकतंत्र का अर्थ नहीं पता है। एक वह भी समय था जब भारत में अनेक गणतंत्र थे और ऐसा तब था, जब यहाँ पर राज्यतंत्र था। वे या तो निर्वाचित होते थे या उनका सीमांकन होता था। वे कभी भी पूर्ण नहीं थे। ऐसा भी नहीं है कि भारत को संसद के संसदीय व्यवहार की जानकारी नहीं थी। बौद्ध भिक्षु संघों के एक अध्ययन से पता चलता है कि संघों के लिए यहाँ न सिर्फ तीन संसद थीं बल्कि इन संघों को आधुनिक समय की भाँति ही संसदीय कार्रवाइयों के नियमों का भी ज्ञान था। उनके पास सीटिंग व्यवस्था, प्रस्तावों, संकल्पों, कोरम, ह्विप, मतगणना, मतपत्र द्वारा मतदान, सेंसर प्रस्ताव, विनियमन, न्यायिक प्रक्रिया आदि से सम्बन्धित नियम भी उपलब्ध थे। यद्यपि महात्मा बुद्ध ने संसदीय कार्रवाई के इन नियमों को संघ की बैठकों में लागू किया था, किन्तु उन्होंने इन नियमों को उस समय देश में काम कर रही राजनीतिक विधानसभाओं के नियमों से ही लिया था।

भारत ने यह लोकतांत्रिक व्यवस्था खो दी थी। क्या वह इसे दोबारा खो देगा? मैं नही जानता। लेकिन चूँकि भारत में काफी समय से लोकतंत्र नहीं रहा है, इसलिए यहाँ इसे नई चीज़ अवश्य समझा जा सकता है, जो तानाशाही को भी आने दे सकता है। यह सम्भव है कि यह नवजात लोकतंत्र अपने स्वरूप को कायम रखते हुए भी वास्तव में तानाशाही अपना ले। अगर किसी को अत्यधिक बहुमत मिल जाए तो इस दूसरी सम्भावना की आशंका और भी अधिक हो सकती है।

अगर हम लोकतन्त्र को मात्र रूप में ही नहीं बल्कि यथार्थ में बनाए रखना चाहते हैं तो हमें क्या करना चाहिए? मेरे विचार से सबसे पहले हमें संवैधानिक तरीकों से अपने सामाजिक तथा आर्थिक लक्ष्यों की ओर तेज़ी से आगे बढ़ना चाहिए। इसका अभिप्राय यह है कि हमें क्रान्ति के खूनी तौर-तरीके छोड़ने होंगे। हमें सविनय अवज्ञा, असहयोग तथा सत्याग्रह जैसे रास्ते भी छोड़ने होंगे। जब आर्थिक तथा सामाजिक लक्ष्यों को प्राप्त करने के संवैधानिक तरीके शेष न बचें तो ही असंवैधानिक तरीकों का प्रयोग सही ठहराया जा सकता है, लेकिन जब तक संवैधानिक उपायों के रास्ते खुले हैं तब तक इन असंवैधानिक तरीकों को किसी भी आधार पर उचित नहीं ठहराया जा सकता। ये तौर-तरीके और कुछ नहीं हैं बल्कि अराजकता का व्याकरण हैं तथा जितनी जल्दी हम इनसे मुक्ति पा लेंगे, हमारे लिए उतना ही अच्छा होगा।

दूसरी बात जो हमें करनी चाहिए, वह है हमें जॉन स्टुअर्ट मिल की उस चेतावनी को ध्यान में रखना है, जो उन्होंने आज़ादी को बरक़रार रखने के इच्छुक व्यक्तियों को दी थी। इसके अनुसार हमें अपनी आज़ादी को किसी के नियंत्रण में नहीं देना चाहिए, यहाँ तक कि उस महान पुरुष के हाथों में भी नहीं देना चाहिए, जिसको सत्ता सौंपते समय हम उस पर विश्वास करते हों क्योंकि वह भी हमारी आज़ादी की प्रतीक संस्थाओं को नष्ट कर सकता है। उन महापुरुषों के प्रति ऋणी अथवा कृतज्ञ होना गलत नहीं है, जिन्होंने देश के लिए जीवन पर्यन्त अपनी सेवाएँ दी हैं, किन्तु कृतज्ञता की भी एक सीमा होती है। जैसा कि आयरिश देशभक्त डैनियल 'ओ' कोलोनेल ने लिखा भी है—कोई पुरुष अपने सम्मान की कीमत पर ऋणी नहीं हो सकता, कोई महिला अपने सतीत्व की कीमत पर ऋणी नहीं हो सकती तथा कोई देश अपनी आज़ादी की कीमत पर ऋणी नहीं हो सकता। यह चेतावनी किसी अन्य देश की तुलना में भारत में तो और भी अधिक आवश्यक है क्योंकि दुनिया के किसी अन्य देश की तुलना में भारत की राजनीति में नायक पूजा तथा भक्ति की परम्परा कुछ अधिक ही है। धर्म में भक्ति का मार्ग आत्मा को मुक्ति की ओर ले जाता है किन्तु राजनीति

में भक्ति अथवा नायक पूजा का मार्ग निश्चय ही अवनति तथा अवश्यम्भावी तानाशाही की ओर ले जाता है।

तीसरी बात जो हमें ध्यान में रखनी चाहिए, वह है हमें मात्र राजनीतिक लोकतंत्र से ही सन्तुष्ट नहीं होना चाहिए। हमें राजनीतिक लोकतन्त्र के साथ सामाजिक लोकतन्त्र भी बनाना चाहिए। सामाजिक लोकतन्त्र के आधार के बिना राजनीतिक लोकतन्त्र अधिक समय तक नहीं टिक सकता। सामाजिक लोकतन्त्र का क्या मतलब है? इसका अर्थ है, एक ऐसी जीवन शैली, जो जीवन के सिद्धान्त के रूप में आज़ादी, समानता और भाईचारे को महत्त्व प्रदान करे। आज़ादी, समानता और भाईचारे के इन सिद्धान्तों को एक त्रिमूर्ति के अलग-अलग भाग नहीं मानना चाहिए। ये तीनों एक त्रिमूर्ति के रूप में परस्पर ऐसे गुँथे हुए हैं कि इनमें से एक को भी अलग करने से लोकतन्त्र का मूल उद्देश्य ही नष्ट हो जाएगा। आज़ादी को समानता से अलग नहीं किया जा सकता, न ही समानता को आज़ादी से अलग किया जा सकता है। इसी प्रकार आज़ादी और समानता को भाईचारे से भी अलग नहीं किया जा सकता। समानता के बग़ैर आज़ादी कुछ मुट्ठी भर लोगों की बपौती बनकर रह जाएगी। आज़ादी के बग़ैर समानता व्यक्ति के अधिकारों का गला घोंट देगी। भाईचारे के बिना आज़ादी और समानता का कोई मतलब नहीं होगा। हमें जल्द से जल्द इस विरोधाभास को समाप्त करना होगा, वरना असमानता के शिकार लोग इसके विरोध में उठ खड़े होंगे और राजनीतिक लोकतंत्र के उस ढाँचे को उखाड़ फेंकेंगे, जिसे इस संविधान सभा ने बड़े परिश्रम से तैयार किया है।

अगली बात जो हम चाहते हैं, वह है भाईचारे के सिद्धान्त को स्वीकार्यता प्रदान की जाए। भाईचारे से क्या अभिप्राय है? भाईचारे का अर्थ है सभी भारतवासी स्वयं को एक जैसा मानते हुए आपस में भ्रातृत्व की भावना रखें। यह वह सिद्धान्त है, जो सामाजिक जीवन को एकता तथा अटूट सम्बन्ध बनाने के लिए प्रेरित करता है। यह लक्ष्य हासिल करना आसान नहीं है। इसे हासिल करना कितना कठिन है, यह जेम्स ब्रायस द्वारा अमेरिका के बारे में *अमेरिकन कॉमनवेल्थ* नामक पुस्तक में दी गयी कहानी से समझा जा सकता है।

कथा इस प्रकार है– कुछ साल पहले अमेरिकी प्रोटेस्टेण्ट चर्च के धर्म गुरुओं ने अपनी त्रिवार्षिक सभा में गिरजाघर की प्रार्थना (लिटर्जी) को बदलने के विषय में विचार-विमर्श प्रारम्भ किया। यह उचित समझा गया कि छोटे-छोटे वाक्यों वाली प्रार्थना में सभी लोगों के कल्याण के लिए भी एक प्रार्थना जोड़ी जाए और उस समय न्यू इंग्लैण्ड के एक विख्यात धर्मगुरु ने 'ओ लॉर्ड, ब्लेस ऑवर नेशन' (हे भगवान, हमारे राष्ट्र पर अपना वरद् हस्त रखो) शब्द इस हेतु

सुझाए। एक दोपहर को यह शब्दावली स्वीकार कर ली गयी तथा अगले दिन इसे पुनर्विचार के लिए फिर से प्रस्तुत किया गया और उस समय 'नेशन' अथवा राष्ट्र शब्द पर धर्मगुरुओं द्वारा गम्भीर आपत्तियाँ व्यक्त की गयीं कि इससे राष्ट्रीय एकता पर अधिक बल मिलता है। इसलिए इस शब्द को हटाकर नयी शब्दावली 'ओ लॉर्ड, ब्लेस दीज़ यूनाइटेड स्टेट्स' (हे भगवान, यूनाइटेड स्टेट्स पर अपना वरद हस्त रखो) स्वीकार की गयी।

जिस समय यह घटना अमेरिका में घटित हुई थी, उस समय अमेरिका में इतनी कम एकता थी कि वे स्वयं को एक राष्ट्र भी नहीं मानते थे। यदि अमेरिका के लोग स्वयं को एक राष्ट्र के रूप में महसूस नहीं कर सके, तो हम भारतीयों के लिए स्वयं को एक राष्ट्र के रूप में समझना कितना मुश्किल होगा। मुझे वे दिन याद हैं जब राजनीतिक विचारों से ओतप्रोत भारतीय 'भारत के लोग' शब्द उच्चारित किया करते थे। वे 'भारत राष्ट्र' शब्द के स्थान पर उक्त शब्दावली को तरज़ीह देते थे। मेरा विचार है कि हम एक राष्ट्र हैं, यह सोचकर हम बहुत बड़ा भ्रम पाल रहे हैं। हजारों जातियों में बँटे हुए भारतीय किस प्रकार एक राष्ट्र बन सकते हैं? जितनी जल्दी हम यह समझ लेंगे कि सामाजिक तथा मनोवैज्ञानिक दृष्टि से हम अभी तक राष्ट्र नहीं बन पाए हैं, हमारे लिए उतना ही अच्छा होगा। तभी हम एक राष्ट्र के बनने की अनिवार्यता का अहसास कर सकेंगे तथा इस लक्ष्य को पाने के लिए गम्भीरतापूर्वक सोच सकेंगे। इस लक्ष्य की प्राप्ति अत्यन्त कठिन है और यहाँ तो इसे हासिल करना अमेरिका से भी अधिक कठिन है। अमेरिका में जाति की कोई समस्या नहीं थी। भारत में अनेक जातियाँ हैं। ये जातियाँ राष्ट्र विरोधी हैं क्योंकि सर्वप्रथम ये सामाजिक जीवन में विघटन लाती हैं। ये इसलिए भी राष्ट्र विरोधी हैं क्योंकि ये जातियों के बीच घृणा तथा वैमनस्य पैदा करती हैं। यदि हमें यथार्थ में एक राष्ट्र बनना है तो हमें इन समस्याओं से जूझना होगा। भाईचारे से ही एक राष्ट्र का निर्माण होता है। भाईचारे के बिना समानता तथा स्वतंत्रता की बातें चन्द रंगीन सपनों के सिवा और कुछ नहीं हैं।

हमारे आगे जो महत्त्वपूर्ण लक्ष्य है, उसके विषय में ये मेरी सोच है। कुछ लोगों को यह सोच बहुत अच्छी न लगे, लेकिन यह कहना अतिशयोक्ति न होगी कि इस देश की राजनीतिक सत्ता पर कुछ चन्द लोगों का ही प्रभुत्व रहा है और अनेक लोग न सिर्फ कर्त्तव्य के बोझ से जानवरों की तरह दबे हुए हैं। बल्कि इसका शिकार भी हैं। यह एकाधिकार न सिर्फ उन्हें बेहतर अवसरों से वंचित करता है, बल्कि उनके जीवन रस को भी चूस लेता है। ये दलित वर्ग के लोग अधीनता से थक चुके हैं। वे स्वयं सत्ता हासिल करने के लिए बेचैन हैं। इन दलित वर्गों के जगाने की अपील को एक वर्ग संघर्ष अथवा वर्ग युद्ध में नहीं

बदलने दिया जाना चाहिए। इससे सदन भी बँट जाएगा। वह दिन हमारे लिए विनाशकारी दिन होगा। जैसा कि अब्राहम लिंकन ने कहा भी है कि स्वयं में विभाजित एक सदन ज्यादा समय तक नहीं खड़ा रह सकता। अतः इस अहसास के लिए जितनी जल्दी रास्ता बनाया जाएगा, उनकी इच्छाओं, बेहतरी तथा राष्ट्र की बेहतरी के लिए सोचा जाएगा, इसकी आज़ादी को बरक़रार रखने के लिए यह उतना ही अच्छा होगा तथा इस लोकतान्त्रिक संरचना के लिए भी यह उतना ही अच्छा साबित होगा। ऐसा तभी सम्भव है, जब जीवन के सभी क्षेत्रों में समानता तथा सौहार्द्र स्थापित किया जाए। यही वह बात है जिस पर मैं सर्वाधिक ज़ोर देता हूँ।

मैं सदन का और अधिक समय नहीं लेना चाहता। स्वतंत्रता निश्चित रूप से हमारे लिए उल्लास का समय है लेकिन हमें यह नहीं भूलना चाहिए कि इस आज़ादी ने हमारे ऊपर कई ज़िम्मेदारियाँ भी लाद दी हैं। स्वतंत्र होने से पहले हम किसी भी गलत बात के होने पर अंग्रेज़ों पर आरोप मढ़ दिया करते थे। अब आगे से यदि कुछ भी गलत होता है, तो हमें स्वयं के अलावा और कोई भी आरोप मढ़े जाने के लिए नहीं मिलेगा। कुछ गलतियाँ होने का खतरा भी मँडरा रहा है। समय तेज़ी से बदल रहा है। हम सभी लोग नए विचारों द्वारा संचालित हो रहे हैं। लोग 'जनता द्वारा सरकार' से थकते जा रहे हैं। वे 'जनता के लिए सरकार' हेतु तैयार हैं तथा उन्हें इस बात से कोई फ़र्क नही पड़ता कि यह 'जनता की सरकार' है या 'जनता द्वारा सरकार'। हमने 'जनता की सरकार', 'जनता के लिए सरकार' तथा 'जनता द्वारा सरकार' के सिद्धांतों का संविधान में समावेश किया है। यदि हम संविधान के इन सिद्धांतों को बचाए रखना चाहते हैं तो हमें अपनी उन गलतियों को स्वीकार करने में सुस्ती नहीं दिखानी होगी, जो हमारे मार्ग में आएंगी तथा जिनके कारण लोग 'जनता द्वारा सरकार' के बजाए 'जनता के लिए सरकार' को पसंद करने लगेंगे। हमें इसको मिटाने में कमज़ोर नहीं रहना है। यही एकमात्र वह रास्ता है जिससे हम देश की सेवा कर सकते हैं। मैं इससे बेहतर रास्ता नहीं जानता।"

(डॉ. बाबा साहेब अम्बेडकर: *राइटिंग्स एॅण्ड स्पीचेज़*,
खण्ड-13, पृ. 1206-18)

6

आधुनिक मनु

डॉ. अम्बेडकर के अभिभाषण के बाद संविधान सभा के 65 सदस्यों ने अपने विचार व्यक्त किए। इन सदस्यों में से कुछ के विचार यहाँ उद्‌धृत किए जा रहे हैं, जिन्होंने प्रारूप समिति तथा इसके अध्यक्ष डॉ. अम्बेडकर के संविधान निर्माण में किए गए योगदान के विषय में अपने दृष्टिकोण व्यक्त किए हैं–

श्री वी.आई. मुनिस्वामी पिल्लै (मद्रास):

"जिस जाति से डॉ. बी.आर. अम्बेडकर आते हैं, मैं भी उसी जाति का हूँ। मुझे इस बात का गर्व है कि उनकी क्षमता को न सिर्फ हरिजनों द्वारा पहचाना गया है, बल्कि भारत में रहने वाले सभी समुदाय के लोगों ने इसे पहचाना है। अनुसूचित जातियों ने महान भक्त नन्दनार, महान वैष्णव संत थिरूपज़नलवार और इस सबसे बढ़कर महान दार्शनिक संत थिरूवल्लुवर को पैदा किया है, जिनका नाम और ख्याति भारत में ही नहीं अपितु सम्पूर्ण विश्व में है।

हरिजन महापुरुषों के इस शक्तिपुंज में अब हम डॉ. अम्बेडकर को भी जोड़ सकते हैं, जिन्होंने दुनिया को यह साबित कर दिया है कि अनुसूचित जाति के लोग भी कम महत्त्वपूर्ण नहीं हैं और वे भी अपनी महान सेवाएँ विश्व को देकर शिखर की ऊँचाई हासिल कर सकते हैं। महोदय, मैं जानता हूँ कि उन्होंने एक संविधान तैयार करके न सिर्फ हरिजनों की महान सेवा की है, बल्कि सम्पूर्ण भारत के हर समुदाय की सेवा की है, जो 26 जनवरी, 1950 से अस्तित्व में आ जाएगा।"

श्री आर.के. सिधवा:

"इस संविधान का मूल्यांकन इतिहास करेगा। निश्चय ही यह सम्पूर्ण नहीं है, इसमें भी कमियाँ हो सकती हैं। मैं जानता हूँ कि इसमें कमियाँ हैं। मैं आपको बता दूँ कि मैंने इस हॉल में खड़े होकर अपने संशोधन रखते हुए इसके विरुद्ध लड़ाई लड़ी, लेकिन मैं हार गया। लेकिन लोगों को यह बताना मेरा दायित्व है कि यह सर्वश्रेष्ठ संविधान है और मैं संविधान सभा के प्रत्येक सदस्य से यह

आशा करता हूँ कि विचारों में मतभिन्नता के बावजूद हर सदस्य यह कहे कि यह वह संविधान है, जिस पर हमें गर्व है और हम दुनिया के सामने यह घोषण करते हैं कि दुनिया यह महसूस करे कि यह संविधान विश्व के विभिन्न देशों के सन्दर्भ रखने के योग्य क्यों है। 26 जनवरी, 1950 के ऐतिहासिक दिन को जब हम लोकतांत्रिक सम्प्रभु राज्य बनेंगे और यह संविधान कानून में परिवर्तित हो जाएगा, उस दिन मुझे इस संविधान पर गर्व होगा।"

श्री कुलाधार चालिहा (असम):

"हमें प्रारूप समिति के सदस्यों का भी आभार व्यक्त करना चाहिए, विशेषकर डॉ. मुंशी का, जिन्होंने अन्य मामलों में अत्यन्त व्यस्त होने के बावजूद हमेशा समझौतावादी सिद्धान्त लागू करने का प्रयास किया। हमें उनके महत्त्वपूर्ण कार्यों की भूरि-भूरि प्रशंसा करनी चाहिए।

कहा गया है कि प्रारूप समिति के सदस्य संविधान तैयार करने में अधिक स्वतंत्र नहीं थे, लेकिन मैं समझता हूँ कि इससे लाभ भी हुआ है क्योंकि वे इसे राग-अनुराग से रहित होकर देख सके और वह तैयार कर सके, जो हमारे लिए ज़रूरी था। तीसरे अध्ययन के समय हुई चर्चा की शुरूआत में हमने श्री मुनिस्वामी पिल्लै से सुना था कि 6 करोड़ अछूत लोग इस संविधान से सन्तुष्ट हैं। यह वाकई एक बड़ी उपलब्धि है और अगर हम यह समझते हैं कि हमने उन अछूतों को सन्तुष्ट कर दिया है, जिन्हें हम हमेशा से उपेक्षित समझते आए हैं, तो मैं समझता हूँ कि हमने एक शानदार काम किया है। अत: मैं सम्पूर्ण प्रारूप समिति को धन्यवाद देता हूँ और उनके स्टाफ के उन सदस्यों को भी धन्यवाद देता हूँ, जिन्होंने बिना अपना दृष्टिकोण व्यक्त किए कठिन परिश्रम किया तथा हमारे सम्मुख यह ग्रंथ प्रस्तुत किया।"

श्री. एन.वी. गाडगिल (बंबई):

"महोदय, संविधान एक साधन मात्र है और अपने आप में यह अन्तिम नहीं है। अच्छे लोगों के हाथों में पड़कर यह काम करने का एक अच्छा औजार साबित होगा। दृढ़ लोगों के हाथ इससे वही प्राप्त करेंगे, जो वे इससे हासिल करना चाहते हैं। एक अनिच्छुक व्यक्ति के हाथ में पड़ने पर इसकी शिकायतें ही सुनने को मिलेंगी। मेरे विनम्र दृष्टिकोण से इस संविधान में कमियों के बावजूद (इसमें कमियां हैं और मैं दूसरों की तरह विश्वामित्र की भाँति अपनी प्रशंसा में भेदभाव नहीं रखना चाहता) यह अपनी प्रस्तावना के माध्यम से सामाजिक तथा आर्थिक उद्देश्यों का संरक्षण करेगा। दूरदर्शी राष्ट्रपति, ओजस्वी तथा स्वप्नदृष्टा प्रधानमंत्री एवं बुद्धिमान संसद सदस्यों तथा एक ज़िम्मेदार विपक्ष के होते हुए मैं समझता

हूँ कि हमें इस संविधान के द्वारा वे लक्ष्य हासिल करने से कोई नहीं रोक सकता, जिनके प्रति हम सभी समर्पित हैं।"

श्री एम. अनंतशयनम् आयंगर (मद्रास):

"हिन्दुओं, मुसलमानों, सिक्खों, पारसियों, अनुसूचित जातियों तथा अनुसूचित जनजातियों के प्रतिनिधियों सभी ने इस संविधान को बनाने में सक्रिय योगदान दिया है। सभी राजनीतिक दलों के हित इसमें लक्षित होते हैं। सभी नेताओं के विचार इसमें देखे जा सकते हैं। यहाँ तक कि स्वयं डॉ. अम्बेडकर भी, जो यहाँ एक दर्शक के रूप में ही पहले आए थे, ने इस संविधान को तैयार करने में अग्रणी भूमिका निभाई है तथा वे आज पारित किए जाने वाले इस संविधान के निर्माताओं में से एक हैं। वह व्यक्ति जो यहाँ संदेह लेकर आया था और आलोचना करने आया था, ने ही इस संविधान को तैयार करने का ज़िम्मा अपने ऊपर ले लिया तथा इसे तैयार किया। मैं उन्हें बधाई देता हूँ तथा सभी को इस बात के लिए बधाई देता हूँ कि हमने उनके प्रति सद्भावना प्रदर्शित की तथा जिस प्रकार से इसका प्रत्युत्तर उन्होंने हमें दिया, वह नितान्त प्रशंसनीय है। एक दूसरे से घुल-मिलकर हम आसानी से एक दूसरे के दृष्टिकोण को समझ सके। जब तक हमारे बीच दूरी थी, तब तक हमारे बीच छोटे-छोटे मतभेद विद्यमान थे। यदि यह संविधान जिस भावना के अनुरूप तैयार किया गया है, उसी भावना के अनुरूप कार्य करता है, तो मुझे पूर्ण विश्वास है कि हम विश्व के सबसे अग्रणी देशों में एक होंगे।"

श्री ब्रभुत दयाल हिम्मत सिंह (पश्चिम बंगाल):

"इस बात पर बहुत कुछ निर्भर करेगा कि भविष्य में संविधान कैसे कार्य करेगा और वे लोग कैसे होंगे, जो इसका उपयोग करेंगे। यदि आप 'क' को एक दायित्व सौंपते हैं, तो वह उस कार्य को सफलतापूर्वक सम्पन्न करेगा लेकिन यदि आप उसके स्थान पर किसी दूसरे व्यक्ति को ले आते हैं तो वह सारे किए धरे का गुड़ गोबर कर सकता है। वह यह भी जानता होगा कि जो संसाधन 'क' के पास थे, वही मेरे पास भी हैं, फिर भी वह अपने काम को बिगाड़ देगा। बहुत कुछ इस बात पर निर्भर करेगा कि यह कैसे कार्य करेगा, कौन इस पर कार्य करेगा, तथा इसका उपयोग करने का तरीका क्या होगा। लोग हमेशा गलतियाँ निकाल सकते हैं लेकिन निष्कर्ष रूप में यह एक अत्यन्त सन्तोषजनक संविधान है तथा यदि यह ठीक से कार्य करेगा तथा इसे इससे कार्य लेने वालों का सहयोग एवं समर्थन मिलेगा, तो मैं समझता हूँ कि सभी चीजें सन्तोषजनक ढंग से आगे बढ़ेंगी।"

श्री एच.वी. पतस्कर:

"कमियों के बावजूद हमने इस संविधान में एक अत्यन्त सुन्दर प्रावधान किया है, वह है परिस्थितियाँ उत्पन्न होने पर इसमें संशोधन की शक्ति दिया जाना। एक संविधान सदैव जीवित रहते हुए विकरित होता है और मैं आशा करता हूँ कि समय के साथ इस प्रावधान का प्रयोग हमारे बाद आने वाली पीढ़ियों द्वारा परिस्थितियों के अनुरूप समुचित ढंग से किया जाएगा और वे आवश्यकता के अनुसार इसे परिवर्तित कर सकेंगे।"

श्री बी.ए. माण्डलोई (मध्य प्रांत एवं बरार):

"कागज़ पर एक अच्छा संविधान तैयार हो जाना ही पर्याप्त नहीं है बल्कि लोगों की इच्छा, लोगों की ईमानदारी तथा इसे सही ढंग से इस्तेमाल में लाने हेतु लोगों का विवेक ही इसे अच्छा बनाएगा। यदि संविधान इस दिशा में कार्य करेगा तो मुझे पूर्ण विश्वास है कि हमारे देश का भविष्य उज्ज्वल होगा।"

पण्डित ठाकुर दास भार्गव (पूर्वी पंजाब):

"मैं किन शब्दों से प्रारूप समिति का शुक्रिया अदा करूँ, यह मेरी समझ में नहीं आ रहा है क्योंकि इसके लिए मेरे पास शब्द शेष नहीं बचे हैं। हम सभी महसूस करते हैं कि जिस वैधानिक तीक्ष्णता, अथक प्रयास तथा कुशल निर्णय क्षमता एवं दृढ़ता तथा संयम द्वारा प्रारूप समिति के अध्यक्ष महोदय के नेतृत्व में यह संविधान तैयार किया गया है तथा जिस प्रकार गूढ़ प्रश्नों के समाधान निकाले गए हैं, वह अत्यन्त दुर्लभ हैं। डॉ. अम्बेडकर ने जो महान जनभावना प्रदर्शित की है, उसके लिए मैं उनसे अपील करता हूँ कि (यद्यपि वे आज इस सदन में उपस्थित नहीं हैं) वे अभी तक स्वयं को केवल दलितों के नेता ही मानते आए हैं, अब वे कांग्रेस में शमिल हो जाएँ। उन्होंने स्वयं के लिए हमारे दिलों में बहुत ऊँचा स्थान प्राप्त कर लिया है और मैं आशा करता हूँ कि वे ऐसा करने के बाद कांग्रेस के उच्चतम पदों को अवश्य सुशोभित करेंगे और यह स्थान उनके आज के स्थान की तुलना में कहीं अधिक महत्वपूर्ण होगा।"

भार्गव ने आगे कहा–

"मैं एक बात का और ज़िक्र करना चाहूँगा। यह बात मेरे हृदय से जुड़ी हुई है। हमने अनुसूचित जातियों को काफी कुछ दिया है। उनके लिए आरक्षण की व्यवस्था की है। हमने संविधान में अनुच्छेद 335 का प्रावधान रखा है, जिसमें उन्हें नौकरियां दिलाने का भरोसा दिलाया गया है। हमने नौकरियों में उनके लिए आरक्षण हेतु अनुच्छेद 16 का प्रावधान किया है लेकिन मैं आशा करता हूँ कि शायद हमें वह दिन न देखना पड़े, जब सरकार उनके लिए पद आरक्षित करे।

यदि हम वास्तव में महात्मा गाँधी का सपनों का वर्ग रहित समाज बनाना चाहते हैं, तो संविधान के इस प्रपत्र पर हस्ताक्षर करने वाले हममें से प्रत्येक को यह संकल्प लेना होगा कि हम दस सालों के भीतर दलित वर्ग को अपने समकक्ष ला देंगे। जो लोग संविधान के मसौदे पर हस्ताक्षर करने के बावजूद इस सिद्धान्त का पालन नहीं करेंगे, वे अपने आप से धोखा करेंगे।"

श्री एच.वी. कामत (मध्य प्रान्त एवं बरार):

"मैं डॉ. अम्बेडकर द्वारा प्रस्तुत किए गए प्रस्ताव को अपना पूर्ण समर्थन एवं सहमति प्रदान करता हूँ। महोदय, हम भारत के लोग एक लम्बी यात्रा पूरी करके आए हैं और जो एक नयी, एक और अधिक लम्बी, अधिक कठिन तथा एक और भी खतरों से भरी यात्रा की शुरूआत है।"

डॉ. महबूब अली बेग़ साहिब (मद्रास):

"अपनी अभिव्यक्ति तथा विचारों में डॉ. अम्बेडकर बेजोड़ थे। वित्त समेत सभी संवैधानिक समस्याओं में उनकी विशेषज्ञता अन्यत्र दुर्लभ है लेकिन महोदय, वे आपकी भाँति पूर्ण स्वंतत्र नहीं थे। इसलिए आज हमारे सामने उनके द्वारा प्रस्तुत किए गए संविधान में कुछ बुराइयाँ और कमियाँ रह गयी हैं जिनके लिए उन्हें दोषी नहीं ठहराया जा सकता।"

श्री एस. नागप्पा (मद्रास):

"अनुसूचित जातियों के दृष्टिकोण से अगर देखा जाए तो इन जातियों ने अपना लक्ष्य उसी दिन हासिल कर लिया था, जिस दिन डॉ. अम्बेडकर को प्रारूप समिति का अध्यक्ष चुना गया था। वे अनुसूचित जातियों के हितों के सर्वप्रमुख संरक्षक रहे हैं। उन्हें अध्यक्ष निर्वाचित किया गया। जब से वे इस पद पर निर्वाचित हुए थे, तब से अनुसूचित जाति के दूसरे सदस्यगण उनका सहयोग करने में हिचकिचा रहे थे। वे इसलिए नहीं हिचकिचा रहे थे कि वे उनके साथ सहयोग नहीं करना चाहते थे बल्कि इसलिए हिचकिचा रहे थे क्योंकि वे अब यह जान चुके थे कि उनके हितों के प्रमुख संरक्षक डॉ. अम्बेडकर संविधान में ऐसे अनुच्छेद अवश्य डालेंगे, जिनसे उनके हितों का संरक्षण हो सके। महोदय, अनुसूचित जाति के एक सदस्य होते हुए भी डॉ. अम्बेडकर ने यह साबित कर दिया कि अवसर मिलने पर वे कितनी ऊँचाइयाँ छू सकते हैं। इस संविधान का प्रारूप तैयार करते हुए उन्होंने अपनी क्षमता तथा योग्यता का लोहा मनवा दिया। अब मैं सोचता हूँ कि अनुसूचित जाति के लोगों पर लगा अयोग्यता का कलंक दूर हो जाना चाहिए और अब आगे से कभी भी उनके साथ यह कलंक नहीं

लगाया जाना चाहिए। यदि उन्हें अवसर दिए जाएँ तो वे दूसरों की तुलना में बेहतर साबित हो सकते हैं। अनुसूचित जातियों की ओर से इतनी महत्त्वपूर्ण भूमिका निभाने के लिए मैं डॉ. अम्बेडकर को साधुवाद देता हूँ। यह अनुसूचित जातियों की शक्ति नहीं थी, जिसने उन्हें प्रारूप समिति का अध्यक्ष बनाया बल्कि यह बहुमत धारण करने वाली पार्टी की सदस्यता थी और इसलिए मैं उनके प्रति भी अपना हार्दिक आभार व्यक्त करता हूँ।"

श्री जसपत राय कपूर (संयुक्त प्रान्त):

"लगभग सभी वक्ताओं ने डॉ. अम्बेडकर तथा उनके सहयोगियों के प्रति जो प्रशंसा के भाव दिखाए हैं, वे उसके सर्वथा हकदार हैं। शुरूआत में मेरे मन में डॉ. अम्बेडकर के प्रति पूर्वाग्रह था क्योंकि कुछ साल पहले मुझे तब बहुत बुरा लगा था जब अनुसूचित जातियों के लिए पृथक निर्वाचन की मांग के खिलाफ महात्मा गाँधी अनशन कर रहे थे और मैंने अखबार में यह खबर पढ़ी कि जब उन्हें महात्मा गाँधी के साथ इस मसले पर बातचीत के लिए आमंत्रित किया गया था तब उन्होंने एक बार कहा था कि कुछ प्रोफेशनल बाध्यताओं के कारण वे एक या दो दिन तक उनसे नहीं मिल सकेंगे। तब मुझे उनकी इस बात का बहुत बुरा लगा था। मैं नहीं जानता कि इस बात में कितनी सच्चाई है लेकिन यदि ऐसा हुआ था तो मैं समझता हूँ कि पिछले तीन वर्षों में उन्होंने जो कुछ भी किया है, उससे उनका यह पाप अथवा दूसरे पाप धुल गए हैं। मेरे मन में उनके प्रति एक प्रशंसा का भाव उत्पन्न हो गया है और उनके द्वारा किए गए अत्यन्त महत्त्वपूर्ण तथा देशभक्तिपूर्ण कार्य से मेरे मन में उनके प्रति श्रद्धा पैदा हो गयी है। सदन में उनके पहले अभिभाषण ने ही मेरे सारे सन्देह तथा भय मिटा दिए। आज मैं विश्वासपूर्वक कह सकता हूँ कि वे इस देश के सर्वश्रेष्ठ देशभक्तों में से एक हैं। मैंने हमेशा उन्हें किसी विषय के प्रति सकारात्मक दृष्टि रखते हुए देखा है। कई अवसरों पर जब गतिरोध बनता प्रतीत हो रहा था, वे आगे आए और अपने सुझावों से उन्होंने गतिरोध दूर किए। उन्होंने एक मौके को छोड़कर हर मौके पर अपनी महानता प्रदर्शित की है। और वह मौका तब आया था जब उन्होंने सीटों के आरक्षण के अधिकार को छोड़ने से मना कर दिया था। यह दुर्भाग्य की बात थी कि वे इस पर सहमत नहीं हुए थे। मुझे लगता है कि वे इस पर सहमत हो भी सकते थे और तब मैं आज यह कहने की स्थिति में होता कि उन्होंने हर अवसर पर समान रूप से सच्ची महानता प्रदर्शित की है, लेकिन जो भी हो इस एक वाकए के अलावा उन्होंने जो महान कार्य किए हैं, उसके लिए उन्हें आदरपूर्वक याद किया जाएगा।"

बेग़म एज़ाज़ रसूल (संयुक्त प्रान्त):

"संविधान का सबसे महत्त्वपूर्ण पहलू यह है कि इसके द्वारा भारत एक शुद्ध सेक्युलर राज्य बनेगा। संविधान की पवित्रता सेक्युलरिज़्म के प्रति इसकी अनिवार्य वचनबद्धता में निहित है और हम इस पर गर्व करते हैं। मुझे पूरा विश्वास है कि यह सेक्युलरवाद हमेशा सुरक्षित एवं अकलंकित रखा जाएगा क्योंकि इस पर ही भारत के लोगों की पूर्ण एकता टिकी हुई है, जिसके बग़ैर प्रगति की सभी आशाएँ धूमिल हो जाएंगी।"

श्री श्यामानंद सहाय (बिहार):

"एक अन्य मामले में भी यह संविधान विशिष्ट है। महात्मा जी के तरीकों ने एक बार फिर यह साबित किया है कि विरोधियों की सद्भावना कैसे अर्जित की जाए तथा सबसे बड़े निन्दकों को कैसे जीता जाए और अब हम एक उच्च आदर्श को कार्यरूप में परिणत होने का एक व्यवहारिक उदाहरण देख रहे हैं, जिसका दूसरा नाम आज़ादी है, जिसको दिलाने का श्रेय महात्मा गाँधी को जाता है तथा इसका कूट रूप प्रस्तुत करने का कार्य महात्मा जी के धुर आलोचक तथा हमारे महान संविधान के महान निर्माता डॉ. अम्बेडकर को जाता है। महोदय, इस हेतु डॉ. अम्बेडकर न सिर्फ इस सदन बल्कि सम्पूर्ण राष्ट्र की बधाई के पात्र हैं।"

श्रीमती हंसा मेहता (बंबई):

"एक संविधान की अच्छाई अथवा बुराई इस बात पर निर्भर है कि यह किस प्रकार कार्य करता है। अगर यह लोगों के हितों के लिए कार्य करता है तो यह एक अच्छा संविधान है। अगर यह ऐसा नहीं करता है तो यह एक बुरा संविधान है। यह भविष्य के लोगों पर निर्भर है कि वे सही लोगों का चुनाव करें जो लोगों के हितों के लिए कार्य करें। अतः इसकी ज़िम्मेदारी लोगों की है। एक बात मैं और कहना चाहूँगी, वह यह कि जिन परिस्थितियों से हम आज गुजर रहे हैं, उसमें हम इससे बेहतर संविधान नहीं बना सकते थे। सभा में इतने विरोधाभासी दृष्टिकोण होते हुए यह एक चमत्कार ही है कि हमने एक सहमति हासिल कर ली। एक ओर गोभक्त सेठ गोविन्द दास थे तो दूसरी ओर हमारे पास प्रोफेसर के.टी. शाह जैसे दलितों के समर्थक थे और इनके बीच में भी कई विचारों वाले लोग थे। अन्तिम वक्ता (श्री रोहिणी कुमार चौधरी) इसका एक सुन्दर उदाहरण देंगे।"

श्री जदुबंस सहाय (बिहार):

"संविधान के विविध पहलुओं के विषय में बहुत कुछ कहा जा चुका

है····वास्तविकता यह है कि हम नवजात राष्ट्र हैं तथा हमें लोकतंत्र की कला अभी सीखनी है। लोकतंत्र का पाठ किसी किताब द्वारा नहीं पढ़ाया जा सकता है बल्कि इसे स्वयं विकसित होना है। यह सब एक राष्ट्र के चरित्र, एकता, ईमानदारी, लोकतांत्रिक सिद्धान्तों के प्रति हमारी निष्ठा और इन सिद्धान्तों को मानने की हमारी उत्कण्ठा पर निर्भर करता है। इनका होना या न होना एक संविधान को बना या बिगाड़ सकता है। किसी देश का संविधान एक पुस्तक में सुन्दर ढंग से छपे हुए अक्षरों का मोहताज नहीं होता है। यह एक राष्ट्र के चरित्र से फलता-फूलता है। यह वह धरती है, जिस पर संविधान के बीज लगकर वृक्ष बनाते हैं। यदि यह धरती पथरीली और बंजर है, तो संविधान कितना ही अच्छा क्यों न हो और इसकी शब्दावली कितनी ही सुन्दर क्यों न हो, यह तय है कि संविधान अपने लक्ष्य को प्राप्त नहीं कर सकेगा। महोदय, लेकिन मुझे अपने देश की विद्वता पर पूरा विश्वास है। मुझे आने वाली भावी पीढ़ियों पर भी विश्वास है और हमने जो कुछ भी किया है उसके लिए हम निराश नहीं होंगे। मैं समझता हूँ कि संविधान में दी गई किसी गारंटी अथवा निषेध से हमें लक्ष्य की प्राप्ति नहीं होगी। यह उन लोगों पर निर्भर करेगा, जो इसका इस्तेमाल करेंगे। ये इस पर निर्भर करेगा कि हम किस प्रकार सहिष्णुता विकसित करते हैं। संविधान अथवा कानून की शब्दावली से यह सफल नहीं होने वाला। यह दलितों तथा अल्पसंख्यकों के प्रति हमारे स्नेह पर निर्भर करेगा। हम संविधान में यह डाल सकते हैं कि अस्पृश्यता हम सभी के दिलों तथा घरों से मिट गयी है, क्योंकि यह हमें कहीं का नहीं छोड़ेगी। आप वंचितों के प्रति प्रेम तथा सहानुभूति रख सकते हैं। ऐसा संविधान या उसके अनुच्छेदों पर निर्भर नहीं है। यह हमारे स्वयं के चरित्र, एक राष्ट्र के रूप में हमारी स्वयं की शक्ति पर निर्भर है···।"

श्री थिरूमलै रावः

"हमने अशोक के काल के ऐतिहासिक प्रतीक चक्र को अपने प्रतीक के रूप में सही चुना है। चक्र का अर्थ स्पष्ट करते हुए महान इतिहासविद् राइस डेविड ने कहा था कि यह चक्र सत्य तथा सच्चाई के अखिल ब्रह्माण्ड में व्याप्त साम्राज्य के घूमते हुए रथ के पहिए का प्रतीक है। यदि कोई राष्ट्र इस अत्यावश्यक नैतिक सिद्धान्त को त्याग देता है तो उसका कोई भविष्य नहीं है, लेकिन इस देश ने अपनी प्राचीन परम्पराओं तथा विचारधाराओं का सम्मान करते हुए इस चक्र को चुनकर उचित ही किया है क्योंकि यह चक्र अशोक का धर्म चक्र है तथा महात्मा गाँधी ने भी इस चक्र को अपना आशीष दिया है। इस भावना के साथ अपने देश को आगे ले जाते हुए तथा अपने झण्डे में इस प्रतीक को स्थान देकर इस सदन का तथा इसके नेताओं यह दायित्व हो गया है कि वे कांग्रेस

के सिद्धान्तों का दृढ़ होकर पालन करें तथा राष्ट्र के भविष्य के निर्माण में जुट जाएँ।"

श्री आर.वी. धुलेकर (संयुक्त प्रान्त):

"डॉ. अम्बेडकर ने एक महान कार्य पूरा किया है। मैं इसे अत्यधिक कठिन कार्य इसलिए नहीं कहूँगा क्योंकि यह शब्द इस कार्य के लिए छोटा है। उन्होंने जो कार्य किया है, वह महान पाण्डव भीम के करने योग्य ही था और उनके नाम में भी भीम शब्द जुड़ा हुआ है। उन्होंने अपने नाम भीमराव को चरितार्थ किया है। उन्होंने यह कार्य विचारों की स्पष्टता तथा भाषा की स्पष्टता के साथ सम्पन्न किया है। हर स्थान पर वे पूर्णतः स्पष्ट दिखे हैं। उन्होंने सदैव अपने विरोधी पक्ष की बात को ध्यानपूर्वक सुना है तथा उसके विचारों का समावेश करने का प्रयास किया है और उन्होंने सदैव अपने दृष्टिकोण को स्पष्ट भाषा में अभिव्यक्ति देने का प्रयास किया है। हम उनके आभारी हैं।"

श्री अलादि कृष्णास्वामी अय्यर (मद्रास):

"यह संविधान इस सदन द्वारा नियुक्त विभिन्न समितियों के सुझावों तथा प्रारूप समिति को दिए गए प्रारूप, जिसे बाद में संशोधित किया गया, के आधार पर तैयार किया गया है। अपने वर्तमान स्वरूप में यह संविधान उन लक्ष्य आधारित संकल्पों की पूर्ण अभिव्यक्ति करता है, जिनके साथ इस सभा ने अपना कार्य शुरू किया था। संविधान की प्रस्तावना इन्हीं लक्ष्य आधारित संकल्पों की मूर्त्त अभिव्यक्ति है....।

इससे पहले कि मैं अपनी बात खत्म करूँ, मैं अपने मित्र माननीय डॉ. अम्बेडकर की संविधान निर्माण में दिखाई गई कुशलता तथा योग्यता के लिए उनकी भूरि-भूरि प्रशंसा करता हूँ। मैं जानता हूँ कि उनका अच्छा सहयोग मेरे मित्र श्री टी.टी. कृष्णमाचारी ने किया है। यदि मैं सर बी.एन.राऊ की सेवाओं तथा संयुक्त सचिव श्री मुखर्जी एवं उनके साथियों के अथक परिश्रम, धैर्य, क्षमता तथा कर्तव्यपरायणता की सराहना न करूँ तो यह मेरे दायित्व में कमी कहलाएगी।"

श्री हैदर हुसैन:

"यह संविधान के विभिन्न प्रावधानों की आलोचना करने का न तो अवसर है और न ही उचित समय है। इस हॉल के बाहर तथा भीतर दोनों ही दृष्टिकोण रखने वाले लोग मौजूद हैं। मेरा जवाब यह है कि यह संविधान सर्वोत्तम प्रतिभा वाले देश के विद्वानों ने तैयार किया है और यदि हम इससे बेहतर चाहते हैं तो हमें यदि भविष्य में सम्भव हो तो इनसे भी बेहतर बुद्धिजीवी तथा विद्वान इसे बनाने के लिए चाहिए होंगे। मैं दृढ़तापूर्वक यह कह सकता हूँ कि यह किसी

भी देश के गर्व करने लायक संविधान है। अतः हमें इसे अपना दृढ़ समर्थन बिना किसी पूर्वाग्रह को मन में रखते हुए प्रदान करना चाहिए। हमने राजनीतिक स्वतंत्रता हासिल कर ली है और अब हमें देश के आर्थिक उत्थान के लिए जुटना होगा क्योंकि अब यही एक स्वतंत्रता शेष है, जिसके लिए हमें संघर्ष करना है। इसके लिए स्वाधीनता संग्राम से भी अधिक परिश्रम, त्याग एवं बलिदान की आवश्यकता है। किसी वस्तु को नष्ट करना आसान है लेकिन उसे बनाना कठिन है। हमारी धरती पर विदेशी राज की समाप्ति के बाद अब हमारे पास रचनात्मक कार्य करने का पर्याप्त अवसर है। अब हमें अपने भारत का निर्माण करने में जुटना होगा, जो इसके अतीत के सुयोग्य हो तथा भविष्य को गौरवान्वित करे""।"

श्री बी.एम. गुप्तेः

"एक संविधान को इसके कागज़ पर लिखे गए पाठ से ही मूल्यांकित नहीं किया जा सकता। न ही यह एक संविधान है और न ही इसे बनाने वाले लोगों का कोई मतलब है, बल्कि यह इस आधार पर मूल्यांकित किया जा सकता है कि इसका प्रयोग लोगों द्वारा किस प्रकार किया जा रहा है। कागज़ पर कोई भी संविधान अच्छा हो सकता है लेकिन इसकी सफलता इससे कार्य लेने वालों की क्षमता पर निर्भर करती है""शुरूआती समस्याओं तथा कदम-कदम पर आने वाली बाधाओं के बावजूद मेरा विश्वास है कि आम आदमी के दृष्टिकोण की ही जीत होगी। हम इसके लिए साधन मात्र हैं। दूसरों को ही इससे कार्य लेना है। जहाँ तक मैं देख सकता हूँ, हम निश्चय ही यह दावा कर सकते हैं कि हमने अपनी क्षमता तथा अपने विचार से सर्वश्रेष्ठ संविधान बनाया है। यह कार्य करने की दृष्टि से अत्यन्त सुन्दर तथा लचीला संविधान है। यह सुरक्षा तथा स्थायित्व का आश्वासन देता है।

यदि हम इस संविधान के प्रावधानों का अध्ययन करें, तो यह पाते हैं कि प्रारूप समिति की एक प्रमुख चिन्ता संकटकारी प्रगति के बग़ैर सुरक्षा तथा स्थायित्व की थी। यह व्यक्तिगत व्यक्तित्व के विकास को ठेस पहुँचाए बग़ैर सभी की बेहतरी चाहती थी, लेकिन मेरे विचार से संविधान की असली परीक्षा यह होगी कि वह किस प्रकार संकटग्रस्त मानवता जो पिछली कई पीढ़ियों से दुख भोग रही है, के लिए त्वरित बेहतरी लेकर आता है। अगर यह संविधान उन्हें कुछ सान्त्वना दे सका तो मैं इसके बनाने में अपने योगदान पर निश्चय ही गर्व का अनुभव करूँगा।"

सरदार सोचेत सिंहः

"हमारे संविधान में अध्यक्ष डॉ. राजेन्द्र प्रसाद की महान आत्मा की गरिमा,

पं. जवाहर लाल नेहरू की गहन दृष्टि, सरदार वल्लभ भाई पटेल की अपराजित निर्णय क्षमता तथा शक्ति, डॉ. पट्टाभिसीतारमैया की गहन विद्वता, डॉ. अम्बेडकर का परिश्रम एवं पाण्डित्य तथा इन सबसे बढ़कर हमारे राष्ट्रपिता आदरणीय महात्मा गाँधी का पितृतुल्य आशीर्वाद एवं अन्तः प्रेरणा निहित है। मेरी यह आशा तथा प्रार्थना है कि मेरे करोड़ों देशवासियों की स्वतंत्रता का उद्घोष करने वाला यह अभिलेख शान्ति, सम्पन्नता तथा प्रसन्नता मात्र इस देश के लिए ही नहीं लाए, बल्कि सम्पूर्ण विश्व के लिए यह इन भावों को जाग्रत करे।"

श्री के.एम. जेधे (बंबई):

"कुछ सदस्यों ने डॉ. अम्बेडकर को बधाई देते हुए उन्हें आधुनिक मनु की संज्ञा दी है। मेरा विश्वास है कि वे इस उपाधि को पसंद नहीं करेंगे। मैं जानता हूँ कि वे मनु को नापसंद करते हैं, जिन्होंने चार वर्ण बनाए और जिनमें सबसे निम्न कोटि शूद्र वर्ण की है। मुझे याद है कि उन्होंने सन 1929 ई. में महाड में दलितों की एक बड़ी सभा में सार्वजनिक रूप से मनुस्मृति जलाई थी। वे हरिजनों के बड़े नेता हैं तथा दलित उन्हें अपना नायक मानकर भगवान की तरह उनकी पूजा करते हैं। वे उन पर गर्व करते हैं। वे उन्हें भीम कहकर पुकारते हैं तथा जनता को बताते हैं कि उन्होंने भीम स्मृति बनायी है। यद्यपि मैं उच्च वर्ग में आता हूँ फिर भी मैं इसे भीम स्मृति ही कहूँगा। डॉ. अम्बेडकर एक बड़े वकील हैं तथा वे अत्यन्त क्षमतावान तथा विद्वान हैं, कोई भी इस बात पर सन्देह नहीं करेगा। कानून द्वारा अस्पृश्यता का उन्मूलन कर दिया गया है तथा संविधान तैयार करते समय डॉ. अम्बेडकर हरिजनों के हितों के संरक्षण के लिए पर्याप्त सचेत तथा जागरूक थे। सभी हरिजनों को उनका ऋणी होना चाहिए। इस मौके पर हमें राष्ट्रपिता महात्मा गाँधी का भी ऋणी होना चाहिए, जिन्होंने हमें आज़ादी दिलाई। वे एक महान व्यक्ति थे, जिन्होंने अस्पृश्यता खत्म करने हेतु अपने जीवन में अथक प्रयास किए। उनकी यह महान इच्छा थी कि हरिजन भी सवर्ण वर्ग के स्तर पर आ जाएँ। अपनी इस महान इच्छा को पूरा करने के लिए तथा हमें आशीर्वाद देने के लिए आज वे हमारे बीच नहीं हैं क्योंकि वे एक क्रूर तथा दुष्ट साजिश का शिकार हो गए थे।"

श्री ओ.वी. अलगेषन (मद्रास):

"इस संविधान पर एक आरोप यह लगाया गया है कि यह अवरोधकों तथा संरक्षणों से भरा हुआ है तथा यह व्यक्तिगत स्वतंत्रता का हनन करता है और राज्यों की स्वायत्तता की राह में रोड़े अटकाता है। मैं इन तथ्यों को इस रोशनी में नहीं देखता। ये संरक्षण नवजात स्वाधीनता की रक्षा के लिए बाड़ के रूप में

रखे गए हैं और इनसे लोकतंत्र को अराजकता से बचाया जा सकेगा। उदाहरण के लिए एक बाघ यह कभी नहीं कहता कि वह मेमने को उठा ले जाने और मारकर खा जाने के लिए स्वतंत्र है। जब लोग यह शोर मचाते हैं कि नागरिक स्वतंत्रता खतरे में है और ये प्रावधान हमारे ऊपर जबर्दस्ती थोप दिए गए हैं, तो मैं इसका यही उत्तर देता हूँ।

महोदय, संविधान के तहत सेक्युलर लोकतंत्र की नींव पूरी मजबूती के साथ तैयार की गयी है और यदि हम स्वयं में ईमानदार हैं, अपनी परंपराओं के प्रति एकनिष्ठ हैं तथा हमारे नेता महात्मा गाँधी के बताए रास्ते पर चलते हैं, तो हम यह आशा निश्चय ही कर सकते हैं कि यह संविधान इस प्राच्य भूमि के लिए एक आशीर्वाद की भाँति होगा।"

श्री शारंगधर दास:

"मैं अपने अधिकांश मित्रों विशेषकर हिन्दू मित्रों की इस बात से सहमत नहीं हूँ कि इस देश में सरकार का वह गणतंत्रात्मक स्वरूप होना चाहिए, जो हिन्दू राज्यतंत्रों में हुआ करता था। मैं उनसे असहमत हूँ। मेरा यह मानना है कि हमारी निम्न जातियाँ, हमारे समाज की निचली जातियाँ, जिन्हें हम हरिजन कहते हैं, को लम्बे समय से दबा कर रखा गया है। इसलिये यहाँ लोकतंत्र नाम की कोई वस्तु नहीं थी। यदि यहाँ गणतंत्र था, तो वह कुछ उच्च वर्गों के लिए ही था, जिन्हें हम सवर्ण जातियाँ कहते हैं। इस दृष्टि से यदि आप संविधान को देखें तो मैं समझता हूँ कि अस्पृश्यता निवारण तथा वयस्क मताधिकार दो सर्वश्रेष्ठ तत्व इस संविधान में डाले गए हैं। महोदय, मैं आपको याद दिलाना चाहता हूँ कि अमेरिकी संविधान में मताधिकार केवल श्वेत नागरिकों को ही दिया गया था क्योंकि उन दिनों कैरेबियन उपमहाद्वीप भी थे। उन्हें मताधिकार से वंचित रखा गया था। अश्वेत लोग, जो नीग्रो कहलाते थे, वे इसमें कहीं भी नहीं थे। उन्हें मत डालने की अनुमति नहीं थी। अब्राहम लिंकन के समय से ही उन्हें मताधिकार प्राप्त हो सका। अतः मैं कहता हूँ कि हमारे संविधान में वयस्क मताधिकार, नारी समानता तथा अस्पृश्यता उन्मूलन के सर्वश्रेष्ठ प्रावधान सम्मिलित हैं।"

सैयद मुहम्मद सादुल्ला (असम):

"महोदय, यह कहा गया है कि कभी-कभी बोलना चांदी की भाँति होता है, जबकि चुप रहना सोने जैसा होता है। मेरे विनम्र दृष्टिकोण से यह ऐसे अवसरों में से एक था, जब इस महान सदन के लिए मौन अधिक सार्थक होता.....।

मैं यहाँ पर इस महान सदन के एक सदस्य तथा प्रारूप समिति के सदस्य के रूप में दोहरे व्यक्तित्व को प्रदर्शित करते हुए नहीं खड़ा होना चाहता। मैं उन

सभी सदस्यों के प्रति स्वयं तथा अपने सहयोगियों की ओर से सिर झुकाकर आभार व्यक्त करता हूँ, जिन्होंने प्रारूप समिति के सदस्यों की दो वर्ष की कठिन मेहनत की सराहना की है। मैं अपने उन आलोचकों का भी आभार व्यक्त करता हूँ, जिन्होंने अपनी उत्कृष्ट विद्वता को प्रारूप समिति के सदस्यों की कमियों की निन्दा करने के उपयुक्त माना, लेकिन मैं खेदपूर्वक यह कहना चाहता हूँ कि उन्होंने इसे जिस नज़रिए से देखा, वह गलत था, जिस परिप्रेक्ष्य में देखा, वह गलत था और जिस दिशा में अपना ध्यान केन्द्रित किया, वह दिशा ही गलत थी।

महोदय, प्रारूप समिति एक स्वतंत्र एजेंसी नहीं थी। शुरूआत से ही विभिन्न प्रविधियों तथा परिस्थितियों के कारण हम लाचार थे। हमें सिर्फ बच्चे को कपड़े पहनाने को कहा गया था और यह बच्चा और कोई नहीं बल्कि लक्ष्य आधारित संकल्प थे, जिन्हें इस संविधान सभा ने पारित किया था। हमें बताया गया था कि संविधान को इसके संगत होना चाहिए तथा लक्ष्य आधारित संकल्पों के चारों कोनों के अन्दर ही होना चाहिए। महोदय, इसके अतिरिक्त जो भी हमने किया, उस पर इस सदन में चर्चा हुई और तब उसे इस सदन द्वारा स्वीकार किया गया। ऐसे में प्रारूप समिति का कोई भी सदस्य इतना हठी होने का दुस्साहस नहीं कर सकता था कि वह इस सदन के कुल 308 सदस्यों के विरुद्ध 7 सदस्यों के दृष्टिकोण पर प्रहार कर सके।

महोदय, यह मनोविज्ञान का सर्वमान्य सिद्धांत है कि मनुष्य एक सामाजिक प्राणी है। संविधान का प्रारूप, जिसे प्रारूप समिति के सदस्यों को इस सदन के पटल पर प्रस्तुत करना था, इस सार्वभौमिक सिद्धांत की अवेहलना नहीं कर सकता था। उन्हें देश में व्याप्त परिस्थितियों का भी ध्यान रखना था। इस कारण कुछ ऐसे प्रावधान करने पड़े, जो लोकतंत्र की भावना का प्रतिनिधित्व नहीं करते थे। यहाँ तक कि प्रारूप समिति के सदस्यों को भी कुछ ऐसी शक्तियों के आगे झुकना पड़ा जो प्रारूप समिति से अधिक शक्तिशाली थीं।

महोदय, मुझे याद है कि हमारे संविधान के अनेक अनुच्छेदों का हमें कम से कम सात बार संशोधन करना पड़ा था। एक अनुच्छेद के प्रारूप को प्रारूप समिति के एक-एक सदस्य से गहन विचार-विमर्श करके तैयार किया गया। इसे सरकार के तत्सम्बन्धी मंत्रालय के विभाग द्वारा भी जाँचा गया। उनके द्वारा इसकी आलोचना होने पर उनकी आवश्यकताओं के अनुरूप प्रारूप को पुनः तैयार किया गया। इसके बाद इसे इस सदन के सबसे बड़े ब्लॉक अर्थात् इस पर सदन की बहुमत वाली पार्टी कांग्रेस के संसदीय दल ने विचार-विमर्श किया, जो अकेले ही इस सदन में अपने दम पर संविधान पारित करवा सकती

है और कभी-कभी हमें लगता है कि उन्होंने अपने खुद के सुझाव दिए जिन्हें प्रारूप समिति के सदस्यों को उचित वैधानिक तथा संवैधानिक रूप देना पड़ा।

महोदय, मानव निर्मित कोई भी संविधान अथवा आलेख पूर्ण नहीं है और कहावत है कि वास्तविकता सदैव आदर्शों पर हावी हो जाती है। यद्यपि मैं भी प्रारूप समिति का एक सदस्य था, किन्तु मुझे भी इस संविधान में निहित अनेक सिद्धान्तों पर आपत्ति है। इसका मतलब यह नहीं निकाला जाना चाहिए कि मैं संविधान के प्रारूप में किए गए उन प्रावधानों के लिए व्यक्ति विशेष पर आरोप लगा रहा हूँ क्योंकि हमारे संविधान में निहित प्रावधानों के लिए इसका सदस्य होने के कारण मैं भी समान रूप से उत्तरदायी हूँ।"

सैयद मुहम्मद सादुल्ला ने आगे कहा-

"महोदय, दो सौ वर्षों तक अपमानित एवं दमित होने के बाद हमने अपना स्वयं का संविधान बनाया है। इसका विचार मात्र ही मेरे मन को उल्लास से भर देता है। यही सोच वर्तमान संविधान के प्रति हमारे हृदय को आनन्दित करती है। यह संविधान लगभग दो महीने बाद संविधान का रूप धारण कर लेगा, जो एक समझौतावादी संविधान है। अनेक गणमान्य सदस्यों ने कहा है कि आज संक्रमण की स्थितियाँ देश में विद्यमान हैं। मैं आशा करता हूँ कि हमारे भविष्य के सांसद इसे यथासम्भव पूर्ण बनाने का प्रयास करेंगे। खीर का मजा इसको खाने में है। कोई यह नहीं कह सकता कि इस संविधान की स्तुति की जानी चाहिए या इसकी निन्दा की जानी चाहिए। इस संविधान की कार्यप्रणाली ही यह दिखाएगी कि यह एक कार्य योग्य संविधान है अथवा यह हमारे लोगों की जरूरतों तथा हमारे समय की आवश्यकता के अनुरूप नहीं है, लेकिन यदि हम इस संविधान की प्रस्तावना की भावना के अनुसार कार्य करेंगे, तो हम विश्वास के साथ कह सकते हैं कि हमने एक ऐसा संविधान बनाया है, जिसे उचित भावना से कार्य करने पर एक आदर्श संविधान बनाया जा सकता है।

लोगों ने इस संविधान को बड़ी मेहनत से तैयार किया है और उन्होंने इसमें अपनी सर्वश्रेष्ठ प्रतिभा प्रदर्शित की है। अब हमें अपनी पूर्ण विनम्रता के साथ इस संविधान को चलने देने का प्रयास करना चाहिए और यदि हम इसकी प्रस्तावना के अनुरूप (अर्थात् सभी को न्याय देने का प्रयास करो, समानता तथा भ्रातृत्व की भावना से कार्य करो) कार्य करेंगे, तो हम समझौतावादी संविधान को भी स्वर्ग के बगीचे में बदल देंगे।"

(डॉ. बाबा साहेब अम्बेडकर: *राइटिंग्स एॅण्ड स्पीचेज़*, खण्ड-13, पृ. 1163-91)

श्री फ्रैंक एण्टोनी:

"···मुझे नहीं लगता कि हममें से कोई भी इतने वृहत् तथा मुश्किल आलेख को तैयार करने में लगी मेहनत तथा एकाग्रता की गहराई को नाप सकता है। और ऐसे कई अवसर आए, जब मैं डॉ. अम्बेडकर से सहमत नहीं था लेकिन उनको कुछ मसलों पर बात करते देखना मुझे सदैव ही आनंदित करता था। वे जिस स्पष्टता के साथ अपनी बात रखते हैं, वह अत्यन्त विद्वतापूर्ण होता है। यह कहा गया है कि संविधान के विषय में मिश्रित प्रतिक्रियाएँ आयी हैं। यह अवश्यम्भावी ही था कि इसके सम्बन्ध में मिश्रित प्रतिक्रियाएँ ही मिलतीं क्योंकि वास्तव में यह एक मिश्रित संविधान है। यह अपने चरित्र में मिश्रित ही है। यह यथार्थता तथा आदर्शवादिता का एक सुन्दर सम्मिश्रण प्रस्तुत करता है! मेरे कुछ अतिशय आदर्शवादी मित्रों ने इसकी आलोचना की है। वे इसके स्थान पर टेन कमाण्डेंट्स जैसी प्रकृति का सम्मिश्रण चाहते थे, जो इतना अधिक आदर्शवादी होता कि प्रशासनिक वास्तविकताओं तथा राजनीतिक समस्याओं के पहले प्रभाव से ही मूर्च्छित हो जाता और मर जाता।

···हमने संविधान को एक आकर्षक तथा महत्वाकांक्षी आलेख बनाने के लिए आदर्श की पर्याप्त बातें इसमें समाविष्ट की हैं और दूसरी ओर हम पूरी तरह से भौतिकतावादी दृष्टिकोण पर भी आधारित नहीं रहे हैं। महोदय, मुझे लगता है कि यह एक पूर्ण आलेख भले न हो लेकिन इसे तैयार करने में हमने सभी गणतांत्रिक आवश्यकताओं, विचारपूर्ण दृष्टिकोणों, गहन विश्लेषण, वाद-विवाद तथा विरोधाभासी विचारों का सहारा लिया है और एक बार तो मुझे ऐसा लग रहा था कि विवाद इतना अधिक बढ़ जाएगा कि हम उस परिणति तक पहुँच जाएंगे जो शारीरिक हिंसा की अवस्था कहलाती है, लेकिन अन्तिम परिणाम आने तक सहमति की स्थितियाँ बन गयीं और सब कुछ शान्तिपूर्वक सम्पन्न हो गया।

···मैं मानता हूँ कि प्राय: हमने एक अच्छा संविधान बनाया है। यह त्रुटिपूर्ण तथा अपूर्ण हो सकता है क्योंकि यह अपूर्ण मानव जाति द्वारा बनाया गया है, लेकिन मेरा विश्वास है कि इसे बनाकर हमने एक अच्छा कार्य किया है और मैं मानता हूँ कि इसे हमारी सद्भावनाओं तथा आशीर्वादों की आवश्यकता है, लेकिन इसे अपने आशीर्वादों के साथ कार्य करने हेतु आगे बढ़ाने से पहले मुझे लगता है कि हमें एक बात सदैत ध्यान में रखनी चाहिए कि हमने एक अनेक खण्डों वाला महत्त्वपूर्ण ग्रंथ ही नहीं तैयार किया है, न ही हमने इसे अल्पसंख्यकों को विस्तृत गारण्टी प्रदान करने के लिए तैयार किया है। इसे आखिर में केवल इस आधार पर ही जाँचा जाएगा और जिसके आधार पर उसके श्रेष्ठता अथवा

निम्नता का मूल्यांकन किया जाएगा, वह इसकी भावना तथा उद्देश्य होगा। इन्हीं से संविधान के प्रावधान आँके जाएँगे।"

(डॉ. बाबा साहेब अम्बेडकर: *राइटिंग्स ऍण्ड स्पीचेज़,* खण्ड-13, पृ. 201-202)

डॉ. पट्टाभिसीतारमैया:

"....आखिर मैं आपसे पूछता हूँ–"आखिरकार एक संविधान होता क्या है?" यदि आप पसंद करें तो यह राजनीति का व्याकरण होता है, एक राजनीतिक जहाज का एक दिशासूचक यंत्र (कम्पास) होता है। यह कितना ही अच्छा क्यों न हो, स्वयं में यह मृतप्राय ही होता है, यह संवेदनशील होता है और यह स्वयं कार्य नहीं कर सकता। यह केवल हमारे उपयोग के लिए ही होता है और इसका पैमाना हमारे कार्य करने की योग्यता है क्योंकि इसमें गहन आन्तरिक बल है और सब कुछ इस बात पर निर्भर करता है कि हम इसे कैसे इस्तेमाल करते हैं। क्या हम सिर्फ शब्दों पर ध्यान देते हैं और इसकी भावना की उपेक्षा कर देते हैं अथवा हम इसके शब्दों और भावनाओं दोनों पर पर्याप्त ध्यान देते हैं? शब्दकोष के शब्द एक जैसे होते हैं लेकिन भिन्न-भिन्न लेखकों द्वारा इसके भिन्न-भिन्न अर्थ साहित्य सृजन में दिए जाते हैं। ताल तथा सुर एक जैसे होते हैं लेकिन भिन्न-भिन्न गायक इसके साथ भिन्न-भिन्न संगीत बना लेते हैं। रंग तथा कूचियाँ एक जैसी होती हैं मगर इनसे अलग-अलग चित्र तैयार किए जा सकते हैं। ऐसा ही संविधान के साथ भी है। यह इस पर निर्भर है कि हम कैसे कार्य करते हैं....।

...जब सब कुछ कहा और किया जा चुका है, तो अब हमें यह महसूस करना चाहिए कि हम उन आधा दर्जन व्यक्तियों के प्रति ऋणी हों, जिन्होंने इस संविधान को तैयार किया है तथा इसे रूप एवं आकार दिया है। हमारे मित्र डॉ. अम्बेडकर जा चुके हैं। मैं उन्हें बताना चाहता था कि उन्होंने इस महान एवं शानदार कार्य को पूरा करने के लिए कितनी अधिक विद्वता एवं कौशल का प्रयोग किया होगा। यह कार्य अत्यन्त महत्त्वपूर्ण, अद्वितीय, अविजित एवं अलौकिक है। हम इस हेतु उनके सम्मान में सिर झुकाते हैं और उन्हें हाथ जोड़कर नमन करते हैं।

शुरूआत करने के लिए यह संविधान पर्याप्त रूप से अच्छा है। इससे कार्य लें, इस पर कार्य हो, इसके आधार पर कार्य करें तथा सभी के लिए इसका प्रयोग करें। जैसा कि 19 वीं शताब्दी के महान सांसदों ने मताधिकार विकसित करते समय ब्रिटिश हाउस ऑफ कॉमन्स में कहा था, वही हम स्वयं से कहें कि हमें अपने विद्वानों को शिक्षित करना है।"

(डॉ. बाबा साहेब अम्बेडकर: *राइटिंग्स ऍण्ड स्पीचेज़,* खण्ड-13, पृ. 1202-04)

जस्टिस के. रामास्वामी:

डॉ. अम्बेडकर के जन्म शताब्दी समारोह के दौरान भारत सरकार के कल्याण मंत्रालय के तत्त्वावधान में आयोजित "डॉ. अम्बेडकर का व्यक्तित्व एवं कृतित्व" विषयक राष्ट्रीय परिसंवाद में अपना शोधपत्र प्रस्तुत करते हुए जस्टिस के. रामास्वामी ने कहा था–

"भारत राष्ट्र को विश्व के सर्वश्रेष्ठ संविधानों में से एक संविधान देने में डॉ. अम्बेडकर की महान भूमिका का मूल्यांकन करने के लिए यह जानना आवश्यक है कि एक संविधान के बनाने का उद्देश्य क्या होता है।

एक राष्ट्र का शासन चलाने के लिए संविधान मूलभूत कानून होता है। डॉ. अम्बेडकर के अनुसार राष्ट्र के विभिन्न अंगों की कार्यप्रणाली हेतु संविधान एक प्रविधि है। यह राष्ट्र के विभिन्न अंगों को परिभाषित करता है, उनके दायित्वों को परिभाषित करता है तथा उनकी सीमाओं को इंगित करता है। यह राष्ट्र के अतीत की गौरवशाली परम्पराओं को दर्शाता है, वर्तमान समय की आवश्यकताओं के अनुरूप कार्य करता है तथा भविष्य की आवश्यकताओं हेतु पर्याप्त स्थान इसमें रहता है। साथ ही साथ इसे एक सजीव अंग होना चाहिए। न सिर्फ एक या दो पीढ़ियों बल्कि आने वाली सभी पीढ़ियों के लिए इसे जीवंत रहना चाहिए। इस परिप्रेक्ष्य में संविधान के प्रावधान प्रासंगिकता के साथ-साथ सामान्य भाषा में सुसज्जित किए जाने चाहिए ताकि वे समय के अनुरूप स्वयं को ढाल सकें और बग़ैर किसी दोष के सततता के साथ अन्तरित हो सकें। संविधान के सिद्धांत गणितीय सूत्र नहीं होते हैं, न ही ये वर्तमान आवश्यकता की पूर्ति के लिए बनाए गए नियम होते हैं। ये जीवित जाग्रत संस्था होते हैं। इनमें प्रयुक्त शब्द तथा शब्द समूह केवल शब्दकोष से लिए गए शब्द नहीं होते, बल्कि इनका ऐतिहासिक उद्भव तथा विकास होता है। ये एक जीवन को तथा विभिन्न मसलों को प्रभावित करते हैं। इनके विकास को भले स्पष्ट रूप से समझा न जा सके, किन्तु ये जनजीवन को गहराई से अवश्य प्रभावित करते हैं।

संविधान के एक प्रारूप को तैयार करना कहीं से भी आसान कार्य नहीं है। इसके लिए देश तथा विश्व के इतिहास के ज्ञान के साथ-साथ सर्वश्रेष्ठ नीति ज्ञान, राजनय, विद्वता एवं बुद्धिजीवी प्रतिभा की आवश्यकता होती है, ताकि संविधान अपने पूर्ण रूप में लोकतान्त्रिक तथा तानाशाही विहीन सरकार को दिशा दे सके। अतः राष्ट्रीय मसलों के जानकार व्यक्ति, जिन्होंने दीर्घ अनुभवों, गहन चिन्तन तथा संवेदनशीलता से वर्तमान आवश्यकताओं की पूर्ति हेतु एक विचार बुना है तथा वे अपने देशवासियों के बड़े-बड़े स्वप्नों को वास्तविकता प्रदान करने में सक्षम हैं और खण्डित भारतीय समाज को एकता के दृढ़ सूत्र में बाँधने

में समर्थ हैं तथा विधि के शासन द्वारा सामाजिक एकता स्थापित करने में सक्षम हैं, केवल वे ही संविधान को तैयार करने का कार्य कर सकते हैं। यह एक ऐतिहासिक तथ्य है कि आज़ादी मिलने से पहले अंग्रेज़ों ने भारत पर तीन सौ वर्षों तक राज किया तथा कश्मीर से लेकर कन्याकुमारी तक के निवासियों को जाति, वंश, धर्म, परम्पराओं, भाषा अथवा प्रांतीयता के आधार पर तोड़ा गया। हमारा वर्तमान लक्ष्य संविधान के माध्यम से एकता के बन्धन में भ्रातृत्व के साथ सभी नागरिकों को बाँधना है, जिससे प्रत्येक नागरिक अथवा समूह मौलिक अधिकारों का प्रयोग करते हुए शासन में अपनी भूमिका का निर्वाह कर सके।

डॉ. अम्बेडकर ने आज़ाद भारत देश के इतिहास में अद्वितीय तथा विलक्षण सम्मान के साथ अपना स्थान हासिल किया है। जब तक भारतीय संविधान अस्तित्व में रहेगा, तब तक डॉ. अम्बेडकर का नाम अमर रहेगा। संविधान विशेषज्ञ तथा विधिवेत्ता अथवा वे जो संविधान सभा की चर्चाओं के विषय में जानते हैं, उन्हें अच्छी तरह पता है कि संविधान सभा की बैठकों में संविधान के तीन अध्ययनों के दौरान किस प्रकार की जीवंत तथा बौद्धिक बहस हुई थी। संविधान के प्रारूप के विषय में जो भी प्रश्न अथवा बिन्दु उठाए जाते थे, उनका उत्तर स्वयं डॉ. अम्बेडकर अपने प्रारूप का समर्थन करते हुए देते थे और तर्क सहित यह बताते थे कि क्यों प्रस्तावित संशोधन अस्वीकारने योग्य है। डॉ. अम्बेडकर द्वारा दिए गए ये उत्तर उनके विश्व इतिहास की गहरी समझ तथा गहन संवैधानिक ज्ञान के परिचायक हैं। विश्व के विभिन्न संविधानों के उनके ज्ञान से प्रारूप समिति को भारतीय परिस्थितियों के अनुकूल एक संविधान तैयार करने में आसानी हुई।

जस्टिस रामास्वामी ने यह कहते हुए अपना व्याख्यान समाप्त किया कि आज किसी भी अदालत में संविधान के किसी खण्ड अथवा अनुच्छेद के विषय में यदि कोई भी सन्देह होता है तो हम संविधान सभा में हुई बहसों तथा उनमें डॉ. अम्बेडकर द्वारा दिए गए उत्तरों का ही सन्दर्भ लेते हैं।"

(*अम्बेडकर एँण्ड सोशल जस्टिस*: प्रकाशन विभाग, भारत सरकार, खण्ड-1, पृ. 193, 194, 196, 205)

संविधान सभा के अनेक सदस्यों तथा भारतवासियों ने डॉ. अम्बेडकर को 'आधुनिक मनु' की संज्ञा दी है। यहाँ तक कि भारत के भूतपूर्व प्रधान न्यायाधीश श्री पी.बी. गजेन्द्र गड़कर ने औरंगाबाद की एक जनसभा में काव्यात्मक ढंग से डॉ. अम्बेडकर को श्रद्धांजलि दी थी। उन्होंने डॉ. अम्बेडकर को 20वीं शताब्दी का संविधान प्रदाता कहते हुए आधुनिक मनु की संज्ञा दी थी।

(*अम्बेडकर एँण्ड सोशल जस्टिस*: प्रकाशन विभाग, भारत सरकार, खण्ड 1, पृ. 246)

श्री एच.जे. खाण्डेकर ने कहा था, "मैं इस संविधान को महार संविधान कहना पसन्द करूंगा, क्योंकि डॉ. अम्बेडकर एक महार हैं तथा जब हम आज 26 जनवरी, 1950 को इस संविधान का उद्घाटन कर रहे हैं, तब हमें महार के कानून से मनु के कानून को प्रतिस्थापित कर देना चाहिए और मैं आशा करता हूँ कि मनु के संविधान से तो देश की सम्पन्नता सम्भव नहीं हो सकी थी, परन्तु महार संविधान से भारत निश्चित रूप से वैभवशाली बनेगा·····"

श्री एस.एम. घोष ने कहा था, "····कोई नहीं जानता कि मनु ब्राह्मण जाति के थे या महार जाति के थे, लेकिन मनु भारतीय जनता के विश्वास का प्रतिनिधित्व करते हैं। उन्होंने एक ऐसा आदर्श संविधान दिया जो मानवता के लिए था। इस दृष्टिकोण से निश्चित ही डॉ. अम्बेडकर को आधुनिक मनु की संज्ञा दी जानी चाहिए। संविधान का निर्माता वास्तव में कुछ भी नहीं बनाता बल्कि वह अन्तःप्रेरित ऋषि दृष्टि से कानून को सरल तथा सांकेतिक स्वरूप प्रदान करता है। इस सन्दर्भ से कोई व्यक्ति चाहे वह महार जाति से आया हो अथवा किसी अन्य जाति से, उसमें अन्तःप्रेरणा होती है। यदि वह मात्र अपनी जाति ही नहीं, वरन् सम्पूर्ण मानव जाति के लिए गहन अन्तर्दृष्टि से चीजों को देख सकता है तथा उन्हें लिपिबद्ध कर सकता है तो उसे मनु ही कहा जाना चाहिए।"

(डॉ. बाबा साहेब अम्बेडकर: *राइटिंग्स एॅण्ड स्पीचेज़*,
खण्ड-13, पृ. 1175-77)

7

डॉ. राजेन्द्र प्रसाद का अभिभाषण

डॉ. अम्बेडकर द्वारा प्रस्तुत किए गए प्रस्ताव के पारित होने से पहले 26 नवम्बर, 1949 को डॉ. राजेन्द्र प्रसाद ने अपना अभिभाषण दिया था, जिसमें उन्होंने कहा था–

"मैं सविधान सभा को उसके द्वारा किए गए अत्यन्त महत्त्वपूर्ण कार्य के लिए बधाई देता हूँ। मेरा उद्देश्य न तो इस कार्य का मूल्य आंकना है और न ही संविधान सभा के इस कार्य के गुणावगुण की चर्चा करना है। मैं यह कार्य दूसरों पर तथा आने वाली पीढ़ियों पर छोड़ता हूँ। मैं यहाँ पर केवल कुछ उन महत्त्वपूर्ण गुणों तथा प्रविधियों की चर्चा करूँगा, जिनके द्वारा हमने यह संविधान तैयार किया है।

इससे पूर्व कि मैं कुछ कहूँ, मैं कुछ उन तथ्यों की चर्चा करना चाहता हूँ, जो इस कार्य की दुष्करता को इंगित करते हैं, जिसे हमने लगभग तीन साल पहले शुरू किया था। यदि आप उस जनसंख्या पर विचार करें, जिसके लिए यह संविधान सभा बैठी है, तो आप यह जानकर आश्चर्यचकित रह जाएंगे कि यूरोप की सारी जनसंख्या में से रूस की जनसंख्या को घटाने पर यह जनसंख्या 31.9 करोड़ होती है जबकि हमारी वर्तमान जनसंख्या 31.7 करोड़ है। यूरोप के देश कभी भी एक साथ संयुक्त होकर नहीं रहे, न ही इन्होंने कभी कोई महासंघ ही गठित किया। देश तथा जनसंख्या के आकार के बड़े होने के बावजूद हम इसके लिए एक संविधान बनाने में सफल हुए, जो समस्त भारतवर्ष पर लागू होगा। आकार के अलावा हमारे पास कुछ अन्य समस्याएँ भी थीं, जो समस्याओं में छिपी हुई थीं। हमारे देश में अनेक सम्प्रदाय के लोग निवास करते हैं। हमारे देश के विभिन्न भागों में भिन्न-भिन्न प्रकार की भाषाएँ बोली जाती हैं। हमारे पास कुछ अन्य प्रकार की दिक्कतें भी थीं, जो भारत के विभिन्न भागों के लोगों को एक दूसरे से अलग करती हैं। हमें ऐसे लोगों के लिए भी प्रावधान बनाने थे, जो आर्थिक तथा शैक्षिक रूप से विकसित हैं और ऐसे लोगों के लिए भी प्रावधान बनाने थे, जो पिछड़े हुए हैं, जैसे आदिवासी लोग तथा आदिवासी क्षेत्रों

के पिछड़े हुए लोग। साम्प्रदायिकता की समस्या इस देश की सबसे जटिल समस्या है, जिसका अनुभव यह देश लम्बे समय से कर रहा है। महात्मा गाँधी ने जिस दूसरे गोलमेज सम्मेलन में भाग लिया था, वह साम्प्रदायिकता की समस्या के सुलझ न पाने के कारण ही फेल हो गया था। देश का इसके बाद का घटित इतिहास अभी हाल का है और उसे बताने की आवश्यकता नहीं है कि किस प्रकार साम्प्रदायिकता के कारण ही देश का विभाजन करना पड़ा और हमने उत्तर-पश्चिम तथा उत्तर-पूर्व के दो बड़े भाग गँवा दिए।

भारतीय राज्यों की समस्या भी इस देश की एक बड़ी समस्या थी। जब अंग्रेज़ भारत आए थे तब उन्होंने एक साथ पूरे देश पर अधिकार नहीं कर लिया था। समय-समय पर वे इसका थोड़ा-थोड़ा हिस्सा अपने नियंत्रण में करते गए। जो हिस्से उनके प्रत्यक्ष नियंत्रण में थे, वे ब्रिटिश इण्डिया कहलाए लेकिन इसका एक बड़ा हिस्सा भारतीय राजाओं के शासन एवं अधिकार में रहा। अंग्रेज़ों ने उस समय सोचा था कि इन क्षेत्रों को अपने प्रत्यक्ष नियंत्रण एवं अधिकार में लेना उनके लिए फायदेमंद नहीं होगा और इसीलिए उन्होंने इन्हें इनके पुराने शासकों के आधिपत्य में रहने दिया, लेकिन इसके लिए उन्होंने इन शासकों के साथ अनेक प्रकार की सन्धियाँ एवं समझौते किए। हमारे पास लगभग छः सौ ऐसे राज्य थे, जो भारत के कुल क्षेत्रफल का एक तिहाई तथा कुल जनसंख्या का एक चौथाई थे। ये राज्य छोटे से लेकर बड़े अनेक प्रकार के थे। ऐसे बड़े राज्यों में मैसूर, हैदराबाद, कश्मीर आदि शामिल थे। जब अंग्रेज़ों ने इस देश को छोड़ने का निर्णय किया, तो उन्होंने सत्ता हमें सौंप दी, लेकिन इसके साथ ही उन्होंने यह भी घोषणा की कि उनके द्वारा राज्यों के साथ किए गए सभी समझौते तथा सन्धियाँ अब निरर्थक हो गयी हैं। जिन समझौतों के माध्यम से उन्होंने इन राज्यों पर भी अपना शासन चलाया था, वे सभी अब निरस्त किए जा चुके थे। तब भारत सरकार को इन राज्यों की समस्याओं से भी जूझना पड़ा, जिनकी अलग-अलग शासन परम्पराएँ थीं। इनमें से कुछ का विधानसभाओं में लोकप्रिय प्रतिनिधित्व था जबकि कुछ में निरंकुश राजशाही ही शासन चला रही थी।

इस घोषणा का परिणाम यह हुआ कि राजाओं के साथ सभी सन्धियाँ एवं समझौते अब समाप्त हो गए थे तथा किसी भी राजा के पास अब यह अधिकार था कि वह स्वयं को स्वतंत्र घोषित कर दे और यहाँ तक कि वह किसी विदेशी शक्ति के साथ वार्ता में भी शामिल हो सकता था और इस प्रकार देश के भीतर ही स्वतंत्र राष्ट्रों के समूह बनने का खतरा पैदा हो गया था। यद्यपि निस्सन्देह ऐसी अनेक भौगोलिक तथा अन्य बाध्यताएँ थीं कि जिनके कारण उनमें से अधिकांश के लिए भारत सरकार के खिलाफ जा पाना असंभव था लेकिन संवैधानिक रूप

से उनके लिए ऐसा कर पाना सम्भव था। अत: संविधान सभा को सबसे पहले इस बात की मशक्कत करनी पड़ी कि वह उनके साथ वार्ता करके उनके प्रतिनिधियों को संविधान सभा में लाए, ताकि उनकी भी सहमति से एक संविधान तैयार किया जा सके। पहले प्रयास सफल रहे और उनमें से कुछ शुरूआत में ही संविधान सभा में शामिल हो गए लेकिन कुछ इसके प्रति हिचकिचाहट दिखा रहे थे। यह जरूरी नहीं है कि उन दिनों पर्दे के पीछे जो कुछ गुप्त रूप से घटित हो रहा था, उसकी छानबीन की जाए। इतना कहना पर्याप्त होगा कि अगस्त 1947 तक जब भारतीय स्वतंत्रता अधिनियम लागू हुआ, उनमें से दो महत्त्वपूर्ण अपवादों उत्तर में कश्मीर तथा दक्षिण में हैदराबाद को छोड़कर लगभग सभी भारत में शामिल हो चुके थे। जल्दी ही कश्मीर ने भी दूसरों का अनुसरण किया तथा वह भी भारत में शामिल हो गया। हैदराबाद समेत सभी के साथ कुछ स्थाई समझौते किए गए, जिनसे यथास्थिति बनाई गई। ज्यों-ज्यों समय व्यतीत हुआ, यह स्पष्ट दिखाई देने लगा कि छोटे राज्यों के लिए अपना स्वतंत्र अस्तित्व बनाए रख पाना संभव नहीं है और तब उनके भारत के साथ एकीकरण का दौर शुरू हुआ। समय के साथ छोटे राज्यों ने ही भारत में सम्मिलित होना उचित नहीं समझा, बल्कि कुछ बड़े राज्य भी भारत राष्ट्र में शामिल हो गए। अनेक राज्यों ने अपने स्वयं के संघ बना लिए तथा ऐसे संघ भारत संघ के अंग बन गए। इसके लिए गृह मंत्रालय को श्रेय दिया जाना चाहिए, जिसने सरदार वल्लभ भाई पटेल के कुशल तथा दूरदर्शी निर्देशन से प्रान्तों की स्थिति राज्यों की स्थिति के बराबर कर दी है और ये सभी अब भारतीय राज्य बन गए हैं। अभी-अभी सरदार वल्लभ भाई पटेल ने जो घोषणा की है, उससे स्थिति और अधिक स्पष्ट हो गयी है तथा अब राज्यों तथा नए संविधान के प्रान्तों में कोई अन्तर नहीं रह गया है।

निस्सन्देह इस कार्य को करने में हमें तीन वर्ष लगे, लेकिन जब हम इस किए गए कार्य पर नज़र दौड़ाते हैं तथा इस संविधान को बनाने में लगे दिनों की गणना करते हैं, जिसके विवरण कल माननीय डॉ. बी.आर. अम्बेडकर ने सदन में दिए थे, तो हमें इस कार्य में लगे समय के लिए किसी प्रकार का खेद नहीं होता।

इस कार्य ने अत्यन्त जटिल साम्प्रदायिक समस्या को सुलझाने में भी मदद की है। जो कार्य गोलमेज सम्मेलन में अनसुलझा रह गया था तथा जिसके परिणामस्वरूप देश का विभाजन हुआ था, उसे सभी सम्बन्धित पार्टियों की सहमति से सुलझा लिया गया है तथा यह कार्य माननीय सरदार वल्लभ भाई पटेल के विद्वत निर्देशन में सम्पन्न हो सका है।

सर्वप्रथम हम इससे पृथक निर्वाचन से छुटकारा प्राप्त कर सके, जिसने अनेक वर्षों से हमारे राजनीतिक जीवन को विषाक्त कर रखा था लेकिन सम्प्रदायों के लिए सीटों के आरक्षण की व्यवस्था, जो पृथक निर्वाचन में भी थी, से मुक्ति प्राप्त करने की आवश्यकता है। यद्यपि सन् 1919 के अधिनियम के तहत ऐसा उनकी आबादी के आधार पर नहीं किया गया है और सन् 1935 के अधिनियम द्वारा कुछ सम्प्रदायों की ऐतिहासिक तथा अन्य उत्कृष्टताओं के आधार पर उन्हें अतिरिक्त आरक्षण प्रदान किया गया है। ऐसा केवल इसलिए सम्भव हो सका, क्योंकि सम्बन्धित सम्प्रदायों द्वारा आरक्षित सीटों को छोड़ दिए जाने के बावजूद तब तक संविधान पारित नहीं हो पाया था और हमारा संविधान भी साम्प्रदायिक आधार पर सीटों का आरक्षण नहीं प्रदान करता है, लेकिन हमारी आबादी के लोगों के दो समूहों को यह आरक्षण देने के हक में है। पहला दलित वर्ग, जो हिन्दू है तथा दूसरा आदिवासी वर्ग, जिनके शिक्षा तथा अन्य क्षेत्रों में पिछड़े होने के कारण इन्हें यह सुविधा दी गयी है। अत: मैं विलम्ब के लिए खेद प्रकट करने का कोई कारण नहीं पाता।

यदि आप संविधान के बनाने में हुए व्यय पर नज़र दौड़ाएंगे तो यह भी अपको अधिक प्रतीत नहीं होगा। 22 नवम्बर तक इस पर कुल 63,96,729 रुपए व्यय हुए थे।

इस संविधान को तैयार करने हेतु जो प्रक्रिया अपनायी गयी, उसमें सर्वप्रथम संविधान सभा ने सन्दर्भ हेतु कुछ नियम तैयार किए, जो लक्ष्य आधारित संकल्प के रूप में थे, जिन्हें पण्डित जवाहर लाल नेहरू ने एक प्रेरणात्मक भाषण के माध्यम से प्रस्तुत किया था और जो अब हमारे संविधान की प्रस्तावना का अंग हैं। इसके पश्चात इसने विभिन्न संवैधानिक समस्याओं से निपटने के लिए अनेक समितियाँ गठित कीं। इनमें से अनेक के अध्यक्ष या तो पंडित जवाहर लाल नेहरू या सरदार वल्लभ भाई पटेल थे, जिन्हें हमारे संविधान की आत्मा तैयार करने का श्रेय दिया जा सकता है। इन सभी ने अत्यन्त परिश्रमपूर्वक अपने दायित्वों का निर्वाह किया तथा रिपोर्टें तैयार कीं, जिन्हें सभा द्वारा विश्लेषित किया गया तथा उनके सुझावों के आधार पर संविधान का प्रारूप तैयार किया गया। सर बी. एन. राऊ ने अन्य देशों के संविधानों की दिशाओं तथा परिस्थितियों का अध्ययन करने का दायित्व अपने ऊपर लिया। उनके सुदीर्घ प्रशासनिक अनुभव के कारण उनमें इस दायित्व का निर्वाह करने की उत्कृष्ट क्षमता थी। संविधान सभा ने तत्पश्चात प्रारूप समिति नियुक्त की, जिसने सर बी.एन. राऊ द्वारा तैयार किए गए मूल प्रारूप का अध्ययन तथा संविधान का प्रारूप तैयार किया, जिसे संविधान सभा ने चर्चा के द्वारा विश्लेषित तथा प्रेक्षित किया। मात्र प्रारूप समिति

के सदस्यों ने ही संविधान का गहन अध्ययन नहीं किया था, बल्कि अन्य सदस्य भी इसके सम्पूर्ण प्रारूप को सूक्ष्मतापूर्वक तथा गहराई के साथ मूल्यांकित कर रहे थे और कोई आश्चर्य नहीं कि हमें कभी-कभी न सिर्फ एक-एक अनुच्छेद या एक-एक वाक्य और कभी-कभी तो एक-एक शब्द पर ग़ौर करना पड़ा। सम्मानित सदस्य यह जानकर प्रसन्न होंगे कि आम जनता भी इसकी कार्रवाइयों में गहरी रुचि ले रही थी तथा मैंने पाया है कि 53,000 से अधिक लोग दर्शक-दीर्घा में उस दौरान आए, जब संविधान को उनके दृष्टिकोण जानने हेतु वहाँ रखा गया था। परिणामस्वरूप संविधान के प्रारूप का आकार बढ़ता गया और इसके पारित होते समय इसमें 395 अनुच्छेद तथा 8 अनुसूचियाँ हो गयीं, जबकि श्री बी.एन. राऊ के प्रारूप में 243 अनुच्छेद तथा 13 अनुसूचियाँ ही थीं। इस शिकायत को मैं अधिक महत्त्व नहीं देता कि यह बहुत भारी हो गया है। अगर इसके प्रावधानों पर ध्यानपूर्वक विचार किया जाए तो इसके भार से हमारा मस्तिष्क प्रभावित नहीं होगा।

अब हमें संविधान के मुख्य पहलुओं का विवेचन करना है। पहला प्रश्न जो उठता है और यह हमारे संविधान से सम्बन्धित है। मैं इस आरोप को अधिक महत्त्व नहीं देता कि इसे आप क्या नाम देते हैं। क्या आप इसे फ़ेडरल संविधान या संयुक्त संविधान कहते हैं या एकल संविधान कहते हैं या इसे किसी अन्य नाम से पुकारते हैं? जब तक संविधान हमारे मकसद को पूरा करता है, तब तक ऐसे सवालों का कोई औचित्य नहीं है। हम एक ऐसा संविधान रखने के लिए बाध्य नहीं हैं जो विश्व के ज्ञात संविधानों की श्रेणी के अनुरूप हो। हमें अपने देश के इतिहास की कुछ घटनाओं को ध्यान में रखना होगा और संविधान ऐसी वास्तविकताओं तथा इतिहास की घटनाओं से अप्रभावित नहीं रह सकता।

आप सभी जानते हैं कि 1930 के गोलमेज सम्मेलन से पहले भारत में पूरी तरह से एकल सरकार थी तथा प्रान्तों को जो भी शक्ति हासिल थी, वह उन्हें भारत सरकार से मिली हुई थी। पहली बार यह बात उठी कि व्यवहारिक दृष्टि से एक फ़ेडरेशन होना चाहिए, जिसमें न सिर्फ प्रान्त हों, बल्कि उस समय अस्तित्व में रहने वाले राज्य भी शामिल हों। सन् 1935 के संविधान ने एक फ़ेडरेशन दिया, जिसमें भारत के प्रान्तों तथा राज्यों से शामिल होने को कहा गया। लेकिन लम्बी वार्त्ताओं के बावजूद इसका फ़ेडरल हिस्सा सुलझाया नहीं जा सका और जब युद्ध छिड़ गया तब संविधान के इस अंश को व्यवहारिक रूप से हटा दिया गया।

वर्तमान संविधान में न सिर्फ हमारी भौगोलिक सीमा में आने वाले राज्यों को स्थान दिया गया है बल्कि उनमें से अधिकांश को भारत के साथ एक हो जाने

की भी सम्भावना जताई गयी है और संविधान प्रशासन एवं शक्तियों के वितरण के आधार पर उनमें कोई भेद-भाव नहीं करता कि वे इससे पहले प्रान्त थे या भारतीय राज्य। अब वे सभी प्रायः एक हैं तथा ज्यों-ज्यों समय बीतता जाएगा, त्यों-त्यों जो भी कुछ अन्तर हैं, वे भी समाप्त होते जाएँगे। अतः जहाँ तक इस आरोप का प्रश्न है, तो हमें अधिक चिंतित होने की आवश्यकता नहीं है।

सबसे पहला और सबसे महत्त्वपूर्ण तथ्य, जो किसी को भी प्रभावित कर सकता है, यह है कि हम अब एक गणतंत्र बनने जा रहे हैं। पुराने समय में भारत गणतंत्र हुआ करता था, लेकिन यह 2000 वर्ष या इससे भी पहले की बात है, और ये गणतंत्र छोटे-छोटे गणतंत्र हुआ करते थे।

हमारे पास गणतंत्र जैसी कोई वह चीज़ नही थीं, जो अब हमारे पास है। यद्यपि उन दिनों साम्राज्य हुआ करते थे और मुग़ल काल के दौरान तो देश के बड़े हिस्से पर उनका शासन था। अब गणतंत्र का अध्यक्ष एक निर्वाचित राष्ट्रपति होगा। हमारे पास कभी भी एक निर्वाचित प्रधान नहीं था, जो भारत के इतने बड़े क्षेत्र का प्रमुख होता और ऐसा पहली बार हो रहा है कि इस बड़े राष्ट्र का राष्ट्राध्यक्ष बनने के अवसर देश के निम्नतम नागरिकों तक के लिए उपलब्ध हैं, जो आज दुनिया के सबसे बड़े राष्ट्रों में से एक है। यह कोई छोटी बात नहीं है। लेकिन क्योंकि हमारे पास एक निर्वाचित राष्ट्रपति होना है, तो कुछ समस्याएँ, जो बहुत छोटी किस्म की हैं, उठ खड़ी हुई हैं। हमने राष्ट्रपति के निर्वाचन की व्यवस्था की है। हमने एक विधायिका के निर्वाचन का प्रावधान किया है, जो सर्वोच्च होगी। अमेरिका में विधायिका तथा राष्ट्रपति दोनों ही निर्वाचित होते हैं तथा उन दोनों के पास लगभग समान शक्तियाँ होती हैं, जो उनके अपने-अपने वृत्त में रहती हैं। राष्ट्रपति की शक्तियाँ कार्यपालिका के वृत्त में तथा विधायिका की शक्तियाँ विधायिका के वृत्त में रहती हैं।

हमने विचार किया कि हमें अमेरिकी मॉडल अपनाना चाहिए अथवा ब्रिटिश मॉडल अपनाना चाहिए, जिसमें हमारे पास एक आनुवंशिक सम्राट हो, जो सभी सम्मान तथा शक्तियों का हकदार हो, किन्तु जो वास्तव में किसी शक्ति का उपभोग न कर सके। सभी शक्तियाँ विधायिका में निहित हों, मंत्रीगण जिसके प्रति उत्तरदायी हों। हमें एक निर्वाचित विधायिका बनानी थी और ऐसा करते हुए हमने राष्ट्रपति के लिए कमोबेश ब्रिटिश सम्राट जैसी स्थिति रखी। ऐसा सन्तोषजनक हो भी सकता है और नहीं भी हो सकता है। कुछ लोग सोचते हैं कि राष्ट्रपति को बहुत अधिक शक्तियाँ दे दी गयी हैं, कुछ सोचते हैं कि निर्वाचित होने के कारण राष्ट्रपति को और अधिक शक्तियाँ दी जानी चाहिए थीं।

यदि हम मतदाताओं के दृष्टिकोण से इसे देखें, जो संसद का चुनाव करते हैं और जो राष्ट्रपति चुनते हैं, तो आप पाएंगे कि देश की सम्पूर्ण वयस्क जनसंख्या संसद को चुनने में भाग लेती है तथा भारत के संसद के सदस्यगण एवं राज्यों की विधानसभाओं के सदस्यगण राष्ट्रपति का चुनाव करते हैं। अगर ऐसा होता कि संसद एवं विधान सभाओं के प्रतिनिधियों का चुनाव पूरे देश की आबादी करती और राष्ट्रपति भी उनके प्रतिनिधियों तथा जनता द्वारा चुना जाता तो राष्ट्रपति जनता का दोहरा प्रतिनिधित्व करता। एक बार वह केन्द्रीय संसद के मतदाताओं द्वारा तथा दोबारा वह राज्यों के मतदाताओं द्वारा चुना जाता। लेकिन चूँकि राष्ट्रपति केन्द्र तथा राज्य की विधायिकाओं द्वारा निर्वाचित होता है। इसलिए इसकी संवैधानिक राष्ट्रपति के रूप में स्थिति उचित है।

अब हम मंत्रियों की ओर आते हैं। वे विधायिका के प्रति उत्तरदायी हैं तथा राष्ट्रपति को सलाह दे सकते हैं, जो उनकी सलाह मानने के लिए बाध्य है। यद्यपि यह प्रावधान स्पष्ट नहीं है, फिर भी जहाँ तक मुझे मालूम है, संविधान ने यह बाध्यता स्पष्ट रूप से रख दी है कि राष्ट्रपति मंत्रियों की सलाह अनिवार्य रूप से माने। यह आशा की जाती है कि जिस परम्परा के तहत इंग्लैण्ड का सम्राट सदैव अपने मंत्रियों की सलाह मानता है, वही परम्परा इस देश में भी स्वीकार की जाएगी तथा संविधान में इस विषय में लिखित रूप से कुछ भी विवरण न होने के बावजूद राष्ट्रपति इस स्वस्थ परम्परा को आगे बढ़ाते हुए सभी मामलों में एक संवैधानिक राष्ट्रपति के दायित्वों का निर्वहन करेंगे।

केन्द्रीय विधायिका में दो सदन होंगे एक लोकसभा तथा दूसरी राज्यसभा होगी। दोनों मिलकर भारत की संसद का निर्माण करेंगे। प्रान्तों में अथवा राज्यों में, उन्हें जिस नाम से भी पुकारा जाए, अनुच्छेद-1 खण्ड-सी तथा खण्ड डी में वर्णित राज्यों के अलावा अन्य समस्त स्थानों पर एक-एक विधानसभा होगी, लेकिन उनमें से सभी के पास दूसरा सदन नहीं होगा। कुछ प्रान्त, जिनके प्रतिनिधि यह समझते हैं कि उनके लिए दूसरे सदन का होना आवश्यक है, उन्हें दूसरा सदन दिया जा सकेगा। संविधान में एक प्रावधान यह भी है कि यदि कोई प्रान्त दूसरा सदन नहीं चाहता, अथवा यदि एक प्रान्त जिसके पास दूसरा सदन नहीं है और वह दूसरा सदन गठित करना चाहता है तो वह अपनी विधानसभा में इस आशय का संकल्प रखते हुए विधानसभा के कुल सदस्यों के बहुमत से ऐसा कर सकता है। अतः कुछ प्रान्तों को दूसरा सदन दिए जाने के बावजूद हमें उन सदनों को खत्म करने तथा उनके गठित करने के लिए ऐसा आसान संशोधन रखा है लेकिन ऐसा एक साधारण विधायी संकल्प से ही हो सकता है।

हमने वयस्क मताधिकार की व्यवस्था की है, जिनके द्वारा प्रान्तों की

विधानसभाओं तथा लोकसभा के सदस्य निर्वाचित किए जा सकेंगे। यह बहुत बड़ा कदम है, जो हमने उठाया है। यह कदम इसलिए बड़ा नहीं है क्योंकि हमारा वर्तमान मतदाता वर्ग बहुत छोटा है तथा यह सम्पत्ति की योग्यता के आधार पर आंका जाता है, बल्कि यह इसलिए भी बड़ा कदम है क्योंकि इसमें एक बड़ी संख्या शमिल है। आज हमारी जनसंख्या लगभग 32 करोड़ है और हमने मतदाता सूची में मतदाताओं के नामांकन से यह अनुभव हासिल किया है कि लगभग 50 प्रतिशत जनंसख्या वयस्कों की है और इस आधार पर हमारी मतदाता सूचियों में कम से कम 16 करोड़ मतदाता होने चाहिए। इतने अधिक मतदाताओं के साथ चुनाव सम्पन्न कराना बहुत बड़ी बात है और दुनिया में ऐसा कोई भी देश नहीं है, जहाँ इतने अधिक मतदाताओं के साथ मतदान सम्पन्न कराया गया हो।

इस विषय में मैं कुछ और तथ्य आपके समक्ष रखना चाहूँगा। मोटे अनुमान के मुताबिक प्रान्तों की विधानसभाओं में 3,800 से अधिक सदस्य नहीं होंगे, जो इतने ही क्षेत्रों अथवा इनसे कम क्षेत्रों से चुने जाएंगे। लोकसभा में लगभग 500 सदस्य होंगे तथा राज्यसभा में यह संख्या लगभा 220 होगी। इस प्रकार हमें 4,500 से अधिक सदस्यों के चुनाव की व्यवस्था देश में करनी होगी तथा देश को लगभग 4000 चुनाव क्षेत्रों में विभाजित करना पड़ेगा। एक अन्य मौके पर मैने हँसी-हँसी में अपनी मतदाता सूची के चेहरे का ज़िक्र किया था। यदि आप एक फुलस्केप कागज़ पर 40 नाम छापते हैं तो हमें सभी मतदाताओं के नाम छापने के लिए फुलस्केप साइज के कागज़ की 20 लाख शीटें चाहिए होंगी और यदि आप इन सभी को एक खण्ड में जोड़ना चाहते हैं, तो इस ग्रंथ की मोटाई लगभग 200 गज की होगी। इससे हमें अपने इस कार्य की विशालता का अन्दाज़ हो जाता है और इस कार्य को करने के लिए हमें मतदाता सूची को अन्तिम रूप देना होगा, चुनाव क्षेत्रों का सीमांकन करना होगा, मतदाता स्थल तैयार करने होंगे तथा कुछ अन्य इंतज़ाम करने होंगे और ये कार्य 1950-51 की शीत ऋतु से पहले पूरे करने होंगे क्योंकि सम्भवतः उसी समय ये चुनाव होने हैं।

कुछ लोगों ने वयस्क मताधिकार की आवश्यकता पर सवालिया निशान लगाए हैं। व्यक्तिगत रूप से मैं इसे एक प्रयोग मानता हूँ, जिसके परिणाम की भविष्यवाणी आज कोई भी नहीं कर सकता लेकिन मैं इससे भयभीत नहीं हूँ। मैं स्वयं गाँव का आदमी हूँ, यद्यपि मैं अपने कार्य की वजह से काफी लम्बे समय से शहरों में रह रहा हूँ, लेकिन मेरी जड़ें आज भी गाँव में ही हैं। इसलिए मैं इस मतदाता सूची के एक बड़े अंग के रूप में ग्रामवासियों को अच्छी तरह जानता हूँ। मेरे विचार से हमारे लोगों में बुद्धि तथा विवेक पर्याप्त मात्रा में मौजूद है। उनके पास एक ऐसी संस्कृति है, जिसे कुलीन लोग भले स्वीकार न करें

लेकिन यह एक दृढ़ आधार है। वे पढ़े-लिखे नहीं हैं तथा पढ़ने-लिखने की योग्यता से अपरिचित हैं, मगर मेरे मन में इस बात का सन्देह नहीं है कि उन्हें समझाए जाने पर वे अपने हित तथा देश के हित में निर्णय लेने में सक्षम नहीं होंगे। वास्तव में कई पहलुओं से मैं उन्हें फैक्टरी में काम करने वाले उन श्रमिकों से अधिक बुद्धिमान मानता हूँ, जो अपना अस्तित्व खो देते हैं तथा मशीनी बनकर रह जाते हैं। मुझे निस्संदेह ऐसा लगता है कि यदि उन्हें समझाया जाए तो वे न सिर्फ चुनाव की टेक्नीक समझ जाएंगे बल्कि वे बुद्धिमत्तापूर्वक अपने मत का इस्तेमाल भी कर सकेंगे। मुझे भविष्य के विषय में कोई सन्देह नहीं है कि वे ऐसा कर भी सकेंगे या नहीं। मैं ऐसा उन लोगों के बारे में नहीं कह सकता, जो उन्हें नारों तथा सुन्दर-सुन्दर कार्यक्रमों से प्रभावित करना चाहेंगे। लेकिन मुझे लगता है कि अन्त में मतदाताओं का विवेक ही उन्हें चीजों को सही ढंग से देखने के लिए प्रेरित करेगा। हम आशावादी लोग हैं जो चीजों को यथार्थवादी ढंग से देखना पसंद करते हैं।

यद्यपि संसद में दूसरे सदन का भी प्रावधान किया गया है और यह व्यवस्था कुछ राज्यों में भी है, लेकिन लोकप्रिय सदन ही सर्वोच्च होगा। सभी वित्तीय तथा आर्थिक मामलों में लोकप्रिय सदन की सर्वोच्चता अनेक स्थलों पर वर्णित की गयी है। लेकिन अन्य मामलों में भी, जहाँ पर किसी कानून को बनाने तथा पारित करने की समान शक्तियाँ उच्च सदन को को भी दी गयी हैं, वहाँ भी निचले सदन की सर्वोच्चता बरकरार रखी गयी है। जहाँ तक सदन का प्रश्न है, तो यदि दोनों सदनों में मतभेद उभरते हैं, तो दोनों सदनों का एक संयुक्त सत्र बुलाया जा सकता है लेकिन संविधान में यह शर्त है कि राज्यसभा के सदस्यों की संख्या लोकसभा के सदस्यों की संख्या के 50 प्रतिशत से अधिक नहीं होनी चाहिए। अतः संयुक्त सत्र बुलाए जाने की स्थिति में भी लोकसभा की सर्वोच्चता तब तक बरकरार रहेगी, जब तक कि लोकसभा के सदस्यों का बहुमत अत्यधिक कम नहीं हो जाता। ऐसा होगा तो इसे दोबारा लाया जाएगा। अतः ऊपरी सदन बिलों को पारित होने देने में विलम्ब तो कर सकता है लेकिन उन्हें रोक नहीं सकता। राष्ट्रपति अथवा राज्यपाल को किसी भी विधेयक पर सहमति देनी होगी, लेकिन ऐसा वे अपनी मंत्रिपरिषद की सलाह पर ही कर सकेंगे जो प्रकारान्तर से लोकप्रिय सदन अथवा निचले सदन के प्रति उत्तरदायी होगी। अतः निचले सदन के प्रतिनिधियों के रूप में जनता की भावना ही अन्ततः सर्वोच्च होगी। उच्च सदन अथवा राष्ट्रपति या राज्यपाल पुनर्विचार हेतु निर्देशित कर सकते हैं और इस प्रकार वे कुछ विलम्ब तो कर सकते हैं, मगर यदि लोकप्रिय सदन अपने रुख पर दृढ़ है, तो संविधान के तहत उन्हें इसे मानना होगा। अतः केन्द्र

तथा राज्यों की सरकारें लोगों की इच्छा पर निर्भर होंगी, जिन्हें वे समय-समय पर विधानसभाओं में अपने प्रतिनिधियों द्वारा तथा आम चुनाव के समय वे प्रत्यक्ष रूप से चुनकर सदस्यों के माध्यम से अभिव्यक्ति दे सकेंगे।

संविधान में हमने विधायिका का भी प्रावधान किया है जो पूर्णतः स्वतंत्र होगी। कार्यपालिका के प्रभाव से उच्चतम न्यायालय तथा उच्च न्यायालयों को स्वतंत्र रखने के विषय में कोई सुझाव देना कठिन है। संविधान में तो निचली अदालतों को भी बाहरी प्रभावों से मुक्त रखने का प्रयास किया गया है। हमारा एक अनुच्छेद राज्य सरकारों को कार्यपालिका के कार्यों को न्यायपालिका से अलग करने में सहायता करता है तथा मजिस्ट्रेट व्यवस्था सुनिश्चित करता है जो सिविल अदालतों की भाँति आपराधिक मामलों की सुनवाई करता है। मैं सिर्फ यह आशा ही कर सकता हूँ कि लम्बे समय से लंबित ये सुधार जल्द ही राज्यों में भी शुरू किए जाएंगे।

कुछ विशेष मामलों से निपटने के लिए हमारे संविधान ने कुछ स्वतंत्र एजेन्सियाँ गठित की हैं। इसने संघ तथा राज्यों के लिए लोक सेवा आयोग उपलब्ध कराए हैं तथा इन्हें स्वतंत्रता दी है, ताकि ये कार्यपालिका से प्रभावित हुए बग़ैर अपने दायित्वों का निर्वाह कर सकें। एक बात जिसके लिए हमें सतर्क रहना होगा, वह है कि इसमें हमें दलालों, भाई-भतीजावाद तथा भेदभाव से बचना होगा। मैं समझता हूँ कि इस विषय में संविधान में निर्धारित प्रावधान हमारे लिए अत्यन्त उपयोगी सिद्ध होंगे।

एक अन्य स्वतंत्र एजेन्सी है, नियंत्रक एवं लेखा परीक्षक जो हमारे वित्तीय मामलों पर नज़र रखेगी तथा यह देखेगी कि भारत के राजस्व के किसी भी अंश का या किसी राज्य सरकार के राजस्व के किसी अंश का गलत प्रयोग तो नहीं किया जा रहा है और इस एजेन्सी का कार्य हमारे लेखा सम्बन्धी विवरणों को दुरुस्त रखने का होगा। जब हम विचार करते हैं कि हमारी सरकारों को करोड़ों रुपयों का लेन-देन करना होगा, तब यह स्पष्ट हो जाता है कि यह विभाग कितना महत्त्वपूर्ण होगा। हमने एक अन्य महत्त्वपूर्ण एजेन्सी का प्रावधान किया है, वह है चुनाव आयुक्त, जिसका कार्य विधायिका के चुनावों को सम्पन्न करवाना तथा उन पर नज़र रखना होगा और इसे सम्पन्न कराने के लिए उसे उचित कदम उठाने होंगे। एक खतरा भ्रष्टाचार का है, जिसे पार्टियाँ, उम्मीदवार या सरकारें चुनावों को प्रभावित करने के लिए इस्तेमाल में ला सकती हैं। पिछले कुछ सालों को छोड़कर हमारे पास लम्बे समय से लोकतान्त्रिक चुनावों का अनुभव नहीं रहा है और अब जबकि हमने वास्तविक सत्ता हासिल कर ली है, तब भ्रष्टाचार का यह भय निराधार नहीं है। यद्यपि हमारा संविधान इस खतरे के खिलाफ सतर्क

करता है और मतदाताओं द्वारा निर्भीक एवं निष्पक्ष चुनाव के लिए इसमें प्रावधान किए गए हैं। विधायिका, उच्च न्यायालयों, लोक सेवा आयोग, नियंत्रक एवं लेखा परीक्षक तथा चुनाव आयोग को उनके कार्यों में सहायता करने के लिए उनके नियंत्रण में स्टाफ मुहैया कराया गया है और अधिकांश मामलों में उनकी नियुक्ति, पदोन्नति तथा अनुशासन उस संस्था में निहित किया गया है, जिससे वे सम्बन्धित हैं। इस प्रकार इन एजेन्सियों की स्वतंत्रता के लिए अतिरिक्त प्रावधान किए गए हैं।

संविधान में अनुसूची 5 तथा अनुसूची 6 नामक दो प्रावधान हैं, जो आदिवासी क्षेत्रों तथा अनुसूचित जनजातियों के प्रशासन एवं नियंत्रण से सम्बन्धित हैं। असम को छोड़कर अन्य राज्यों के आदिवासी तथा आदिवासी क्षेत्रों में आदिवासी सलाहकार परिषदों के माध्यम से आदिवासी प्रशासन में अपनी हिस्सेदारी सुनिश्चित कर सकेंगे। असम के आदिवासियों तथा आदिवासी क्षेत्रों में उन्हें उनकी जिला परिषदों तथा स्वायत्त प्रान्तीय परिषदों के माध्यम से कहीं अधिक अधिकार दिए गए हैं। राज्य मंत्रिमण्डलों के एक मंत्री को आदिवासियों तथा अनुसूचित जातियों के कल्याण का दायित्व देने का भी प्रावधान किया गया है तथा एक आयोग भी इन क्षेत्रों के प्रशासन के विषय में सुझाव देने हेतु गठित किया गया है।

यह प्रावधान बनाना आवश्यक था क्योंकि ये आदिवासी अत्यन्त पिछड़े हुए हैं तथा उन्हें संरक्षण की ज़रूरत है और उनके आदिवासी जीवन के संरक्षण की भी आवश्यकता है। जिस प्रकार अनुसूचित जातियों के लिए कल्याण तथा संरक्षण के लिए किए गए प्रावधानों से उन्हें सन्तुष्टि मिली है, उसी प्रकार इन प्रावधानों से आदिवासियों को भी सन्तुष्टि मिलेगी।

सभी प्रशासनिक तथा अन्य गतिविधियों के विषय में संघ तथा राज्यों के बीच शक्तियों तथा कार्यों के बँटवारे के लिए भी संविधान में विस्तृत विवरण दिया गया है। कुछ लोगों द्वारा यह कहा जाता है कि केन्द्र को अत्यधिक शक्तियाँ दे दी गयी हैं और राज्यों को उन शक्तियों से वंचित रखा गया है, जो वास्तव में राज्यों को दी जानी चाहिए थीं। मैं इस आलोचना पर कोई टीका-टिप्पणी नहीं करना चाहता और इतना ही कहना चाहता हूँ कि हम अपने भविष्य के प्रति अत्यधिक सतर्क नहीं रह सकते, विशेषकर तब जबकि हम कई सौ सालों के अपने इतिहास को जब याद करते हैं। लेकिन राज्यों की परिधि में आने वाली शक्तियाँ केन्द्र को आपातकालीन स्थितियों में दे दी गयी हैं, जब कोई राजनैतिक, वित्तीय अथवा आर्थिक आपात की स्थिति आएगी और मैं यह उम्मीद नहीं करता कि केन्द्र देश के शासन को चलाने के लिए आवश्यक शक्तियों से अधिक शक्तियाँ हथियाने का भी कभी प्रयास करेगा। ऐसे किसी मामले में जब तक

केन्द्रीय विधायिका के प्रतिनिधि जो स्वयं राज्यों से आते हैं, इस विषय में निश्चिंत नहीं हो जाएंगे कि ऐसा करना देश के लिए आवश्यक है, तब तक वे स्वयं इस पर अपनी सहमति नहीं देंगे क्योंकि वे अपने राज्य के लोगों के हितों के विरुद्ध स्वयं भी नहीं जाएंगे। मैं इस शिकायत को भी बहुत अधिक महत्त्वपूर्ण नहीं मानता कि अवशिष्ट शक्तियाँ केन्द्र को दे दी गयी हैं। सातवीं अनुसूची में शक्तियों का अत्यधिक सूक्ष्मतापूर्वक तथा गहनतापूर्वक विवेचन तथा सीमांकन किया गया है और जो भी अवशिष्ट शक्तियाँ हैं, वे बहुत अधिक नहीं हैं तथा इन अवशिष्ट शक्तियों को केन्द्र को दे दिए जाने का अर्थ यह कदापि नहीं होना चाहिए कि राज्यों को दी जाने वाली शक्तियों को केन्द्र को दे देने से कोई गम्भीर उल्लंघन हुआ है।

एक अन्य समस्या, जिस पर संविधान सभा ने काफी समय तक चर्चा की, वह थी देश के सरकारी कार्यों हेतु किस भाषा का प्रयोग किया जाए। सभी की यह स्वाभाविक आकांक्षा थी कि हमें इस हेतु अपनी भाषा का ही प्रयोग करना चाहिए और देश में बहुभाषा भाषियों के होने के कारण अनेक दिक्कतों के बावजूद देश में सर्वाधिक लोगों द्वारा समझे जाने के कारण हमने हिन्दी को राजभाषा के रूप में स्वीकार किया। मैं इसे अत्यधिक महत्त्वपूर्ण निर्णय मानता हूँ क्योंकि स्विट्जरलैण्ड जैसे छोटे से देश की तीन राजभाषाएँ हैं तथा दक्षिण अफ्रीका की दो राजभाषाएँ हैं। यह हमारे देशवासियों की देश को एकता के सूत्र में बाँधने की भावना को दर्शाता है कि जिनकी भाषा हिन्दी नहीं है, उन्होंने भी इसे स्वेच्छा से राजभाषा के रूप में स्वीकार कर लिया है (करतल ध्वनि)। इसलिए अब इसे थोपे जाने का कोई सवाल नहीं है। ब्रिटिश शासन के दौरान अंग्रेज़ी तथा मुस्लिम शासन के दौरान फ़ारसी अदालतों एवं सरकारी काम-काज की भाषाएँ थीं। यद्यपि लोगों ने इन भाषाओं का अध्ययन किया और इनमें दक्षता प्राप्त कर ली, लेकिन कोई भी यह दावा नहीं कर सकता कि देश के सभी लोगों ने इन भाषाओं को स्वेच्छापूर्वक स्वीकार किया था। हमारे देश के इतिहास में ऐसा पहली बार हुआ कि हमने एक भाषा को स्वीकार किया है, जो सारे देश में सरकारी काम-काज के इस्तेमाल में लायी जाएगी और मैं आशा करता हूँ कि यह एक राष्ट्रभाषा में विकसित हो जाएगी, जिसके प्रति सभी लोग गर्व की भावना का अनुभव करेंगे। देश का हर क्षेत्र न सिर्फ स्वतंत्र होगा, बल्कि उसे अपनी भाषा का विकास करने हेतु भी प्रोत्साहित किया जाएगा, जिसमें उसकी संस्कृति तथा परम्पराएँ लक्षित होंगी। संक्रमण के दौर में अंग्रेज़ी का प्रयोग व्यवहारिक कारणों से अवश्यंभावी था और कोई भी इस निर्णय से दुःखी नहीं होगा, जिसे पूरी तरह से व्यवहारिक बाध्यताओं को ध्यान में रखते हुए लागू किया

गया है। अब सम्पूर्ण देश के लोगों तथा विशेषकर हिन्दी भाषी लोगों का यह दायित्व है कि वे इसे इस प्रकार से आकार दें और विकसित करें कि यह भारत की सामाजिक संस्कृति का दर्पण बन सके।

हमारे संविधान का एक अन्य महत्त्वपूर्ण लक्षण है, इसमें बिना किसी समस्या के संशोधन का प्रावधान होना। हमारे संविधान में संशोधन करना अन्य देशों की तुलना में बहुत सरल है और संविधान के कुछ संशोधन तो संसद द्वारा साधारण अधिनियमों से ही किए जा सकते हैं तथा इनके लिए संवैधानिक संशोधनों की वर्णित प्रक्रिया को भी अपनाया जाना ज़रूरी नही है। एक समय यह प्रावधान प्रस्तावित किया गया था कि संविधान के लागू होने के पाँच वर्षों तक संवैधानिक संशोधन आसान बनाए जाने चाहिए, लेकिन संवैधानिक संशोधनों हेतु वर्णित प्रक्रिया का सहारा लिए बग़ैर अनेक अपवादों को रख दिए जाने के कारण अब ऐसा कोई भी प्रावधान ग़ैर ज़रूरी हो गया है। निष्कर्षतः मैं मानता हूँ कि हमने जो संविधान बनाया है, वह निश्चित ही देश की सुचारु ढंग से सेवा कर सकेगा।

हमारे नीति निर्देशक सिद्धांतों में एक विशेष प्रावधान है, जिसे मैं अत्यन्त महत्त्वपूर्ण मानता हूँ। हमने हमारे लोगों की भलाई का ही प्रावधान नहीं किया है, बल्कि हमने अपने नीति निर्देशक सिद्धांतों में यह भी वर्णित किया है कि हमारे राज्य मानसिक शान्ति तथा सुरक्षा को बढ़ावा देने के लिए संकल्पबद्ध होंगे, हम अन्य देशों के साथ न्यायोचित तथा सम्मानजनक सम्बन्ध रखेंगे, अन्तरराष्ट्रीय कानूनों, संधियों के प्रति सम्मान की भावना रखेंगे तथा मध्यस्थों के निर्णयों द्वारा अन्तरराष्ट्रीय विवादों का समाधान करेंगे। विवादों से भरे विश्व में, जो दो-दो विश्वयुद्धों का संहार देख चुका है, इसके बावजूद विश्व आज भी हथियारों की दौड़ में शामिल है और वह समझता है कि इससे शान्ति तथा सद्भावना स्थापित हो सकेगी। हमें इसमें महत्त्वपूर्ण भूमिका निभानी है और तभी हम राष्ट्रपिता के सन्देशों के अनुरूप स्वयं को साबित कर सकेंगे और हमारे संविधान के नीति निर्देशक सिद्धांतों को भी प्रभावशाली बना सकेंगे। ईश्वर हमें बाधाओं के बावजूद इस पथ पर आगे बढ़ने की क्षमता तथा शक्ति दे। हमें स्वयं पर भरोसा रखना होगा और महात्मा गाँधी के सन्देशों को हृदय में बसाना होगा, जिनका चित्र मेरे ऊपर टँगा हुआ है। हमें न सिर्फ अपने देशवासियों के सर्वश्रेष्ठ हितों की रक्षा करनी है, बल्कि सम्पूर्ण मानवता के कल्याण के लिए सदैव अग्रसर होना है।

मैं उन आलोचनाओं में जाना नहीं चाहता, जो मूलतः मौलिक अधिकारों से सम्बन्धित हैं तथा जिनके कुछ अंशों द्वारा मूलभूत अधिकारों पर रोक लगायी गयी है और वे अंश, जिनमें आपातकाल का उल्लेख हुआ है। कुछ सदस्यों ने

इन अंशों पर गम्भीर आपत्तियाँ व्यक्त की हैं। मैं इस मौके पर सिर्फ इतना ही कहना चाहता हूँ कि देश की वर्तमान परिस्थितियों तथा समस्याओं को देखते हुए ये प्रावधान आवश्यक हैं। ये प्रावधान अन्य देशों के अनुभवों से सीख लेते हुए तैयार किए गए हैं, यदि ये संविधान में न वर्णित किए जाते तो इन्हें न्यायिक निर्णयों के द्वारा कार्यान्वित कराना पड़ता।

मात्र दो क्षमाएँ मैं माननीय सदस्यों के समक्ष माँगना चाहता हूँ। मैं विधायिका के सदस्यों के लिए कुछ अर्हताएँ संविधान में रखवाना चाहता था। यह विसंगति होगी कि हम प्रशासन चलाने वालों तथा कानून का पालन करवाने वालों के लिए तो अत्यन्त ऊँची योग्यता निर्धारित करें लेकिन कानून बनाने वालों के लिए उनके निर्वाचित होने के अलावा कोई अन्य योग्यता न हो। कानून देने वालों के लिए बुद्धिमत्ता की अत्यधिक आवश्यकता होती है, ताकि वे विषयों को सन्तुलित ढंग से समझ सकें और स्वतंत्रतापूर्वक निर्णय ले सकें। उन्हें अपने जीवन में सामान्य बातों के प्रति ईमानदार होना चाहिए। इसे यदि एक शब्द में कहें, तो उन्हें चरित्रवान होना चाहिए। एक व्यक्ति की नैतिकता का कोई पैमाना निर्धारित किया जाना सम्भव नहीं है और जब तक यह सम्भव नहीं है, तब तक हमारा संविधान दोषयुक्त ही रहेगा। दूसरा खेद इस बात का है कि हम अपने स्वतंत्र भारत के पहले संविधान को भारतीय भाषा में तैयार नहीं कर सके। इन दोनों ही मामलों में समस्याएँ व्यवहारिक थीं और उनसे पार पाना सम्भव नहीं था। लेकिन यह खेद प्रकट करने हेतु कोई बहाना नहीं हो सकता।

हमने एक लोकतांत्रिक संविधान बनाया है लेकिन लोकतांत्रिक संस्थाओं का सफलतापूर्वक कार्य करना उन लोगों पर निर्भर होता है जो दूसरों के दृष्टिकोणों का सम्मान करने को तैयार रहते हैं तथा समझौतों एवं झुकने की महान भावना रखते हैं। ऐसी बहुत सी बातें हैं, जिन्हें संविधान में नहीं लिखा जा सकता और ये परंपराओं से ही आगे बढ़ाई जाती हैं। मैं आशा करता हूँ कि हम ऐसी दृढ़ इच्छाशक्ति दिखा सकेंगे और स्वस्थ परम्पराओं को आगे बढ़ाएंगे। जिस प्रकार बिना मतदान तथा मतविभाजन कराए हम इस संविधान को तैयार कर सके हैं, उससे मेरी यह आशा और भी प्रबल होती है।

जो संविधान हमें नहीं दे सकता, वह है अच्छे प्रशासकगण, जिनके ऊपर देश का कल्याण निर्भर है। वे ही हमारे देश को अच्छे अथवा बुरे रास्ते पर ले जा सकते हैं। यह कहना निरर्थक है कि एक देश को उसकी अपेक्षा के अनुसार सरकार दी जा सकती है। हमारे संविधान में कुछ ऐसे उपबन्ध हैं, जो किसी दृष्टिकोण से कुछ को आपत्तिजनक प्रतीत हो सकते हैं। हम स्वीकार करते हैं कि इतने बड़े देश तथा इतने सारे लोगों के लिए संविधान बनाने में कुछ त्रुटियाँ

हो जाना स्वाभाविक है। यदि निर्वाचित लोग सुयोग्य होंगे तथा उनमें चरित्रता एवं ईमानदारी होगी, तो वे एक त्रुटिपूर्ण संविधान से ही सर्वश्रेष्ठ प्राप्त करने में सफल सिद्ध होंगे। यदि वे इसमें अक्षम होंगे तो संविधान किसी देश का भला नहीं कर सकता। आखिरकार संविधान एक मशीन की भाँति निर्जीव वस्तु ही तो है। यह उन लोगों से जीवन प्राप्त करता है जो इसे नियंत्रण में रखते हैं तथा इसका संचालन करते हैं। आज भारत को ऐसे अनेक ईमानदार व्यक्तियों की आवश्यकता है, जो अपने स्वार्थ से ऊपर देशहित को रखें। हमारे जीवन में विभिन्न क्षेत्रों की दूषित मानसिकताएँ घर कर गयी हैं। हममें साम्प्रदायिक भिन्नताएँ हैं, जातिगत भिन्नताएँ हैं, भाषाई भिन्नताएँ हैं और ऐसी ही अनेक अन्य भिन्नताएँ भी हैं। हमें दृढ़ चरित्र, दूरदृष्टि वाले व्यक्तियों की ज़रूरत है। हमें ऐसे लोग चाहिए, जो देश के लिए छोटे-छोटे क्षेत्रों और समूहों के लाभ को नज़रअन्दाज़ कर दें तथा वे उन पूर्वाग्रहों से मुक्त हों, जो इन भिन्नताओं से पैदा होते हैं, हम सिर्फ यह उम्मीद ही कर सकते हैं कि हमारे देश में ऐसे लोग प्रचुर मात्रा में होंगे। मैं ऐसा स्वाधीनता संग्राम के संघर्ष के अनुभवों से कह सकता हूँ कि स्वाधीनता आन्दोलन के दौरान नए अवसरों ने नए लोगों को आगे बढ़ा दिया था। जब सभी बड़े कांग्रेसी नेताओं को अचानक जेलों में ठूँस दिया गया था, और उन्हें इतना भी समय नहीं मिल सकता था कि वे अपने साथियों को कोई निर्देश दे सकें और अपना आन्दोलन जारी रखने के लिए कोई योजना बना सकें, तब जनता के बीच से ही लोग उठ खड़े हुए और उन्होंने संगठन शक्ति, बुद्धिमत्ता तथा पूर्ण क्षमता के साथ आन्दोलन का नेतृत्व किया। किसी को भी यह विश्वास नहीं था कि लोग ऐसा कर भी सकेंगे। इसलिए मुझे इस बात में कोई सन्देह नहीं है कि देश जैसे चरित्र वाले लोगों की मांग करता है, ऐसे लोग उठकर आगे आएंगे तथा जनता उन्हें सिर माथे पर लेगी। ये व्यक्ति ऐसे नहीं होने चाहिए, जो यह कहें कि हमने अतीत में देश की पतवार को सफलतापूर्वक आगे बढ़ाया है और अब हमें अपनी मेहनत का फल अवश्य मिलना चाहिए। जिन्हें सेवा के बदले सत्ता सुख चाहिए हमें उनकी ज़रूरत नहीं है। मैं महसूस करता हूँ कि आज भारत में जिस तरह के परिश्रम की आवश्यकता है, वह आजादी से पहले किए गए संघर्ष से कहीं अधिक है। हमें किसी संघर्ष को नहीं खत्म करना है, न ही किसी को रेवड़ियाँ बाँटनी हैं, और न ही सत्ता का बँटवारा करना है। अब हमारे पास यह सब उपलब्ध है तथा जनता की हमसे अत्यधिक उम्मीदें हैं। मैं ईश्वर से प्रार्थना करता हूँ कि हमें इन सबसे ऊपर उठने की बुद्धि तथा क्षमता प्रदान करे तथा जिस आज़ादी को हमने इतने संघर्ष के बाद सफलतापूर्वक हासिल किया है, हम उसको सुरक्षित रखते हुए देश की सेवा कर सकें।

महात्मा गाँधी उन विधियों की शुद्धता पर बहुत ज़ोर देते थे, हम जिनका प्रयोग अपने लक्ष्यों की प्राप्ति के लिए करते हैं। हमें यह नहीं भूलना चाहिए कि यह शिक्षा शाश्वत है और यह शिक्षा सिर्फ संघर्ष तथा निराशा के दौर में ही उपयोगी नहीं थी बल्कि आज हमें इसकी पहले से कहीं अधिक ज़रूरत है। हमारी यह मानसिकता रही है कि हम सभी प्रकार की गलतियों के लिए सदैव दूसरों को दोष देते हैं और कभी भी स्वयं का अवलोकन नहीं करना चाहते कि कहीं हममें ही तो कोई दोष नहीं है। दूसरों की कमियाँ निकालना बहुत आसान है, लेकिन दूसरों की प्रशंसा करना आसान नहीं है। मैं सिर्फ यह आशा भर कर सकता हूँ कि जिन्हें इस संविधान के साथ कार्य करने का भविष्य में सौभाग्य हासिल होगा, वे इस सीख को याद रखेंगे कि राष्ट्रपिता द्वारा हमें सिखाए गए मौलिक सिद्धांतों से ही हम दुर्लभ विजय हासिल कर सकते हैं। अब यह हमारे ऊपर है कि हम यह जीत हासिल कर इसका फल आम आदमी तक पहुँचा सकें। हमें अपने स्वतन्त्र गणराज्य का शुभारम्भ पूर्ण विश्वास तथा हौसलों के साथ करना है, जिसमें सत्य तथा अहिंसा की भावना निहित है तथा इसमें हमारे भीतरी दिल जुड़े हुए हैं और हमें ईश्वर का आशीर्वाद प्राप्त है।

अपना अभिभाषण समाप्त करने से पहले मैं इस महान सदन के सभी सदस्यों का आभार व्यक्त करता हूँ, जिनसे मुझे न सिर्फ पर्याप्त सम्मान प्राप्त हुआ, बल्कि यदि मैं ऐसा कहूँ कि उनसे मुझे स्नेह एवं सौहार्द्र भी मिला है, तो गलत न होगा। इस आसन पर बैठकर तथा दिन-प्रतिदिन की सदन की कार्रवाइयों को देखकर मैंने जो कुछ महसूस किया, वह किसी अन्य सदस्य ने नहीं किया होगा। जिस दृढ़ता एवं समर्पण के साथ प्रारूप समिति के सदस्यों, विशेषकर इसके अध्यक्ष डॉ. अम्बेडकर ने अपने खराब स्वास्थ्य के बावजूद कार्य किया है, वह काबिले तारीफ है (करतल ध्वनि)। उन्हें प्रारूप समिति में रखकर तथा इसका अध्यक्ष बनाकर, जो कुछ सही निर्णय हमने लिए हैं, वह अत्यन्त दुर्लभ थे। उन्होंने न सिर्फ अपने चयन को सार्थक सिद्ध किया, बल्कि उन्होंने अपने कार्य के प्रति एक तृष्णा भी दिखाई। इस सम्बन्ध में समिति के अन्य सदस्यों के साथ भेद-भाव करना अनुचित होगा। मैं जानता हूँ कि उन सभी ने समान रूप से अपने अध्यक्ष की भाँति ही पूर्ण निष्ठा एवं समर्पण के साथ अपने दायित्वों का निर्वाह किया है और वे देश की ओर से धन्यवाद के पात्र हैं।

यदि आप मुझे अनुमति दें, तो मैं सदन की तथा स्वयं की ओर से हमारे संवैधानिक सलाहकार श्री बी.एन. राऊ को धन्यवाद देना चाहता हूँ। वे जब तक यहाँ रहे, उन्होंने पूर्ण मेहनत के साथ कार्य किया तथा अपने ज्ञान तथा विद्वता से ही सदन की सहायता नहीं की, वरन् अन्य सदस्यों को भी अपनी विद्वता

दिखाने हेतु पर्याप्त सामग्री उपलब्ध करायी। इस कार्य में उनका साथ उनके अनेक अनुसन्धानकर्त्ताओं एवं स्टाफ के अन्य सदस्यों ने भी दिया। हम श्री एस. एन. मुखर्जी का भी धन्यवाद देते हैं, जिन्होंने प्रारूप समिति के कार्य में अमूल्य सहायता प्रदान की।

अब मैं संविधान सभा के सचिवालय के स्टाफ की ओर आता हूँ। सर्वप्रथम मैं इसके सचिव श्री एच.वी.आर आयंगर का उल्लेख करना तथा उन्हें धन्यवाद देना चाहूँगा, जिन्होंने सचिवालय को एक क्षमतावान कार्यशील संस्था के रूप में सुगठित किया। यद्यपि कार्य प्रारम्भ हो जाने के बाद हमारे लिए यह सम्भव था कि हम उन्हें दूसरे महत्त्वपूर्ण कार्यों के लिए मुक्त कर दें, किन्तु इसके बावजूद वे हमारे सचिवालय अथवा संविधान सभा के कार्य के साथ निरन्तर सम्पर्क में रहे।

हमारे उपसचिव श्री जुगल किशोर खन्ना के कुशल नेतृत्व में स्टाफ के सभी सदस्यों ने पूरी क्षमता तथा समर्पण के साथ कार्य किया है। हमेशा यह देख पाना सम्भव नहीं हो पाता था कि उन्होंने क्या किया है, लेकिन जिस प्रकार सभी सदस्यों ने उनके कार्य की भूरि-भूरि प्रशंसा की है, निश्चित रूप से वे इसके पात्र हैं। जिस प्रकार हमारे रिपोर्टरों ने अपना दायित्व पूरा किया है, उससे हमें संविधान सभा की कार्रवाइयों के रिकार्डों को सुरक्षित करने में सहायता मिली है, जो अत्यन्त मुश्किल एवं लम्बा कार्य था। इस हेतु वे बधाई के पात्र हैं। मैं अनुवाद समिति के अध्यक्ष तथा सदस्यों का भी आभार व्यक्त करता हूँ, जिन्होंने अपने अध्यक्ष माननीय श्री जी.एस. गुप्ता की अध्यक्षता में संविधान में प्रयुक्त किए गए अंग्रेज़ी शब्दों के हिन्दी समानार्थी ढूँढने का कठिन कार्य पूर्ण किया। अब वे भाषाविदों की एक समिति की एक शब्दावली तैयार करने में सहायता कर रहे हैं, जो अन्य सभी भाषाओं द्वारा संविधान तथा कानून के अंग्रेज़ी शब्दों के पर्याय के रूप में स्वीकृत हो सकें। सुरक्षा अधिकारियों, पुलिस अधिकारियों तथा मार्शलों ने हमारी सुरक्षा के लिए अत्यन्त महत्त्वपूर्ण दायित्व का निर्वाह किया है (करतल ध्वनि)। मैं इस अवसर पर अपने परिचारकों को धन्यवाद देना नहीं भूलना चाहता। ऐसा कहना मेरे लिए इस कारण आवश्यक है क्योंकि संविधान निर्माण के कार्य के सम्पन्न हो जाने के बाद उनमें से अधिकांश जो अस्थाई रूप से कार्य कर रहे हैं, तब तक के लिए बेरोजगार हो जाएंगे, जब तक उन्हें अन्य विभागों तथा मंत्रालयों में नौकरी नहीं दे दी जाती। मैं आशा करता हूँ कि इन सभी को नौकरियों में खपा दिया जाएगा क्योंकि इनके पास पर्याप्त अनुभव है और ये अत्यन्त क्षमतावान कर्मचारी हैं। वे सभी सदस्य मेरे धन्यवाद

के पात्र हैं, जिनसे मैंने सम्मान, सहयोग तथा सेवाएँ प्राप्त की हैं" (लम्बी करतल ध्वनि)।

"अब डॉ. अम्बेडकर द्वारा सदन में प्रस्तुत प्रस्ताव मतदान के लिए रखा जाता है। प्रश्न यह है कि क्या संविधान सभा द्वारा निर्धारित संविधान पारित किया जाता है?

प्रस्ताव पारित हो गया है" (लम्बी करतल ध्वनि)।

(*कांसटीट्यूएन्ट असेम्बली डिबेट्स*, खण्ड 11 पृ. 972-81)

8

संविधान के निर्माता

संविधान सभा द्वारा पारित किए गए संकल्प के अनुसार सर बी.एन. राऊ ने प्रस्तावित संविधान का एक प्रारूप तैयार किया। इस प्रारूप में 240 अनुच्छेद तथा 13 अनुसूचियाँ थीं। इस प्रारूप को तैयार करने से पहले सर राऊ ने ग्रेट ब्रिटेन, आयरलैण्ड, अमेरिका तथा कनाडा का भ्रमण किया एवं उनके संविधानों का गहन अध्ययन किया। उन्होंने इस विषय में अमेरिकी राष्ट्रपति ट्रूमैन, आयरलैण्ड के प्रधानमंत्री डी. वैलेरा, अनेक संवैधानिक विशेषज्ञों, विधिवेत्ताओं तथा न्यायाधीशों से बात की।

यह प्रारूप डॉ. अम्बडेकर की अध्यक्षता में गठित प्रारूप समिति को सन्दर्भित कर दिया गया, जिसे इसी प्रारूप के आधार पर संविधान का प्रारूप तैयार करना था।

डॉ. अम्बेडकर ने संविधान सभा में दलितों के अधिकारों की रक्षा करने के उद्देश्य से ही प्रवेश किया था, लेकिन उन्हें इससे कहीं अधिक महत्त्वपूर्ण भूमिका दे दी गयी। अम्बेडकर ने इसे निम्नांकित शब्दों में व्यक्त किया है–

"मैं यहाँ संविधान सभा में कोई बड़ी महत्वाकांक्षा लेकर नहीं आया था। मेरा यहाँ आने का एकमात्र उद्देश्य अनुसूचित जातियों के हितों के संरक्षण की बात उठाना था। मुझे कल्पना में भी यह विश्वास नहीं था कि मुझे सर्वाधिक महत्त्वपूर्ण दायित्व सौंपे जाने के लिए बुलाया गया है। यह देखकर मुझे और भी अधिक आश्चर्य हुआ कि संविधान सभा ने मुझे प्रारूप समिति में चुना। इससे भी अधिक आश्चर्य मुझे तब हुआ जब प्रारूप समिति ने मुझे अपना अध्यक्ष चुन लिया।"

कानून मंत्री के रूप में कैबिनेट में शामिल होने के बाद उन्होंने कहा था– "...यह प्रस्ताव मेरे लिए आश्चर्य की बात थी। मैं विपक्षी गुट में था और अगस्त 1946 में अन्तरिम सरकार के गठन के समय से ही सरकार की अक्षमता पर प्रहार

कर रहा था। मुझे यह अनुमान अभी भी लगाना है कि ऐसा क्या हो गया जिससे प्रधानमंत्री के मन में मेरे प्रति परिवर्तित दृष्टिकोण उत्पन्न हो गया।"

(डॉ. बाबा साहेब अम्बेडकर: *राइटिंग्स एॅण्ड स्पीचेज़*, खण्ड–14, पृ. 1318)

कहा जाता है कि गाँधी जी ने ही प्रारूप समिति के लिए डॉ. अम्बेडकर के नाम का सुझाव दिया था। यह इस प्रकार घटित हुआ कि जवाहर लाल नेहरू तथा श्रीमती सरोजनी नायडू गाँधी जी के पास यह बताने के लिए गए कि उन्हें भारत के संविधान का प्रारूप तैयार करने के लिए कोई उपयुक्त व्यक्ति नहीं मिल रहा है और वे इवोर जेनिंग्स जैसे संवैधानिक विशेषज्ञ को इस कार्य हेतु आमंत्रित करने की सोच रहे हैं, जिन्होंने विभिन्न देशों का संविधान तैयार किया है। यह सुनकर गाँधी जी ने फौरन डॉ. अम्बेडकर के नाम का सुझाव दिया और नेहरू जी को एक बड़ी चिंता से मुक्त कर दिया।

यह गाँधी जी ही थे, जिनके बारे में कहा जाता है कि उन्होंने ही नेहरू जी पर डॉ. अम्बेडकर को अपनी कैबिनेट में शमिल करने का दबाव डाला था। नेहरू जी ने स्पष्ट रूप से गाँधी जी को बता दिया था कि वे डॉ. अम्बेडकर को अपने मंत्रिमंडल में नहीं रखना चाहते क्योंकि वे स्वतंत्रता आन्दोलन के एक अवरोधक थे। गाँधी जी ने नेहरू जी को उत्तर दिया कि आज़ादी भारत को मिली है, न कि सिर्फ नेहरू को, इसलिए डॉ. अम्बेडकर की प्रतिभा तथा क्षमता का उपयोग हमें आधुनिक भारत को बनाने के लिए करना चाहिए। इस प्रकार अब नेहरू जी के पास डॉ. अम्बेडकर को कानून मंत्री बनाने के अलावा और कोई चारा नहीं था।

एक अन्य मान्यता के अनुसार कांग्रेस के धुर विरोधी डॉ. बी.आर. अम्बेडकर का कानून मंत्री बनाया जाना तथा संवैधानिक बिलों को प्रस्तुत करने में अम्बेडकर की भूमिका का विचार उनका (राजगोपालाचारी) था।

(द *राजाजी स्टोरी*, 1937–1972, राजमोहन गाँधी, पृ. 137)

जगजीवन राम की धर्मपत्नी इन्द्राणी देवी ने अपनी पुस्तक *देखी सुनी बातें* में लिखा है–

"अम्बेडकर ने हमारे घर आना–जाना शुरू कर दिया था। उन्होंने जगजीवन राम से अनुरोध किया कि वे गाँधी जी से उन्हें अपने मंत्रिण्डल में शामिल करवाने को कहें। गाँधी जी से बात करने से पहले जगजीवन राम ने सरदार पटेल से इस विषय पर बात की, जिन्होंने उनसे कहा था कि वे जैसा चाहें

वैसा करें। जगजीवन राम उलझन में थे क्योंकि अम्बडेकर जी ने हमेशा गाँधी जी तथा कांग्रेस का विरोध किया था। अब वे कैसे गाँधी जी से उनका नाम प्रस्तावित कर सकते हैं? इसके बावजूद दरियादिली दिखाते हुए उन्होंने अम्बेडकर की ओर से गाँधी जी से बात की और उनसे अनुरोध किया कि वे पण्डित नेहरू से अम्बेडकर को अपनी कैबिनेट में रखने के विषय में बात करें।"

(*देखी सुनी बातें*, इन्द्राणी जगजीवन राम,
खण्ड 2, पृ. 15)

डॉ. अम्बेडकर ने कहा, "प्रारूप समिति को संविधान सभा के आदेशानुसार विभिन्न समितियों, जैसे-संघीय शक्ति समिति, संघीय संविधान समिति, प्रांतीय संविधान समिति तथा मौलिक अधिकारों, अल्पसंख्यकों, आदिवासी क्षेत्रों आदि पर सलाहकार समिति द्वारा तैयार की गयी रिपोर्टों के आधार पर एक संविधान तैयार करने का दायित्व दिया गया था। मैं आशा करता हूँ कि प्रारूप समिति ने प्राप्त निर्देशों के अनुरूप ही अपने दायित्वों का निर्वहन किया है।"

(डॉ. बाबा साहेब अम्बेडकर: *राइटिंग्स एँण्ड स्पीचेज़*,
खण्ड-13, पृ. 49)

अम्बेडकर ने आगे कहा–

"जो श्रेय मुझे दिया गया है, वह वास्तव में मेरा श्रेय नहीं है। आंशिक रूप से यह श्रेय संविधान सभा के संवैधानिक सलाहकार सर बी.एन. राऊ को दिया जाना चाहिए, जिन्होंने प्रारूप समिति के विचार हेतु संविधान का एक कच्चा प्रारूप तैयार किया। इसका कुछ श्रेय प्रारूप समिति के सदस्यों को जाना चाहिए, जो जैसा कि मैं पहले कह चुका हूँ, 141 दिनों तक बैठे तथा जिनकी बुद्धिमत्ता तथा नए सिद्धांत विकसित करने के गुणों एवं विभिन्न दृष्टिकोणों को समाविष्ट करने की क्षमता के बग़ैर संविधान तैयार करने का कार्य इतनी सफलतापूर्वक सम्भव नहीं हो सकता था। इस श्रेय का एक बड़ा भाग संविधान को मुख्य रूप से प्रारूप की शक्ल देने वाले श्री एस.एन. मुखर्जी को दिया जाना चाहिए। अत्यंत उलझे हुए प्रस्तावों को सरलतम एवं स्पष्टतम वैधानिक रूप देने में उनकी दक्षता की बराबरी शायद ही की जा सके और उनके कठिन परिश्रम की तुलना करना भी कठिन है। वे संविधान सभा की एक अमूल्य निधि हैं। उनकी सहायता के बिना इस सभा को संविधान तैयार करने में और भी अधिक वर्ष लग जाते।

प्रारूप समिति का कार्य और भी अधिक कठिन हो जाता, यदि यह संविधान सभा एक मूकदर्शक मात्र होती, सदस्य मात्र सदन की शोभा बढ़ा रहे होते या

प्रत्येक सदस्य अथवा प्रत्येक समूह स्वयं को ही कानून समझता। ऐसे में और कुछ नहीं बल्कि अव्यवस्था ही दिख रही होती। कांग्रेस पार्टी की सभा के अन्दर उपस्थिति ने इस सम्भावना को नगण्य कर दिया, जिसके परिणामस्वरूप इसकी कार्रवाइयों में सुव्यवस्था तथा अनुशासन सम्भव हो सका। ऐसा कांग्रेस पार्टी के अनुशासन के कारण ही हुआ कि प्रारूप समिति इस विश्वास के साथ कि प्रत्येक अनुच्छेद तथा प्रत्येक संशोधन का क्या भविष्य होगा, यह जानते हुए संविधान को सदन में प्रस्तुत कर सकी। अत: कांग्रेस पार्टी को सदन में संविधान के प्रारूप के विधिवत एवं शान्तिपूर्वक प्रस्तुत हो जाने का पूरा श्रेय दिया जाना चाहिए।"

(डॉ. बाबा साहेब अम्बेडकर: *राइटिंग्स ऍण्ड स्पीचेज़,*
खण्ड–13, पृ. 1208–9)

सैयद मुहम्मद सादुल्ला के अनुसार–"प्रारूप समिति एक स्वतंत्र एजेन्सी नहीं थी। शुरूआत से ही विभिन्न प्रविधियों तथा परिस्थितियों के कारण वे लाचार थे। हमें सिर्फ बच्चे को कपड़े पहनाने को कहा गया था और यह बच्चा और कोई नहीं बल्कि लक्ष्य आधारित संकल्प थे, जिन्हें संविधान सभा ने पारित किया था। हमें बताया गया था कि संविधान को संगत होना चाहिए तथा लक्ष्य आधारित संकल्पों के चारों कोनों के अन्दर ही होना चाहिए। इसके अतिरिक्त जो भी हमने किया, उस पर इस सदन में चर्चा हुई और तब उसे इस सदन द्वारा स्वीकार किया गया। ऐसे में प्रारूप समिति का कोई भी सदस्य इतना हठी होने का दुस्साहस नहीं कर सकता था कि वह इस सदन के कुल 308 सदस्यों के विरुद्ध 7 सदस्यों के दृष्टिकोण पर प्रहार कर सके।

यह मनोविज्ञान का सर्वमान्य सिद्धांत है कि मनुष्य एक सामाजिक प्राणी है। संविधान का प्रारूप, जिसे प्रारूप समिति के सदस्यों को इस सदन के पटल पर प्रस्तुत करना था, इस सार्वभौमिक सिद्धांत की अवहेलना नहीं कर सकता था। उन्हें देश में व्याप्त परिस्थितियों का भी ध्यान रखना था। इस कारण कुछ ऐसे प्रावधान करने पड़े जो लोकतंत्र की भावना का प्रतिनिधित्व नहीं करते थे। यहाँ तक कि प्रारूप समिति के सदस्यों को भी कुछ ऐसी शक्तियों के आगे झुकना पड़ा, जो प्रारूप समिति से अधिक शक्तिशाली थीं।

मुझे याद है कि हमारे संविधान के अनेक अनुच्छेदों का हमें कम से कम सात बार संशोधन करना पड़ा था। एक अनुच्छेद के प्रारूप को प्रारूप समिति के एक–एक सदस्य से गहन विचार–विमर्श करके तैयार किया गया। इसे सरकार के तत्सम्बन्धी मंत्रालय के विभाग द्वारा भी जाँचा गया। उनके द्वारा इसकी आलोचना होने पर उनकी आवश्यकताओं के अनुरूप प्रारूप को पुन: तैयार किया

गया। इसके बाद इसे इस सदन के सबसे बड़े ब्लॉक अर्थात् इस पर सदन की बहुमत वाली पार्टी कांग्रेस के संसदीय दल ने विचार-विमर्श किया, जो अकेले ही इस सदन में अपने दम पर संविधान पारित करवा सकती है और कभी-कभी हमें लगता है कि उन्होंने अपने खुद के सुझाव दिए, जिन्हें प्रारूप समिति के सदस्यों को उचित वैधानिक तथा संवैधानिक रूप देना पड़ा।

मानव निर्मित कोई भी संविधान अथवा आलेख पूर्ण नहीं है और कहावत है कि वास्तविकता सदैव आदर्शों पर हावी हो जाती है। यद्यपि मैं भी प्रारूप समिति का एक सदस्य था, किन्तु मुझे भी इस संविधान में निहित अनेक सिद्धान्तों पर आपत्ति है। इसका मतलब यह नहीं निकाला जाना चाहिए कि मैं संविधान के प्रारूप में किए गए उन प्रावधानों के लिए व्यक्ति विशेष पर आरोप लगा रहा हूँ क्योंकि हमारे संविधान में निहित प्रावधानों के लिए इसका सदस्य होने के कारण मैं भी समान रूप से उत्तरदायी हूँ।"

(डॉ. बाबा साहेब अम्बेडकर: *राइटिंग्स एँण्ड स्पीचेज़*, खण्ड-13, पृ. 1174-75)

संविधान सभा के अध्यक्ष डॉ. राजेन्द्र प्रसाद ने कहा-

"....इस संविधान को तैयार करने हेतु जो प्रक्रिया अपनायी गयी, उसमें सर्वप्रथम संविधान सभा ने सन्दर्भ हेतु कुछ नियम तैयार किए, जो लक्ष्य आधारित संकल्प के रूप में थे, जिन्हें पण्डित जवाहर लाल नेहरू ने एक प्रेरणादायक भाषण के माध्यम से प्रस्तुत किया था और जो अब हमारे संविधान की प्रस्तावना का अंग हैं। इसके पश्चात इसने विभिन्न संवैधानिक समस्याओं से निपटने के लिए अनेक समितियाँ गठित कीं। इनमें से अनेक के अध्यक्ष या तो पण्डित जवाहर लाल नेहरू या सरदार वल्लभ भाई पटेल थे, जिन्हें हमारे संविधान की आत्मा तैयार करने का श्रेय दिया जा सकता है। इन सभी ने अत्यन्त परिश्रमपूर्वक अपने दायित्वों का निर्वाह किया तथा रिपोर्टें तैयार कीं, जिन्हें सभा द्वारा विश्लेषित किया गया तथा उनके सुझावों के आधार पर संविधान का प्रारूप तैयार किया गया। सर बी.एन. राऊ ने अन्य देशों के संविधानों की दिशाओं तथा परिस्थितियों का अध्ययन करने का दायित्व अपने ऊपर लिया। उनके सुदीर्घ प्रशासनिक अनुभव के कारण उनमें इस दायित्व का निर्वाह करने की उत्कृष्ट क्षमता थी। संविधान सभा ने तत्पश्चात प्रारूप समिति नियुक्त की, जिसने सर बी.एन. राऊ द्वारा तैयार किए गए मूल प्रारूप का अध्ययन किया तथा संविधान का प्रारूप तैयार किया, जिसे संविधान सभा ने चर्चा के द्वारा विश्लेषित तथा प्रेक्षित किया। मात्र प्रारूप समिति के सदस्यों ने ही संविधान का गहन अध्ययन नहीं किया था, बल्कि अन्य सदस्य भी इसके सम्पूर्ण प्रारूप का सूक्ष्मतापूर्वक

तथा गहराई के साथ मूल्यांकन कर रहे थे और कोई आश्चर्य नहीं कि हमें कभी-कभी न सिर्फ एक-एक अनुच्छेद या एक-एक वाक्य और कभी-कभी तो एक-एक शब्द पर ग़ौर करना पड़ा।"

ग्रैनविल ऑस्टिन ने कहा–"नेहरू तथा पटेल सभा में सत्ता के प्रमुख केन्द्र थे। जब उनमें सम्पत्ति सम्बन्धी अनुच्छेद जैसे किसी विषय पर मतभेद हो जाते थे, तो दोनों के अलग-अलग गुट बन जाते थे, लेकिन जब वे अपने मतभेद सुलझा लेते थे तो ये गुट हाथ मिलाकर निर्णय का समर्थन कर देने के अलावा और कुछ नहीं करते थे और सर्वसम्मति से निर्णय हो जाते थे। केवल नेहरू तथा पटेल ही सदन के शक्तिशाली व्यक्तित्व नहीं थे, बल्कि उनके प्रतिष्ठित सहयोगी आज़ाद और विशेषकर प्रसाद का भी प्रभाव यहाँ देखा जा सकता था। प्रसाद अपने प्रभाव का खुलकर इस्तेमाल नहीं करते थे क्योंकि संविधान सभा के अध्यक्ष के रूप में उनकी मर्यादा उन्हें ऐसा करने से रोकती थी। लेकिन परदे के पीछे से उनके द्वारा दिए गए सुझावों का बड़ा महत्त्व होता था। एक परम्परावादी व्यक्ति होने के कारण उनकी सहानुभूति प्रायः पटेल के साथ होती थी और पुरुषोत्तम दास टण्डन जैसी महत्त्वपूर्ण हस्ती भी सदन में अपने विचारों को अभिव्यक्त करने के लिए प्रसाद का प्रायः प्रयोग किया करती थी।"

(*अम्बेडकर एँण्ड सोशल जस्टिस*: प्रकाशन विभाग,
भारत सरकार, खण्ड-1, पृष्ठ. 241)

एम.वी. पायली ने भी अपनी पुस्तक *कॉन्सटीट्यूशनल गवर्नमेंट इन इण्डिया* में पृष्ठ 142 पर लिखा है–"·····यहाँ यह उल्लेख किया जाना चाहिए कि प्रारूप समिति में डॉ. अम्बेडकर तथा अन्य सदस्यों को पूरी स्वतंत्रता नहीं प्राप्त थी। उन्हें अन्य एजेंसियों के निर्देशों के तहत कार्य करना पड़ता था। अधिकांश मूलभूत मामलों में उन्हें नेहरू, पटेल तथा कांग्रेस पार्टी के विचारों तथा निर्णयों को स्थान देना पड़ता था। किसी भी मसले पर नेहरू तथा पटेल, जो क्रमशः आदर्शवादी तथा यथार्थवादी थे, के विचार अन्तिम हुआ करते थे······।"

डॉ. ए.के. मजूमदार ने *इण्डियन कॉन्सटीट्यशनल डाक्यूमेंट्स:* मुंशी पेपर्स में लिखे गए अपने सम्पादकीय में कहा है–"संविधान सभा एक सम्प्रभुता सम्पन्न निकाय थी और औपचारिक रूप से अन्तिम निर्णय करती थी। यद्यपि संविधान सभा की बहसें तथा समितियों की रिपोर्टें अत्यन्त सूचनापरक तथा निर्देशात्मक हैं लेकिन यह याद रखा जाना चाहिए कि अनौपचारिक रूप से अनेक महत्त्वपूर्ण निर्णय या तो पण्डित नेहरू या सरदार पटेल द्वारा लिए गए थे।"

(*अम्बेडकर एँण्ड सोशल जस्टिस*: प्रकाशन विभाग,
भारत सरकार, खण्ड-1, पृष्ठ 32, 33)

श्री कृष्णास्वामी भारती ने कहा–

"प्रारूप के प्रावधानों के लिए अम्बेडकर को कोई बधाई नहीं दी जानी चाहिए क्योंकि वे उनके विचार नहीं थे। संविधान के अधिकांश अनुच्छेदों की गहन चर्चा की गयी तथा उन्हें प्रारूप समिति पर सम्मिलित करने के लिए छोड़ दिया गया।"

(डॉ. बाबा साहेब अम्बेडकर: *राइटिंग्स ऐण्ड स्पीचेज़*, खण्ड–13, पृ. 89)

संविधान के प्रारूप पर हो रही चर्चा के दौरान डॉ. पी.एस. देशमुख ने अपने तर्क रखते हुए कहा था कि माननीय डॉ. अम्बेडकर भी संविधान के अन्तर्गत प्रशासन के नीति निर्देशक सिद्धांत डालते हुए इसके औचित्य से दुख महसूस कर रहे थे। उन्होंने स्वीकार किया था कि यदि उनका बस चलता तो वे इन्हें संविधान की अनुसूचियों से निकाल देते। मुझे लगता है कि उनकी ओर से यह सबसे स्पष्ट जवाब था।

श्री बी.एन. राऊ, जो संवैधानिक सलाहकार थे, को भी संविधान का प्रारूप तय करते समय इस खतरे का अहसास था कि यदि केन्द्र सरकार द्वारा पारित मौलिक अधिकार राज्य सरकारों द्वारा पारित कानूनों के साथ संघर्ष की भूमिका में टकराव करेंगे और राज्य कानूनी अदालतों में नीति निर्देशक सिद्धांतों को अनौचित्यपूर्ण ठहराएंगे तो मौलिक अधिकारों को उन राज्यों के कानूनों पर वरीयता दी जानी चाहिए। इस खतरे से बचने के लिए श्री बी.एन. राऊ ने प्रारूप समिति के अध्यक्ष के माध्यम से संविधान सभा के अध्यक्ष के समक्ष दो संशोधन रखे थे। इन संशोधनों का उद्‌देश्य यह स्पष्ट करना था कि संविधान के प्रारूप के द्वितीय अध्याय द्वारा दिए गए अधिकारों में टकराव होने पर जनकल्याण को व्यक्तिगत अधिकारों पर वरीयता दी जाएगी। संविधान सभा ने प्रारूप समिति के अध्यक्ष द्वारा दिए गए ये सुझाव स्वीकार नहीं किए। अतः इन्हें प्रारूप समिति द्वारा तैयार किए गए संविधान सभा के प्रारूप में स्थान नहीं मिल सका।

"…यदि डॉ. अम्बेडकर की निर्णय लेने के स्तर पर आवाज सुनी जाती तो वे श्री के.टी. शाह, सेठ दामोदर स्वरूप, श्री अरुणचन्द्र गुहा इत्यादि समाजवादियों के साथ सुर में सुर मिलाते हुए नीति निर्देशक सिद्धांतों के कुछ अनुच्छेदों को मौलिक अधिकारों में शामिल करवा लेते। इससे हमारा संविधान और भी अधिक समाजवादी दिखने लगता क्योंकि डॉ. अम्बेडकर भी हृदय से एक समाजवादी ही थे। कुछ लोग कहेंगे कि इस प्रकार के किन्तु–परन्तु का कोई मतलब नहीं

है, मगर मैं (डॉ. बी.आर. जोशी) समझता हूँ कि ये किन्तु-परन्तु ही भविष्य के लिए दिशा-निर्देश हैं।

(*अम्बेडकर एँण्ड सोशल जस्टिस*: प्रकाशन विभाग, भारत सरकार, खण्ड-2, पृ.33)

2 सितम्बर, 1953 को संसद में आन्ध्र राज्य बिल (1953) पर बोलते हुए डॉ. अम्बेडकर ने कहा था–

"लोग लगातार मुझसे यह कहते रहते हैं कि ओह, आप ही संविधान के निर्माता हैं। मेरा उत्तर होता है कि मैं भाड़े का टट्टू मात्र था। मुझसे जो कुछ करने को कहा गया, उसे मैंने ज़्यादातर अपनी इच्छा के विरुद्ध किया।"

डॉ. अम्बेडकर के इस बयान पर संसद में निम्नलिखित चर्चा हुई–

श्री पी. सुन्दरैया : आपने अपने मालिकों की सेवा इस प्रकार क्यों की?

माननीय अध्यक्ष महोदय : ऑर्डर ऑर्डर!

डॉ. बी.आर. अम्बेडकर : महोदय, हमने इन्हें उत्तराधिकार में प्राप्त किया था। मुझे लगता है कि अंग्रेज़ों से घृणा करने के कारण लोकतंत्र के विषय में उनके अनेक विचार सम्पूर्ण विश्व में स्वीकार नहीं किए जाते हैं। हमने उनसे उत्तराधिकार में यह प्राप्त किया कि राज्यपाल को कोई भी अधिकार नहीं होंगे। वह एक रबर स्टाम्प मात्र होगा। एक मंत्री, वह चाहे कितना ही नीच क्यों न हो, कितना ही भ्रष्ट क्यों न हो, अगर वह राज्यपाल के समक्ष कोई प्रस्ताव रखता है, तो राज्यपाल को उसे स्वीकार करना ही होगा। यह लोकतंत्र के बारे में वह अवधारणा है जिसे हमने आगे बढ़ाया है।

श्री एम.एस. राणावत : लेकिन, आपने ही तो इसका बचाव भी किया था।

डॉ. बी.आर. अम्बेडकर : हम वकील लोग बहुत सी बातों का बचाव करते हैं। चूँकि यह एक अत्यंत महत्त्वपूर्ण समस्या है, इसलिए जो कुछ मैं कह रहा हूँ, उसे कृपया ध्यानपूर्वक सुनें। महोदय, अंग्रेज़ों से विरोध रखने के कारण हमें यहाँ लोकतंत्र विकसित करना था।

अंग्रेज़ जा रहे थे और अब उनके पास कोई अधिकार शेष नहीं बचे थे। एक राज्यपाल के पास भी कोई अधिकार नहीं होने चाहिए। इसके लिए मैं दो उदाहरण देता हूँ। पहला उदाहरण कनाडा के संविधान के बारे में है और मैं कनाडा के संविधान के अनुच्छेद 93 का ज़िक्र कर रहा हूँ। जैसा कि यह सदन जानता है कि हमारी तरह कनाडा भी द्विभाषी राष्ट्र है। इसके एक हिस्से में फ्रेंच बोली जाती है और इससे भी बुरी बात यह है कि वहाँ के प्रोटेस्टेंट नागरिक अंग्रेज़ी बोलते हैं, जबकि फ्रेंच बोलने वाले नागरिक रोमन कैथोलिक हैं। सन् 1864 में कैथोलिक नागरिक इस बात से भयभीत थे कि अंग्रेज़ी भाषी प्रोटेस्टेंट नागरिकों का बहुमत है और इसलिए वे संयुक्त कनाडा का संविधान बनवाने के लिए तैयार नहीं हो रहे थे। इसलिए कनाडा के संविधान में संसद द्वारा अनुच्छेद 93 जोड़ा गया। इस अनुच्छेद में दो बातें हैं–

यह कहता है कि यदि कोई प्रान्त (स्वाभाविक रूप से यहाँ प्रान्त का अभिप्राय प्रोटेस्टेंट क्षेत्रों के प्रान्तों से है) जहाँ रोमन कैथोलिक लोग किसी मामले पर कोई कानून पारित करते हैं, जो वे धर्म पर अपने विशेषाधिकार का इस्तेमाल करते हुए पारित करते हैं, तो वहाँ के लोगों का यह अधिकार होगा कि वे उनके साथ किए गए गलत कार्य के लिए गवर्नर जनरल के पास अपील कर सकें तथा अनुच्छेद 93 के तहत गवर्नर जनरल के पास उनकी शिकायतों को सुनने का अधिकार सुरक्षित होगा। अनुच्छेद 93 न सिर्फ रोमन कैथोलिकों को बहुमत के निर्णय के विरुद्ध अपील करने का वैधानिक अधिकार देता है, बल्कि यह इससे भी आगे जाता है और कहता है कि गवर्नर जनरल कैथोलिक अल्पसंख्यकों के संरक्षण के लिए सकारात्मक कदम उठा सकेगा। मैं अपने मित्र

गृह मंत्री महोदय से पूछना चाहूँगा कि क्या वे कनाडा के संविधान के अनुच्छेद 93 को लोकतांत्रिक मानते हैं अथवा नहीं? उनका क्या जवाब है?

डॉ. के.एन. काटजू : मेरा जवाब यह है कि आपने ही यह संविधान तैयार किया है।

डॉ. बी.आर. अम्बेडकर : आप अपने दोषों के लिए मुझे ज़िम्मेदार ठहराना चाहते हैं?

माननीय अध्यक्ष महोदय : उनका कहना है कि उन्होंने संविधान का इसलिए बचाव किया क्योंकि यह बहुमत का निर्णय था।

डॉ. बी.आर.अम्बेडकर : महोदय, मेरा कहना यह है कि अगर यहाँ भी अनुच्छेद 93 की भाँति गवर्नर जनरल को अधिकार संविधान में संशोधन करते हुए दे दिए जाते तो इसमें कोई नुकसान नहीं था। ये अधिकार निश्चित रूप से उन कुछ छोटे भाषाई क्षेत्रों अथवा भाषाई समूहों को संरक्षण प्रदान करते, जिन्हें लगता है कि राज्यों के बहुमत उनके साथ न्याय नहीं कर रहे है।

महोदय, मेरे मित्र मुझसे कहते हैं कि मैंने ही संविधान बनाया है। लेकिन मैं यह कहने को पूरी तरह से तैयार हूँ कि मैं वह पहला व्यक्ति होऊँगा, जो इसे जलाएगा। मैं इसे नहीं चाहता। यह किसी के लिए भी उपयुक्त नहीं है।

लेकिन जो भी हो, अगर हमारे लोग इसे बनाए रखना चाहते हैं तो उन्हें यह नहीं भूलना चाहिए कि यहाँ बहुसंख्यक भी हैं और अल्पसंख्यक भी, और वे अल्पसंख्यकों से यह कहकर पीछा नहीं छुड़ा सकते, "अरे नहीं! आपको पहचान देना लोकतंत्र को नुकसान पहुँचाना है।" मैं कहना चाहूँगा कि अल्पसंख्यकों को क्षति पहुँचाकर भविष्य में बहुत अधिक नुकसान होगा। मुझे कभी-कभी डर लगता है कि जिस प्रकार हमारे बंबई राज्य में

> अल्पसंख्यकों के साथ व्यवहार किया जा रहा है, यदि इसी प्रकार का व्यवहार उनके साथ किया जाता रहा, तो (मैं वहाँ नहीं जाता, लेकिन मेरे मित्र मुझे बताते रहते हैं और मुझे अपने राज्य में कोई रुचि भी नहीं है। जैसा कि आप जानते हैं, मैं स्वयं को एक महाराष्ट्रियन कहलाना भी पसंद नहीं करता) मुझे नहीं मालूम कि भविष्य में क्या घटित होगा। मैं हिन्दी को बहुत पसंद करता हूँ, मगर हिन्दी बोलने वालों के साथ सबसे बड़ी दिक्कत यह है कि वे स्वयं ही हिन्दी के सबसे बड़े दुश्मन हैं।

डॉ. अम्बेडकर ने यह चेतावनी देते हुए अपनी बात समाप्त की–

"…जब ये सभी उपाय असफल हो जाएँगे तब मुझे लगता है कि हमें इस कड़वी बात का अहसास होगा कि हम सबसे पहले एक भाषाई हैं और सबसे अन्त में भी एक भाषाई ही हैं और तब हम भारत को नहीं पहचानेंगे। अगर यही हमारा अन्तिम लक्ष्य है तो हमारी रक्षा केवल भगवान ही कर सकते हैं।"

(डॉ. बाबा साहेब अम्बडेकर: *राइटिंग्स एॅण्ड स्पीचेज़*, खण्ड–15, पृ. 860–64)

लोकसभा के निवर्तमान महासचिव श्री सुभाष कश्यप, जो अब भारत सरकार द्वारा संविधान के पुनरीक्षण के लिए गठित आयोग के एक सदस्य हैं, ने 5 फरवरी, सन् 2000 को बाबा साहेब अम्बेडकर मराठवाड़ा विश्वविद्यालय, औरंगाबाद में दिए गए दीक्षान्त भाषण में निम्नलिखित उद्‌गार व्यक्त किए थे–

"जब मैं संसद में एक युवा अनुसन्धान अधिकारी के रूप में कार्य कर रहा था, उस समय डॉ. अम्बेडकर ने एक बार मुझसे संसद के पुस्तकालय में कहा था कि यदि उनका वश चले तो वे इस संविधान को जलाने वाले पहले व्यक्ति होंगे लेकिन इसमें उनका वश नहीं है। बाद में यही बात उन्होंने राज्यसभा में भी कही जो अब वहाँ के अभिलेखों में सुरक्षित है।"

डॉ. कश्यप ने आगे कहा–

"डॉ. अम्बेडकर समान नागरिक संहिता के प्रबल हिमायती थे। वे अनुसूचित जातियों को हमेशा के लिए आरक्षण देने के भी खिलाफ थे। वे भारतीय समाज में कुछ नागरिकों को हमेशा के लिए अनुसूचित जाति का तमग़ा दे दिया जाना भी नहीं चाहते थे। इन सबसे ऊपर डॉ. अम्बेडकर जातिविहीन, वर्गविहीन, समान समुदाय से युक्त एक मजबूत अखण्ड भारत चाहते थे।

संविधान प्रारूप समिति के अध्यक्ष बनाए जाने से पूर्व डॉ. अम्बेडकर के स्वयं के संवैधानिक प्रस्ताव *स्टेट्स ऍण्ड माइनॉरिटीज़* शीर्षक से प्रकाशित हो चुके थे। उनके द्वारा मौलिक अधिकारों के प्रावधानों पर तैयार किया गया प्रस्ताव उन प्रस्तावों से बहुत भिन्न था, जिन पर चर्चा की गयी थी तथा जिन्हें स्वीकार किया गया था। उन्होंने समाज के पुनर्गठन तथा आर्थिक विकास का जो दस वर्षीय कार्यक्रम तैयार किया था, यदि उसे लागू किया जाता, तो उनके विचार से इस समय के बाद आरक्षण की जरूरत समाप्त हो जाती।"

(41वाँ दीक्षान्त समारोह: डॉ. बाबा साहेब अम्बेडकर मराठवाड़ा विश्वविद्यालय, औरंगाबाद, 5 फरवरी, सन् 2000, पृ. 2, 3)

6 दिसम्बर, सन् 1956 को लोकसभा में बोलते हुए श्री एन.वी. गाडगिल ने कहा था, "....हाल ही में मैंने डॉ. अम्बेडकर से कुछ चर्चा की थी और उन्होंने मुझसे कहा था कि अब अनुसूचित जातियों को और विशेषाधिकारों की कोई ज़रूरत नहीं है। अब उन्हें स्वयं अपने पैरों पर खड़ा होना चाहिए और भारत के अन्य समुदाय के लोगों के साथ मिलकर अभी तक अपने विरुद्ध हो रहे अन्याय के खिलाफ संघर्ष करना चाहिए।"

(डॉ. बाबा साहेब अम्बेडकर: *राइटिंग्स ऍण्ड स्पीचेज़*, खण्ड-15, पृ. 982)

डॉ. अम्बेडकर ने कुछ कांग्रेसियों द्वारा उन पर लगाए गए इस आरोप का गहरा प्रतिवाद किया था कि उन्होंने संविधान बनाने में कोई महत्त्वपूर्ण भूमिका नहीं निभाई है। उन्होंने कहा था कि इससे बड़ा झूठ कोई दूसरा नहीं हो सकता है। उनकी चुनौती थी कि वे लिखित प्रमाणों से इस बात को साबित करने को तैयार हैं कि किस प्रकार प्रारूप समिति के उनके सहयोगियों ने संविधान बनाने में अनिच्छा दिखाई थी। उन लोगों ने कभी-कभार ही समिति की बैठकों में उपस्थिति दर्ज कराई थी तथा सारी ज़िम्मेदारी उनके तथा समिति के सचिव के कन्धों पर ही थी।

(*अम्बेडकर ऍण्ड सोशल जस्टिस*, खण्ड-2, प्रकाशन विभाग, भारत सरकार, पृ. 277)

संसद में 19 मार्च, 1955 को संविधान (चतुर्थ संशोधन) बिल पर बोलते हुए डॉ. अम्बेडकर ने कहा था–

"...ऐसी बातें कही जा रही थीं कि जिन्होंने संविधान बनाया, उनके पास वह सोच नहीं थी कि मौलिक अधिकारों को लचीला होना चाहिए, ताकि उनमें प्रगतिशील परिवर्तनों को जगह दी जा सके। महोदय, प्रारूप समिति के अध्यक्ष

के रूप में मैं ऐसी बातों का खण्डन करता हूँ। जिसने भी संविधान में वर्णित मौलिक अधिकारों को पढ़ा है, वह यह पाता है कि प्रत्येक मौलिक अधिकार के साथ अपवाद जोड़े गए हैं। यह कहता है कि किसी बात के होते हुए भी राज्य उन पर न्यायोचित रोक लगा सकेंगे। हम इस बात से भली भाँति अवगत थे कि मौलिक अधिकार सख्त नहीं हो सकते और इनमें लचीलापन होना आवश्यक है और इसीलिए हमने इनमें पर्याप्त लचीलेपन का प्रावधान किया है।

अनुच्छेद 31 एक ऐसा अनुच्छेद है, जिसकी ज़िम्मेदारी मैं या प्रारूप समिति नहीं ले सकती है। हम लोग इसके लिए कदापि उत्तरदायी नहीं हैं। यह हमारा प्रारूप नहीं है। इसका कारण यह है कि जिस समय अनुच्छेद 31 तैयार किया जा रहा था, उस समय कांग्रेस पार्टी स्वयं ही इस मसले पर इतनी बँटी हुई थी कि हमें यह नहीं पता था कि हमें क्या करना है, क्या रखा जाना है और क्या नहीं। कांग्रेस पार्टी में उस समय तीन गुट थे। एक गुट का नेतृत्व सरदार वल्लभ भाई पटेल कर रहे थे, जो पूरा मुआवज़ा दिए जाने के पक्ष में थे। पूरे मुआवज़े का मतलब है, हमारे भूमि अधिग्रहण अधिनियम के तहत दिया जाने वाला मुआवज़ा, अर्थात् बाजार मूल्य तथा पन्द्रह प्रतिशत सान्त्वना भत्ता। यह उनका दृष्टिकोण था। हमारे प्रधानमंत्री मुआवज़े के खिलाफ थे। हमारे मित्र श्री पंत जी ने तो वास्तव में संविधान तैयार होने से पहले ही अपना जमींदारी उन्मूलन बिल तैयार कर लिया था। वे अपने इस बच्चे का सुरक्षित प्रसव चाहते थे। इसलिए उनकी अलग अवधारणा थी। इस प्रकार इस मसले पर तीन दृष्टिकोणों का संघर्ष था और हमने यह मसला उन पर ही छोड़ दिया था कि वे जैसा चाहें, वैसा करें। और उन्होंने अपने निर्णय के अनुसार ही अनुच्छेद 31 तैयार किया।

मेरे विचार से यह अनुच्छेद 31 बहुत ही खराब वस्तु है। यदि मैं ऐसा कहूँ कि यह वह चीज़ है, जिसे मैं देखना भी नहीं चाहता और मैं यह गर्व की भावना के साथ कहता हूँ कि इस देश को जो संविधान दिया गया है, वह बड़ा ही शानदार अभिलेख है। यह सिर्फ मैं ही नहीं कर रहा हूँ, बल्कि ऐसा अनेक लोगों और संविधान के अध्येताओं ने कहा है। यह सबसे आसान और सबसे सरल है। अनेक प्रकाशकों ने मुझसे यह अनुरोध किया है कि मैं संविधान की भूमिका लिखूँ, जिसके लिए वे मुझे अच्छी रकम देंगे। लेकिन मैंने हमेशा उनसे यही कहा कि इस संविधान की भूमिका लिखना इस बात को स्वीकारना है कि यह संविधान अत्यन्त खराब है और समझ में न आने लायक है जबकि ऐसा नहीं है। जो भी व्यक्ति अंग्रेज़ी जानता है, वह संविधान को आसानी से समझ सकता है। इसलिए किसी प्रकार की भूमिका की आवश्यकता नहीं है।"

जब डॉ. अम्बेडकर ने यह बयान दिया था, उस समय निम्नलिखित चर्चा हुई थी–

डॉ. अनूप सिंह (पंजाब) : पिछली बार जब आप बोले थे, तब आपने कहा था कि आप संविधान को जलाना चाहते हैं।

डॉ. बी.आर. अम्बेडकर : क्या आप उस बात का उत्तर चाहते हैं? मैं अभी आपको इसका उत्तर देता हूँ। "मेरे मित्र कहते हैं कि पिछली बार जब मैं बोला था, तब मैंने कहा था कि मैं संविधान को जलाना चाहता हूँ। उस समय जल्दबाज़ी में मैं इसका कारण नहीं बता सका था। अब चूँकि मेरे मित्र ने मुझे इसका अवसर दिया है, तो मैं समझता हूँ कि मुझे इसका कारण बताना चाहिए। कारण यह है कि हमने ईश्वर के आकर रहने के लिए एक मन्दिर बनवाया, लेकिन इससे पहले कि वहाँ भगवान को स्थापित किया जा सकता, यदि कोई असुर उस पर कब्जा कर ले, तो हम मन्दिर को ध्वस्त करने के सिवाय और क्या करेंगे? हम नहीं चाहते हैं कि इस पर असुरों का अधिकार हो। हम चाहते हैं कि इस पर देवों का अधिकार हो। यही कारण है, जिसकी वजह से मैंने कहा था कि मैं इस संविधान को जलाना अधिक पसंद करूँगा।

डॉ. के.पी. सिन्हा (बिहार) : मन्दिर को ध्वस्त करने की बजाए असुर का विनाश किया जाना चाहिए।

डॉ. बी.आर. अम्बेडकर : आप ऐसा नहीं कर सकते। हमारे पास इतनी ताकत नहीं है। यदि आप ब्राह्मण विशेषकर शतपथ ब्राह्मण पढ़ें, तो आप देखेंगे कि देवता सदैव असुरों से पराजित होते रहे हैं और असुरों के पास अमृत रहता है, जिसे देवता युद्ध से जीवित बचने के लिए उनसे छीनने का प्रयास करते हैं।

महोदय, अब मुझे टोका जा रहा है...

माननीय अध्यक्ष महोदय : आपको बेवजह खींचा जा रहा है⋯

डॉ. बी.आर अम्बेडकर : मुझे उन सभी चीज़ों में खींचा जा रहा है, जहाँ मैं जाना नहीं चाहता।

(डॉ. बाबा साहेब अम्बेडकरः *राइटिंग्स एॅण्ड स्पीचेज़*, खण्ड-15, पृ. 947-49)

राज्यपालों की नियुक्ति से सम्बन्धित अनुच्छेद 131 में संशोधन के मौके पर डॉ. अम्बेडकर ने संसद में बोलते हुए कहा था–

"⋯इस मामले में प्रारूप समिति के पास कोई विकल्प नहीं था क्योंकि प्रारूप समिति को दिए गए निर्देशों के अनुसार वह उस सिद्धांत को स्वीकार करने के लिए बाध्य थी, जिसे स्वयं सदन ने अनुमोदित किया था। अब सवाल यह उठता है कि क्यों प्रारूप समिति ने यह सोचा था कि वह एक उपयुक्त विकल्प दे सकती है?

⋯प्रारूप समिति ने इसका विकल्प इसलिए सोचा था कि क्योंकि प्रारूप समिति का सोचना था कि राज्यपाल को कोई अधिकार नहीं दिए जा रहे हैं अर्थात् वह अपने विशेषाधिकार अथवा व्यक्तिगत निर्णय से कोई भी कार्य नहीं कर सकता है। नए संविधान के सिद्धांतों के अनुसार सभी मसलों पर उसे अपनी मंत्रिपरिषद की सलाह स्वीकार करनी होगी। इस तथ्य को ध्यान में रखते हुए यह सोचा गया कि क्या यह उचित होगा कि राज्यपाल के चयन के लिए भी चुनाव प्रक्रिया का सहारा लिया जाए, जिसमें काफी समय लगता और कई प्रकार की दिक्कतें होतीं तथा धन का भी व्यर्थ व्यय होता। यह भी सोचा गया कि किसी को भी यह भली-भाँति ज्ञान नहीं है कि संविधान के तहत राज्यपाल को क्या शक्तियाँ दी जाने वाली हैं, तो क्या उसे चुनाव लड़ने के लिए सामने आना चाहिए। हमने सोचा कि राज्यपाल के पास इतनी कम शक्तियाँ होंगी कि उसकी स्थिति सजावटी आभूषण की भाँति ही होगी और इसलिए शायद ही कोई इस पद पर चुनाव लड़ने के लिए सामने आएगा। यही कारण था कि प्रारूप समिति ने सोचा था कि कोई अन्य विकल्प भी सुझाया जाना चाहिए।"

डॉ. अम्बेडकर की इस सफाई के बावजूद अनुच्छेद 131 को संशोधित किया गया और इसे निम्नांकित ढंग से पढ़ा गया–

"एक राज्य का राज्यपाल राष्ट्रपति द्वारा नियुक्त किया जा सकेगा तथा वह उनके अधीन रहकर कार्य कर सकेगा।"

(डॉ. बाबा साहेब अम्बेडकरः *राइटिंग्स एॅण्ड स्पीचेज़*, खण्ड-13, पृ. 607-8)

संविधान की आलोचना मुख्य रूप से दो पक्षों द्वारा की गयी। ये कम्युनिस्ट पार्टी तथा सोशलिस्ट पार्टी थे, जिन्हे डॉ. अम्बेडकर ने उत्तर इस प्रकार से दिया था–

> "उन्होंने संविधान की आलोचना क्यों की? क्या इसलिए कि यह वास्तव में एक खराब संविधान है? मैं दृढ़तापूर्वक 'नहीं' कहना चाहूँगा। कम्युनिस्ट पार्टी एक ऐसा संविधान चाहती थी, जो श्रमिक वर्ग की तानाशाही के सिद्धान्त पर आधारित होता। वे संविधान की इसीलिए आलोचना कर रहे हैं क्योंकि यह संसदीय लोकतंत्र पर आधारित है। समाजवादी दो बातें चाहते हैं। पहली बात वह यह चाहते हैं कि जब कभी वे सत्ता में आएँ, तो संविधान से उन्हें सभी निजी सम्पत्तियों की बग़ैर मुआवज़ा दिए राष्ट्रीयकरण अथवा समाजीकरण करने की छूट मिले। दूसरी बात यह है कि संविधान में वर्णित मौलिक अधिकार पूर्ण होने चाहिए तथा इनमें कोई शर्त नहीं होनी चाहिए ताकि यदि कभी उनकी पार्टी सत्ता में आती है, तो उन्हें न सिर्फ आलोचना करने की स्वतंत्रता मिले, बल्कि वे राज्यों की सरकारों को गिराने की भी आज़ादी का उपयोग कर सकें।

ये प्रमुख आधार हैं, जिनके कारण संविधान की आलोचना की गयी है। मैं यह नहीं कहता कि संसदीय लोकतंत्र का सिद्धान्त ही राजनीतिक लोकतन्त्र के लिए सबसे आदर्श रूप है। मैं यह नहीं कहता कि बग़ैर मुआवज़ा दिए निजी सम्पत्ति को न लेने का सिद्धान्त इतना पवित्र है कि इसे छोड़ा नहीं जा सकता। मैं यह भी नहीं कहता कि मौलिक अधिकार कभी भी पूर्ण नहीं हो सकते तथा उनमें जोड़ी गयी शर्तें भी कभी हटाई नहीं जा सकतीं। मैं जो कुछ कहना चाहता हूँ, वह यह है कि संविधान में निहित सिद्धान्त वर्तमान पीढ़ी के दृष्टिकोण को दर्शाते हैं अथवा यदि आप सोचते हैं कि यह बड़बोलापन है तो मैं कहता हूँ कि ये संविधान सभा के सदस्यों के विचार हैं। संविधान में इनके रखे जाने पर प्रारूप समिति पर क्यों आरोप लगाए जाते हैं।"

(डॉ. बाबा साहेब अम्बेडकर: *राइटिंग्स एॅण्ड स्पीचेज़,* खण्ड–13, पृ. 1210–11)

संरक्षणों पर की जा रही आलोचनाओं के बारे में डॉ. अम्बेडकर का कहना था–

> "संविधान के प्रारूप की इस बात के लिए भी आलोचना की जा रही है कि इसमें अल्पसंख्यकों के संरक्षण के प्रावधान क्यों डाले गए हैं। इसमें प्रारूप समिति का कोई हाथ नहीं है। ऐसा संविधान सभा के निर्देशानुसार ही किया गया है। यदि मुझसे पूछा जाए तो मेरा उत्तर होगा कि अल्पंख्यकों

को ऐसे संरक्षण प्रदान करके संविधान सभा ने अत्यन्त बुद्धिमत्ता का कार्य किया है। इस देश में अल्पसंख्यक तथा बहुसंख्यक दोनों ही गलत रास्ते पर चल रहे हैं। बहुसंख्यकों द्वारा अल्पसंख्यकों के अस्तित्व को नकारा जाना गलत है। एक ऐसा समाधान निकाला जाना चाहिए जो दोनों के उद्देश्यों की पूर्ति करे। इसके लिए सबसे पहले बहुसंख्यकों को अल्पसंख्यकों के अस्तित्व को मान्यता देनी होगी। ऐसा इस प्रकार किया जाना चाहिए कि एक दिन बहुसंख्यक तथा अल्पसंख्यक आपस में मिलकर एक हो जाएँ। संविधान सभा द्वारा सुझाए गए समाधान का स्वागत किया जाना चाहिए क्योंकि यह एक ऐसा समाधान है, जो दोहरे उद्देश्य पूरे करेगा। यह उनके लिए भी होगा, जो कट्टरतापूर्वक अल्पसंख्यकों के खिलाफ मानसिकता जगाने का काम करते हैं। मैं दो बातें कहना चाहूँगा। पहली यह कि अल्पसंख्यक लोग विस्फोटक बल की भाँति हैं, जो फटने पर राष्ट्र के ताने-बाने को उड़ा सकते हैं। यूरोप का इतिहास इस तथ्य की प्रबल पुष्टि करता है। दूसरी बात यह है कि अल्पसंख्यक भारत में बहुसंख्यकों के हाथों में अपना अस्तित्व सौंप दें। आयरलैण्ड के विभाजन को रोकने के लिए हुई बातचीत में रेडमण्ड ने कार्सन ने कहा था, "प्रोटेस्टेण्ट अल्पसंख्यकों के लिए आप जो भी संरक्षण माँगें, दिया जाएगा, मगर हमें एक अखण्ड आयरलैण्ड बरक़रार रखने दीजिए।" कार्सन ने इसका उत्तर दिया था, "अपने संरक्षण अपने पास ही रखिए। हम आपके द्वारा शासित होना नहीं चाहते।" भारत में किसी भी अल्पसंख्यक समुदाय ने यह दृष्टिकोण नहीं रखा है। उन्होंने बहुसंख्यकों के शासन को चुपचाप स्वीकार कर लिया है जो राजनीतिक बहुसंख्यक न होकर मूलतः साम्प्रदायिक बहुसंख्यक हैं। यह बहुसंख्यकों की ज़िम्मेदारी है कि वे अल्पसंख्यकों के साथ भेदभाव न होने दें। बहुसंख्यकों के कार्यकलापों पर यह निर्भर करेगा कि अल्पसंख्यक साथ रहेंगे या नष्ट हो जाएंगे। जिस दिन बहुसंख्यक अल्पसंख्यकों के साथ भेदभाव करने की नीति छोड़ देंगे, उसी दिन से अल्पसंख्यक नामक संस्था का अस्तित्व समाप्त हो जाएगा और यह संस्था नष्ट हो जाएगी।"

(डॉ. बाबा साहेब अम्बेडकर: *राइटिंग्स ऍण्ड स्पीचेज़*, खण्ड-13, पृ. 62-63)

"संविधान ने पिछड़ी जातियों को किसी प्रकार का कोई संरक्षण प्रदान नहीं किया है। इसे कार्यपालिका के ऊपर छोड़ दिया गया है, जो राष्ट्रपति द्वारा गठित आयोग की सलाह पर कार्य करेगी। संविधान को पारित हुए एक वर्ष से अधिक समय व्यतीत

हो चुका है लेकिन सरकार के मन में इस आयोग के गठन का विचार भी अभी तक नहीं आया है।"

"......संविधान में अनुसूचित जातियों की स्थिति सुधारने हेतु किए गए प्रावधानों से मैं सन्तुष्ट नहीं हूँ। फिर भी मैं उन्हें स्वीकार करता हूँ और आशा करता हूँ कि इन्हें प्रभावी बनाने के लिए सरकार कुछ दृढ़ता दिखाएगी। आज अनुसूचित जातियों की क्या हालत है? जहाँ तक मैं देख रहा हूँ, वह जस की तस है। वही पुराने अत्याचार हो रहे हैं, वही पुराने भेदभाव हैं, जो पहले थे, वही अब भी हैं और पहले से बदतर हालात में हैं।"

(डॉ. बाबा साहेब अम्बेडकर: *राइटिंग्स एॅण्ड स्पीचेज़*, खण्ड-14, भाग 2, पृ. 1320)

बहुत पहले सन् 1942 में अखिल भारतीय अनुसूचित जाति महासंघ ने 18 तथा 19 जुलाई, 1942 को नागपुर में हुए अधिवेशन में कुछ संकल्प पारित किए थे। कुछ महत्त्वपूर्ण पारित संकल्प नीचे दिए जा रहे हैं–

"यह अधिवेशन घोषणा करता है कि अनुसूचित जातियों को कोई भी संविधान तब तक स्वीकार्य नहीं होगा, जब तक,

1. इसमें अनुसूचित जातियों की सहमति नहीं होगी।
2. वह इस तथ्य को स्वीकार नहीं करेगा कि अनुसूचित जातियाँ हिन्दुओं से अलग हैं तथा भारत के राष्ट्रीय जीवन में वे एक महत्त्वपूर्ण तत्व का गठन करती हैं, तथा
3. उसमें कुछ ऐसे प्रावधान नहीं होंगे, जो नवीन संविधान के तहत अनुसूचित जातियों को वास्तव में सुरक्षा प्रदान करेंगे और जो निम्नांकित संकल्पों के आधार पर निर्धारित होंगे।

नवीन संविधान में कुछ आवश्यक प्रावधान

अनुसूचित जातियों में सुरक्षा की भावना पैदा करने के लिए यह अधिवेशन मांग करता है कि नए संविधान में निम्नलिखित प्रावधान होने चाहिए–

1. प्रत्येक प्रान्तीय सरकार के वार्षिक बजट में सहमति द्वारा एक निश्चित रकम निर्धारित की जानी चाहिए, जिसे अनुसूचित जाति के बच्चों की प्राथमिक शिक्षा के लिए खर्च किया जाना चाहिए तथा ऐसी ही एक अन्य रकम को उनके बीच उच्च शिक्षा के प्रसार पर खर्च किया जाना चाहिए और इन रकमों को प्रान्त के राजस्व के प्रथम अधिकार के रूप में घोषित किया जाना चाहिए।

2. सभी केन्द्र एवं प्रान्तीय सरकारों में अनुसूचित जातियों के प्रतिनिधित्व के संरक्षण के लिए कानून में प्रावधान किए जाने चाहिए। इनका अनुपात उनकी संख्या, उनकी आवश्यकताओं तथा उनके महत्त्व के आधार पर निर्धारित किया जाना चाहिए।
3. लोकसेवाओं में अनुसूचित जातियों के प्रतिनिधित्व के संरक्षण के लिए कानून में प्रावधान किए जाने चाहिए। इनका अनुपात उनकी संख्या, उनकी आवश्यकताओं तथा उनके महत्त्व के आधार पर निर्धारित किया जाना चाहिए, अधिवेशन यह भी माँग करता है कि रक्षा सेवाओं, जैसे- न्यायपालिका, पुलिस तथा राजस्व में न्यूनतम योग्यता के नियम के अनुसार अनुसूचित जातियों का अनुपात दस वर्षों के लिए निश्चित कर दिया जाना चाहिए।
4. कानून द्वारा यह प्रावधान किया जाना चाहिए कि सभी विधायिकाओं तथा स्थानीय निकायों में अनुसूचित जातियों का प्रतिनिधित्व उनकी संख्या, उनकी आवश्यकताओं तथा उनके महत्त्व के आधार पर निर्धारित किया जाए।
5. कानून द्वारा यह प्रावधान किया जाना चाहिए कि सभी विधायिकाओं तथा स्थानीय निकायों में अनुसूचित जातियों का प्रतिनिधित्व पृथक् निर्वाचन मण्डल द्वारा किया जाए।
6. सभी लोक सेवा आयोगों, चाहे वह केन्द्रीय हो अथवा प्रान्तीय, में अनुसूचित जातियों के प्रतिनिधित्व के लिए कानून द्वारा प्रावधान किए जाने चाहिए।

पृथक् व्यवस्थाएँ

इस अधिवेशन का यह विचार है कि

1. जब तक अनुसूचित जाति के लोग हिन्दू गाँवों से बाहर रहते रहेंगे, जहाँ पर उन्हें हिन्दुओं की तुलना में जीवनयापन के कम स्रोत होंगे तथा वे कम संख्या में वहाँ निवास करते रहेंगे, तब तक वे अछूत बने रहेंगे और हिन्दुओं के अन्याय तथा शोषण का शिकार होते रहेंगे तथा न ही वे स्वतंत्र तथा आनंददायक जीवन जी सकेंगे।
2. हिन्दू जातियों के अन्याय तथा शोषण से अनुसूचित जातियों को बचाने के लिए स्वराज में हमारी हालत और भी बदतर हो जाएगी क्योंकि यह और कुछ भी नहीं होगा, बल्कि हिन्दू राज होगा।

3. अनुसूचित जातियों को पूर्ण मानवीयता से जीने देने से, उन्हें आर्थिक तथा सामाजिक सुरक्षा देने से ही अस्पृश्यता का निवारण किया जा सकता है।"

लम्बे तथा गहन विचार-विमर्श के पश्चात इस अधिवेशन ने यह निष्कर्ष निकाला कि भारत में विद्यमान ग्राम व्यवस्था में क्रान्तिकारी परिवर्तन किए जाने की आवश्यकता है। वर्तमान व्यवस्था ही उन सभी बुराइयों की जड़ है, जिनके कारण शताब्दियों से अनुसूचित जातियों के लोग हिन्दुओं के हाथों प्रताड़ित हो रहे हैं। इन परिवर्तनों की आवश्यकता का अनुभव करते हुए इस अधिवेशन का मानना है कि सरकार की व्यवस्था में किए जाने वाले संवैधानिक परिवर्तनों के साथ ही वर्तमान में व्याप्त ग्राम व्यवस्था में भी परिवर्तन किया जाना चाहिए। ये परिवर्तन निम्नलिखित आधार पर होने चाहिए–

"1. संविधान द्वारा अनुसूचित जातियों को उनके वर्तमान आवासों से हटाकर उनके लिए पृथक् अनुसूचित जाति ग्राम स्थापित किए जाने चाहिए, जो हिन्दू ग्रामों से दूर तथा स्वतंत्र होने चाहिए।

2. नए ग्रामों में अनुसूचित जातियों को बसाने के लिए संविधान में एक निपटारा आयुक्त (सेटलमेण्ट कमिश्नर) नियुक्त किए जाने का प्रावधान किया जाना चाहिए।

3. सभी प्रकार की सरकारी भूमि, जो उपजाऊ है तथा जो किसी के स्वामित्व में नहीं है, आयोग को सौंप दी जानी चाहिए, जो अनुसूचित जातियों के लिए इस भूमि पर नए आवास बनवाने की व्यवस्था सुनिश्चित करे।

4. अनुसूचित जातियों के आवास की योजना को पूरा करने के लिए आयोग को भू-अधिग्रहण अधिनियम के अन्तर्गत निजी भू-स्वामियों से भी भूमि खरीदने का अधिकार दिया जाना चाहिए।

5. संविधान के तहत यह व्यवस्था की जानी चाहिए कि केन्द्र सरकार निपटारा आयोग को प्रति वर्ष 5 करोड़ रुपए उपलब्ध कराएगी ताकि आयोग इस हेतु आने वाले व्यय को उठा सके।"

(डॉ. बाबा साहेब अम्बेडकर: *राइटिंग्स एॅण्ड स्पीचेज़*,
खण्ड-9, पृ. 403-6)

उपर्युक्त प्रस्तावों के औचित्य को सही ठहराते हुए डॉ. अम्बेडकर ने कहा था–

"यह पूछा जा सकता है कि संविधान में अछूतों को स्थान देने की मांग से सम्बन्धित ऐसे सवाल क्यों किए जा रहे हैं? दुनिया के किसी भी संविधान निर्माता को इस प्रकार के सवालों से नहीं जूझना पड़ा था। यह अत्यन्त महत्त्वपूर्ण प्रश्न है और मैं जानता हूँ कि इसका उत्तर उन लोगों की ओर से आना चाहिए, जो ऐसे सवाल उठा रहे हैं और जो इस बात पर जोर दे रहे हैं कि इनका संवैधानिक महत्त्व है। इस प्रश्न का उत्तर मेरे विचार से स्वतः स्पष्ट है। यह भारतीय समाज की प्रकृति है, जिसने इस सवाल के संवैधानिक महत्त्व को प्रस्तुत किया है। यह भारतीय जाति व्यवस्था है, जो पूरी तरह से इसके लिए उत्तरदायी है।

एक संविधान तैयार करते समय सामाजिक संरचना को सदैव ध्यान में रखा जाता है। राजनीतिक संरचना को सदैव सामाजिक संरचना से जुड़ा होना चाहिए। सामाजिक ताकतों के कार्य सिर्फ सामाजिक क्षेत्र तक ही सीमित नहीं रहते हैं। वे राजनीतिक क्षेत्र का भी अतिक्रमण कर लेते हैं।

यदि हमें सामाजिक ताकतों से राजनीति को दूषित होने देने से बचाना है तथा मुट्ठी भर लोगों की उन्नति तथा बहुतेरों के शोषण से दूर रखना है तो राजनीतिक संरचना का गठन इस प्रकार किया जाना चाहिए कि जो पूर्वाग्रहों से मुक्त रह सके तथा अन्याय की सम्भावना को खत्म कर सके क्योंकि यदि सामाजिक ताकतों को ढील दे दी गयी, तो इनसे ऐसी सम्भावनाओं की आशंका से इन्कार नहीं किया जा सकता।

भारतीय संविधान में साम्प्रदायिक योजना (कम्यूनल स्कीम) का रखा जाना क्यों आवश्यक है और अछूतों को लोक सेवाओं में उनका पृथक स्थान दिया जाना क्यों आवश्यक है? इन मांगों का औचित्य अत्यन्त सुस्पष्ट एवं आसान है। यह प्रश्न कुछ ऐसे तथ्यों से उपजा है, जिन्होंने हिन्दुओं से अछूतों को अलग कर रखा है और यह मात्र भिन्नता या गैर-ज़रूरत का मामला नहीं है। यह बैर और दुर्भावना का मामला है। इस दुर्भावना के कारण यह मान लेना असम्भव है कि अछूत हिन्दुओं पर विश्वास करेंगे और हिन्दू अंग्रेज़ों से आज़ादी मिलने के बाद उनके साथ न्याय करेंगे। कौन कह सकता है कि अछूत गलत कहते हैं कि उन्हें हिन्दुओं पर भरोसा नहीं है? उनके लिए हिन्दू उतने ही विदेशी हैं जितने कि यूरोपीय लोग और इससे भी बुरी बात यह है कि यूरोपीय विदेशी तो तटस्थ रहेंगे मगर हिन्दू अपनी जातियों के प्रति पक्षपात करते हुए अछूतों के प्रति दुर्भावना का व्यवहार करेंगे। यह शर्म की बात है। इस बात में कोई सन्देह नहीं है कि पिछले कई सालों से हिन्दुओं ने अछूतों को तिरस्कृत, उपेक्षित तथा अस्वीकृत कर रखा है। वे अछूतों को समाज का एक अलग अंश न मानते हुए भी वे उन्हें समाज

का एक अलग तथा तिरस्कार योग्य समुदाय मानते हैं। अपने आचरण के नियमों के अन्तर्गत हिन्दू अपने पूर्वाग्रहों के कारण स्वयं को एक विशिष्ट तथा कुलीन वर्ग का मानते हैं तथा कभी भी अछूतों की आकांक्षाओं को सम्मान नहीं देते हैं, जिनके साथ उनका कोई लेना-देना नहीं है तथा उनके हित हिन्दुओं के अपने हितों के साथ टकराते हैं। अछूत अपने भाग्य का फैसला करने का अधिकार ऐसे लोगों को क्यों दे दें? अछूतों से ऐसा कैसे कहा जा सकता है कि वे अपने हित ऐसे लोगों के हाथों में सहर्ष दे दें, जो हमेशा से उनका विरोध करते आए हैं और हितों तथा उद्देश्यों पर आघात करते आए हैं। वे अछूतों के बीच कार्य करने वालों लोगों के साथ कभी सहानुभूति नहीं रखते हैं और उनकी इच्छाओं की पूर्ति के लिए अनिच्छुक रहते हैं, उनकी आकांक्षाओं प्रति शत्रुभाव रखते हैं और सदैव उन्हें न्याय देने से इन्कार करते हैं तथा उनके साथ भेदभावपूर्ण व्यवहार करते हैं। वे अपने धर्म का सहारा लेते हुए अछूतों के साथ अमानवीय व्यवहार करते हुए किसी प्रकार की शर्म का अनुभव नहीं करते हैं। ऐसे लोगों से अछूतों की रक्षा का एकमात्र उपाय यह है कि उन्हें भी राजनीतिक अधिकार दिए जाएँ, जिनका वे संविधान में वर्णित संरक्षणों के माध्यम से दावा कर सकें।"

(डॉ. बाबा साहेब अम्बेडकर: *राइटिंग्स ऐण्ड स्पीचेज़*,
खण्ड-9, पृ. 423-25)

स्वतंत्र भारत के संविधान के बारे में कांग्रेस के दृष्टिकोण में स्पष्ट करते हुए डॉ. अम्बेडकर ने कहा था-

"जहाँ तक स्वतंत्र भारत के लिए एक संविधान का प्रश्न है, तो कांग्रेस इसे कोई समस्या के रूप में नहीं देखती। जब उनसे पूछा जाता है कि स्वतंत्र भारत के संविधान के विषय में उनका क्या विचार है तो कांग्रेस का उत्तर होता है कि यह एक लोकतान्त्रिक संविधान होगा। किस प्रकार का लोकतन्त्र इसमें निहित होगा? कांग्रेस का जवाब होता है कि यह वयस्क मताधिकार पर आधारित होगा। हिन्दू साम्प्रदायिक बहुमत प्राप्त ताकतों के अत्याचार से बचाने के लिए क्या उसमें कोई प्रावधान किए जाएंगे? कांग्रेस का इस विषय में नकारात्मक उत्तर रहता है। जब उनसे पूछा जाता है कि वे ऐसे संरक्षणों का विरोध क्यों करते हैं तो कांग्रेस कहती है कि यह देश को तोड़ने की बात होगी। यह एक ऐसा तर्क है, जो इस कृत्य की मूर्खता को ढँकने का प्रयास करता है और इसकी जड़ें मिस्टर गाँधी की चतुराई में छिपी हुई हैं, जिनके अनुसार उच्च वर्ग के हिन्दू इन संरक्षणों से काफी कुछ खो देंगे और इसीलिए ये हिन्दू उनके प्रति दृढ़ आभार महसूस करते हैं।

"....हिन्दू साम्प्रदायिक बहुमत का सामाजिक मनोविज्ञान उस सिद्धान्त पर आधारित है, जो सिर्फ असमानता को ही उचित नहीं ठहराता है, बल्कि विभिन्न समुदायों के बीच अन्तरसम्बन्धों के लिए एक सिद्धांत का भी कार्य करता है। वर्गगत् असमानता का सिद्धान्त स्वतन्त्रता तथा सौहार्द्र का शत्रु है। अपनी वर्गगत् असमानता के साथ हिन्दू साम्प्रदायिक बहुमत बीते कल की बात नहीं होने जा रहा है। यह एक स्थायी तथ्य है, जिसका भय हमेशा रहेगा। भारत के लिए एक संविधान बनाते समय एक बड़े साम्प्रदायिक बहुमत की उपेक्षा नहीं की जा सकती और संरक्षण तैयार करने की समस्या को इस प्रकार सुलझाना चाहिए कि वे राजनीतिक लोकतंत्र में सौहार्द्रपूर्वक रह सकें।"

डॉ. अम्बेडकर ने आगे कहा–

"कांग्रेस द्वारा दलितों को संवैधानिक गारण्टी दिए जाने का विरोध मात्र इसलिए किया जा रहा है, क्योंकि वह साम्प्रदायिक हिन्दू बहुमत के लिए निष्कण्टक राजनीतिक जमीन देना चाहती है। इसे हिन्दू ही तैयार करें और हिन्दू ही इसका उपयोग करें। यह वह बहुमत है, जिसपर कांग्रेस पार्टी का अस्तित्व टिका हुआ है और कांग्रेस अपने समर्थकों के अधिकारों का संरक्षण करने के लिए प्रतिबद्ध है। इसीलिए कांग्रेस राष्ट्रवाद शब्द की आड़ लेते हुए साम्प्रदायिक ताकतों के लिए खुला मैदान तैयार करने का काम कर रही है। कांग्रेस के प्रतिनिधित्व की न तो कोई चर्चा करना चाहता है और न ही कोई इसके बारे में जानकारी हासिल करना चाहता है कि वह किनका प्रतिनिधित्व करती है और किनका नहीं। इसलिए कांग्रेस को यह कहने का अधिकार नहीं है कि भारत का संविधान कैसा होना चाहिए।"

(डॉ. बाबा साहेब अम्बेडकर: *राइटिंग्स ऐण्ड स्पीचेज़*,
खण्ड–9, पृ. 169–170, 172)

23 सितम्बर, 1944 को मद्रास में राव बहादुर एन. शिवराज की अध्यक्षता में अखिल भारतीय अनुसूचित जाति महासंघ की कार्यसमिति ने अपनी बैठक में यह प्रस्ताव पारित किया था कि संविधान में अछूतों के लिए निम्नलिखित प्रमुख संरक्षण प्रदान किए जाने चाहिए–

"संवैधानिक संरक्षणों की प्रकृति

कार्यसमिति घोषणा करती है कि कोई भी संविधान अनुसूचित जातियों को तभी स्वीकार्य होगा, जबकि–

1. उसमें अनुसूचित जातियों की सहमति होगी,
2. यह अनुसूचित जातियों को एक सुस्पष्ट तथा अलग पहचान देगा,

3. इसमें संरक्षण हेतु निम्नलिखित प्रावधान किए जाएंगे–
   (अ) अनुसूचित जातियों के माध्यमिक, विश्वविद्यालयी तथा उच्च शिक्षण के लिए केन्द्र तथा राज्य सरकारों द्वारा अपने बजट में एक सुनिश्चित रकम निर्धारित की जाएगी।
   (ब) एक निपटारा आयोग के माध्यम से अनुसूचित जातियों के लिए पृथक् आवासों हेतु सरकारी भूमियों का आरक्षण किया जाएगा।
   (स) अनुसूचित जाति के लोगों की आवश्यकताओं, संख्या तथा महत्ता के अनुसार उन्हें आरक्षण निम्नलिखित संस्थाओं में दिया जाएगा–
      1. विधायिका
      2. कार्यपालिका
      3. म्यूनिसिपलिटी तथा स्थानीय निकाय
      4. लोक सेवाएँ
      5. लोक सेवा आयोग
   (द) उपर्युक्त प्रावधानों को मौलिक अधिकारों में स्थान दिया जाना चाहिए तथा कार्यपालिका एवं विधायिका को इनमें संशोधन अथवा छेड़छाड़ की अनुमति नहीं दी जानी चाहिए।
   (य) भारत सरकार अधिनियम, 1935 के अनुच्छेद 166 के अन्तर्गत नियुक्त किए गए महालेखापरीक्षक के समान पद एवं स्तर के एक अधिकारी की नियुक्ति की जानी चाहिए और उसे हटाने का प्रावधान संघीय अदालत के एक न्यायाधीश की शर्तों के तहत ही किया जाना चाहिए, जो इन मौलिक अधिकारों के प्रावधानों की जाँच करे तथा अपनी रिपोर्ट सौंपे।

संविधान संशोधन

अखिल भारतीय अनुसूचित जाति महासंघ की कार्यसमिति का यह विचार है कि वर्तमान संविधान में अल्पसंख्यकों के प्रतिनिधित्व से सम्बन्धित प्रावधान किसी विद्वतापूर्ण सिद्धान्त पर आधारित नहीं हैं। इस समिति ने यह पाया है कि कुछ अल्पसंख्यक समुदायों को तो उनकी आबादी के अनुपात में प्रतिनिधित्व ही नहीं मिला है, जबकि कुछ अन्य अल्पसंख्यकों को इसमें लाभ पहुँचाया गया है तथा उनके ऐतिहासिक एवं सैनिक महत्त्व के दावों को ध्यान में रखते हुए उन्हें छूट दी गयी है। कार्यसमिति ऐसे दावों को अन्य अल्पसंख्यकों के हितों के लिए नुकसानदायक मानती है तथा ये सामाजिक एवं राजनीतिक लोकतन्त्र के

लिए हानिकारक भी हैं। इसलिए समिति मांग करती है कि चूँकि भारत का आगामी संविधान एक प्रभुत्व सम्पन्न होगा, इसलिए उस संविधान में अल्पसंख्यकों से सम्बन्धित प्रावधान बदले जाने चाहिए और उन्हें सभी अल्पसंख्यकों को समान व्यवहार के सिद्धान्त के अनुसार बनाया जाना चाहिए।

सरकारी कार्यपालिका की संरचना

अखिल भारतीय अनुसूचित जाति महासंघ की कार्यसमिति का यह विचार है कि किसी वैकल्पिक व्यवस्था के अभाव में सरकार की संसदीय व्यवस्था को स्वीकार किया जा सकता है, लेकिन समिति संसदीय कैबिनेट की व्यवस्था का धुर विरोध करती है, जिसमें कार्यपालिका के सभी अधिकार स्वतः ही बहुमत के समुदाय के पास चले जाते हैं, जो प्रशासन में अपनी पैठ मजबूत करता है और इस प्रकार अल्पसंख्यकों के लिए खतरा बन जाता है। इसलिए कार्यसमिति इस निष्कर्ष पर पहुँचती है कि भारतीय परिस्थितियों के लिए संसदीय कैबिनेट व्यवस्था उपयुक्त नहीं है और अल्पसंख्यकों की सहमति से एक ऐसी व्यवस्था बनायी जानी चाहिए जो उन्हें बेहतर सुरक्षा प्रदान कर सके।

कार्यसमिति इस बात पर ज़ोर देती है कि केन्द्र तथा प्रान्तों में कार्यपालिका का गठन निम्नलिखित तरीके से किया जाना चाहिए–

1. कार्यपालिका के अन्तर्गत संविधान में निहित अनुपातों के अनुसार सामान्य समुदाय तथा अल्पसंख्यक समुदायों से प्रधानमंत्री तथा उनके अन्य मंत्रियों को रखा जाना चाहिए।
2. सामान्य समुदायों के प्रधानमंत्री तथा मंत्रियों का चुनाव सम्पूर्ण सदन द्वारा एकल स्थानान्तरणीय मत द्वारा किया जाना चाहिए।
3. अल्पसंख्यक मंत्रियों का चुनाव विभिन्न समुदायों के सदस्यों द्वारा एकल स्थानान्तरणीय मत द्वारा किया जाना चाहिए।
4. कार्यपालिका के सदस्य विधायिका के सदस्य होने चाहिए, जो बहस में भाग लें, मतदान करें तथा बहस के प्रश्नों का उत्तर दें।
5. कार्यपालिका की किसी भी रिक्ति को मूल नियुक्तियों के नियमों के आधार पर भरा जाना चाहिए।
6. कार्यपालिका के दायित्व निर्वाह की अवधि विधायिका की अवधि के समतुल्य होनी चाहिए।

लोक सेवाएँ

अखिल भारतीय अनुसूचित जाति महासंघ का यह विश्वास है कि वर्तमान प्रशासन से उसे कभी भी संरक्षण, न्याय तथा सहानुभूति नहीं मिल सकती

जिसका नियंत्रण जातिवादी, संकीर्ण विचारों, न्याय की सोच से विहीन लोगों के पास है और वे अनुसूचित जाति के लोगों के प्रति घृणा तथा तिरस्कार की भावना रखते हैं। अनुसूचित जातियों के लिए लोक सेवाओं में आरक्षण उसी अनुपात में होना चाहिए, जिस अनुपात में मुस्लिम समुदाय के दावों को मानते हुए आरक्षण दिया गया है।

पृथक आवासीयता

अखिल भारतीय अनुसूचित जाति महासंघ की कार्यसमिति का विचार है कि–

1. जब तक अनुसूचित जाति के लोग हिन्दू गाँवों की सीमा के बाहर निवास करते रहेंगे और उनके जीवनयापन का कोई स्रोत नहीं होगा तथा वे हिन्दुओं की तुलना में कम संख्या में होंगे, तब तक वे अछूत बने रहेंगे तथा हिन्दुओं के अन्याय एवं शोषण का शिकार होते रहेंगे एवं वे मुक्त तथा आनन्ददायक जीवन व्यतीत नहीं कर सकेंगे।
2. हिन्दू जातियों के अन्याय तथा शोषण से अनुसूचित जातियों को बचाने के नाम पर स्वराज में हमारी हालत और भी बदतर हो जाएगी क्योंकि यह और कुछ नहीं होगा, बल्कि हिन्दू राज होगा। अनुसूचित जातियों को पूर्ण मानवीयता से जीने देने से, उन्हें आर्थिक तथा सामाजिक सुरक्षा देने से ही अस्पृश्यता का निवारण किया जा सकता है। इसलिए कार्य समिति यह मांग करती है कि संविधान में निम्नलिखित प्रावधान किए जाने चाहिए–

   (अ) अनुसूचित जाति के लोगों को उनके वर्तमान आवासों से हटाकर उनके लिए पृथक् अनुसूचित जाति ग्राम बसाए जाने चाहिए, जो हिन्दू ग्रामों से अलग तथा दूर होने चाहिए।

   (ब) अनुसूचित जातियों के लिए नए ग्रामों को बसाने के लिए संविधान द्वारा एक निपटारा आयोग गठित किए जाने का प्रावधान होना चाहिए।

   (स) सभी प्रकार की सरकारी भूमि, जो उपजाऊ है तथा जो किसी के स्वामित्व में नहीं है, आयोग को सौंप दी जानी चाहिए, जो अनुसूचित जातियों के लिए इस भूमि पर नए आवास बनवाने की व्यवस्था सुनिश्चित करे।

   (द) अनुसूचित जातियों के आवास की योजना को पूरा करने के लिए आयोग को भू-अधिग्रहण अधिनियम के अन्तर्गत निजी भू-स्वामियों से भी भूमि खरीदने का अधिकार दिया जाना चाहिए।

(य) संविधान के तहत यह व्यवस्था की जानी चाहिए कि केन्द्र सरकार निपटारा आयोग को प्रति वर्ष पाँच करोड़ रूपए उपलब्ध कराएगी ताकि आयोग इस हेतु आने वाले व्यय को उठा सके।

अखिल भारतीय अनुसूचित जाति महासंघ की कार्यसमिति ने सर्वसम्मति से डॉ. बी.आर. अम्बेडकर के प्रति अपना पूर्ण विश्वास व्यक्त किया और उन्हें उसकी ओर से तथा अनुसूचित जातियों की ओर से अन्य राजनीतिक दलों अथवा उनके नेताओं से आवश्यकतानुसार बातचीत करने के लिए अधिकृत किया।"

(डॉ. बाबा साहेब अम्बेडकर: *राइटिंग्स ऍण्ड स्पीचेज़,* खण्ड-9, पृ. 346-53)

ये ही वे संरक्षण थे, जिन्हें डॉ. अम्बेडकर संविधान में डलवाना चाहते थे और चूँकि इनमें से अधिकांश को स्वीकार नहीं किया गया, इस पर उनका कहना था, "संविधान में अनुसूचित जातियों की स्थिति सुधारने के लिए किए गए प्रावधानों से मैं सन्तुष्ट नहीं हूँ।"

यह जानना रोचक होगा कि डॉ. अम्बेडकर द्वारा प्रस्तुत किए गए प्रस्तावों तथा मांगों के विषय में डॉ. के. एम. मुंशी की क्या प्रतिक्रिया थी। डॉ. मुंशी के शब्दों में–

"अम्बेडकर ने अल्पसंख्यकों एवं मौलिक अधिकारों तथा संवैधानिक संरचना के विषय में एक विस्तृत तथा गहन आलेख प्रस्तुत किया है। यदि यह योजना स्वीकार कर ली जाती है, तो राज्य केवल अनुसूचित जाति के हितों का संरक्षण करने वाला यंत्र बनकर रह जाएगा और बहुमत के लोग राजनीतिक रूप से दोयम दर्जे के नागरिक बनकर रह जाएँगे।

इस योजना के अनुसार–

1. सभी कुटीर उद्योग राज्य के अधिकार में होंगे तथा वे इसके द्वारा अथवा पब्लिक कॉरपोरेशनों के द्वारा संचालित किए जाएँगे।
2. डिबेन्चरों के रूप में मुआवजों के भुगतान के बाद राज्य कुटीर उद्योगों तथा महत्त्वपूर्ण उद्योगों का स्वामित्व अपने नियंत्रण में ले लेंगे।
3. कृषि को राज्य का उद्योग होना था, राज्य द्वारा गृहीत भूमि सामुदायिक रूप से कृषि कार्य हेतु प्रयोग में लायी जानी थी। राज्य को कृषि के लिए वित्त की व्यवस्था करनी थी। भूमि राजस्व के रूप में राज्य उत्पादन का एक हिस्सा ले सकता था, दूसरा हिस्सा डिबेन्चर धारकों को दिया जाना था तथा तीसरे हिस्से का निवेश कैपिटल गुड्स में किया जाना था।

4. कैबिनेट में अल्पसंख्यकों के प्रतिनिधि विधायिका में प्रत्येक समुदाय के लोगों के एकल स्थानान्तरणीय मतों से निर्वाचित किए जाने थे तथा बहुसंख्यकों के प्रतिनिधि सम्पूर्ण सदन द्वारा एकल स्थानान्तरणीय मतों से निर्वाचित किए जाने थे।
5. अनुसूचित जाति के लोगों को प्रतिनिधित्व का अधिकार कुछ मामलों में जनसंख्या के आधार पर तथा कुछ में भारण (वेटेज) के आधार पर दिया जाना था।
6. नियुक्तियों हेतु गठित किए जाने वाले प्रत्येक लोक सेवा आयोग तथा प्रत्येक समिति में अनुसूचित जातियों का कम से कम एक प्रतिनिधि अवश्य होना था।"

(*पिलग्रिमेज टू फ्रीडम*: डॉ. के.एम. मुंशी,
भारतीय विद्या भवन, पृ. 202)

9

संसद की संविधान संशोधन की शक्तियाँ

महान अमेरिकी संविधानविद् जेफ़रसन, जिसने अमेरिका के संविधान को तैयार करने में महत्त्वपूर्ण भूमिका निभाई थी, ने संविधान के विषय में जो मत व्यक्त किया था, उसे संविधान के निर्माता कभी भुलाने की गलती नहीं कर सकते। एक स्थान पर उसने कहा था–

"हमें प्रत्येक पीढ़ी को एक पृथक् राष्ट्र मानना चाहिए, जिसके पास बहुमत की इच्छा के आधार पर स्वयं को बाँधने का अधिकार तो है, परन्तु उसकी अपनी आने वाली पीढ़ी को दूसरे देश के लोगों के अतिरिक्त और कोई नहीं बाँध सकता।

एक विचार कि देश के उपयोग के लिए स्थापित संस्थाओं को न तो छुआ जा सकता है और न ही इन्हें संशोधित किया जा सकता है, उन्हें जवाबदेह बनाने के लिए भी ऐसा नहीं किया जा सकता क्योंकि जनता के विश्वास हेतु जो अधिकार इन्हें चलाने वालों को दिए गए हैं, उनके एक शासक की कारगुज़ारियों को मौन सहमति देने में बदल जाने का खतरा है और यह देश के लिए बहुत बुरी स्थिति हो सकती है। फिर भी हमारे संविधानविदों तथा विद्वानों ने इस सिद्धान्त को सम्मिलित किया है तथा यह आशा की है कि हमारी पूर्ववर्ती पीढ़ियों ने पृथ्वी का हमसे कहीं अधिक स्वतंत्रतापूर्वक उपभोग किया, हम पर वे कानून थोपने का अधिकार अपने पास रखा, जिन्हें बदलने का हमें अधिकार नहीं है और हम भी इसी प्रकार के कानून बना सकते हैं तथा भावी पीढ़ियों पर उन्हें लागू कर सकते हैं, जिन्हें वे बदल न सकें। इसका अर्थ यह हुआ कि यह पृथ्वी मृत लोगों के लिए है, जीवित लोगों के लिए नहीं।"

जेफ़रसन द्वारा कहे गए उपर्युक्त तथ्यों की रोशनी में ही हमें संविधान के संशोधन से सम्बन्धित प्रावधानों को देखना चाहिए। संविधान सभा ने इस संविधान में भावी संशोधनों पर कोई रोक नहीं लगाई है तथा कनाडा के संविधान की भाँति इसी संविधान को अन्तिम वाक्य नहीं मान लिया है, न ही अमेरिका और

आस्ट्रेलिया के संविधानों की भाँति संविधान में संशोधन के लिए भारी भरकम शर्तें अथवा असाधारण नियम ही थोप दिए हैं, बल्कि हमने अपने संविधान के संशोधन की अत्यन्त सरल प्रक्रिया निर्धारित की है।

डॉ. अम्बेडकर ने कहा था, "मैं हमारे संविधान की आलोचना करने वालों को चुनौती देता हूँ कि वे यह साबित करके दिखाएँ कि जिन परिस्थितियों में पड़कर इस देश में संविधान तैयार किया गया है, क्या दुनिया में कहीं भी किसी संविधान सभा ने इन परिस्थितियों के बावजूद इतनी सरल संविधान संशोधन की प्रक्रिया निर्धारित की है? जो लोग संविधान से सन्तुष्ट नहीं हैं, उन्हें इसके लिए केवल दो-तिहाई बहुमत की आवश्यकता है और यदि वे वयस्क मताधिकार के आधार पर निर्वाचित संसद में दो-तिहाई बहुमत को अपने पक्ष में नहीं कर पाते हैं, तो यह नहीं माना जा सकता कि उनके असन्तोष को सामान्य जनता का समर्थन भी प्राप्त है।"

संविधान के संशोधन के लिए संविधान में दृढ़ता तथा अतिशय वैधानिकता से बचने का प्रयास किया गया तथा इसमें लचीलेपन पर अधिक ज़ोर दिया गया। संविधान के संशोधन से सम्बन्धित संवैधानिक प्रावधान संविधान के अनुच्छेदों को दो भागों में विभाजित करते हैं। पहले समूह में केन्द्र तथा राज्यों के बीच विधायी शक्तियों के वितरण से सम्बन्धित अनुच्छेद हैं, संसद में राज्यों के प्रतिनिधित्व से सम्बन्धित अनुच्छेद हैं तथा अदालतों की शक्तियों से सम्बन्धित अनुच्छेद हैं और दूसरे समूह में शेष सभी अनुच्छेद हैं। दूसरे समूह के अनुच्छेदों के अन्तर्गत संविधान का एक बड़ा हिस्सा आता है तथा इसे एक दोहरे बहुमत से संसद द्वारा संशोधित किया जा सकता है, अर्थात् प्रत्येक सदन के उपस्थित तथा मतदाता सदस्यों को दो-तिहाई से कम नहीं होना चाहिए तथा प्रत्येक सदन की कुल सदस्य संख्या का बहुमत होना आवश्यक है। इन अनुच्छेदों के संशोधनों का राज्यों द्वारा पारित कराया जाना ज़रूरी नहीं है। प्रथम समूह के अनुच्छेदों में संशोधन हेतु ही राज्यों द्वारा भी इन्हें पारित कराया जाना आवश्यक रखा गया है ताकि इन्हें अतिरिक्त संरक्षण प्रदान किया जा सके।

संविधान में संशोधनों के विषय में किए गए प्रावधानों के विषय में बोलते हुए डॉ. अम्बेडकर ने संविधान सभा में कहा था–

"प्रारूप संविधान में संविधान संशोधन के विषय में किए गए प्रावधानों की भी तीखी आलोचना की गयी है। यह कहा जा रहा है कि प्रारूप में निहित प्रावधानों से संशोधन करना कठिन हो जाएगा। यह भी प्रस्तावित किया जा रहा है कि कुछ वर्षों तक साधारण बहुमत से ही संविधान में संशोधन कर दिए जाने की अनुमति होनी चाहिए। यह तर्क धूर्ततापूर्ण ढंग से तथा अत्यन्त चतुराईपूर्वक

दिया जा रहा है। कहा यह जा रहा है कि यह संविधान सभा वयस्क मताधिकार के आधार पर निर्वाचित नहीं हुई है और भविष्य की संसद का चुनाव वयस्क मताधिकार के आधार पर किया जाएगा। अतः संविधान सभा को तो साधारण बहुमत से संविधान पारित करने की अनुमति दी जा रही है, जबकि संसद को इस अधिकार से वंचित रखा जा रहा है। इसे प्रारूप संविधान की भयंकर चूक बताकर प्रचारित किया जा रहा है। मैं इस आरोप का खण्डन करता हूँ क्योंकि यह आधारहीन आरोप है। यदि कोई अमेरिका तथा आस्ट्रेलिया के संविधानों का ही अध्ययन कर ले, तो उसे यह ज्ञात हो जाएगा कि उनकी तुलना में प्रस्तावित संविधान के प्रारूप में संशोधन हेतु रखे गए प्रावधान कितने सरल हैं। इनकी तुलना में प्रारूप संविधान के प्रावधान सरलतम ही कहे जाएँगे। संविधान के प्रारूप से कठिन प्रक्रियाएँ, जैसे–जनमत संग्रह अथा प्रतिनिधि सभा द्वारा निर्णय को हटा दिया गया है। संशोधन की शक्तियाँ केन्द्रीय तथा प्रान्तीय विधायिकाओं को प्रदान कर दी गयी हैं। ऐसे कुछ विशेष प्रावधान ही रखे गए हैं, जिनके संशोधन के लिए राज्य विधानसभाओं की स्वीकृति अनिवार्य है। संविधान के शेष सभी अनुच्छेदों के संशोधन संसद द्वारा पारित किए जा सकते हैं। एकमात्र सीमा यह है कि ऐसे संशोधन प्रत्येक सदन के उपस्थित तथा मत देने वाले सदस्यों के कम से कम दो–तिहाई बहुमत तथा प्रत्येक सदन की कुल सदस्य संख्या के बहुमत द्वारा ही पारित किए जा सकते हैं। संविधान के संशोधन के लिए इससे आसान तरीका ढूँढ पाना कठिन है।

जिसे संशोधन के प्रावधानों की भयंकर चूक बताया जा रहा है वह संविधान सभा की स्थिति के बारे में तथा संविधान के तहत निर्वाचित होने वाली भविष्य की संसद के बारे में गलत धारणा बना लेने के कारण उत्पन्न हुई है। संविधान बनाते समय संविधान सभा के मन में कोई दुराग्रह नहीं था। एक अच्छा तथा कार्यक्षम संविधान बनाने के अतिरिक्त इसका और कोई ध्येय नहीं था। संविधान के अनुच्छेदों पर विचार करते समय संविधान सभा के मन में दलगत भावना लेश मात्र भी नहीं थी। यदि कभी भविष्य की संसद एक संविधान सभा के रूप में बैठेगी, तो इसके सदस्य अपने–अपने दलों की नीतियों के अनुसार संशोधनों पर विचार करेंगे, जिसे हासिल करने में वे असमर्थ होंगे क्योंकि संविधान के कुछ अनुच्छेद उनके इस प्रयास में रोड़ा बन जाएँगे। संसद को दलगत राजनीति के कारण इसमें दिक्कत आ सकती है मगर संविधान सभा को इसमें कोई समस्या नहीं आयी। संविधान सभा तथा भावी संसद में यही अन्तर है। इससे यह स्पष्ट है कि सीमित मताधिकार के आधार पर निर्वाचित संविधान सभा संविधान को साधारण बहुमत से क्यों पारित कर सकती है और वयस्क मताधिकार द्वारा

निर्वाचित संसद को इसी शक्ति के आधार पर संविधान संशोधन की अनुमति क्यों नही दी जा सकती।"

(डॉ. बाबा साहेब अम्बेडकर: *राइटिंग्स एॅण्ड स्पीचेज़*, खण्ड-13, पृ. 68-69)

अनुच्छेद 304

अनुच्छेद 304 में संशोधन प्रस्तुत करते समय डॉ. अम्बेडकर ने कहा था-

"संसद के प्रत्येक सदन में एक बिल के माध्यम से संविधान में संशोधन किया जा सकता है और जब यह बिल प्रत्येक सदन द्वारा उस सदन की कुल सदस्य संख्या के बहुमत से तथा सदन में उपस्थित तथा मत देने वाले सदस्यों के कम से कम दो-तिहाई बहुमत से पारित किया जाए तो इसे राष्ट्रपति की सहमति हेतु उनके समक्ष प्रस्तुत किया जाना चाहिए तथा उनके द्वारा इस बिल पर सहमति देने के उपरान्त बिल के प्रावधानों के अनुसार संविधान संशोधन किया जा सकेगा, बशर्ते ऐसा संशोधन निम्नलिखित कार्यों हेतु किया गया हो-

(अ) सातवीं अनुसूची की किसी सूची में, अथवा

(ब) संसद में राज्यों के प्रतिनिधित्व के विषय में, अथवा

(स) संविधान के खण्ड V के अध्याय IV, खण्ड VI के अध्याय VII तथा अनुच्छेद 213 ए हेतु संशोधन के लिए प्रथम अनुसूची के खण्ड I तथा II में वर्णित समयावधि हेतु कम से कम आधे राज्यों की विधायिकाओं से भी इसे पारित कराया जाना आवश्यक होगा।"

डॉ. अम्बेडकर ने आगे कहा, "मैं अपना दूसरा संशोधन भी प्रस्तुत कर रहा हूँ। यह नंबर 207 है। मैं प्रस्तुत करता हूँ कि-

अनुच्छेद 304 के प्रस्तावित प्रावधान के लिए तृतीय सूची के नंबर 118 के संशोधन में निम्नलिखित प्रावधान प्रतिस्थापित किया जाता है-

बशर्ते कि कोई ऐसा संशोधन निम्नलिखित में किसी परिवर्तन के लिए किया जाए-

(अ) इस संविधान के अनुच्छेद 43, अनुच्छेद 44, अनुच्छेद 60, अनुच्छेद 142 अथवा अनुच्छेद 243ए, अथवा

(ब) इस संविधान के खण्ड V के अध्याय IV, खण्ड VI के अध्याय VII अथवा खण्ड IX के अध्याय I अथवा सातवीं अनुसूची की किसी अनुसूची हेतु, अथवा

(स) सातवीं अनुसूची की किसी सूची हेतु

(द) संसद में राज्यों के प्रतिनिधित्व हेतु

(य) इस अनुच्छेद के प्रावधानों हेतु

ऐसे संशोधन को राष्ट्रपति महोदय के पास सहमति हेतु भेजे जाने से पूर्व प्रथम अनुसूची के खण्ड I तथा III में वर्णित समयावधि हेतु कम से कम आधे राज्यों की विधायिकाओं द्वारा पारित संकल्पों के माध्यम से समर्थित होना चाहिए, तभी यह संशोधन प्रावधान बन सकेगा।"

इस पर हुई चर्चा निम्नलिखित थी–

माननीय डॉ. बी.आर. अम्बेडकर: "आदरणीय अध्यक्ष महोदय, चूँकि अभी तक अनेक संशोधन हो चुके हैं तथा उन पर अनेक लोगों ने अपनी टीका-टिप्पणियाँ प्रस्तुत की हैं, किन्तु मेरे लिए प्रत्येक संशोधन का उत्तर देना सम्भव नहीं है तथा न ही प्रत्येक वक्ता के विचारों पर अपनी टिप्पणी दे पाना ही मेरे लिए सम्भव है। लेकिन मैं विभिन्न वक्ताओं द्वारा दिए गए एक विकल्प की चर्चा करना चाहता हूँ, जिसमें उन्होंने सुझाव दिया था कि हमारी भावी संसद को संविधान में संशोधन हेतु या तो साधारण बहुमत का अधिकार दिया जाना चाहिए अथवा कोई ऐसा तरीका होना चाहिए, जिससे वे अनुच्छेद 304 में वर्णित प्रावधानों की अपेक्षा अधिक आसानी से संविधान में संशोधन कर सकें।

महोदय, इससे पहले कि मैं अनुच्छेद 304 में निहित प्रावधानों की व्याख्या करूँ, मैं सदन का ध्यान अन्य संविधानों में संविधान संशोधन हेतु किए गए प्रावधानों की ओर आकर्षित करना चाहता हूँ। मैं सर्वप्रथम सदन को बताना चाहता हूँ कि कनाडा के संविधान में संविधान संशोधन का कोई प्रावधान नहीं है। यद्यपि आज कनाडा एक प्रभुत्व सम्पन्न राष्ट्र है जिसके पास सम्प्रभुत्ता की समस्त शक्तियाँ विद्यमान हैं तथा वह अपने संविधान में परिवर्तन करने की क्षमता भी रखता है, किन्तु कनाडा के नागरिकों ने उनके संविधान में संशोधन करने की शक्ति कनाडा की संसद को देने तक से इन्कार कर दिया था। यह भी याद रखा जाना चाहिए कि कनाडा का संविधान बहुत पहले सन् 1867 में तैयार किया गया था तथा वहाँ के संविधान के अध्येताओं में से किसी के भी मन में लेशमात्र भी सन्देह नहीं है कि कनाडा के संविधान के विभिन्न अनुच्छेदों पर लोगों के मन में तीव्र असहमतियाँ हैं और कनाडा के संविधान के प्रावधानों की व्याख्या वहाँ की प्रिवी काउंसिल द्वारा किए जाने के बावजूद कनाडा का कोई भी नागरिक उन्हें प्राप्त उन शक्तियों का प्रयोग करने की सोच भी नहीं सकता, जिनसे वह संविधान में संशोधन के प्रावधान कर सकता है।

अब मैं आयरलैण्ड के संविधान पर आता हूँ। आयरिश संविधान में यह

प्रावधान है कि दोनों सदन एक साधारण बहुमत के द्वारा आयरिश संविधान के किसी भाग में संशोधन या परिवर्तन कर सकते हैं अथवा उसे हटा सकते हैं, बशर्ते संविधान में संशोधन, परिवर्तन अथवा हटाने का यह प्रस्ताव लोगों के बीच जनमत संग्रह हेतु रखा गया हो तथा लोगों द्वारा इसे बहुमत से पारित किया गया हो।

अब स्विट्ज़रलैण्ड के संविधान की बात करते हैं। इनके संविधान में भी विधायिका संशोधन सम्बन्धी बिल पारित कर सकती है किन्तु यह संशोधन तभी प्रभावी होगा, जब वह दो शर्तें पूरी करता हो। पहली शर्त यह है कि प्रदेशों का बहुमत इस संशोधन को स्वीकार करे तथा दूसरी शर्त यह है कि एक जनमत संग्रह भी होना चाहिए। इस जनमत संग्रह द्वारा भी लोगों का बहुमत इस संशोधन को स्वीकृति दे। स्विट्ज़रलैण्ड में विधायिका के द्वारा बिल पारित हो जाने मात्र से ही संविधान में परिवर्तन नहीं किए जा सकते।

अब मैं आस्ट्रेलिया के संविधान को लेता हूँ। इसके संविधान के प्रावधान इस प्रकार हैं: यह संशोधन आस्ट्रेलिया की संसद के एक पूर्ण बहुमत द्वारा पारित होने चाहिए। तत्पश्चात् इसे उन लोगों के पास अनुमोदन हेतु भेजा जाना चाहिए, जो आस्ट्रेलियाई संसद के निचले सदन के प्रतिनिधि चुनते हैं। तत्पश्चात इसे पुन: लोगों अथवा मतदाताओं के पास जनमत संग्रह हेतु प्रस्तुत किया जाना चाहिए। एक और शर्त यह है कि इसे राज्यों के बहुमत द्वारा स्वीकार किया जाना चाहिए तथा मतदाताओं के बहुमत द्वारा भी स्वीकार किया जाना चाहिए।

अमेरिकी संविधान में प्रावधान है कि इस संशोधन को दोनों सदनों के दो-तिहाई बहुमत द्वारा स्वीकार किया जाना चाहिए। दोनो सदनों के दो-तिहाई बहुमत के इस निर्णय का समर्थन राज्यों के दो-तिहाई बहुमत द्वारा किया जाना चाहिए। मैं ये सभी तथ्य इसलिए यहाँ उद्धृत कर रहा हूँ क्योंकि मैं बताना चाहता हूँ कि मैंने जितने भी देशों के उदाहरण रखे हैं, उनमें से किसी भी देश में संविधान संशोधन साधारण बहुमत से नहीं किया जा सकता।

अब मैं हमारे संविधान के प्रावधानों की ओर आता हूँ। हमने अपने संविधान में संशोधन से सम्बन्धित क्या प्रावधान प्रस्तावित किए हैं। हम अपने संविधान के विभिन्न अनुच्छेदों को तीन श्रेणियों में वर्गीकृत करना प्रस्तावित करते हैं। पहली श्रेणी में हमने कुछे ऐसे अनुच्छेद रखे हैं, जिन्हें संसद द्वारा साधारण बहुमत से संशोधित किया जा सकता है। दुर्भाग्यवश इस पर अधिक ध्यान नहीं दिया गया क्योंकि इसे अनुच्छेद 304 में स्थान नहीं दिया गया है किन्तु यह संविधान के अन्य अनुच्छेदों में है। उनमें से कुछ का संदर्भ देना चाहता हूँ। उदाहरण के लिए अनुच्छेद 2 तथा 3 राज्यों से सम्बन्धित हैं। जहाँ तक नए राज्यों के गठन

का प्रश्न है, अथवा विद्यमान राज्य के पुनर्गठन का प्रश्न है तो यह मसला संसद द्वारा साधारण बहुमत से हल किया जा सकता है। इसी प्रकार अनुच्छेद 148-ए का उदाहरण लेते हैं, जो प्रान्तों के ऊपरी सदनों से सम्बन्धित है। संसद को प्रान्तों के ऊपरी सदनों को समाप्त करने अथवा उन प्रान्तों में जहाँ दूसरा सदन नहीं है दूसरे सदन का गठन करने की स्वतंत्रता साधारण बहुमत द्वारा प्रदान की गयी है। अब अनुच्छेद 213 को लेते हैं, जो खण्ड II में राज्यों से सम्बन्धित है। राज्यों के संविधान के विषय में प्रारूप संविधान खण्ड II में राज्यों के संविधान तैयार करने तथा उनके परिवर्धन का निर्णय संसद द्वारा साधारण बहुमत से किए जाने का अधिकार देता है।

एक बार फिर अनुसूची V तथा VI पर आते हैं। इनमें संशोधन भी संसद द्वारा साधारण बहुमत से किए जा सकते हैं। मैं ऐसे अनगिनत उदाहरण गिना सकता हूँ। जैसे-अनुच्छेद 255, जिसमें अनुदान तथा वित्तीय प्रावधान हैं, जो संसद द्वारा निर्मित कानून पर आश्रित हैं। 'जब तक संसद कुछ और न कहे' के आधार पर ये प्रावधान हैं। अतः हमारे संविधान में ऐसे अनेक विषय हैं, जिनका संशोधन संसद द्वारा साधारण बहुमत से किया जा सकता है। फिर भी यदि हमारे मित्र यह आग्रह करते हैं कि संसद को संविधान में साधारण बहुमत से संशोधन के लिए और अधिक शक्तियाँ दी जानी चाहिए तो वे मेरे पास ऐसे विषय लेकर आएँ तथा किसी निश्चित अनुच्छेद का सन्दर्भ दें, जिसे वे इस श्रेणी में रखवाना चाहते हैं तो प्रारूप समिति उस मामले पर अवश्य विचार करेगी। यह सोचना कि सम्पूर्ण संविधान में संशोधन संसद द्वारा साधारण बहुमत से किया जाना चाहिए, मेरे विचार से उचित नहीं है तथा यह निर्णय संविधान को तैयार करने हेतु उत्तरदायी लोगों को भी स्वीकार्य नहीं होगा।

अतः पहला बिन्दु जिस पर मैं ज़ोर देना चाहता हूँ, यह है कि यह कहना पूर्णतः निराधार है कि संविधान में ऐसा कोई अनुच्छेद नहीं है, जिसे साधारण बहुमत से संशोधित नहीं किया जा सकता। जैसा मैंने कहा, हमारे संविधान में ऐसे अनेक अनुच्छेद विद्यमान हैं, जिन्हें संसद एक साधारण बहुमत से ही संशोधित कर सकती है।

अब हम इसके लिए क्या करें? हम संविधान के अनुच्छेदों को तीन श्रेणियों में विभाजित करते हैं। पहली श्रेणी में वे अनुच्छेद आएंगे, जिन्हें संसद द्वारा एक साधारण बहुमत से ही संशोधित किया जा सकता है। दूसरी श्रेणी में वे अनुच्छेद होंगे, जिन्हें दो-तिहाई बहुमत से संशोधित किया जा सकता है। यदि भावी संसद ऐसे किसी अनुच्छेद में संशोधन करना चाहती है, जो खण्ड III अथवा अनुच्छेद

304 में वर्णित नहीं है, तो उनके लिए ऐसे संशोधन करने हेतु दो-तिहाई बहुमत हासिल करना आवश्यक होगा। तभी वे इसे संशोधित कर सकेंगे।

निस्सन्देह हमने कुछ अनुच्छेद एक तीसरी श्रेणी में रखे हैं, जहाँ पर संशोधन के उद्देश्य की प्रक्रिया कुछ अलग है या दोहरी है। इसके लिए दो-तिहाई बहुमत की आवश्यकता है तथा राज्यों द्वारा समर्थन भी आवश्यक है। मैं बताना चाहता हूँ कि हमने कुछ विशिष्ट अनुच्छेदों के लिए यह प्रक्रिया क्यों आवश्यक समझी। सदन के वे सदस्य, जो इस विषय में रुचि रखते हैं, उन्हें उन अनुच्छेदों की जाँच करनी चाहिए, जिन्हें इस श्रेणी में रखा गया है। वे पाएंगे कि ये अनुच्छेद मात्र केन्द्र से सम्बन्धित नहीं हैं, बल्कि ये केन्द्र तथा प्रान्तों से सम्बन्धित हैं। हम इस तथ्य को नहीं भूल सकते कि जबकि हमारे पास प्रान्तीय स्वायत्तता के अनेक मामले हैं और इसके बावजूद हमें यह भी देखना है कि संविधान की फ़ेडरल संरचना में कोई परिवर्तन न होने पाए। हमने अपने कानूनों द्वारा प्रान्तों को कुछ अधिकार प्रदान किए हैं तथा कुछ अधिकार केन्द्र के लिए आरक्षित कर रखे हैं। हमने विधायी प्राधिकार का वितरण किया है, हमने कार्यपालिका के अधिकारों का वितरण किया है और हमने प्रशासनिक अधिकारों का वितरण किया है। यदि यह कहा जाए कि संविधान के वे अनुच्छेद, जिनसे प्रान्तों की कार्यपालिका की शक्तियाँ सम्बन्धित हैं, में केन्द्र की संसद को दो-तिहाई बहुमत से परिवर्तन करने का अधिकार दे दिया जाए और प्रान्तों अथवा राज्यों का इसमें कोई दखल न हो, तो मेरे विचार से यह संविधान की मूल भावना के विरुद्ध होगा। यदि मेरे सम्माननीय मित्र इस प्रावधान में सम्मिलित अनुच्छेद देखेंगे तो वे पाएंगे कि हमने बहुत थोड़े से प्रावधान ही इस श्रेणी में शामिल किए हैं। अनुच्छेद 43 राष्ट्रपति के निर्वाचन से सम्बन्धित है, अनुच्छेद 44 राष्ट्रपति के निर्वाचन की प्रक्रिया से सम्बन्धित है। प्रारूप समिति का यह दृष्टिकोण था कि राष्ट्रपति निस्सन्देह केन्द्र के सभी मामलों का प्रधान है, वह संघ के प्रमुख से कम नहीं है और इसलिए प्रान्त भी केन्द्र की भाँति ही उसके निर्वाचन में रुचि अवश्य प्रदर्शित करेंगे। इसी प्रकार हमने सोचा कि यह एक ऐसा मामला है जिसे अनुच्छेद की इस श्रेणी में अवश्य सम्मिलित किया जाना चाहिए, जिसमें प्रान्तों के समर्थन का भी प्रावधान है।

अनुच्छेद 60 तथा अनुच्छेद 142 को लेते हैं। अनुच्छेद 60 संघ की कार्यपालिका की शक्तियों से सम्बन्धित है तथा अनुच्छेद 142 राज्य की कार्यपालिका की शक्तियों से सम्बन्धित है। हमने अपने संविधान में यह मूलभूत अवधारणा दी है कि कार्यपालिका की शक्तियाँ विधायी शक्तियों के साथ समान रूप से चलेंगी। उदाहरण के लिए यदि संसद को अनुच्छेद 60 में परिवर्धन करने की शक्ति दे

दी जाए, जिससे वह अनुच्छेद 60 में निहित सीमा अथवा प्रावधानों से बाहर संशोधन कर सके, तो निस्सन्देह यह अनुच्छेद 142 में वर्णित राज्यों की कार्यपालिका सम्बन्धी शक्तियों को नष्ट कर देगी और हमने यह भी सोचा कि यह एक मूलभूत मसला भी है और इसलिए इसे राज्यों का समर्थन हासिल होना भी आवश्यक है।

अध्याय IV, खण्ड V उच्चतम न्यायालय से सम्बन्धित है। इसमें कोई शक नहीं कि उच्चतम न्यायालय एक ऐसी संस्था है, जिसमें केन्द्र तथा राज्य अथवा इकाइयाँ तथा इस देश का प्रत्येक नागरिक रुचि रखता है और इसीलिए यह ऐसा मसला था, जिसे दो-तिहाई बहुमत पर ही नहीं छोड़ा जा सकता था। ऐसा ही खण्ड VI के अध्याय VII में वर्णित उच्च न्यायालयों के विषय में भी कहा जा सकता है।

खण्ड IX का अध्याय I, जिसे तीसरी श्रेणी में रखा गया है, विधायी शक्तियों के वितरण से सम्बन्धित है तथा वह सातवीं अनुसूची की सूचियों से सम्बन्धित है। कोई भी इस बात से इन्कार नहीं कर सकता कि इस मसले में प्रान्तों के हित भी जुड़े हुए हैं और उनकी इच्छा के विरुद्ध इनमें परिवर्तन नहीं किया जाना चाहिए। इसी प्रकार अनुच्छेद 67 भी है, जो राज्य सभा में प्रतिनिधित्व से सम्बन्ध रखता है।

मैं समझता हूँ कि सम्माननीय सदस्यों ने यह देखा होगा कि प्रारूप समिति द्वारा निर्धारित किए गए सिद्धान्तों पर प्रश्नचिह्न नहीं लगाए जा सकते। केवल वे लोग ही ऐसा सोच सकते हैं, जिन्हें लगता है कि संविधान को अधिक जवाबदेह होना चाहिए तथा इसके प्रत्येक अनुच्छेद का संशोधन साधारण बहुमत द्वारा कर दिया जाना चाहिए। जैसा कि मैं कह चुका हूँ, मैं इसे स्वीकार करने के लिए तैयार नहीं हूँ। संविधान एक मूलभूत आलेख है। यह एक ऐसा आलेख है, जो राष्ट्र के तीन अंगों, कार्यपालिका, न्यायपालिका तथा विधायिका की स्थिति तथा शक्तियों की व्याख्या करता है। यह नागरिकों के साथ कार्यपालिका की शक्तियों तथा विधायिका की शक्तियों की भी व्याख्या करता है, जैसा कि हम मौलिक अधिकारों से सम्बन्धित अपने अध्याय में कर चुके हैं, वास्तव में संविधान का उद्देश्य राष्ट्र के अंग ही तैयार करना नहीं है बल्कि उनके अधिकारों की सीमा भी तय करना है क्योंकि यदि इन अंगों के अधिकारों पर कोई सीमा नहीं लगाई गयी, तो वे पूर्णतः निरंकुश तथा अत्याचारी हो जाएंगे। तब विधायिका किसी भी कानून को बनाने के लिए स्वतंत्र हो सकती है, कार्यपालिका कोई भी निर्णय लेने को स्वतंत्र हो सकती है तथा उच्चतम न्यायालय कानून की कोई भी व्याख्या करने को स्वतंत्र हो सकता है। इसका परिणाम अराजकता हो सकता

है। महोदय, मैं यह नही समझ पा रहा हूँ जब यह कहा जाता है कि संविधान में संशोधन एक साधारण बहुमत से ही कर दिया जाना चाहिए। जब मैं इस विषय पर गहन चिन्तन करता हूँ तो मुझे इसके लिए केवल तीन कारण ही समझ में आते हैं। पहला यह कि प्रारूप समिति ने एक प्रारूप तैयार किया है, जो प्रारूप की दृष्टि से अत्यन्त खराब है। मैं इसे अच्छी तरह समझ सकता हूँ। अगर यही बात है······तो मैं प्रारूप समिति के अध्यक्ष की हैसियत से प्रारूप समिति के मेरे सहयोगियों की ओर से कहना चाहता हूँ कि हमें इस पर कोई आपत्ति नहीं होगी कि संविधान सभा एक दूसरी प्रारूप समिति गठित कर दे अथवा एक संसदीय प्रारूपकार (पार्लियामेंटरी ड्राफ्ट्समैन) आयात कर ले और उसे यह प्रारूप सौंप दे तथा उससे पूछे कि वह इसमें क्या कमियाँ हैं तथा उसके इस विषय पर क्या सुझाव हैं। यह एक ईमानदार प्रक्रिया होगी तथा मुझे इस पर कोई भी आपत्ति नहीं है।

यदि यह वह आधार नहीं है, जिस पर उनका दृष्टिकोण टिका हुआ है, तो दूसरा आधार यह हो सकता है कि यह संविधान कुछ गलत सिद्धान्तों द्वारा आगे बढ़ता है। जहाँ तक इस मसले का सवाल है तो मुझे ऐसा लगता है कि एक आधुनिक संविधान केवल दो आधार लेकर ही आगे बढ़ता है। पहला आधार संसदीय व्यवस्था की सरकार है तथा दूसरा आधार निरंकुशतावादी तथा तानाशाह व्यवस्था वाली सरकार है। यदि हम स्वीकार करते हैं कि हमारा संविधान तानाशाहीपूर्ण नहीं होना चाहिए बल्कि यह एक ऐसा संविधान होना चाहिए, जिसमें एक संसदीय लोकतंत्र हो जहाँ सरकार हमेशा कसौटी पर हो, वह सदैव ज़वाबदेह हो, वह लोगों के प्रति उत्तरदायी हो, वह न्यायपालिका के प्रति उत्तरदायी हो तब मुझे यह कहने में कोई हिचक नहीं है कि इस संविधान में निहित सिद्धान्त यदि बेहतर नहीं तो उतने ही अच्छे हैं जितने कि किसी अन्य संसदीय संविधान के हैं।

एक अन्य तर्क जो दिया जा सकता है, वह यह है कि यह सभा एक प्रतिनिधात्मक संस्था नहीं है क्योंकि इसे वयस्क मताधिकार द्वारा निर्वाचित नहीं किया गया है और लोगों के एक बड़े समूह को इस संविधान में प्रतिनिधित्व नही मिला है। अत: संविधान सभा को यह संविधान तैयार करते हुए यह कहने का अधिकार नहीं है कि यह संविधान ही अन्तिम है, जो अनुच्छेद 304 इसके लिए प्रस्तावित करता है। महोदय, यह सच हो सकता है कि यह सभा इस सन्दर्भ में एक प्रतिनिधिपरक सभा नहीं है क्योंकि इस सभा के सदस्य वयस्क मताधिकार के आधार पर निर्वाचित नहीं हुए हैं। मैं यह तर्क स्वीकार करने को तैयार हूँ मगर यह कहना कि यदि सभा का निर्वाचन वयस्क मताधिकार द्वारा किया जाता तो

इसमें अधिक विद्वता तथा अधिक राजनीतिक समझ होती, गलत है। क्योंकि सत्ता तथा समझ साथ-साथ नहीं चलते। कभी-कभी ये दोनों एक दूसरे से अलग हो जाते हैं और मैं यह दृढ़तापूर्वक कह सकता हूँ कि इस सदन में सम्भवतः भावी संसद की तुलना में कहीं अधिक ज्ञान की मात्रा तथा विद्वता विद्यमान है। महोदय, इसलिए मैं मानता हूँ कि वर्तमान परिस्थितियों को देखते हुए प्रारूप समिति द्वारा प्रस्तावित यह आलेख सर्वश्रेष्ठ है।"

अध्यक्ष महोदय ने संशोधन को मत विभाजन हेतु रखा। संशोधनों को नकार दिया गया तथा डॉ. अम्बेडकर द्वारा प्रस्तुत संशोधन स्वीकार कर लिए गए। इस प्रकार संशोधित अनुच्छेद 304 को संविधान में जोड़ दिया गया।

(डॉ. बाबा साहेब अम्बेडकर: *राइटिंग्स एँण्ड स्पीचेज़*, खण्ड-13, पृ. 1053-58)

संविधान (प्रथम संशोधन) बिल

संविधान (प्रथम संशोधन) बिल पर संसद में बोलते हुए डॉ. अम्बेडकर ने उन परिवर्तनों की आवश्यकता का विश्लेषण किया, जिनका प्रस्तावित बिल में समावेश था। उनके शब्दों में-

"मैं बिल की धारा 2 से शुरू करूँगा। बिल की धारा 2 अनुच्छेद 15 में संशोधन प्रस्तावित करती है। अनुच्छेद 15 में संशोधन की आवश्यकता अभी हाल ही में उच्चतम न्यायालय द्वारा मद्रास राज्य से उसके पास आए दो मामलों पर दिए गए निर्णयों के कारण महसूस की गयी। पहला मामला मद्रास राज्य बनाम श्रीमती चम्पकम्दोराइराजन का था तथा दूसरा मामला मद्रास राज्य बनाम वेंकटरमण का था। श्रीमती चम्पकम् का मामला अनुच्छेद 29 धारा (2) से सम्बन्धित था, जबकि श्री वेंकटरमण का मामला अनुच्छेद 16 धारा (4) से सम्बन्धित था। पहले मामले में प्रश्न लोक सेवाओं में पिछड़े वर्ग के आरक्षण से सम्बन्धित था तथा दूसरा मामला शैक्षिक संस्थाओं में पिछड़े वर्ग के आरक्षण से सम्बन्धित था।

मैंने उच्चतम न्यायालय के इन दोनों निर्णयों का बड़े ध्यान से अध्ययन किया तथा उच्चतम न्यायालय के न्यायाधीशों के प्रति पर्याप्त सम्मान की भावना रखते हुए मैं कहना चाहता हूँ कि ये निर्णय पूर्णतः असन्तोषजनक हैं।

ये निर्णय संविधान के अनुच्छेदों की भावना के अनुरूप नहीं हैं। ऐसा मेरा मानना है।

मेरा दृष्टिकोण है कि अनुच्छेद 29, धारा (2) में सर्वाधिक महत्त्वपूर्ण शब्द 'केवल' है। केवल जाति, धर्म अथवा लिंग के आधार पर कोई पृथकता नहीं दी जानी चाहिए। 'केवल' शब्द अत्यधिक महत्त्वपूर्ण है। यह ऐसी किसी पृथकता

को अलग नहीं करता जो इस अनुच्छेद के अलावा वर्णित है और मैं सम्मानपर्वूक स्वीकार करता हूँ कि 'केवल' शब्द का जो अर्थ लगाया जाना चाहिए था, वह अर्थ नहीं लगाया गया।

अनुच्छेद 16, धारा (4) के सम्बन्ध में मेरा मत है कि ऐसा कोई आरक्षण देना असम्भव है, जिसे किसी की एक जाति को हटाकर दिया जा सके।

नीति निर्देशक सिद्धान्तों के अनुच्छेद 46 में सरकार पर यह बाध्यता डाली गयी है कि वह कमजोर तबके के लोगों के कल्याण तथा हितों को बढ़ावा देने के लिए हर सम्भव प्रयास करे, जिसका मेरे अनुसार अर्थ पिछड़े वर्ग अथवा ऐसे अन्य वर्गों से है, जो अपने पैरों पर खड़े होने में असमर्थ हैं अर्थात् अनुसूचित जातियों तथा जनजातियों से है। अतः ये केवल सरकार पर ही आश्रित नहीं हैं बल्कि इस संसद पर भी आश्रित हैं। इन्हें भरसक प्रयास करने चाहिए ताकि अनुच्छेद 46 को पूरा किया जा सके तथा यदि यह पूरा किया जाना है तो मैं नही समझता कि अनुच्छेद 29, धारा (2) तथा अनुच्छेद 16, धारा (4) को जिस प्रकार पढ़ा गया है और कमजोर तबके के लोगों के प्रगति को रोकने के लिए जिस प्रकार इसे समझा गया है, उसके लिए भविष्य में कोई संशोधन लाने की आवश्यकता होगी। यही आवश्यकता अनुच्छेद 15 में संशोधन हेतु बाध्य करती है।

अब मैं अनुच्छेद 19 के प्रावधानों पर आता हूँ। यह एक ऐसा अनुच्छेद है, जो इस सदन के सदस्यों के बीच भारी उत्तेजना जगाता है। मैं सर्वप्रथम इस बिल की धारा (3) (1) (ए) प्रस्तावित करता हूँ, जो अनुच्छेद 19 की मूल धारा (2) में संशोधन करेगी। जैसा कि सदस्यगण देखेंगे, इस उपधारा द्वारा तीन शीर्ष जोड़े जाने प्रस्तावित किए जाते हैं–

1. विदेशी राष्ट्रों के साथ सम्बन्ध
2. कानून व्यवस्था हेतु आदेश
3. अपराध हेतु उकसाना

एक सवाल यह पूछा गया है कि इन तीन शीर्षों को लाए जाने की क्या ज़रूरत थी। कुछ निर्णयों के कारण यह आवश्यकता महसूस की गयी। ये निर्णय उच्चतम न्यायालय तथा प्रान्तीय उच्च न्यायालयों द्वारा दिए गए हैं। इस सन्दर्भ में मैं उच्चतम न्यायालय द्वारा रमेश थापर तथा ब्रजभूषण के मामलों में दिए गए निर्णयों का उल्लेख करना चाहूँगा। इन दो मामलों में उच्चतम न्यायालय द्वारा निर्णय दिए गए। अब मैं राज्य के उच्च न्यायालयों द्वारा दिए गए निर्णयों पर आता हूँ।

पंजाब उच्च न्यायालय द्वारा दिए गए निम्नलिखित मामलों के निर्णयों का भी सन्दर्भ लिया गया–

1. मास्टर तारा सिंह का मामला
2. अमरनाथ बाली बनाम पंजाब राज्य

ये दो निर्णय पटना तथा मद्रास उच्च न्यायालय के थे–

1. शीलबाला देवी बनाम बिहार के मुख्य सचिव
2. बाइन्स बनाम मद्रास राज्य

रमेश थापर के मामले से मद्रास कानून व्यवस्था अनुरक्षण आदेश, 1949 की वैधता जुड़ी हुई थी। ब्रजभूषण के मामले से पूर्वी पंजाब जनसुरक्षा अधिनियम, 1949 की वैधता जुड़ी हुई थी। मास्टर तारा सिंह के मामले से भारतीय दण्ड संहिता के अनुच्छेद 124 (ए) की वैधता जुड़ी हुई थी। अमरनाथ बाली के मामले से भारतीय प्रेस (आपात्कालीन शक्तियाँ) अधिनियम, 1931 के अनुच्छेद 4 की वैधता जुड़ी हुई थी। शीलबाला देवी के मामले से भी प्रेस अधिनियम अनुच्छेद 4 की वैधता जुड़ी हुई थी तथा ऐसा ही मामला बाइन्स बनाम मद्रास राज्य के मामले में भी था।

इन सभी मामलों में यह निर्णय आया कि ये कानून निरर्थक हैं अर्थात् अनुच्छेद 19 की धारा (2) में निहित प्रावधान को देखते हुए अदालतों ने यह निर्णय दिया कि ये सभी अधिनियम भले ही संविधान के अस्तित्व में आने से पहले वैध रहे हों, परन्तु अब ये खराब कानून हैं क्योंकि ये मौलिक अधिकारों के अनुरूप नहीं हैं।

मैं सदन के संज्ञान में जो लाना चाहता हूँ, वह यह है कि राज्यों पर उच्चतम न्यायालय तथा विभिन्न उच्च न्यायालयों के इन निर्णयों का क्या प्रभाव पड़ेगा? इस विषय में सदन के समक्ष एक स्पष्ट तस्वीर खींचने के लिए मैं इस अधिनियम के ऐसे अनेक अनुच्छेद पढ़ सकता हूँ, जिन्हे निरर्थक घोषित कर दिया गया है लेकिन समय की कमी के कारण मैं अपना ध्यान केवल प्रेस अधिनियम, अनुच्छेद 4 पर केन्द्रित करूँगा, जिस पर प्रश्नचिह्न लगाए गए हैं। प्रेस अधिनियम के अनुच्छेद 4 के अनुसार–

"जब कभी प्रान्तीय सरकार को ऐसा प्रतीत हो कि कोई प्रिंटिंग प्रेस, जिसके बारे में अनुच्छेद 3 के अन्तर्गत, को प्रतिभू राशि जमा करने का आदेश दिया गया हो ताकि कोई समाचार पत्र, पुस्तक अथवा कोई अन्य आलेख प्रकाशित किया जा सके और उसमें कुछ ऐसे शब्द, चिह्न अथवा दृश्य चित्रण

हों, जो–मैं सदन का ध्यान इन धाराओं की ओर विशेष रूप से ले जाना चाहता हूँ–

(अ) ऐसे किसी हत्या के अपराध अथवा किसी दण्डनीय अपराध को बढ़ावा देते हों अथवा बढ़ावा देने हेतु उकसाते हों, जिसमें हिंसा शामिल हो, अथवा

(ब) प्रत्यक्ष अथवा अप्रत्यक्ष रूप से किसी ऐसे अपराध अथवा किसी व्यक्ति चाहे वह वास्तविक हो अथवा काल्पनिक की स्वीकृति देता हो अथवा अनुमोदित करता हो, जिसने ऐसा कोई अपराध किया हो अथवा प्रत्यक्ष अथवा अप्रत्यक्ष रूप से वह ऐसे किसी अपराध में शामिल रहा हो।

(स) किसी अधिकारी, सैनिक इत्यादि को प्रलोभन देता हो। वह महत्त्वपूर्ण बिन्दु जिस पर मैं सदन का ध्यान आकर्षित करना चाहता हूँ, यह है कि (अ) ऐसे किसी हत्या के अपराध अथवा किसी दण्डनीय अपराध को बढ़ावा देते हों अथवा बढ़ावा देने हेतु उकसाते हों, जिसमें हिंसा शामिल हो। इसका अर्थ यह है कि प्रान्तीय उच्च न्यायालयों के निर्णयों के अनुसार अब कोई भी व्यक्ति उकसाने, प्रोत्साहित करने, उकसाने की कोशिश करने अथवा किसी अपराध अथवा हत्या अथवा किसी प्रकार के दण्डनीय अपराध जिसमें हिंसा हो सकती है, करने के लिए स्वतंत्र है।"

एक प्रश्न यह है जिसे सदन को अवश्य संज्ञान में लेना चाहिए। क्या यह एक सन्तोषजनक स्थिति है कि अब कोई भी व्यक्ति हिंसा बढ़ाने वाले दण्डनीय अपराधों, हत्याओं अथवा उकसाने के लिए स्वतंत्र है? मैं सदन से इस मसले को निरपेक्ष होकर देखने का आग्रह करता हूँ। क्या यह उचित है (अनेक माननीय सदस्यों ने कहा नहीं, नहीं!) कि हमारा संविधान हमें ऐसी निराशाजनक स्थिति में छोड़ दे कि स्वतंत्रतापूर्वक अभिव्यक्ति की आज़ादी, जो अनुच्छेद 19 की धारा (1) के माध्यम से प्रदान की गयी है, इतनी असीमित हो जाए कि कोई भी व्यक्ति हत्या हेतु उकसा सके अथवा किसी दण्डनीय अपराध हेतु प्रेरित कर सके। मैंने इस मसले को संक्षेप में आपके सामने रखने का प्रयास किया है। यही वह स्थिति है।

यही स्थिति जनसुरक्षा सम्बन्धी कानूनों, जिन्हें कानून व्यवस्था बनाने के लिए विभिन्न राज्यों द्वारा लागू किया गया है, के मामले में भी आती है क्योंकि इन्हें भी उच्चतम न्यायालय ने राज्य की सुरक्षा तथा कानून व्यवस्था बनाए रखने में अन्तर माना है। वे कहते हैं कि संसद एक राज्य की सुरक्षा के लिए कोई कानून बनाने हेतु स्वतंत्र है, किन्तु संसद कानून व्यवस्था के लिए कोई कानून

नहीं बना सकती। एक बार पुनः मैं इस मसले पर सदन का ध्यान गम्भीरतापर्वूक आकृष्ट कराना चाहूँगा, क्या यह सदन अभिव्यक्ति की स्वतंत्रता को इतना खुला छोड़ देने के लिए तैयार है कि कोई भी व्यक्ति कुछ भी कह सके और बिना रोक-टोक के जा सके जबकि उसके ऐसे भाषणों से कानून व्यवस्था को खतरा पैदा होने की आशंका विद्यमान हो? अगर उच्चतम न्यायालय तथा उच्च न्यायालयों के ये निर्णय इसी स्वरूप में बरक़रार रहते हैं तो हम कभी भी कोई ऐसा कानून नहीं बना सकेंगे, जो कानून व्यवस्था के हित में अभिव्यक्ति की स्वतंत्रता पर अंकुश लगा सकेगा और हम कभी भी कोई ऐसा कानून नहीं पारित कर पाएंगे जो हिंसा भड़काने वालों पर रोक लगा सकेगा।

अब हमें इस बात पर विचार करना होगा कि उच्चतम न्यायालय तथा विभिन्न राज्यों के उच्च न्यायालयों ने ये निष्कर्ष क्यों निकाले? क्या वे कहना चाहते हैं कि कानून व्यवस्था अथवा उकसाने वालों को रोकने के लिए कानून बनाने का संसद को कोई अधिकार नहीं है? यह एक अत्यन्त महत्त्वपूर्ण प्रश्न है और यह एक ऐसा प्रश्न है जिससे मैं व्यक्तिगत रूप से अत्यधिक व्यथित हुआ हूँ।

.....जहाँ तक मौलिक अधिकारों का प्रश्न है, अमेरिका के संविधान तथा भारत के संविधान में एक भिन्नता है। अमेरिका के संविधान में मौलिक अधिकार पूर्ण स्वरूप में रखे गए हैं। वहाँ का संविधान संविधान में वर्णित मौलिक अधिकारों पर कोई अंकुश नहीं लगाता है। दूसरी ओर हमारा संविधान न सिर्फ मौलिक अधिकारों का वर्णन करता है, बल्कि यह मौलिक अधिकारों की सीमाएँ भी तय कर देता है और यह इसी का परिणाम है।

हमारे देश में मैं पाता हूँ कि हम विरोधाभासों के बीच रहते हैं। हमारे पास मौलिक अधिकार हैं, हमने उनकी सीमाएँ भी तय कर दी हैं और इनके बावजूद हमारे उच्चतम न्यायालय तथा उच्च न्यायालय यह कहते हैं कि आप मौलिक अधिकारों पर और कोई अंकुश नहीं लगा सकते।

अब प्रश्न पर आते हैं। यह परिणाम क्यों निकला? और यहाँ मैं उन व्याख्याओं की बौछार कर सकता हूँ, जो अमेरिका में अंगीकार की गयी हैं तथा हमारे देश में उच्चतम न्यायालय तथा उच्च न्यायालयों द्वारा दी गयी हैं। जो माननीय सदस्यगण अमेरिका के संविधान के विकास से परिचित हैं, वे जानते होंगे कि अमेरिका का संविधान हड्डियों का ढाँचा मात्र है, अमेरिका के उच्चतम न्यायालय ने इसे माँस तथा नसों के कपड़े पहनाए हैं, जिससे यह एक मानवीय स्वरूप में वहाँ आ सका है।

यद्यपि अमेरिका का उच्चतम न्यायालय विश्व का पहला ऐसा उच्चतम न्यायालय था, जिसने नागरिकों के मौलिक अधिकारों तथा राज्य के हितों के बीच सन्तुलन स्थापित करने का कार्य किया। एक लम्बे तथा गहन अनुसन्धान के बाद संविधान के दो नियत सिद्धान्त अस्तित्व में आए। पहला यह कि प्रत्येक राज्य के पास एक शक्ति होगी, जिसे अमेरिका में पुलिस शक्ति कहा गया। यह एक ऐसा सिद्धान्त था, जिसका अर्थ था कि भले ही संविधान ने राज्य को कोई ऐसी शक्ति न दी हो किन्तु राज्य को स्वयं के संरक्षण का अधिकार अवश्य होगा

इससे पुलिस शक्ति के सिद्धान्त का जन्म हुआ जिसके माध्यम से अमेरिकी उच्चतम न्यायालय अमेरिकी नागरिकों के मौलिक अधिकारों पर कुछ प्रतिबन्ध लगाने में सफल हो सका। दूसरा सिद्धान्त जिसे अमेरिकी उच्चतम न्यायालय ने विकसित किया और जिसे संविधान की व्याख्या के लिए प्रयुक्त किया गया, उसे 'अन्तर्भूत शक्तियों का सिद्धान्त' के नाम से जाना गया।

अब हमारे देश में उच्चतम न्यायालय का हमारे संविधान की व्याख्या करने का क्या दृष्टिकोण है? उच्चतम न्यायालय ने कहा है कि वह उस पुलिस शक्ति के सिद्धान्त को मान्यता नहीं देगा, जो अमेरिका में प्रचलित है। मैं उच्चतम न्यायालय के निर्णय को पढ़कर सदन का समय व्यर्थ नहीं करना चाहता, लेकिन जो इसमें रुचि रखते हैं, वे इसका सम्बन्ध चरणजीत लाल चौधरी बनाम भारत संघ के मामले में अवश्य समझ रहे होंगे। इसे शोलापुर मिल्स के मामले के नाम से भी जाना जाता है। आप इस मामले में न्यायमूर्ति मुखर्जी के निर्णय को इस सिद्धान्त को ठुकराने वाला अवश्य मानेंगे।

उच्चतम न्यायालय के न्यायाधीशों ने पुलिस शक्ति के सिद्धान्त को इसलिए स्वीकार नहीं किया क्योंकि जहाँ तक मैं समझ सका हूँ कि संविधान ने धारा (2) में विशेष रूप से इसे परिगणित किया है, जिसके अन्तर्गत संसद अभिव्यक्ति की स्वतंत्रता तथा संभाषण की स्वतंत्रता के मौलिक अधिकारों पर नियंत्रण रख सकती है और चूँकि संसद ने इन अंकुशों को एक शीर्ष के अन्तर्गत स्थान दिया है, तो वे स्वयं धारा 2 में वर्णित किसी शीर्ष के अन्तर्गत नहीं रखी जा सकती। यही वह बात है जो थापर के निर्णय में देख सकते हैं जो न्यायमूर्ति पतंजलि शास्त्री द्वारा दिया गया था। उन्होंने कहा था कि वे इसे विस्तृत नहीं करेंगे और इसलिए उनके अनुसार चूँकि संविधान ने स्वयं संसद को कानून व्यवस्था के उद्देश्य के लिए कानून बनाने हेतु अधिकृत नहीं किया है और वे भी संसद को ऐसा कोई अधिकार नहीं देंगे। प्रेस आपातकालीन कानूनों के मामलों में भी उन्होंने ऐसा ही कहा था कि धारा (2) में कोई ऐसा शीर्ष नहीं है, जिसके द्वारा किसी अपराध को भड़काने से रोकने के लिए कोई अंकुश संसद द्वारा लगाया

जा सके। चूँकि प्रेस (आपातकालीन शक्तियाँ) अधिनियम में अपराध के लिए उकसाने वालों को दण्ड की व्यवस्था है। अतः संसद के पास ऐसा करने का कोई अधिकार नहीं है। यह एक सामान्य तर्क है, जिसे संविधान की व्याख्या करते समय उच्चतम न्यायालय के न्यायाधीशों ने प्रयुक्त किया था।

अन्तर्भूत शक्तियों के सिद्धान्त के मामले में भी उनका कमोबेश यही दृष्टिकोण था। व्यक्तिगत रूप से मेरा मानना है कि अन्तर्भूत शक्तियों के सिद्धान्त को मान्यता देने की पर्याप्त गुंजाइश है और मैं सोचता हूँ कि नीति निर्देशक सिद्धान्त और कुछ नहीं हैं बल्कि कुछ ऐसे प्रावधानों की शृंखला हैं, जिनमें अन्तर्भूत शक्तियों के सिद्धान्त निहित हैं। मुझे लगता है कि हमारे न्यायाधीशों तथा वकीलों ने इन सिद्धान्तों को हास्यास्पद बना दिया है। नीति निर्देशक सिद्धान्तों के अनुच्छेद 37 का तो बुरी तरह से मखौल उड़ाया गया है। अनुच्छेद 37 कहता है कि ये सिद्धान्त न्यायपालिका से परे हैं और कोई भी व्यक्ति इनके लिए किसी विशिष्ट उद्देश्य हेतु सरकार के विरुद्ध मुकदमा नहीं कर सकता है। मैं स्वीकार करता हूँ कि ऐसा ही है लेकिन मैं पूर्ण विनम्रता के साथ स्वीकार करना चाहता हूँ कि नीति निर्देशक सिद्धान्तों को निपटाने का यह सही तरीका नहीं है। नीति निर्देशक सिद्धान्त आखिर हैं क्या? नीति निर्देशक सिद्धान्त और कुछ नहीं हैं बल्कि संविधान द्वारा इस देश की विभिन्न सरकारों पर थोपे गए कुछ कर्त्तव्य हैं कि- उन्हें ऐसा करना चाहिए, यद्यपि यह कहता है कि यदि वे ऐसा करने में विफल रहती हैं, तो भी किसी को भी उनके विरुद्ध विशिष्ट उद्देश्य का मुकदमा दायर करने का अधिकार नहीं है लेकिन वास्तविकता यह है कि ये सरकार के लिए कर्त्तव्य हैं और मैं समझता हूँ कि ये कर्त्तव्य नितान्त निर्दोष हैं। मेरा मानना है कि यदि ये राज्य के कर्त्तव्य हैं, तो जब तक इन्हें विधायी रूप नहीं दे दिया जाता, तब तक राज्य कैसे इन कर्त्तव्यों का निर्वाह कर सकेगा? और यदि ये कर्त्तव्य के विवरण कानून के रूप में वर्णित किए जाने आवश्यक हैं तो यह स्पष्ट है कि इन सभी नीति निर्देशक सिद्धान्तों की मूलभूत नीति यह होनी चाहिए कि राज्य इन नीति निर्देशक सिद्धान्तों में वर्णित मामलों की शक्तियों के लिए कानून बनाए। अतः मेरा तर्क यह है कि जहाँ तक अन्तर्भूत शक्तियों के सिद्धान्तों का सवाल है तो स्वयं संविधान के पास ऐसे पर्याप्त प्राधिकार हैं, जिनसे वह संसद को पंजीयन की अनुमति दे सकता है, यद्यपि यह मौलिक अधिकारों के खण्ड में निहित प्रावधानों द्वारा विशेष रूप से आच्छादित नहीं हैं।

वह बात जो मैं सदन को समझाना चाहता हूँ, यह है कि उच्चतम न्यायालय द्वारा यह घोषणा किए जाने के कारण कि संसद को कुछ शीर्षों हेतु कानून बनाने का अधिकार नहीं है, सदन के सामने अब प्रश्न यह उठता है कि क्या हम इस

स्थिति को ज्यों का त्यों बरक़रार रहने दें, जैसी कि इस निर्णय द्वारा उत्पन्न हो गयी है अथवा क्या हम संसद को इस मामले में एक कानून बनाने दें?

यह आवश्यक है कि हम एक कानून बनाने की शक्ति और एक विशिष्ट कानून बनाने में अन्तर रखें। ये सभी मसले कि क्या कोई विशिष्ट कानून नागरिकों की स्वतंत्रता पर अंकुश लगाता है, ऐसे मसले हैं, जिन पर इस पर कानून बनाते समय चर्चा की जा सकती है। आज हमारा सामना एक कानून से नहीं है बल्कि हम केवल संसद की कानून बनाने की शक्ति के सम्बन्ध में बात कर रहे हैं।

अभी तक मैंने केवल दो मामलों कानून व्यवस्था तथा किसी अपराध हेतु भड़काने पर चर्चा की। अभी एक अन्य तीसरी श्रेणी भी है जिसे 'मित्रतापूर्ण सम्बन्ध' नाम दिया जा सकता है। वर्तमान समय में हमारे पास सन् 1932 में बनाया गया एक विधायी नियम है, जो विदेशी राष्ट्रों के साथ मित्रतापूर्ण सम्बन्धों के विषय में है। यह सच है कि यह कानून अभी तक किसी अन्य न्यायालय अथवा उच्चतम न्यायालय के पास निर्णय के लिए नहीं आया है और अभी तक इसे खराब घोषित नहीं किया गया है लेकिन तथ्य यह है कि जिस प्रकार उच्च न्यायालय द्वारा नियमों की व्याख्या की गयी है कि तब तक संसद के पास ऐसी शक्ति नहीं होगी, जब तक कि उसे धारा (2) में विधायी रूप से वर्णित न किया जाए और चूँकि विदेशी राष्ट्रों के साथ मित्रवत सम्बन्धों की चर्चा धारा (2) में नहीं की गयी है, अतः मुझे नहीं लगता कि यह भविष्यवाणी करने के लिए किसी ज्योतिषी की जरूरत है कि जब यह प्रश्न न्यायपालिका के पास आएगा, तब वह इसी प्रकार की व्याख्या करेगी।

यही कारण है कि हमने विदेशी राष्ट्रों के साथ मित्रतापूर्ण सम्बन्धों से सम्बन्धित इस शीर्ष को एक नए शीर्ष में जोड़ना आवश्यक समझा।

अभी तक जो विवेचन मैंने सदन के सदस्यों के समक्ष रखा है, उससे मुझे लगता है कि वे इस बात से सहमत होंगे कि अनुच्छेद 19 को इस प्रकार संशोधित किए जाने की आवश्यकता है, जिससे बिल के अनुच्छेद 3 की उपधारा (1) में इस हेतु प्रावधान किए जा सकें।

अब मैं अनुच्छेद 3, उपधारा (1) (बी) पर आता हूँ। यह अनुच्छेद अनुच्छेद 19 की धारा (6) में संशोधन की मांग करता है, जो व्यापार व्यवसाय इत्यादि से सम्बन्धित है।

इस अनुच्छेद को लाने की आवश्यकता इसलिए महसूस की गयी क्योंकि इलाहाबाद उच्च न्यायालय की पूर्ण पीठ ने सन् 1951 में रिपोर्ट किए गए मोती

लाल बनाम उत्तर प्रदेश सरकार मामले में एक निर्णय दिया था, जिससे यह अनुच्छेद लाना आवश्यक हो गया।

यह विशेष संशोधन इसलिए लाया जा रहा है ताकि राष्ट्रीय हितों के विषय में भेदभाव न करने के सिद्धान्त से छुटकारा मिल सके और मुझे नहीं लगता कि इस प्रकार के कार्य पर सदन को कोई गम्भीर आपत्ति होगी।

अब मैं धारा (3), उपधारा (2) पर आता हूँ। इस संशोधन के बारे में संक्षेप में बताने के लिए मैं समझता हूँ कि हमें वापस अनुच्छेद 13 पर लौटना पड़ेगा। अनुच्छेद 13 को समझ कर ही हम इस विशिष्ट उपधारा 31 को समझ सकते हैं। अनुच्छेद 13 घोषित करता है कि यदि कोई कानून मौलिक अधिकारों के संगत नहीं है, तो वह कानून व्यर्थ तथा अप्रभावी समझा जाएगा। जैसा कि मैंने अपने विवेचनों में प्रदर्शित किया है कि कुछ कानूनों के प्रावधान जैसे भा.द.सं. का अनुच्छेद 153(ए) प्रेस (आपातकालीन शक्तियां) अधिनियम के कुछ प्रावधान तथा जन सुरक्षा अधिनियम उच्चतम न्यायालय तथा कुछ उच्च न्यायालयों द्वारा निरर्थक घोषित किए जा चुके है। इस परिप्रेक्ष्य में हमें क्या करना चाहिए? मुझे लगता है कि हमारे पास तीन विकल्प हैं, जिनका इस्तेमाल किया जा सकता है। पहला विकल्प यह है कि हम संविधान में संशोधन करने से इन्कार कर दें और निरर्थक प्रावधानों को ज्यों का त्यों बना रहने दें। मुझे नहीं लगता कि सदन का कोई भी सदस्य इस विकल्प को पसन्द करेगा। दूसरा विकल्प यह है कि हम संविधान में संशोधन कर दें और इसके दो रास्ते हैं। पहला रास्ता यह है कि हम संशोधित अनुच्छेद के साथ संगत कानून दोबारा बनाएँ। यह एक रास्ता है। संसद तथा विभिन्न राज्यों की विधायिकाओं को अपने सत्र बुलाने चाहिए तथा इन कानूनों पर उन्हें पुनः चर्चा करनी चाहिए। दूसरा रास्ता यह है कि इन कानूनों को पुनर्जीवित किया जाए और कहा जाए कि इन कूननों का पुनर्जीवन संशोधित संविधान में निहित प्रावधानों के अधीन होगा। मुझे नहीं लगता कि इसके अलावा भी कुछ किया जा सकता है। बिल लाना दूसरा रास्ता है। बिल कहता है कि जिन कानूनों को उच्चतम न्यायालय तथा उच्च न्यायालयों द्वारा व्यर्थ तथा निरर्थक घोषित किया जा चुका है, उन्हें जीवित समझा जाए, लेकिन इसकी एक शर्त यह है कि ये अपने मूल शरीर तथा आत्मा में जीवित नहीं होंगे बल्कि ये संशोधित अनुच्छेद 19 के साथ संगत मात्रा तथा ढंग से ही जीवित माने जा सकेंगे।

अब मैं बिल की धारा 4 पर आता हूँ। यह धारा एक नए अनुच्छेद 31ए को बनाती है। सर्वप्रथम हमें इस अनुच्छेद के बारे में समझना होगा। यह अनुच्छेद एक राज्य को सम्पत्ति अर्जित करने की अनुमति देता है। द्वितीय, यह

कहता है कि जब सम्पत्ति अर्जित करने के लिए कोई विधायन किया जाए तो मौलिक अधिकारों के कोई प्रावधान इस विधायन को प्रभावित करने हेतु आड़े नहीं आने चाहिए। मैं समझता हूँ कि इस अनुच्छेद के औचित्य को एक प्रश्न की रोशनी में जाँचा जाना चाहिए और वह यह है कि क्या इस अनुच्छेद में कोई क्रान्तिकारी बात है?

क्या इस अनुच्छेद में ऐसा कुछ भी है, जो अनुच्छेद 31 में नहीं पाया जाता, यह वह दृष्टिकोण है, जिससे मैं सदन द्वारा इस प्रश्न पर विचार किया जाना पसन्द करूँगा। सदन को स्मरण होगा कि अनुच्छेद 31 की बाद की धाराओं में कुछ कानून हैं, जो उस समय निर्माण की अवस्था में थे तथा पारित नहीं हो सके थे, पर मुआवज़े के आधार पर प्रश्नचिह्न नहीं लगाए जा सकते, यदि राष्ट्रपति द्वारा एक प्रमाणपत्र जारी कर दिया जा चुका हो। अनुच्छेद 31 का नवीनतम संशोधन मुआवज़े से सम्बन्धित प्रावधान की प्रक्रिया को समाप्त करता है, साथ ही यह भेदभाव से सम्बन्धित अनुच्छेद के कार्य को भी समाप्त करता है।

मूल अनुच्छेद 31 द्वारा हमने पहले ही स्वामित्व तथा जमींदारी हितों के अधिग्रहण से सम्बन्धित प्रावधान हटा दिए थे। इस अनुच्छेद के द्वारा हम भेदभाव के प्रावधान से सम्बन्धित प्रक्रिया समाप्त कर रहे हैं। यही वह कार्य है जो इस अनुच्छेद द्वारा किया जाना है।

और इसके विरुद्ध कोई अपील नहीं की जा सकेगी। वास्तव में कुछ लोग अपनी अपीलें अदालतों तक ले गए हैं लेकिन अदालतों ने कहा है कि कोई अपील किसी अदालत में नहीं जाएगी।

मैं व्यक्तिगत रूप से बिना किसी हिचक के यह कह सकता हूँ कि जिन राज्यों ने भूमि अधिग्रहीत की है, उनके द्वारा तैयार की गयी योजनाओं का मैं प्रशंसक कदापि नहीं हूँ। मेरे विचार से इस देश में कृषक स्वामित्व तैयार करना एक अच्छी बात नहीं है। हमारे देश की समस्या यह है कि हमारे पास छोटे भूस्वामी हैं, जिनके पास आधा, एक या दो एकड़ भूमि ही है और न तो उनके पास पूँजी है, न उनके पास मापने का कोई तरीका है, न बैल हैं, न बैलगाड़ियाँ हैं, न औजार हैं, न बीज हैं और न ही जल की कोई व्यवस्था है। और इन सबके बावजूद वे भूस्वामी हैं तथा भूमि पर कब्जा किए हुए हैं। भविष्य को देखते हुए जो कुछ भी इस देश में घटित होने जा रहा है और राष्ट्रीय खाद्य उत्पादकता के विषय में यदि यही कृषि व्यवस्था चलती रही तो मुझे भविष्य अन्धकारमय ही अधिक नजर आता है। यदि राज्य इन सभी भूमियों का अधिग्रहण कर लें और इन्हें राज्य की भूमि के रूप में अपने पास रखें और इन्हें कृषि कार्य हेतु कृषकों को किराए पर दें, ताकि राज्य सामुदायिक कृषि के आधार पर आपूर्ति करें तो

मुझे अधिक प्रसन्नता होगी। लेकिन अब हमारे पास देश में बहुत से भूमिहीन श्रमिक भी हैं और मैं समझता हूँ कि उनकी संख्या पाँच करोड़ से भी अधिक होगी। लेकिन जब आप ये कानून बनाएँगे, जिससे भूमि जोतने वाले ही इसके स्वामी होंगे, तब आप इन भूमिहीन श्रमिकों के कल्याण के लिए क्या प्रावधान करेंगे? वे जहाँ हैं, वहीं रहेंगे, जमींदारों के खत्म हो जाने के बाद भी वे ऐसे ही रहेंगे। अत: जो कुछ किया जा रहा है, उससे मैं बहुत अधिक प्रसन्न नहीं हूँ। लेकिन इसके साथ एक अन्य प्रश्न भी है। वह प्रश्न यह है कि इस आधार पर कि या तो उचित मुआवज़ा नहीं है अथवा कोई भेदभाव किया जा रहा है की चिन्ता किए बगैर मौलिक अधिकारों की अनदेखी करते हुए क्या इन बिचौलियों को समाप्त कर देना चाहिए?

अब मैं अनुच्छेद 31 बी पर आता हूँ। यह अनुच्छेद नवीं अनुसूची में है, जिसके कुछ कानून पारित किए जा चुके हैं। इसमें मुख्य आपत्ति इस बात पर है कि प्रथम दृष्ट्या यह एक बहुत ही अपारम्परिक प्रक्रिया है।

इस अनुसूची द्वारा संरक्षित सभी कानून ऐसे कानून हैं, जो अनुच्छेद 31 ए के अन्तर्गत आते हैं। अर्थात् ये वे कानून हैं जो सम्पत्तियों के अधिग्रहण से सम्बन्धित हैं। और जब हम अनुच्छेद 31 ए द्वारा यह कहते हैं कि जब एक सम्पत्ति के अधिग्रहण से सम्बन्धित कोई कानून बनाया जाता है, तो न तो मुआवज़े का सिद्धान्त और न ही भेदभाव का सिद्धान्त इसकी वैधता में आड़े आता है।

अब मैं अनुच्छेद 376, धारा (13) पर आता हूँ। इस धारा पर अनेक आपत्तियाँ उठाई गयी हैं। यह धारा उन व्यक्तियों की किसी उच्च न्यायालय के मुख्य न्यायाधीश अथवा न्यायाधीश के पदों पर नियुक्तियों के सम्बन्ध में हैं, जो भारत के नागरिक नहीं हैं। इसकी वास्तविक स्थिति इस प्रकार है: अनुच्छेद 217, धारा (2) कहती है कि एक उच्च न्यायालय के न्यायाधीश को भारत का नागरिक होना चाहिए। अनुच्छेद 376 कहता है कि वर्तमान न्यायाधीश, उनमें वे न्यायाधीश भी शमिल हैं, जो संविधान के लागू होने के समय नागरिक नहीं थे, यदि चाहें तो वे न्यायाधीश के रूप में अपने पदों पर बने रह सकते हैं। ऐसा इसलिए है क्योंकि संविधान के लागू होने के समय उच्च न्यायालय के ऐसे चार न्यायाधीश थे, जो कुछ अन्य न्यायालयों में न्यायाधीश तो थे, परन्तु वे भारत के नागरिक नहीं थे। उन्होंने अपने पदों पर बने रहना पसन्द किया और सेवानिवृत्ति नहीं ली। हमें उन्हें अनुच्छेद 376 के प्रावधानों के अन्तर्गत उनके पदों पर बनाए रखना पड़ा। इससे एक प्रश्न उठ खड़ा हुआ, क्या किसी व्यक्ति को उसी अदालत का मुख्य न्यायाधीश बनाया जा सकता है, जिसमें वह कार्य कर रहा

है या किसी अन्य अदालत में उसे भेजा जाना चाहिए? एक और प्रश्न भी है। क्या ऐसे न्यायाधीश को दूसरे उच्च न्यायालय में स्थानान्तरित किया जा सकता है, बिन्दु यह है कि एक उच्च न्यायालय से दूसरे उच्च न्यायालय में किसी न्यायाधीश के स्थानान्तरण अथवा मुख्य न्यायाधीश पद पर की गयी नियुक्ति को क्या नयी नियुक्ति माना जाए? अगर ये नयी नियुक्तियाँ होंगी तो निश्चित रूप से अनुच्छेद 217(2) के प्रावधान इन पर लागू होंगे। यह एक कठिन समस्या है, क्योंकि यह नहीं मान लिया जाना चाहिए कि संसद केवल उन्हें बनाए रखना ही चाहती है और उनका कैरियर ब्लॉक भले ही हो जाए। हमारा यह ध्येय कतई नहीं है। इसके लिए राष्ट्रपति ने अनुच्छेद 392, धारा (1) के तहत स्वयं को प्रदत्त शक्तियों का प्रयोग करते हुए इन समस्याओं को खत्म करने हेतु इन्हें नियमित करने के उद्देश्य से एक अध्यादेश निकाला। कुछ लोगों द्वारा इस अध्यादेश पर प्रश्न चिह्न लगाए गए हैं कि यह अध्यादेश राष्ट्रपति ने अधिकारों से बाहर जाकर निकाला है। इसके अतिरिक्त अन्य कोई समस्या नहीं है। इस प्रकार के सन्देहों को दूर करने के लिए यह बेहतर समझा गया कि स्वयं संविधान में ही इस हेतु प्रावधान कर दिए जाएँ और इसीलिए इस बिल में धारा 13 को जोड़ा गया है।"

अध्यक्ष महोदय : क्या माननीय मंत्री महोदय यह स्पष्ट करेंगे कि स्थानान्तरण पर ही विचार क्यों नहीं किया गया? इस धारा के बनाने से एक नयी परिस्थिति तो नहीं उत्पन्न हो जाएगी?

डॉ. अम्बेडकर : अनुच्छेद 376 की यही भावना है। जैसे कि एक बार उन्हें ले लिया जाता है तो उन्हें सभी उद्देश्यों, चाहे वह स्थानान्तरण हो अथवा पदोन्नति सभी के लिए ले लिया जाएगा। लेकिन कुछ लोगों को इसमें दिक्कतें नज़र आती हैं।

पण्डित ठाकुर दास भार्गव : सोच तो यह थी कि मुख्य न्यायाधीश अभारतीय होगा। अब कौन सा कारण है?

डॉ. अम्बेडकर : कारण स्पष्ट है कि जब आप एक व्यक्ति को न्यायाधीश के रूप में स्वीकार करते हैं, तो आप उसे अपनी सुविधा के अनुसार स्वीकार करते हैं और आप इस स्थिति में होते हैं कि उसे किसी अन्य न्यायालय में स्थानान्तरित कर सकें। उस व्यक्ति के प्रति लाभ तथा

		निष्पक्षता के लिए उसे पदोन्नति से वंचित नहीं किया जाना चाहिए।
पण्डित ठाकुर दास भार्गव	:	क्या आप भारत के प्रधानमंत्री का अभारतीय होना पसंद करेंगे?
डॉ. अम्बेडकर	:	हम केवल चार अपवादस्वरूप मामलों पर ही चर्चा कर रहे हैं। (टोका-टाकी) प्रावधान अत्यन्त स्पष्ट हैं तथा मैं नहीं समझता कि इनके लिए किसी को तर्क-वितर्क करना चाहिए।

अध्यक्ष महोदय ने प्रस्ताव को मतविभाजन हेतु निम्नलिखित ढंग से प्रस्तुत किया–

पृष्ठ संख्या 4 में पंक्ति संख्या 9 के बाद जोड़ दें– "बशर्ते उच्च न्यायालय का ऐसा मुख्य न्यायाधीश अथवा कोई अन्य न्यायाधीश ऐसी नियुक्ति के तीन माह के भीतर भारत की नागरिकता ग्रहण कर लेगा और बशर्ते कि कोई अन्य व्यक्ति, जो प्राकृतिक रूप से भारत में पैदा हुआ भारतीय नागरिक नहीं है, उसे भारत के उच्चतम न्यायालय का प्रधान न्यायाधीश अथवा न्यायाधीश नहीं नियुक्त किया जा सकता।"

प्रस्ताव पारित कर दिया गया।

(डॉ. बाबा साहेब अम्बेडकर: *राइटिंग्स ऍण्ड स्पीचेज़*,
खण्ड-15, पृ. 359-61 तथा 384)

कानून मंत्री (डॉ. अम्बेडकर): "सर्वप्रथम मैं दो संशोधनों पर एक साथ बात करना चाहता हूँ। पहला संशोधन यह है कि अनुच्छेद 19 की धारा (2) के अन्तर्गत प्रस्तावित किए जा रहे प्रावधानों के तहत संसद को कानून बनाने की विशिष्ट शक्तियाँ प्रदान की जानी चाहिए और दूसरा संशोधन यह है कि यदि ऐसा किया जाना सम्भव नहीं है तो इस प्रस्तावित नयी धारा के अन्तर्गत बने किसी कानून को सहमति प्रदान करने की शक्ति राष्ट्रपति को दी जानी चाहिए और जब तक यह सहमति नहीं दे दी जाती, जब तक इस कानून को वैध नहीं माना जाना चाहिए।

इस प्रश्न को संसद में लाने की दो वजहें हैं, जिन पर ध्यानपूर्वक विचार किया जाना चाहिए। पहला यह है कि क्या संसद को उस क्षेत्र में कानून बनाने की विशिष्ट शक्ति दी जानी चाहिए, जो नयी धारा (2) द्वारा आच्छादित हैं? इस मामले में मैं सदन का ध्यान अनुच्छेद 368 की ओर खींचना चाहूँगा, जो संविधान के संशोधन से सम्बन्धित है। यह अनुच्छेद संविधान के अनुच्छेदों की कुछ

विशिष्ट धाराओं में संशोधन के लिए राज्यों का अनुमोदन अनिवार्य करता है तभी ये संशोधन वैध रूप से पारित माने जाएँगे। मैं उन सभी श्रेणियों की चर्चा यहाँ नहीं करना चाहता, जिन्हें अनुच्छेद 368 में स्थान दिया गया है। मैं अपना ध्यान सिर्फ एक पर ही केन्द्रित करना चाहूँगा, जो खण्ड XI के अध्याय I में वर्णित है। अनुच्छेद 368 कहता है कि यदि खण्ड XI के अध्याय I में स्थान देने के लिए कोई अनुच्छेद संशोधित किया जाता है तो ऐसे संशोधन की सहमति राज्यों से भी लेनी होगी। यहाँ यह उल्लेखनीय है कि अनुच्छेद 246, धारा (3) खण्ड XI के अध्याय I में आता है। यह अनुच्छेद कहता है कि सूची 2 में कोई संशोधन किए जाने हेतु कानून बनाने की विशिष्ट शक्ति राज्यों के पास है, जिसका अर्थ यह हुआ कि सूची 2 में किसी संशोधन को करने हेतु कानून बनाने की शक्ति संसद के पास नहीं है। यदि सदन के सदस्य सूची 204 II का सन्दर्भ लें, तो वे देखेंगे कि इस सूची की पहली प्रविष्टि कानून-व्यवस्था से सम्बन्धित है। कानून-व्यवस्था उस विधायन के शीर्ष की एक श्रेणी है, जिसे हम पहली बार इस संशोधित बिल के माध्यम से अनुच्छेद 19 की धारा (2) में स्थान दे रहे हैं। अतः यह स्पष्ट है कि यदि आप सूची 2 के अनुसार कानून व्यवस्था के सम्बन्ध में कानून बनाने की शक्ति संसद को देंगे चूँकि अनुच्छेद 246 (3) इसकी विशिष्ट शक्ति राज्यों को प्रदान करता है, तो आपको ऐसा संशोधन करने के लिए अनिवार्य रूप से राज्यों की सहमति भी लेनी होगी। मैं समझता हूँ कि इस बिन्दु पर सरकार तथा सदन की सोच एकदम साफ है कि हम किसी धारा में ऐसा कोई संशोधन नहीं करना चाहते, जिसके लिए राज्यों की भी सहमति की आवश्यकता पड़े।

कि संसद को उन क्षेत्रों हेतु कानून बनाने के लिए किसी चीज़ की आवश्यकता नहीं है, जिन्हें यहाँ पर विधायन का विशिष्ट अधिकार कहा गया है। कुछ मामलों में संसद को समवर्ती शक्ति भी है, जिससे वह प्रान्तीय विधायिकाओं द्वारा दुरुपयोग की जाने वाली शक्तियों की जाँच कर सकती है तथा इसके लिए हम संसद को शक्ति प्रदान करने जा रहे हैं।"

(डॉ. बाबा साहेब अम्बेडकर: *राइटिंग्स एॅण्ड स्पीचेज़*,
खण्ड-15, पृ. 332-66)

संविधान (तृतीय संशोधन) बिल, 1954

संविधान (तृतीय संशोधन) बिल 1954 पर संसद में बोलते हुए डॉ. अम्बेडकर ने कहा था-

"यह बिल, जो इस सदन के पटल पर रखा गया है, में दो विषय निहित हैं तथा यह उचित होगा कि इन दोनों विषयों पर अलग-अलग चर्चा की जाए। पहला विषय इस बिल के गुणावगुण से सम्बन्धित है कि क्या इस बिल को इसके गुणों के आधार पर एक अच्छा बिल माना जा सकता है और दूसरा विषय उस प्रक्रिया से सम्बन्धित है, जिसके माध्यम से इसे संसद में प्रस्तुत किया जा रहा है। मैं इस बिल के गुणों के विषय में कुछ बातें कहना चाहूँगा।

बिल के माध्यम से समवर्ती सूची में प्रविष्टि संख्या 33 को हटाया जाना है तथा इस प्रविष्टि के स्थान पर अनुच्छेद 369 में निहित प्रावधानों को, जो वर्तमान समय में है, के साथ एक छोटी सी बात जोड़ी जानी है जो जूट के निर्यात से सम्बन्धित है। अन्यथा इसमें कोई भी दूसरा मौलिक परिवर्तन नहीं किया जाना है और यह प्रतिस्थापन मात्र है। इस दृष्टिकोण से इसे देखने पर मुझे नहीं लगता कि इस बिल पर किसी को कोई आपत्ति होनी चाहिए, जिसे इसके प्रभारी मंत्री महोदय ने प्रस्तावित किया है।

यह बिल मात्र दोनों सदनों के मत से ही कानून नहीं बनने जा रहा है। कानून बनने से पहले इस बिल को और भी प्रक्रियाओं से होकर गुजरना पड़ेगा। इस सम्बन्ध में मैं अनुच्छेद 368 विशेषकर इसकी धारा (सी) के प्रावधानों की ओर ध्यान आकर्षित करना चाहूँगा, जो कहता है कि बशर्ते कि ऐसा कोई संशोधन सातवीं अनुसूची की किसी (सी) धारा में किया जाना हो तो, ऐसे संशोधन का समर्थन भाग ए तथा भाग बी में वर्णित कम से कम आधे राज्यों की विधायिकाओं द्वारा इस हेतु पारित संकल्प द्वारा किया जाना चाहिए, उसके पश्चात ही यह बिल राष्ट्रपति के समक्ष ऐसे संशोधन हेतु सहमति प्राप्त कराने के लिए भेजा जा सकता है। और ये ऐसे ही संशोधन हैं……

अब मैं उस तरीके पर आता हूँ, जिसके द्वारा सरकार संविधान में यह संशोधन करने जा रही है। मैं मानता हूँ कि संविधान अभी केवल चार वर्ष पुराना ही है और अभी तक यह परिपक्व नहीं हुआ है। इसके चार वर्ष सात माह के जीवन में संविधान का यह तीसरा संशोधन है। मुझे नहीं पता कि दुनिया के किसी भी संविधान को इतनी तेज़ी से संशोधित किया गया है और यदि मैं ऐसा कहता हूँ तो यह कार्य वर्तमान सरकार द्वारा जल्दबाज़ी में किया जा रहा है।

महोदय, अब मैं अपने तर्क की पुष्टि करने के लिए सदन के समक्ष अमेरिका के संविधान तथा आस्ट्रेलिया के संविधान में रखे गए संविधान संशोधन के प्रावधानों की चर्चा करना चाहूँगा। बाद में मैं आपको दिखाऊँगा कि संविधान के संशोधन के विषय में इन दो संविधानों तथा हमारे संविधान में क्या अन्तर है। आस्ट्रेलिया के संविधान में इस हेतु अनुच्छेद 128 का प्रावधान किया गया

है, जिसके अनुसार संशोधित कानून को दोनों सदनों द्वारा प्रत्येक सदन के पूर्ण बहुमत से पारित किया जाना चाहिए। यह पहली शर्त है और दूसरी शर्त यह है कि दोनों सदनों द्वारा पूर्ण बहुमत से पारित किए गए इन संशोधनों पर निर्णय के लिए इसे मतदाताओं के पास भेजा जाना चाहिए ताकि इस पर उनका निर्णय प्राप्त हो सके। यदि दोनों सदन प्रस्तावित संशोधन पर एकमत नहीं हैं तो गर्वनर जनरल को यह अधिकार दिया गया है कि वह संशोधन हेतु प्रस्तुत अन्तिम प्रस्तावित कानून को मतदाताओं के समक्ष उनके निर्णय हेतु प्रस्तुत करे। यदि राज्यों के बहुमत के मतदाता अपने राज्यों में बहुमत से प्रस्तावित कानून का समर्थन करते हैं और यदि सभी मतदाताओं का बहुमत भी प्रस्तावित कानून का अनुमोदन करता है, तब ही और केवल तब ही प्रस्तावित कानून सम्राट की सहमति प्राप्त कर लेने के बाद संविधान का अंग बन सकेगा। सबसे पहली शर्त यह है कि दोनों सदनों द्वारा प्रस्तावित कानून को पूर्ण बहुमत से पारित किया जाना चाहिए और यदि वे एकमत नहीं हैं, तो गर्वनर जनरल को यह अधिकार दिया जाएगा कि वह इस मसले को मतदाताओं के सामने रखे। मतदाताओं के पास मामले को भेजे जाने पर मतदाता बिल के पक्ष में बहुमत दें और राज्यों का बहुमत, मतदाताओं का बहुमत तथा मत देने वाले सभी मतदाताओं का बहुमत भी बिल को अनुमोदित करें तभी यह बिल संविधान संशोधन के पश्चात संविधान में सम्मिलित हो सकेगा।

अब हम अमेरिका के संविधान की बात करते हैं। अमेरिका के संविधान में अनुच्छेद 5 में संविधान संशोधन सम्बन्धी निर्देश है। इसके अनुसार जब दोनों सदनों के दो-तिहाई सदस्य एक संशोधन प्रस्तावित करें तभी और केवल तभी आगे की कार्रवाई शुरू की जा सकती है। पहली शर्त यह है कि दोनों सदनों के दो-तिहाई बहुमत से संशोधित बिल पारित किया जाना चाहिए अथवा दो-तिहाई राज्य अपने-अपने अधिवेशन बुला सकते हैं अर्थात् राज्य सरकार द्वारा सुझाए गए संवैधानिक संशोधनों को प्रस्तावित करने के लिए निर्वाचकों की बैठक बुलाई जानी चाहिए। ऐसे संशोधन तभी कानून बन सकेंगे बशर्ते ये या तो तीन-चौथाई राज्यों द्वारा अनुमोदित किए गए हों अथवा तीन-चौथाई राज्यों के अधिवेशनों द्वारा अनुमोदित किए गए हों। मैने इन दोनों संविधानों का उल्लेख स्थिति स्पष्ट करने मात्र के लिए यहाँ किया है।

अब देखें कि संविधान के संशोधन के सम्बन्ध में इन प्रावधानों के पीछे निहित मूल सिद्धान्त क्या है? मुझे लगता है कि यदि एक अध्येता जो आस्ट्रेलिया तथा अमेरिका के संविधान संशोधन से सम्बन्धित इन दो अनुच्छेदों का विश्लेषण करेगा तो वह पाएगा कि संविधान के संशोधन हेतु इनमें जो प्रावधान निहित हैं,

उनके पीछे दो सिद्धान्त कार्य कर रहे हैं। पहला सिद्धान्त यह है कि लोगों को इस बात की जानकारी दी जानी चाहिए। लोगों को यह मालूम होना चाहिए कि सरकार संविधान में संशोधन करने जा रही है। दूसरा सिद्धान्त यह है कि या तो अमेरिका की तरह प्रत्यक्ष रूप से अथवा राज्यों द्वारा अप्रत्यक्ष रूप से इस संकल्प का समर्थन किया जाना चाहिए।

महोदय, क्या हमारी सरकार इन आधारभूत नियमों को देख रही है? यह सच है कि हमारा संविधान अत्यधिक लचीला है। यह न तो अमेरिकी संविधान की तरह है और न ही यह आस्ट्रेलिया के संविधान जैसा ही है। संविधान तैयार करने वाले व्यक्ति इस तथ्य से भली-भाँति अवगत थे कि भविष्य में ऐसी परिस्थितियाँ आएँगी, जब संविधान में संशोधन किया जाना आवश्यक होगा और आप ज्वलंत सामाजिक समस्याओं को संविधान की बाध्यताओं के कारण स्थगित नहीं रख सकते। इसी कारण यह प्रस्ताव किया गया कि अनुच्छेद 368 में उल्लिखित प्रावधान यथेष्ट हैं। कुछ मामलों को छोड़कर अन्य सभी के लिए हमें न तो राज्यों से अनुमोदन की आवश्यकता है और न ही हमें मतदाताओं के पास वापस जाने की आवश्यकता है किन्तु मेरे मन में किंचित भी सन्देह नहीं है कि जिन्हें संविधान के प्रारूप से कोई लेना-देना नहीं है, उन्होंने भी यह कभी नहीं सोचा होगा कि सरकार मतदाताओं को सूचित किए बग़ैर अत्यन्त जल्दबाज़ी में संविधान में संशोधन करने लगेगी। मैं मानता हूँ कि मतदाताओं को सूचना देना राजनीतिक जीवन तथा पार्टी के जीवन का एक सामान्य सिद्धान्त है। प्रत्येक पार्टी को कुछ कार्य करने के लिए जनादेश मिलता है। जनादेश के बग़ैर एक पार्टी कुछ भी नहीं कर सकती। आप मतदाताओं को धोखे में नहीं रख सकते तथा आप निर्वाचित होकर आए हैं और आपके पास संविधान को संशोधित करने का पूरा अधिकार है, आप यह नहीं सोच सकते। यही वह कार्य है जो हमारी सरकार कर रही है। मात्र इसलिए क्योंकि उनके पास बहुमत है और वे सोचते हैं कि उनके पास न सिर्फ किसी भी उस कानून को बनाने की ताकत है, जिसके माध्यम से वे सत्ता प्राप्त कर चुके हैं, बल्कि मात्र निर्वाचित हो जाने से ही वे संविधान को बदलने की ताकत भी रखते हैं। उन्हें अब अपने कृत्यों के विषय में जनता को सूचित करने की भी आवश्यकता नहीं रह गयी है, यहाँ तक कि उन्हें संविधान का संशोधन करते समय भी किसी को सूचित करने की ज़रूरत नहीं है। क्या संविधान किसी साधारण कानून से किसी भी प्रकार भिन्न नहीं है? क्या यह एक कागज़ का टुकड़ा मात्र है, जो किसी व्यक्ति के चाहने मात्र से संशोधित किया जा सकता है? मराठी में एक कहावत है, जिसमें हम कहते हैं कि यदि कोई बूढ़ी स्त्री मरती है तो इससे अधिक प्रभाव नहीं पड़ता मगर हमें

डर लगने लगता है कि कहीं यम देवता बार-बार यहाँ आने के आदी न हो जाएँ और हम यम देव का बार-बार आना रोकना चाहने लगते हैं। इससे कोई फर्क नहीं पड़ता कि बूढ़ी महिला मरी है या यम देव उसे झपट्टा मारकर ले गए हैं। यही वह बात है, जो यहाँ पर हो रही है तथा मैं यह देख रहा हूँ कि सरकार के मन में संविधान के लिए बहुत कम सम्मान शेष बचा है तथा उसमें संविधान की अवमानना करने का भाव जाग्रत होता जा रहा है। आप संविधान को संशोधित कर सकते हैं, इसको संशोधित करने में किसी को कोई आपत्ति नहीं है मगर आपको निश्चित रूप से संविधान के प्रति विशेष भावना प्रदर्शित करनी चाहिए, एक बेहतर भावना, एक विशिष्ट भावना प्रदर्शित करनी चाहिए। जनता को बताइए कि आप क्या करना चाहते हैं और तब आप ऐसा कर सकते हैं। अन्यथा हमें अनुच्छेद 368 में भी इस प्रकार संशोधन करना होगा ताकि हम संविधान के प्रावधानों पर हो रहे इन आक्रमणों को रोक सकें।"

(डॉ. बाबा साहेब अम्बेडकर: *राइटिंग्स एँण्ड स्पीचेज़*, खण्ड-15, पृ. 919-24)

संविधान (चतुर्थ संशोधन) बिल, 1954

संविधान (चतुर्थ संशोधन) बिल, 1954 पर बोलते हुए डॉ. अम्बेडकर ने कहा था–

"जो लोग ब्रिटिश संसदीय व्यवस्था से अच्छी तरह परिचित हैं, वे भली-भाँति जानते हैं कि ब्रिटिश संविधान की कार्यप्रणाली में एक मान्यता है, जिसे इंग्लैण्ड की सभी पार्टियाँ स्वीकार करती हैं। वह मान्यता यह है कि वहाँ का सम्राट कोई गलत कार्य कर ही नहीं सकता। यदि संविधान की कार्यप्रणाली से कुछ भी गलत हो जाता है, तो इसके लिए प्रधानमंत्री तथा उसके सहयोगी ही ज़िम्मेदार हैं लेकिन सम्राट न तो गलत हो सकता है और न ही गलती कर सकता है। हमने भी थोड़े से संशोधनों के साथ इस देश में व्यवहारिक रूप से ब्रिटिश संविधान की इस मान्यता को अपनाया है। लेकिन दुर्भाग्यवश हमारे संविधान की कार्यप्रणाली जिस मान्यता से संचालित हो रही है, वह ब्रिटिश लोगों की मान्यता से ठीक विपरीत है। हमारे देश में यह मान्यता है कि प्रधानमंत्री कोई गलत काम कर ही नहीं सकता है और न ही वह भविष्य में कोई गलत काम करेगा। इसलिए प्रधानमंत्री जो कुछ भी प्रस्तावित करते हैं, उसे सही मानकर बिना सवाल किए स्वीकार कर लिया जाता है। एक व्यक्तित्व के प्रति ऐसा समर्पण कुछ मामलों में क्षम्य हो सकता है, किन्तु जब मौलिक अधिकारों पर हमला किया जा रहा हो तो यह मेरे विचार से अक्षम्य है। मौलिक अधिकार संविधान की प्रस्तावना के मूल आधार हैं। प्रस्तावना कहती है कि संविधान के मूल आधार स्वतंत्रता,

समानता और भाईचारा होंगे। संविधान के ये लक्ष्य मौलिक अधिकारों द्वारा प्राप्त किए जा सकते हैं। और इसलिए यह संसद के प्रत्येक सदस्य का दायित्व है कि वह व्यक्तिगत निष्ठा से दूर रहकर जब भी मौलिक अधिकारों पर हमला हो, तो उसका धुर विरोध करे। दुर्भाग्यवश हमें इस प्रकार की भावना देखने को नहीं मिल रही है। इस देश में मौलिक अधिकारों का इतिहास अत्यन्त रोचक है। पुराने ज़माने में हिन्दू राजाओं के शासनकाल में मात्र दो लोगों–ब्राह्मण तथा गौ के लिए ही मौलिक अधिकार थे और इसीलिए पुराणों में राजा को 'गौ ब्राह्मण प्रतिपालक' की संज्ञा दी गयी है। यही एक राजा का कर्त्तव्य था भले ही अन्य वर्गों के लोग उसके हाथों न्याय पाएँ अथवा नहीं, भले ही गौ के अतिरिक्त अन्य पशुओं पर अत्याचार होते रहें अथवा नहीं, इन सब बातों का कोई मतलब नहीं हुआ करता था। जब तक ब्राह्मण और गौ संरक्षित हैं तब तक राजा के भाग्य में स्वर्ग का सुख लिखा हुआ है।

जब मुसलमान आए तब उन्होंने वे मौलिक अधिकार ब्राह्मणों तथा गौओं से छीन लिए, जो हिन्दू राजाओं ने दे रखे थे। दुर्भाग्यवश गायों से न सिर्फ जीवित रहने का अधिकार छीन लिया गया, बल्कि वे सभी का आसान शिकार भी बन गयीं। यही हाल ब्राह्मणों का भी हुआ। मुसलमानों ने मुसलमानों को विशेष अधिकार प्रदान किए तथा ग़ैर मुसलमानों को कोई अधिकार नहीं दिए। इस देश में मुस्लिम शासन समाप्त होने के पश्चात ब्रिटिश शासन आया। जो कोई भी सन् 1772 से 1935 तक भारत सरकार द्वारा पारित विभिन्न अधिनियमों का मूल्यांकन करेगा, वह पाएगा कि भारत सरकार के जो भी अधिनियम इस देश के शासन हेतु संसद द्वारा इस दौरान पारित किए गए, उनमें से किसी में भी मौलिक अधिकार नाम की कोई वस्तु नहीं है। सन् 1947 के आस-पास जब इस देश में स्वराज एक वास्तविकता बन गया, तभी मौलिक अधिकारों के विचार ने यहाँ जन्म लिया। यह हमारा संविधान था, जिसने पहली बार मौलिक अधिकारों का उल्लेख किया। यह अत्यन्त आश्चर्य की बात है कि यद्यपि विदेशी विशेषकर अंग्रेज़ इस देश पर राज कर रहे थे, फिर भी किसी ने यहाँ पर मौलिक अधिकारों की बात नहीं की। कांग्रेस सन् 1886 से अस्तित्व में थी। यदि हम कांग्रेस द्वारा तब से पारित किए गए सभी वार्षिक संकल्पों का मूल्यांकन करें, तो पाएँगे कि उन्होंने भी कभी मौलिक अधिकारों की बात नहीं की।

लेकिन जैसे ही स्वराज आया, वैसे ही हर कोई सोचने लगा, विशेषकर अनेक अल्पसंख्यक वर्गों के लोग यह सोचने लगे कि अब राजनीतिक सत्ता बहुसंख्यकों के हाथों में जाने की सम्भावना है, जिनके पास वह नहीं है, जिसे संवैधानिक भाषा में संवैधानिक नैतिकता कहा जाता है। उनका मूल सिद्धान्त वर्गों

की असमानता पर आधारित है। यद्यपि प्रत्येक समुदाय में असमानता विद्यमान है, या इसके लिए कोई दूसरा शब्द हो कि असमानता रोज़मर्रा की बात है। यह एक सरकारी सिद्धान्त नहीं है लेकिन इस देश के बहुसंख्यकों के ग्रंथों में चतुर्वर्ण के रूप में असमानता को राजकीय सिद्धान्त घोषित किया गया है। दूसरी बात यह है कि उनकी जाति-व्यवस्था राजनैतिक तथा प्रशासनिक भेदभाव का एक अचूक हथियार है। इसका परिणाम यह हुआ कि मौलिक अधिकार यहाँ अवश्यम्भावी हो गए।

संविधान सभा की कार्रवाइयों के दौरान मुझे एक भी ऐसा व्यक्ति नहीं मिला जो खड़ा होता और कहता कि हमें मौलिक अधिकारों की आवश्यकता नहीं है। मौलिक अधिकारों को एक प्रकार के आभूषण माना गया, जिन्हें भारतीयों के पास अवश्य होना चाहिए। आज वे मौलिक अधिकारों को लोहे की जंजीर समझते हैं, जिसे तोड़ने का जब कभी मौका मिले, उसे तोड़ देना चाहिए। यहाँ पर मौलिक अधिकारों को मैं इसी रूप में पाता हूँ। मुझे यह कहते हुए खेद है कि मौलिक अधिकारों को इस प्रकार तिरस्कारपूर्वक देखना मानो इनकी कोई उपयोगिता ही नहीं है और एक पार्टी के प्रमुख की इच्छा अथवा बहुमत की सुविधा के आधार पर कभी भी इन्हें पैरों से कुचल देना ऐसा व्यवहार है, जो भविष्य में किसी खतरनाक परिणाम की ओर ले जा सकता है।

यह भी कहा जा रहा है कि जिन्होंने संविधान बनाया, उनके पास यह सोच नहीं थी कि मौलिक अधिकारों को लचीला होना चाहिए, ताकि उनमें प्रगतिशील परिवर्तनों को जगह दी जा सके। महोदय, प्रारूप समिति के अध्यक्ष के रूप में मैं ऐसी बातों का खण्डन करता हूँ। जिसने भी संविधान में वर्णित मौलिक अधिकारों को पढ़ा है, वह यह पाता है कि प्रत्येक मौलिक अधिकार के साथ अपवाद जोड़े गए हैं। यह कहता है कि किसी बात के होते हुए भी राज्य उन पर न्यायोचित रोक लगा सकेंगे। हम इस बात से भली भाँति अवगत थे कि मौलिक अधिकार सख्त नहीं हो सकते और इनमें लचीलापन होना आवश्यक है और इसीलिए हमने इनमें पर्याप्त लचीलेपन का प्रावधान किया है।

अनुच्छेद 31 एक ऐसा अनुच्छेद है जिसकी ज़िम्मेदारी हम नहीं ले सकते हैं। इसके बावजूद हमने इस अनुच्छेद को भी मुआवज़े के सन्दर्भ में यथासम्भव लचीला बनाने का पूरा प्रयास किया है।

महोदय, अब मैं इस सदन के सदस्यों से पूछना चाहता हूँ कि क्या वे किसी ऐसे संविधान का नाम बता सकते हैं, जिसमें सम्पत्ति अधिग्रहण के प्रावधान हमारे संविधान जितने आसान हों? क्या कोई मुझे बता सकता है कि जितनी सुविधा हमारे संविधान ने सरकार को दी है, उससे क्या सरकार के लिए यह

ज़रूरी है कि वह इस अवधारणा के साथ हमारे समक्ष आए कि उन्हें मुआवज़ा नहीं दिया जाना चाहिए?

समाजवादी लोग भी क्यों कह रहे हैं कि हम मुआवज़ा नहीं देंगे? मैं उनके ऐसा कहने का कारण नहीं समझ पा रहा हूँ। मेरे विचार से तीन मसले या रास्ते हैं, हमें जिन पर चलना चाहिए। पहला रास्ता पूरा मुआवज़ा देने का है, दूसरा रास्ता है कि कोई मुआवज़ा न दिया जाए और तीसरा रास्ता है कि कानून द्वारा निर्धारित मुआवज़ा दिया जाए।

इसीलिए सरकार को मेरा सुझाव था कि बार-बार इन मौलिक अधिकारों पर हमला करते रहने से अच्छा है कि संसद को एक बार सभी मुआवज़े निर्धारित करने की शक्ति दे दी जाए। बार-बार संविधान के साथ छेड़छाड़ किया जाना अच्छी बात नहीं है। मैंने पिछली बार यही बात कही थी, लेकिन मुझे नहीं लगता कि सरकार ने इस पर कोई ध्यान दिया है। मैं वही चेतावनी दोबारा देना चाहता हूँ और कुछ वजहें बताना चाहता हूँ कि क्यों संविधान को बार-बार संशोधित नहीं किया जाना चाहिए और इससे बेवजह छेड़छाड़ किया जाना बन्द किया जाना चाहिए। जो लोग अदालतों द्वारा कानून की व्याख्या से परिचित हैं और जानते हैं कि संवैधानिक विनियमों की व्याख्या हेतु भी सुस्पष्ट एवं निर्धारित नियम हैं। उन्हें यह भी याद होगा कि व्याख्या का एक अत्यन्त प्रसिद्ध नियम है, जो स्पेयर डेसिस के नाम से जाना जाता है, जिसका अर्थ है कि जब अदालतें लगातार कई वर्षों तक किसी कानून की एक ही व्याख्या करते हुए निर्णय देती रहें और कई वर्षों के बाद कुछ वकील आकर खड़े हो जाएँ और अदालत को यह विश्वास दिला दें कि अभी तक जो व्याख्या की जा रही थी, वह गलत थी और अब इसे बदला जाना चाहिए। तब अदालतें यह कहें कि यद्यपि वे इस बात से सहमत हैं कि यह व्याख्या गलत है लेकिन वे इसे बदल नहीं सकते। अदालतों ने स्पेयर डेसिस का जो नियम अपनाया, वह बहुत ही महत्त्वपूर्ण है। अदालत का कहना है–

जो भी व्याख्या हमने दी वह सही है या गलत इस समय यह विचार का विषय नहीं है क्योंकि अनेक लोगों ने हमारी व्याख्या के अनुसार इसे सही नियम समझते हुए इसके अनुसार कार्य किए, इनके लिए कष्ट भोगे और अधिकार प्राप्त किए। अब यह कहना कि ये सभी कष्ट तथा अधिकार कानून की गलत व्याख्या के कारण हुए थे, इससे समाज में अराजकता फैल जाने का खतरा है। इसलिए हमें गलत व्याख्या को ही जारी रहने देना चाहिए।

यह इस मामले पर अदालतों द्वारा लिया गया दृष्टिकोण था। मेरे विचार से यही वह कारण है जिसकी वजह से मेरे विचार से संविधान को लगातार संशोधित नहीं करना चाहिए। लोगों को पता है कि संविधान में कुछ नियम और

दायित्व होते हैं और उन्हीं के अनुसार वे अपने भविष्य की योजनाएँ बनाते हैं तथा विभिन्न प्रकार के समझौते करते हैं। इसलिए हर वर्ष इसमें बदलाव करना ठीक नहीं होगा क्योंकि ऐसा करने से ये मान्यताएँ भंग होंगी। इसी कारण मैं कहता हूँ कि संविधान को इतने हल्के ढंग से तथा बार-बार नहीं सुधारा जाना चाहिए। मैं नहीं जानता कि सरकार मेरी बात सुनेगी, शायद नहीं सुनेगी।"

जब श्री तजामुल हुसैन ने पूछा, "वे क्यों नही सुनेंगे?" डॉ. बी.आर. अम्बेडकर का उत्तर था, "यह एक आदत है। एक बार यदि गाय को दूसरे के खेत में चरने की आदत लग जाती है, तो आप उसे नैतिकता द्वारा नहीं बदल सकते। यह एक आदत की बात है।

दूसरे देशों में यदि न्यायपालिका सरकार की इच्छा के विपरीत संविधान के किसी खण्ड का अभिप्राय निकालती है, तो सरकार को उससे सहमत होना पड़ता है। वहाँ सरकारें अदालतों के निर्णयों को नहीं उलटतीं। यहाँ हमारे देश में हमने एक अलग किस्म की मानसिकता विकसित कर ली है। हमारी मानसिकता है कि यदि उच्चतम न्यायालय के न्यायाधीश हमारी इच्छा के अनुरूप निर्णय नहीं देते तो हम उन्हें हटा सकते हैं। यही वह बात है। इसके मुकाबले मुझे अपने उच्चतम न्यायालय के व्यवहार से प्रसन्नता होती है। अपने अस्तित्व में आने के थोड़े से समय में ही उच्चतम न्यायालय के अनेक दौर मुझे दिखाई देते हैं। बीमार व्यक्ति होने के कारण मैं पिछले दो या तीन वर्षों से इसकी कार्रवाइयाँ नहीं देख पा रहा हूँ लेकिन वहाँ जो कुछ भी घटित हो रहा है, उसके मैं लगातार सम्पर्क में हूँ। मुझे याद है कि अपनी शक्ति की पहली चमक दिखाते हुए उच्चतम न्यायालय ने यह घोषित किया अथवा घोषित करने का साहस किया कि भारतीय दण्ड संहिता का कुछ अंश महत्त्वपूर्ण है। हमारी सरकार इससे तुरन्त क्षुब्ध हो गयी और वह एक संशोधन ले आयी कि न्यायपालिका की यह टिप्पणी गलत थी। मुझे आशा है कि सरकार द्वारा लगातार किए जा रहे संविधान संशोधनों के बावजूद उच्चतम न्यायालय अपने निष्पक्ष निर्णय देता रहेगा और उसे सरकार के कहे की चिन्ता नहीं होगी। मुझे नहीं लगता कि कोई भी व्यक्ति यह कहेगा कि उच्चतम न्यायालय ने कोई निर्णय संविधान की मूल भावना के विरुद्ध दिया है।"

(डॉ. बाबा साहेब अम्बेडकर: *राइटिंग्स ऍण्ड स्पीचेज़*,
खण्ड-15, पृ. 944-45)

संशोधन

संविधान के लागू होने के तुरन्त बाद से ही राष्ट्र ने इसमें अनेक महत्त्वूपर्ण सुधार करने प्रारम्भ कर दिए। उच्चतम न्यायालय का यह सोचना था कि अनुच्छेद

31 के तहत एक नागरिक को सम्पत्ति रखने तथा इसके उपभोग करने के मौलिक अधिकारों का लेन-देन की प्रक्रिया में गला घोंटा जा रहा है। उच्चतम न्यायालय का मत था कि वंचित रखने की प्रक्रिया अप्रासंगिक है और मुआवज़े की रकम बाज़ार की कीमत के अनुसार तय की जानी चाहिए। इससे मौलिक अधिकारों के आदर्शों तथा नीति निर्देशक सिद्धान्तों के समाजवादी आदर्शों और कांग्रेस पार्टी की नीतियों के बीच संघर्ष छिड़ गया। इन सुधारों को लागू करने की प्रक्रिया में अदालत के हस्तक्षेप का कार्यपालिका ने तीखा विरोध किया और इस विरोध को संसद का भी समर्थन प्राप्त हुआ क्योंकि इसमें कांग्रेस पार्टी का ज़बरदस्त बहुमत था।

संसद की सोच थी कि भूमि सुधार सम्बन्धी विधेयकों में उच्चतम न्यायालय के न्यायाधीश देश की राष्ट्रीय सोच को स्वीकार करने की बजाय अपने व्यक्तिगत विचारों को थोपने का प्रयास कर रहे हैं। भूमि सुधारों से सम्बन्धित उच्चतम न्यायालय के निर्णयों को संसद ने अपनी शक्ति (संविधान के अनुच्छेद 368 के अन्तर्गत) का प्रयोग करते हुए संविधान संशोधन करके निष्प्रभावी कर दिया और इस प्रकार इन निर्णयों के आधार को ही मिटा दिया। ऐसा किसी संघर्ष को आमंत्रित करने के लिए नहीं किया गया, बल्कि ऐसा इसलिए किया गया क्योंकि संसद तथा कार्यपालिका का विश्वास था कि उच्चतम न्यायालय के सम्पत्ति अधिकारों सम्बन्धी निर्णयों से सामाजिक-आर्थिक संरचना ढह जाएगी, जिस पर यह संविधान टिका हुआ है। इस संविधान के द्वारा संसद ने राष्ट्र अथवा राष्ट्रीय निगमों के लिए अधिग्रहण तथा मांग हेतु मुआवज़ों के अधिकार को उस सीमा तक ठुकरा दिया, जो विधायिका द्वारा प्रस्तावित की गयी थी।

यह देखते हुए कि संसद बार-बार उच्चतम न्यायालय के निर्णयों को संविधान में संशोधन करते हुए निष्प्रभावी करती जा रही है, सन् 1967 में उच्चतम न्यायालय ने आई.सी. गोलखनाथ बनाम पंजाब राज्य के मामले में पाँच के मुकाबले छह के अत्यन्त क्षीण बहुमत से यह फैसला दिया कि अनुच्छेद 368 को संविधान में केवल इसलिए स्थान दिया गया है ताकि संविधान की प्रक्रिया सम्पादित की जा सके और इसे शक्ति का एक स्वतन्त्र स्रोत नहीं मान लिया जाना चाहिए। उसका विचार था कि संसद द्वारा संविधान में किए गए संशोधन मौलिक अधिकारों का अतिक्रमण नहीं कर सकते और यदि वे ऐसा करते हैं तो इसे संविधान के अनुच्छेद 13 (2) के कारण निष्प्रभावी माना जाएगा। न्यायालय ने इस निर्णय में दूरदृष्टि से रद्द करने के सिद्धान्त को अपनाया तथा जो कुछ पहले किया जा चुका था, उसमें कोई फेरबदल नहीं किया।

केशवानन्द भारती मामला

एक बार फिर संसद गोलखनाथ के प्रभाव को निष्प्रभावी करने तथा प्रतिक्रिया देने के लिए फौरन आगे आयी। इसने दोनों में संशोधन कर दिए। उसने 5 नवम्बर सन् 1971 से तत्काल प्रभाव से अनुच्छेद 368 तथा अनुच्छेद 13 में संविधान संशोधन (चौबीसवाँ संशोधन) के द्वारा संशोधन कर दिए। यहाँ तक कि अनुच्छेद 368 का थोड़ा सा अंश भी संशोधित कर दिया गया। चौबीसवें संविधान संशोधन अधिनियम की वैधता का प्रश्न उच्चतम न्यायालय के समक्ष विचार हेतु आया और केशवानन्द भारती बनाम केरल राज्य के मामले में तेरह न्यायाधीशों की बेंच ने छह के मुकाबले सात के बहुमत से फैसला देते हुए संविधान में संशोधन करने की संसद की शक्तियों को कम कर दिया ताकि संशोधन करने की शक्तियों का अनियंत्रित प्रयोग रोका जा सके, क्योंकि इससे मूलभूत संरचना के क्षति पहुँचने अथवा नष्ट होने का खतरा है, जिस पर यह संविधान टिका है। अब यह इतिहास के पन्नों में सदैव के लिए अंकित हो गया है कि केशवानन्द भारती मामले में उक्त निर्णय होने के दो दिन बाद ही प्रधान न्यायाधीश श्री सीकरी के सेवानिवृत्त होने पर कार्यपालिका ने न्यायपालिका की स्वतंत्रता को एक ज़बर्दस्त झटका दिया। इसने वरिष्ठतम न्यायाधीश को प्रधान न्यायाधीश नियुक्त करने की परम्परा को समाप्त करते हुए न्यायमूर्ति रोलट, न्यायमूर्ति हेगड़े और न्यायमूर्ति ग्रोवर की वरिष्ठता की उपेक्षा कर दी, जिन्होंने न्यायमूर्ति सीकरी के साथ उक्त निर्णय में बहुमत स्थापित किया था और चौथे वरिष्ठतम न्यायाधीश न्यायमूर्ति ए.एन. रे को प्रधान न्यायाधीश नियुक्त कर दिया। जैसी कि उम्मीद थी, इससे आहत होकर उन तीनों न्यायाधीशों ने इस्तीफे दे दिए।

अत्यन्त क्षीण बहुमत (7:6) से अनुच्छेद 368 की उच्चतम न्यायालय द्वारा की गयी व्याख्या को संसद ने 42 वें संविधान संशोधन के माध्यम से हटा दिया और पुनः संसद की सर्वोच्चता स्थापित कर दी। इस संशोधन का न्यायपालिका पर दूरगामी प्रभाव पड़ा। इस पर की गयी आपत्तियों तथा कारणों के विवेचन अत्यन्त रोचक हैं।

"संविधान द्वारा प्रदत्त लोकतान्त्रिक संस्थाओं को इससे अत्यन्त तनाव तथा परेशानियाँ झेलनी पड़ीं तथा कुछ निहित स्वार्थी तत्व इससे आम जनता के हितों को आँच पहुँचा रहे थे।"

(*दि इण्डियन जुडिशियरी इन द ट्वेन्टी फर्स्ट सेन्चुरी:*
डॉ. ए.एस. आनन्द, प्रधान न्यायाधीश,
उच्चतम न्यायालय, भवन्स जर्नल, 29 फरवरी, 2000 अंक, पृ. 22-24)

आपातकाल के दौरान (1975) संसद ने अनेक संविधान संशोधन पारित किए, जिन्होंने संविधान के अंकुशों तथा सन्तुलनों को समाप्त कर दिया। इनमें से सर्वाधिक आपत्तिजनक संशोधन 39वें तथा 42वें थे।

श्रीमती इन्दिरा गाँधी का लोकसभा में निर्वाचन इलाहाबाद उच्च न्यायालय द्वारा इस आधार पर अवैध घोषित कर दिया गया कि उन्होंने कुछ ऐसे कार्य किए हैं, जो चुनाव कानूनों की दृष्टि से भ्रष्ट आचरण की श्रेणी में आते हैं। श्रीमती गाँधी ने इसके विरुद्ध उच्चतम न्यायालय में अपील दायर की। इसी समय राष्ट्रपति ने 25 जून, सन् 1975 को देश में आपातकाल घोषित कर दिया। आपातकाल के दौरान संसद ने उन चुनाव कानूनों में संशोधन कर दिए, जिनसे श्रीमती गाँधी के चुनाव अवैध घोषित किए गए थे। इसके अतिरिक्त कोई अन्य सन्देह न छोड़ने देने के लिए संसद ने 39वां संविधान संशोधन पारित किया, जिसके एक अनुच्छेद में यह घोषित किया गया कि किसी भी अदालत द्वारा कोई भी निर्णय दिए जाने के बावजूद प्रधानमंत्री का पद धारण करने वाले व्यक्ति का चुनाव वैध ही रहेगा।

39वें संविधान संशोधन हेतु बिल 7 अगस्त को प्रस्तुत किया गया तथा उसी दिन इसे लोकसभा द्वारा पारित कर दिया गया। इसी महीने की 8 तारीख को इसे राज्यसभा ने भी पारित कर दिया और 9 तारीख को आधे से अधिक राज्य विधानसभाओं ने भी इसका समर्थन कर दिया तथा 10 तारीख को इसे राष्ट्रपति की स्वीकृति भी मिल गयी। उच्चतम न्यायालय में इन्दिरा गाँधी की याचिका की सुनवाई 11 तारीख को निर्धारित की गयी थी।

जब इन्दिरा गाँधी बनाम राज नारायण मामले की सुनवाई पाँच न्यायाधीशों की बेंच के सामने शुरू हुई तो 39वें संशोधन की उक्त उपधारा की वैधता पर प्रश्नचिह्न लगाए गए कि यह संविधान की मूल संरचना का उल्लंघन करती है। वास्तव में सुनवाई कर रहे इन पाँच न्यायाधीशों में से चार वे न्यायाधीश थे, जिन्होंने केशवानन्द भारती मामले में बहुमत के विरुद्ध निर्णय लिया था। उन्होंने (रे, मैथ्यू, बेग़ तथा चन्द्रचूड़) संविधान के संशोधन की संसद की असीमित शक्तियों को स्वीकार किया। इस बेंच में केवल एक न्यायाधीश ही ऐसे थे, जिन्होंने संविधान की मूलभूत संरचना के सिद्धान्त को सर्वोच्च माना और ये थे न्यायमूर्ति एच.आर. खन्ना। लेकिन किसी भी न्यायाधीश ने संविधान संशोधन का खण्डन नहीं किया।

सरकार ने मूलभूत संरचना के सिद्धान्त को दफनाने के कई प्रयास किए: (1) उसने केशवानन्द भारती मामले में मूलभूत संरचना के सिद्धान्त की पैरवी करने वाले तीन वरिष्ठ न्यायाधीशों की वरिष्ठता की उपेक्षा करते हुए केशवानन्द

भारती मामले में ही मूलभूत संरचना के सिद्धान्त के विरोध में निर्णय देने वाले न्यायमूर्ति रे को प्रधान न्यायाधीश नियुक्त किया। (2) प्रधान न्यायाधीश को विशेष बेंच भंग करनी पड़ी क्योंकि अपने इस दावे को समर्थन में वे वैध कारण नहीं दे सके कि मूलभूत संरचना के सिद्धान्त न्यायोचित संवैधानिक संशोधनों के लिए रुकावट पैदा करते हैं। (3) संसद ने संविधान को इसलिए संशोधित (42वां संशोधन) कर दिया, ताकि संसद की शक्तियाँ असीमित हो ज़ाएँ तथा किसी भी संवैधानिक संशोधन को अदालतों में चुनौती न दी जा सके। (4) मिनर्वा मिल्स बनाम भारत संघ के मामले में उच्चतम न्यायालय (5 न्यायाधीश) ने सर्वसम्मति से यह निर्णय दिया कि उपर्युक्त संशोधन/प्रावधान असंवैधानिक था क्योंकि यह संविधान की मूलभूत संरचना के विपरीत है।

(*वन इण्डिया वन पीपुल*: अप्रैल 1998 अंक, पृ. 16, 17)

आपातकाल हटाए जाने के बाद केन्द्र में सत्ता परिवर्तन हुआ और श्री मोरारजी देसाई के नेतृत्व में जनता पार्टी की सरकार बनी, जिसने आते ही पहला कदम यह उठाया कि संविधान में संशोधन (44वाँ संविधान संशोधन अधिनियम 1978) करते हुए 42वें संविधान संशोधन को निष्प्रभावी कर दिया और न्यायपालिका को उसकी खोई हुई आज़ादी वापस लौटा दी।